国外教育科学基本文献讲读丛书

国外教育科学基本文献讲读丛书

丛 书 主 编　石中英
丛书副主编　蒋　凯

国外教学论基本文献讲读

主　编　陈晓端

图书在版编目(CIP)数据

国外教学论基本文献讲读/陈晓端主编. —北京：北京大学出版社，2013.6
(国外教育科学基本文献讲读丛书)
ISBN 978-7-301-22534-9

Ⅰ. ①国… Ⅱ. ①陈… Ⅲ. ①教学理论—外国—高等学校—教材 Ⅳ. ①G42

中国版本图书馆 CIP 数据核字(2013)第 101728 号

书　　　名：国外教学论基本文献讲读
著作责任者：陈晓端　主编
丛 书 策 划：周雁翎
责 任 编 辑：于　娜
标 准 书 号：ISBN 978-7-301-22534-9/G·3629
出 版 发 行：北京大学出版社
地　　　址：北京市海淀区成府路 205 号　100871
网　　　址：http://www.pup.cn　　新浪官方微博：@北京大学出版社
电 子 信 箱：zyl@pup.pku.edu.cn
电　　　话：邮购部 62752015　发行部 62750672　编辑部 62767346　出版部 62754962
印　刷　者：北京鑫海金澳胶印有限公司
经　销　者：新华书店
　　　　　720 毫米×1020 毫米　16 开本　25 印张　450 千字
　　　　　2013 年 6 月第 1 版　2013 年 6 月第 1 次印刷
定　　　价：49.00 元

总　　序

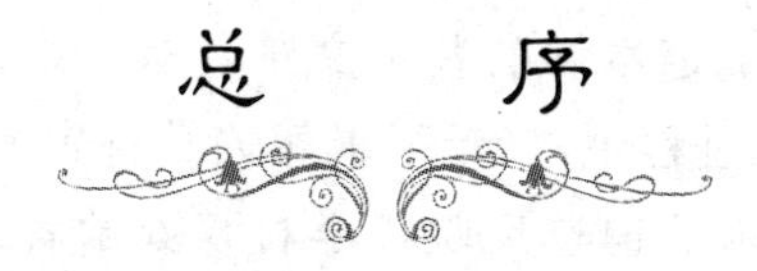

为了进一步整理国外教育科学的知识传统，丰富教育科研人员、教育决策者和教育实践者的阅读，提高教育学科人才培养质量，服务于不断深化的我国教育改革事业，北京大学出版社决定编辑出版“国外教育科学基本文献讲读丛书”。

遴选和出版一个学科的基本文献，为学习者和研究者提供快速进入一个学科领域的文献指引，对于该学科的学习、研究和知识传播都具有重要意义。国内外众多知识领域都编写过这样的基本文献。就教育学科而言，1986 年北京师范大学出版社出版的《教育哲学教学参考资料》、1989 年华东师范大学出版社出版的《国外教育社会学基本文选》、20 世纪 90 年代初期人民教育出版社出版的《教育学文集》丛书以及 1998 年伦敦和纽约 Routledge 出版社出版的《教育哲学：分析传统中的重要主题》(*Philosophy of Education*: *Major Themes in the Analytic Tradition*)一书，均属于这类读物。数年前，北京大学出版社决定编辑出版“国外教育科学基本文献讲读丛书”也有同样的考虑。此外，选编者编辑这套丛书还有一些新的考虑：第一，目前国内还没有一个比较全面地反映国外教育学科基本文献的丛书，仅有教育社会学、教育经济学等少数几个学科编辑了这样的基本文献。第二，目前国内已经编撰的少数教育学科基本文献选文时间大都截止到 20 世纪 80 年代左右，对于最近 30 年国外教育学科研究的新进展反映不够。第三，特别重要的是，在我国目前教育学科本科生、研究生的培养中，学生对于基本文献的学习和研读比较薄弱，一些教师由于种种原因也比较忽视基本文献的遴选和指导阅读，这极大地影响了教育学科人才培养的质量。

遴选和出版教育学科的基本文献，就像编辑和出版任何一个学科的基本文献一样，是一件极其重要也有相当难度的学术工作。教育学科作为一个专门的知识领域出现，是一个近代的事件。若从夸美纽斯时代算起，有 380 年左右的历史；若从康德和赫尔巴特时代算起，有 200 多年的历史。两三百年间，世界各国学者们积累的有关教育问题论述的文献可谓汗牛充栋、数不胜数。在众多的文献当中，究竟哪些文献算是教育学科的基本文献，是一个需要费力思索的问题。这套丛书在各卷选篇内容和范围的问题上,主要基于以下四项原则。第一,主编负责制。出版社根据编委会的意见,先聘请各卷的主编,然后由各卷主编确定本卷的基本文献目录。第二,学科共识。各卷主编在确定基本文献目录过程中,广泛征求相关学科领域国内外有影响力专家的意见,力求对基本文献的遴选反映该学科权威学者的共识。当然,从国外一些教育科学基本文献的选编情况来看,完全重叠的认识也是没有的。第三,内容标准。所谓内容标准是指,那些堪称学科基本文献的文献,理应是提出了学科的基本问题或概念,建构了有影响力的理论主张,或奠定了学科研究的基本范式的一些文献。第四,影响力标准。各卷选择的文献,理应是相关学科领域内反复阅读、讨论、引述或评论的文献,是学习和研究一个学科领域问题不能忽视或绕过的文献。

这套丛书涵盖目前我国教育学科的主要分支学科。在各卷的结构安排上,有两种体例:一是按照有关学科的主要问题领域分专题或流派来选编;二是按照学科的历史发展脉络分主要阶段来选编。各卷具体选择何种体例由各卷主编来确定。各卷主编为所负责的一卷撰写前言,并对本卷选编工作进行概要说明。每一卷大概分为3～6个专题,每个专题之前主编撰写“专题导论”来介绍本专题的情况,结合该专题选取的文献,对该专题理论、知识和方法的概况进行评析,体现导读的作用。每一专题文献之后附10～20篇专题拓展阅读文献,供学习者和研究者进一步阅读时参考。

选编国外教育科学基本文献是一项高难度的学术工程,也不可能毕其功于一役。由于丛书组织者和选编者的水平有限,在丛书选编过程中难免会出现疏漏,恳请诸位读者提出宝贵的意见和建议,以便我们在后续工作中及时改进或提高。

石中英

2012年12月10日

前　言

《国外教学论基本文献讲读》一书是“国外教育科学基本文献讲读丛书”中的一种。根据丛书编委会对丛书选编的要求与建议，本书对所选文献采用了按照教学论学科研究的主要问题、以专题的形式排列与呈现的基本方式。在文献内容的选择上，根据本学科的特点，基本坚持了经典性、针对性与可读性相结合的原则。

全书共有五编，涉及五个专题，共选文献二十七篇，包括著作节选与独立论文两种类型，涉及有关教学的定义、教学论的基本问题、教学目标、教学内容、教学原理、教学策略、教学评价、教学研究以及教学理论等方面的经典性分析与论述。

第一编由八篇选文组成，内容主要为八位著名教育家或教学论专家关于教学定义的论述和教学论基本问题的论述。选文的排列顺序遵循了从概念界定到问题讨论的逻辑顺序。文献的主要内容包括：史密斯等人对教学定义的论述；夸美纽斯、赫尔巴特、凯洛夫、杜威等人对教学基本问题的分析；鲍良克等人对教学论的对象、任务以及课题等问题的讨论与分析。第二编由五篇选文组成，主要包括美国著名教育家布卢姆、安德森、鲍里奇以及法国和日本学者关于教育目标、教学目标和教材问题的论述。第三编由六篇选文组成，主要包括美国学者梅里尔、乔伊斯和韦尔等人关于教学原理、教学模式与教学策略等问题的分析与论述。第四编由四篇选文组成，主要包括四位学者关于教学问题与教学研究的论述。第五编由四篇选文组成，主要包括现当代教学理论的代表性流派，如：学科结构教学理论、一般发展教学理论、范例方式教学理论和反思性教学理论。

每篇均由专题导论，选文题目，作者简介，选文简介、点评，选文正文和专题拓展阅读文献所构成。在专题导论中，基于文献作者的主要观点，对每一篇选文的内容进行了概要介绍，并对选文的学术价值或阅读要点进行简要说明，以便使读者在进入具体文献阅读与学习之前能够对文献有大体的了解，为后面的深度阅读与学习提供引领。为了使读者对每篇文献的背景信息与文献的基本观点、学术价值和社会影响以及阅读时应该注意的问题等有一定的了解，以便对正文的阅读提供参考性帮助，我们在正文之前，为读者提供了每篇文献的作者简介和对选文内容的概要性介绍以及简要的评价，还通过脚注的方式为读者

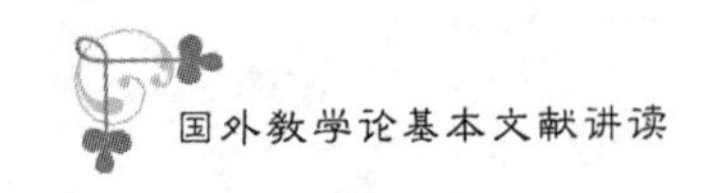

提供了原文与译文的来源。为了使读者在阅读每个专题之后，能够找到进一步的文献，还在每个专题之后为读者提供了拓展阅读的文献目录。

本书的选编与撰写工作得到了国内教学论研究领域许多同行朋友的大力支持与帮助。他们不仅在本书选文目录的筛选过程中给予热情的鼓励，而且基于他们各自的专业判断还提出了关于选文目录的修改意见和建议。这无疑大大地增强了选文的权威性。他们分别是：北京师范大学王本陆教授、首都师范大学石鸥教授、浙江大学盛群力教授、西南大学李森教授、沈阳师范大学迟艳杰教授、西北师范大学王嘉毅教授、河南大学刘志军教授、华中师范大学陈佑清教授、华南师范大学张广君教授、华东师范大学熊川武教授、山东师范大学徐继存教授、东北师范大学陈旭远教授、南京师范大学徐文斌教授、陕西师范大学张立昌教授和刘新科教授。其中，王本陆教授、盛群力教授、李森教授、迟艳杰教授、张立昌教授和刘新科教授等还在百忙中为“教学的定义”等文献撰写了导读。对他们的积极支持与为本书所作出的贡献，编者表示衷心的感谢！

本书在编写过程中还得到了几位外国同行朋友的支持，他们为本书撰写部分文献的作者简介，对个别文献内容的确认提供了非常有价值的信息。他们分别是：美国印第安纳大学东南分校副教授豪乐贝克(James E. Hollenbeck)博士和该校图书馆文献查阅部史密斯(Smith)博士；美国贝勒大学(Bayle University)教育学院副教授努尔(Wesley Null)博士；英国莱斯特大学教育学院库珀(Paul Cooper)教授。编者在这里对他们的热情帮助表示衷心的感谢！

另外，陕西师范大学教育学院课程与教学系的常亚慧博士和龙宝新博士以及课程与教学论专业的部分博士生和硕士生(包括已经毕业的几位学生)任宝贵、龚孟伟、贺莺、刘鹂、吴耀武、马志颖、李莉、毛红芳、郝晶晶、孟芳、文军萍等也参加了本书编辑的基础性工作与部分选文的导读撰写工作(部分已在书中注明，在此不一一列出)。尤其是郝晶晶在整个文选的编辑过程中做了大量的基础性工作。编者也对他们为本书的付出表示深深的感谢！

最后需要说明的是，尽管本书在编写过程中，试图根据丛书编委会对丛书内容选择与呈现方式的总体要求，力求使所选文献在国别、时间、论题和作者等方面能够体现较好的代表性，并能够反映国外教学论学科领域基本的研究文献，但由于编者的水平与能力的局限以及选文的过程本身存在的困难，目前的书稿中无疑会存在这样与那样的不足与缺陷，敬请读者批评指正！

陕西师范大学教育学院　陈晓端

2013年3月12日

目　录

第一编

教学的定义与教学论

教学论是教学的艺术，是一种把一切事物教给一切人类的全部艺术。

——夸美纽斯

不存在“无教学的教育”这个概念，正如反过来，我不承认有任何“无教育的教学”一样。

——赫尔巴特

专题导论

本专题共选文献八篇，涉及七个国家八位学者关于教学定义或教学论基本问题的讨论与分析。文献类型包括著作节选和独立论文两种。选文内容采用了从概念到问题的排列逻辑，基本上反映了教学论发展中典型的教育家对教学问题的探讨，体现了近现代教育家关于教学与教学论基本原理的研究成果。下面将按照选文排列顺序对其内容作概要介绍与评析。

第一篇选文是《教学的定义》。此文是美国教育家史密斯关于教学问题研究的代表性论文之一。文中，作者将英语国家对"教学"含义的讨论归结为五类：一是描述式定义，即传统意义上的教学——教学是传授知识或技能；二是成功式定义，即将教学作为成功——教学意味着不仅要发生某种相互关系，还要求学习者掌握所教的内容；三是意向式定义，即将教学作为一种意向活动——教学的目的在于诱导学生学习；四是规范式定义，即将教学作为一种规范行为——教学活动符合一定的道德条件，只要符合一定道德规范的一系列活动都是教学；五是科学式定义——即教学是一系列行为和条件的集合体。这篇论文虽然篇幅并不长，但作者基于英语国际教育学者的研究成果对教学定义的归纳与分析，因其独特的表述却成为后来相当长时间里人们讨论教学定义的重要参考文献。

第二篇选文是《学习与教学》(原题为教学)。此文是英国学者赫斯特与彼特斯关于教学问题研究的杰作之一。文中，作者把对学习问题的解读看成阐释教育和教学的前提，认为学习过程始终与一定的成功或成就相联系，教育过程必须包含"学习"，教育过程即学习过程。在此基础上作者分析了教学活动的三个逻辑必要条件：(1) 它们必须与引起学习的意图相联系；(2) 它们必须说明或展示学习的内容；(3) 它们必须用易于学习者理解并适合学习者能力的方式来进行。这种学习过程可能因教学而得到促进。教育与教学之间并没有必然的逻辑联系。没有教学，教育照样可以进行。教育过程即学习过程，这种学习过程可能因教学而得到促进。从作者的观点中不难看出，判断教学意义的关键就在于看它是否能促进学习的发生。

第三篇选文是捷克大教育家夸美纽斯《大教学论》的内容节选，主要涉及教学的原则问题。夸美纽斯在论述教学问题时列举了大量的自然现象，并结合教学实际案例，对教学原则进行了详细论证。其论证的方式主要为：先提出一条自然现象的规律，然后选用自然界相应的事例加以说明，接着阐述人类生活中与自然规律相符合的现象，进而指出现存学校中存在的违反自然原则的“偏差”，并提出“纠正”的措施，最后归纳出教育教学活动应遵循的规则。在遵循自然的基础上，夸美纽斯提出了教育的基本原则：(1) 教育要选择适当时机，及早开始；(2) 事物应该与文字同时学习，“例证应比规律先出现”，语文应通过文学作品而不是通过文法学习；(3) 发展智力，理解应在记忆之先；(4) 注意各科知识的逻辑性与系统性，从简单到复杂，从普遍到特殊，“务使先学的能为后学的开辟道路”；(5) 教学应持之以恒，“凡是进了学校的人，就应该继续留在学校，直到变成一个具有充分的学识、德行与虔信的人为止”；(6) 注意学生伙伴与信息来源的良莠。与此同时，夸美纽斯进一步讨论了怎样使这些原则与方法适合学生的心灵，激发起他们求知的欲望，明确指出，“孩子们的求学欲望是由父母、由教师、由学校、由所教的学科、由教学的方法、由国家的权威激发起来的”。从中可以看到至今仍广泛运用在教学实践中的直观性原则、循序渐进原则、巩固性原则、系统性原则、量力性原则等教学基本原则与方法的雏形。

第四篇选文是德国教育家赫尔巴特所著《普通教育学》一书中关于教学问题的内容节选，主要涉及赫尔巴特对教学价值和教学方式等问题的深刻论述。

(1) 关于教学的价值：赫尔巴特认为，教学是人类经验与交际的补充手段。通过教学来弥补人类经验的不系统性和片面性，通过教学来养成符合道德标准的同情品质。

(2) 关于教学的步骤：赫尔巴特认为，教学必须遵循一定的步骤才能将知识很好地传授给学生。教学的步骤与培养学生兴趣的阶段相对应。形成兴趣需要四个阶段，即注意、期望、要求和行动。

(3) 关于教学的材料：赫尔巴特认为，从人的兴趣的对象出发，赫尔巴特将教学的材料分为三种——事物、形式和符号。事物，是自然和人类的作品本身，例如科学等；形式，即抽象地从事物中分解出来的普遍现象，例如数学、形而上学和美学；符号，例如语言，它是人表达其要求和思想的工具。

(4) 关于教学的方式：赫尔巴特认为，教学没有固定、统一的方式，它是通过教师与学生的合作实现的。赫尔巴特提出两个原则：第一，要把任何矫揉造作的方式排斥于教学之外；第二，教学必须通过使学生始终保持急切的期待心理来激发学生的学习兴趣，而不是让学生仅仅处于被动的压抑的状态。

(5) 关于教学的类型：赫尔巴特认为，教学类型是完成教学任务所必须采取的形式及手段。赫尔巴特主张把主要的教学分为单纯提示教学、分析教学和综合教学三种类型。这三种方法是递进的，前者为后者提供基础，后

者是在前者基础上发展的；三者必须统一运用，不能截然分开。

第五篇选文是苏联教育家凯洛夫所著《教育学》一书中关于教学过程论述的内容节选。凯洛夫认为，作为实现教育目的的重要手段，教学即是以知识、技能和熟练技巧武装学生，确立他们的共产主义世界观和有计划地发展他们的智力与道德品格。教学过程是以学生掌握知识为中介的认识过程，学生是在掌握知识的过程中认识客观世界的。这一过程和人类的认识过程的性质是相同的，都要受认识过程的基本规律制约。但他又明确地指出，教学过程具有一些特殊性，如学生要学习的主要是人类已经获得的真理知识，学生的学习经常在有经验的教师指导下进行，在学生的学习过程中教师除要引导学生掌握知识技能外，还要有计划地发展每个儿童的智力、体力和道德品质，也就是说，教学是教师指导下的学生的特殊的认识过程，也是促进学生的身心和谐发展的过程。

他还提出了直观性、自觉性和积极性、系统性、巩固性、可接受性等教学原则，力图使科学性与思想性在教学过程中统一起来，做到理论与实践、形象直观与抽象概括、教师的严格要求与发挥学生积极性相结合。

第六篇选文是美国教育家杜威《我们怎样思维·经验与教育》一书中关于思维与教学讨论的节选。杜威认为，在讲课中，教师与学生达到了最紧密的接触。指导儿童的活动，激发儿童求知的热情，影响儿童的语言习惯，指导儿童的观察等都集中在讲课上。因此，讲课对儿童的思维训练起着刺激和指导作用。刺激指讲课要激发学生对学习的热情，因为学习和智力活动的最基本的动力来自内部。指导是指帮助学生形成良好的思维习惯。良好的思维习惯对于思维的发展是促进的，反之则会阻碍发展。然而，仅靠孩子自己是无法分辨哪个是有益的，哪个是有害的，因此，教师的指导和帮助就显得尤为重要。另外，讲课应当检查已经获得的知识和能力。杜威还认为，要提高课堂讲授的水平就要关注导入、参与、提问及课堂控制等问题。具体而言，一是导入要恰当。如果导入环节持续过长，过分详尽，学生就会失去兴趣，感到厌烦，不利于思维的进行。这正如跳远一样，若距离起跳线太长，则跑到了起跳线，也会由于过分疲劳而不能跳得很远。二是教师参与要适度。换言之，教师“既不能展示和解说得太少，以致不能刺激反省的思维；也不能展示和解说得太多，而抑制学生的思维”。三是提问要巧妙。教师提问要依据学生已学过的材料提出，要使学生关注教材内容，要能使问题持续发展下去。四是控制要灵活。对学生在教学中出现的精神涣散及“像蝗虫乱蹦乱跳似的胡思乱想”等各种情

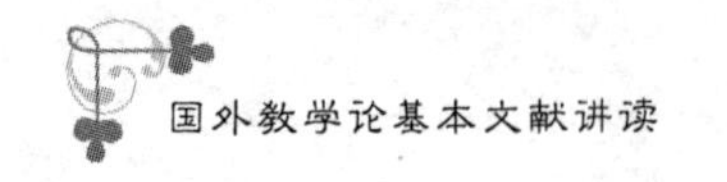

况，教师要及时采取措施，使学生的注意力集中到中心论题上，以利于思维的进行。可见，杜威在倡导儿童中心与做中学的同时，并没有忽视教师讲课的作用。

第七篇选文是前南斯拉夫教育家弗·鲍良克《教学论》一书中关于教学论的对象与任务的节选。他在文中认为，教学是有组织的教师教和学生学的过程，它是随着学校和教师的出现而萌芽的。教学论是教育科学的一个分支，它研究教养的一般规律。揭示教养的规律就是确定在获得教养过程中各种因素的确定的因果联系和关系。在正规学校教育期间进行的正规教学是最有组织、最系统和强度最大的教养。不难看出，鲍良克对教学论对象与任务的观点与苏联教学论专家的观点是非常相似的，即他们都重视教学论中对教养（即知识与技能的学习）的关注与研究。

第八篇选文是日本学者佐藤正夫在《教学论原理》一书中关于教学论的概念与课题的论述。文中，佐藤正夫指出，教学论是研究如何通过教和学，授受怎样的知识，应当如何去培养学生哪些能力的一门学问，即研究教学中的教养的课题、内容和方法。教学论不是教育论。教育论考察的重点是如何组织儿童的整个生活环境，以实现信念与行为的统一。教学论的重点则在考察凭借教学形成知识、技能的问题。教育论探讨的重要课题是如何形成性格、控制行为，教学论探讨的中心课题则是授受知识的教学过程的规律性、教学的方法论与技术。

教学一般是以课堂教学的形式集中进行的，所以，教学论也称为“授业学”，但两者有所不同。首先，以授业为研究对象的不只是教学论。其次，教学论并不是以教学的全部作为对象的。教学论是教育学的一个分支，其研究的问题域包括：研究学校教学的总的课题；确立教育内容、教材的范围、选择排列的一般原则；探讨授业过程及其规律性；研究教学方式或授业方法的问题；研究如何发挥教学中的教育力；研究教与学应当采取怎样的组织方式。学习与研读本专题所选文献，不仅能使我们了解历史上的教育家对教学概念的不同解释与分析，而且能帮助我们认识教学论的学科性质和研究对象，为后面各专题的学习奠定良好的理论知识基础。

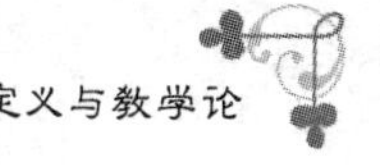

教学的定义[①]

史密斯

作者简介

史密斯(B. O. Smith),美国著名的教育学者,他出版过多部关于教育、教学以及教师教育的著作,发表过几十篇有关教育和教学的研究论文。他主编的《教师教育研究》(1971)一书因内容新颖丰富,曾对美国20世纪70年代到80年代的教师教育研究产生过重要的影响。尤其是他关于"教学定义"探析的论文,不仅被收录在迈克尔·邓金(Michael J. Dunkin)主编的《国际教学与教师教育百科全书》(1987年)之中,而且为后来相当长的时间里国际教学理论界研究教学问题提供了非常有价值的理论参照框架。

选文简介、点评

《教学的定义》一文选自《国际教学与教师教育百科全书》一书,是史密斯教授为该书撰写的词条之一,文中概括了关于教学的五种不同定义,并强调了准确使用专业术语的重要性。

作者在文中指出,长期以来关于教学概念的探讨,主要集中于教学所包含的各方面内容的探讨,而未能提出一种清楚明确的定义。据此,作者概括了教学的五种不同的定义:(1) 教学就是传授知识或技能。这是关于教学的一种描述性定义,描述性定义反映了一个词语在取得定义之前的用法。作者考察了教(teach)与学(learn)的词源,指出在词源上教与学具有亲缘关系,"teach"与教学媒介相关,"learn"与教学内容相关。(2) 教学即成功(掌握)。这主要是从结果的维度来界定教学,强调教学不仅是一个互动过程,更重要的是学习者要获取教授的内容。这一定义虽然引起了一些争议,但它强调教应能助学,这是有实践价值的。(3) 教学即旨在诱导学习的有意行为。这种定义主要强调了教学的目的性和教师的主观能动性。基于这一定义,教学更应关注如何为解决问题或者发挥创造力提供充分条件。(4) 教学是一种符合规定性的行为。这一定义主要关注教学行为的内在标准。如果以教学活动中脑力介入的程度即事实论据和推理的使用程度为最终标准,那么,教学概念就等同于讲授(instructing)和培

① Merlin C. Wittrock. Handbook of Research on Teaching[M]. New York:Macmillan Publishing Company,1986:11-15.

训(training),而需要将制约(conditioning)和灌输(indoctrinating)从教学概念中剥离出来。作者指出,这四种不同的教学定义,都与日常语言紧密相连,还不是关于教学的科学定义。

作者在文中强调了术语准确无误的重要性,认为这是教育科学的要求,更是建立一个有效的实践系统的要求。为此,作者主张科学定义"教学"概念,即对"教学"进行技术定义。如采用并列命题定义,通过对教师教学行为效果的实证性表述来加以定义。这种定义方式改变了以抽象词语定义抽象词语的传统模式,强调用可观察和控制的经历即对教学的经验性认识来表征教学概念。从这种意义上说,教学就是一系列行为和条件的集合体(这即是第五种定义)。

关于教学的概念或定义问题,是教学论研究的基础问题。迄今为止,学者们对教学下了许多的定义,可谓多种多样,恐怕还很难定于一尊。《教学的定义》一文归纳出的五种定义,反映了教学概念的历史发展,以及观察、把握教学概念的不同维度。其中,描述性定义主要关注教学的事实层面,从内容和行为层面来概括;教学即成功(掌握)具有纲领性定义的特征,强调教学结果的客观实现;教学是有意行为的定义,主要强调教学的主观预设、观念影响、目的指引等维度,也可视为纲领性定义;而教学是符合规定的行为这一定义,突出了教学的内在标准或社会标准,因而具有规范行为和区分善恶的意义,这就是规范性定义了;至于教学的科学定义,即用实证性表述或经验性认识的集合来定义,对于具体揭示教学的复杂性、多样性,是很有启发的。但是,教学的形态千差万别,实证性表述又如何形成一般概念呢?可见,对教学概念的探讨,今后仍将不断进行下去。

其实,一个学科的基本概念,往往是通过学科理论体系的具体展开而逐步丰富和具体化的。也就是说,只有在学科理论体系中,通过概念的网络系统,概念的内涵和外延才具体丰富地确定下来。因而,不能孤立地使用概念,即不能脱离其上位概念、平行概念和下位概念来使用,应注意把握概念系统的整体结构,以及问题研究的主要方向与背景,寻求概念的科学定义和合理使用。概念的准确定义非常重要,需要细抠概念,但也不能为概念而概念,概念的真正生命力在理论体系中存在,概念的独特价值在解决问题中彰显,因而,需要把概念定义问题放在科学研究的整体中去认识和把握。

无疑,学习与研读此文,对教育学专业的学生,尤其是课程与教学论专业的学生来说,有着重要的理论参照价值。史密斯教授的教学定义可以作为一个基本的理解框架,但同时应该结合其他教学论著作对于教学的解释,思考与把握什么是教学,更要反思以往人们对教学的定义,从学科的发展与科学研究的整体上去认识与理解教学的内涵与外延及其本质特征。

(撰写人:北京师范大学教育学部课程与教学研究所博士生导师王本陆教授)

选文正文

一直以来,对"教学"(teaching)这一概念的研究,主要集中在对其所包含的各方面内容的探讨,而未能提出一种清楚明确的定义。迄今已出现的四种定义无一例外均未能解决这一问题。一种以词源为理据;另外两种借助语言分析方法;还有一种则受到意识形态的左右。目前,第五种定义正在逐渐形成,它是科学的,并且极有可能将前四种取而代之。这五种定义分别是:(1) 教学的传统意义,即描述性定义;(2) 将教学定义为一种成功;(3) 将教学定义为一种有意图的活动;(4) 将教学定义为一种规定性行为(normative activity);(5) 新近出现的观点,即教学的科学定义。本文将对上述定义的特点逐一进行剖析。

1. 教学的描述性定义

词汇是有历史的,它们从原始的观察和长期的经历中逐步发展而来,呈现出多种多样的意义:有的直指内涵,有的触及外延,有的体现微妙差异,还有的传递感情色彩。任何一种意义要想涵盖由某一个单一的词汇引出的全部体验和观察几乎都是不可能的。也正是由于这个原因,面对精确的思想和表达,日常语言难免捉襟见肘;面对丰富的文学主题,读者往往无法穷尽其内涵。

日常语言中的词汇往往是先使用后定义。这些词汇在具体语境中,相对单一地指称某些物体或事件,而将其他物体或事件排除在外,或者说不能用于指称其他物体或事件。然而,模棱两可的情况数不胜数,此时要决定一个词语是否可用就难上加难。因此,人们希望阐明一个词语的常规用法并对其外延加以界定。阐明词语的常规意义并对其涵盖范围加以解释的定义称为描述性定义(Scheffler,1960)。描述性定义反映的是一个词语在取得定义之前的用法,因而必须和原先的用法保持一致。如果某个词语迄今为止一直用来标示某些特定物体或事件,其描述性定义就必须包含这些用法。

teach(教) 这个词来源已久,在不同时代有着不同的用法。最初它与 learn(学)这个词相关。在莎士比亚的名作《暴风雨》中,凯列班(Caliban)就曾叹道:"你教(taught)给了我语言,我从中得到的好处就是知道了如何诅咒;红色的瘟疫会将你吞噬,因为你把语言教(learning)给了我。" 这里凯列班用 teach 和 learn 表达的是同一件事。

简要追溯这两个词的历史即可揭示它们之间的亲缘关系。learn 源自中世纪英语 lernen,意为"教" 和"学"。lernen 由盎格鲁-萨克森语 lernian 派生而来,其词基为 lar,而 lar 是 lore 的词根。lore 原来的意思是"教"和"学",现在用来指所教授的内容,特别是指传统的事实和观点。因此,learn 和 teach 两字同源(《牛津通用词典》,1995)。所以,早些时候,"我教(learn)你打字",这样的说法是正确的。从这个词源上讲,learn 与教学内容相关。

teach 还有另外一个词源,即古英语 taecan,这个词来源于古条顿语中的 taikjan,其词根是 teik,意为"说明"。teik 通过前条顿语 deik 一直可追溯到梵语

dai。teach 还和 token(意为信号或符号)这个词有关系。token 来自古条顿语 taiknom,与 taikjan 同义。古英语中 taecan 是"教"的意思。所以,符号(token)和教(teach)在历史上是相关的。据此说来,教学就是通过符号或象征向某人说明某事,用符号或象征来激发某人对事件、人物、观察或调查结果的反应。从这个词源上讲,teach 与教学媒介相关。

关于 teaching 的描述性定义,16 世纪和当代稍有不同,当时的描述性定义由以下观点得出:教学就是提供信息;教学就是向某人展示做某事的过程;教学就是教授某一个科目。今天"教学"的传统意义也并非与 16 世纪完全不同。今天的描述性定义认为,教学就是传授知识或技能。

上述定义的目的也许是,指出"教学"这一术语的所指,或者表明该术语涵盖的事件与其他事件的异同,从而避免歧义指称。"传授"(imparting)、"知识"(knowledge)、"技能"(skill)这些词的意义往往是模糊的,但是描述性定义可以通过语境最大限度地消除歧义。例如,人们会说,教学就是分享经历,在这一语境中,"传授" 表示分享;而在另一种语境中,"传授" 则可以表示通过讲授实现信息交流。然而,应该看到,即使语境可以消除歧义,从而使词语清晰地指代某些事物,而将其他事物明确排除在外,依然存在可能不适用的情况。比如,宣传(the spreading of propaganda)能算作是教学吗?对于这个问题,人们莫衷一是,原因是:对"宣传"的概念、对"受教育"的内涵认识不同,对两者的关系理解不同。从描述性的角度,将"教学"定义为"传授知识",使这一问题最终得以解答。

如果从描述性的角度定义一个概念,思维就会聚焦于某一个特定的发展过程(Scheffler,1960)。因此,描述性定义就可以逐渐发展成为程序性定义(programmatic definition)。比如,如果"传递信息"的意思是将讲授法作为传授模式,那么提倡探究教学模式的人就会立即反对这个描述性定义。他们虽然承认"教学"传统定义的准确性,但还是会转向将"教学"作为探究过程的定义。因此,教育学话语(pedagogical discourse)中往往不乏语义学命题。

2. 教学的成功说(teaching as success)

将"教学" 定义为一种成功,意味着"教"包含着"学"。不少教学文献中均通过连字符将这两个概念连写为"教—学",表明教与学是紧密联系在一起的。

上文对这两个词词源的简要回顾,表明了"教" 与"学" 之间的亲缘关系,预示着当代权威人士会将这两个概念作为密不可分的整体加以运用。"我会教(learn)你打字" 这句话的些许言外之意就是,"如果我教你,你就会了解如何打字"。这就是"教学" 成功说的关键,即"教"包含"学"。根据这一观点,教学可以定义为一种行为,即甲学习乙教授的内容。如果甲未学,则乙未教。杜威(Dewey)通过一个等式将教学的这一概念简明地表达出来:教之于学正如卖之于买(Dewey,1934)。这个论述一般解释为:无买即无卖,无学则无教。"教学"不仅是一个互动过程,更重要的是学习者要获取教授的内容。

对于这种“教学”概念,有人提出异议,其理据源自赖尔(Ryle)对任务动词与成就动词的区分(Ryle,1950)。“赛跑”、“医治”、“旅行”、“寻找”等词语属任务动词,表示某种行为。“胜利”、“治愈”、“ 到达”、“找到”则是相应的成就动词,表示事件的发生、结束、终止。据此,“教” 被视为任务动词,“学”则是相应的成就动词。

“learn”(学习) 这个词因而具有两层含义,在不同语境中,既可以表示结果也可以表示过程。“简已经学习了二次方程”这句话表明的是结果。这里“学习”就作为成就动词使用,暗示简在正常情况下能够解决有关二次方程的问题。“简正在学习二次方程” 这句话则表明,简正在学习解决有关二次方程的问题,或者简正在关注别人是如何解决这类问题的。这里“学习” 就表示活动过程。

某些词不能修饰成就动词。比如不能说“某个学生不成功地学会了乘法表”,“错误地解决了一个问题”,“不成功地创造了某物”,因为这在逻辑上是自相矛盾的。但是可以说“学生试着学习乘法表”,也可以说,“他努力了,但没有学会”。

任务动词所表示的活动或行为并不一定总是成功的。我们可以说“动作或行为是熟练的或不熟练的,成功的或不成功的”,可以说“医生对病人的诊断、治疗是错误的”,但决不能说“治愈是错误的”。教师和学生对某一问题的探索可以是不成功的,但要说“他们找到了答案却不成功”,就自相矛盾了。同理,教师教学生拼写,可以说是有效果的或没有效果的,但如果说“学生学会了拼写但没有效果”,就有些奇怪了。

再回到“买—卖”这个类比中。“买”和“卖”同属成就动词。卖,即交换,放弃某物是为了获取某种回报。买,即通过交换或支付金钱得到某物。这就是交易,交易必须是完成的。因此,如果说 “某人买了东西,但是没有买完或者没有买到”,或者说“把东西卖了,但没卖出去”,这在逻辑上都是自相矛盾的。没人买就没法卖,反之亦然,卖必然涉及买。但批评家认为,“教”与“学”的关系并非如此(Smith & Ennis,1961)。教师教导学生如何拼写一组单词,可以是不成功的,而学生却不能说学会了这些单词,但不成功。并且,没有教师教,学生也可以学;学生不学,教师同样也能教。

另外,“教学” 的成功观难以回答以下问题:布朗正在做的事情可以算做教学吗?根据教学的成功观,布朗现在所做的事情能否算做教学,仅凭观察他的行为,是无法做出判断的。要回答这个问题,必须首先了解学生是否通过布朗的行为有所收获。成功观的反面则认为,无须考虑学生的学习效果,通过观察就可以随时判断一个人是否在“教学”。

也许,对教学成功观反面意见最为重要的回应,是强调语境推理而非逻辑推理。如果能够在提出命题的语境中,按照日常语言的规则,由一个命题推导得出另一个命题,则认为第一个命题蕴涵第二个命题(Nowell Smith,1954)。据此,写完一封信不仅仅是从事了一项活动,其行为本身也是一种成功。同理,对于布朗来说,教约翰乘法表不仅仅是从事特定的活动,其本身也是一种成功(Scheffler,

1960)。虽然语境推理不依逻辑规律得出,但是却足以保证其推导结论的正确性。

在教学实践中引入成功说,就是希望在正常情况下教能助学。如果不能这样,就需要对此另外加以解释。然而,以学生的成就来评价教师的做法是值得商榷的,原因在于,同其他专业领域的人员一样,教师无法控制影响结果的所有变量。

3. 教学——意图性活动

尽管在逻辑上"教"并不涉及"学",人们还是期望教师的教学能够带动学生的学习。一名教师在教学上可能并不成功,但人们还是期待他能够努力把教学搞好。努力教学并不仅仅是从事某些教学活动,而是对正在发生的情况予以关注,对人的行为加以剖析和改变。进一步讲,尽力去做一件事情,就是在一定程度上有意为之。如果布朗说他"正在努力给约翰讲授一组单词的拼写",那么依照有序语言的规则(the rules of ordering language),可推导出布朗是有意为之的。如果布朗说"他正在努力给约翰教授一组单词的拼写,但是他并不想这么做",这就有些奇怪了。当然,演员也可以模仿教师上课,说同样的话,做同样的手势。这样的行为如果从表演中剥离出来,俨然就是上课。但是演员的目的在于刻画教师的形象而不是诱发。然而,在正常情况下,如果某人正在给学生讲授一组单词,他当然是正在努力让学生明白每个单词应该如何拼写。这个时候,教学就是有意图的行为,旨在诱导学习(Scheffler,1960)。

意图往往以目标为导向,并与事件的重要性相关联。在特定的时间内,重要性取决于环境和观念。如果学生上课捣乱,教师会认为维持课堂秩序是重要的。但是教师采取何种行为维持课堂秩序取决于他的观念。在一名教师的观念里,上课捣乱只不过是学生疲劳或者想出风头的表现,而另一名教师则觉得是不怀好意,那么这两名教师采取的行动必定有所不同。

"教学"这个概念的意图观,为研究教师的思维方式提供了理据。意图观认为,教师的行为是由意图引导的,来源于教师的观念系统和思维模式(Fenstermacher,1980)。因此要了解教师行为的成因,就必须了解教师的思维过程、所持的观念以及观念的形成过程。

一般认为工作环境和培训课程是教师观念形成的主要来源。确定两者的相对影响因而成为一项研究课题。如果确定工作环境是决定教师观念及意图最有效力的因素,那么正如有些思想家所言,教师应该以学徒制的形式接受实训;另一方面,如果与掌握其他学科知识相仿,对教育学概念和原则的培训有助于塑造教师观念,那么在大学开设教育学课程便是题中应有之意。

"教学"定义的意图观排除了对教学的纯粹行为主义的解释。诚然,从行为主义角度可以确定教学效果。但是,仅仅因为行为证据可用以表明教学是否有效,并不足以得出以下结论:(1) 教学特征是可以提前描述的;(2) 某种行为模式可以构成成功教学的充分条件。总之,成功的教学不应简化为一套一般规律或者规定的行为模式,而应表现为为解决问题或者发挥创造力提供充分条件。

4. 教学——规定性行为

教学的规定性定义要求教学活动应与某种伦理条件保持一致。当然,"教学"的所有概念的定义都是规定性的。这也就是说,定义作为概念的语言表达形式,应对排斥或包容某种行为的具体标准加以规定。这种标准有时带有某种倾向性。例如,"教学"的意图定义,表现在一节课的教学中,会强调一个人在特定的环境中想方设法地努力让另一个人学会某种东西。这一定义排除了僵化的行为主义教学手段和规定的行为模式。教学的规定性概念就逐渐演变成了其他一些教学概念,它们之间主要在标准的客观性及明确程度上加以区别,以此为据,某些行为类型就被排除在外。

在规定性概念的框架下,"教学"是一个通称的术语,表示一个活动谱系,培训(training)和讲授(instructing)为其主要成员,灌输(indoctrinating)和制约(conditioning)属近亲。但是,宣扬(propagandizing)和威慑(intimidation)则不属于这个谱系(Green,1968)。那么依照什么原则对这些词加以区别呢?这一原则必然与学习内容及学习方法有关。培训和制约由塑造技能行为的活动组成;教授和灌输由诱发知识和观念的活动组成。

培训和教授是教学的一部分,这一点毋庸置疑。然而,对灌输和制约是否应该归为教学尚存在分歧。区分的最终标准是教学活动中脑力介入的程度,即事实论据和推理的使用程度。制约既不需要使用例证也不需要进行推理,与教学的联系较远。培训可以并且经常涉及讲授,以指导、推理、例证的形式赋予信息,因此,培训是一种教学形式。

培训和制约用来塑造行为,讲授和灌输则用来诱发观念。观念的形成,方式多种多样:可以由其他正确的命题通过逻辑推理得出;可以由事实论据证明;还有一些观念,没有事实论据,也没有逻辑推理来支持,但人们就是乐于相信。人们可以有理有据地,也可能毫无理由地抱有某种观念,不论其正确也好,错误也罢。然而,讲授主要通过三种方式来诱发观念:(1) 阐述理由并提供证据;(2) 接受反面意见和批评意见;(3) 进行逻辑推理。讲授离这些标准越远,就会越接近灌输;完全抛弃这些标准,讲授就会变成纯粹的鼓吹宣传,最终沦为赤裸裸的谎言。

如果将教学的概念等同于讲授和培训,而将制约和灌输剥离出来,那么无论在教学上还是在道义上,教师都将任重而道远。因为在不少情况下,教师未必能将事实情况尽数了然于胸,其看法也远非放之四海而皆准。例如,教师在讲授历史的时候,谈到涉及本国的国际事件,由于民族文化之囿,加之现有的教材往往站在地方的而非世界史观的立场编写,难免就会有失公允。或许,教师能做到的充其量也只是对教材及课堂讨论认定的结论保持清醒的认识,抱以批判的眼光。

5. 科学定义"教学"

上文提到的四种"教学"定义都与日常语言紧密联系在一起。虽然在一定程度上厘清了"教学"这一术语在教育学话语中的不同意义,但是还远远不够准确，因此人们并未就其应用达成共识。要使某一领域的研究更为科学，尽管可以保留来自日常语言的词汇，但必须在一定程度上抛弃其字典定义。科学研究的任何一个领域都始于原始的观察记录和经历，并且在初期借助来自日常语言中的词语得以向前发展。在机械力学中，“功”、“力”、“马力”这些术语在取得机械力学定义之前，各自都有一段日常语言中使用的历史。它们在机械力学中的定义都非常精确，但是这种定义方式并不是由其日常用法推导得出的。

“教学”一词取自日常语言，在教育学中保留了下来，通过对教师教学行为效果的实证性表述加以定义。例如，一位教师在教授一个具体概念的时候，给出了定义这个概念的规则，也给出了正反两方面的事例，学生掌握这个概念的可能性就增加了；或者学生犯了错误，教师给予纠正，学生学会的几率也就增加了。当然，在研究文献中，这些命题都是用专业术语叙述的，其严谨程度非本文所及。目前，“教学”的技术定义会由一套以“并且”、“或者”、“表明”等词语连接的句子组成。这种定义形式被莱辛巴赫(Reichenbach)称为并列命题定义(definition by coordination of proposition)，它的一般形式为：a＝df{b，c，…}。其中a表示句子“教学是有效的”；{b，c，…}代表一个句集，诸如“教师提供反馈信息”、“教师叙述定义规则并给出正反两方面的事例”；＝df则介于句际而不是位于词汇或短语之间。

虽然在这种形式下，“教学”的概念并未明确界定，但是其意义已隐含在产生该意义的一系列句子当中。较之以抽象词语定义抽象词语的传统模式，新的定义模式使思维更加接近可观察和控制的特性。了解构成“教学”定义的这些句子，其实就是了解对教学的经验性认识。

这些并列的句子代表教师的行为以及业已证明的该行为产生的效果。这种定义模式也可用于定义教学讨论中使用的其他术语。其中包括“能力特征”(competency)、“能力”(competence)、“教学行为”(performance)、“教学效果”(effective)等。能力特征指教师可以理解一个单句的意义并且能够执行其规定的行为。能力表明教师可以理解所有的句意并且能据此发出行为，能做到这一点就可以说这个教师是胜任的。教学行为表示教师的课内行为(Medley，1981)。如果这样的行为符合“有效教学”的定义，这位教师就是一位专业教师(professional)。当然，即便这位教师的行为与“有效教学”定义的描述完全一致，学生的表现也未必尽如人意。这是因为不少其他因素都会影响学生的表现，而教师无法对其全部加以控制(Gustafasson，1977；Lundgren，1972)。

随着教育学继续向前发展，人们对其术语的认识将日趋统一。因为只有术语准确无误，推论才可能具有信度。这不仅是教育科学的要求，是学科基础发展的要求，更是建立一个有效的实践系统的要求。讨论一个术语是否适用于某个特定的事物，或者讨论“这是×××”，虽已成为目前流行的做法，但是未来终将被弃置不用。如此看来，就像“医治”(doctoring)和“工程设计”(engineering)在今天医学和工程语言中的使用状况一样，“教学”这个术语在教育学话语中迟早会变得普普通通。

（贺　莺　陈晓端　译）

学习与教学[①]

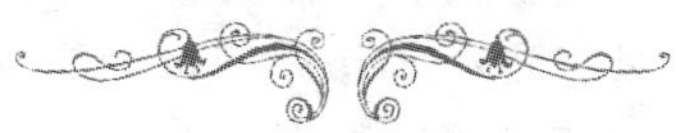

赫斯特 彼特斯

作者简介

保罗·希伍德·赫斯特(Paul Heywood Hirst),英国教育学家,分析取向的教育哲学家,伦敦大学教育学院客座教授、剑桥大学终身教授,英国教育哲学学会荣誉副主席。其主要著作有《教育的逻辑》(*The Logic of Education*)、《知识与课程》(*Knowledge and Curriculum*)以及《博雅教育和知识的性质》(*Liberal Education and the Nature of Knowledge*)。

理查德·斯坦利·彼特斯(Richard Stanley Peters),英国哲学家。他主要致力于研究政治理论、哲学心理学以及教育哲学,尤其是在教育哲学研究领域颇负盛名。他早期集中于研究哲学视角下的心理学议题,包括动机、情绪、个性、社会行为。其最有影响力的著作是《伦理与教育》(*Ethics and education*),该书深刻影响了英国乃至世界范围的教育哲学走向。

选文简介、点评

《学习与教学》一文选自《教育的逻辑》一书,该书于1970年出版。选文分为四个部分,意图在于逐步厘清教育中的基本概念——学习与教学及其相互关系。文中第一部分通过追问"教育的特征"而提出"学习"这一概念,再辅以具体的学习活动实例,逐步阐明学习的基本特征是掌握与经验,并进一步举例说明了教育与学习之间的关系,即学习过程不等于教育过程。"一般说来,教育过程既包括'学习',也包括'教学'。"藉此,文中第二部分展开对教学这一基本概念的厘清。为了达成学生的"学习",必须审慎地、系统地传授,因此,教学对于学校教育是必需的。基于此,文章分析了教学的基本特征,确切地说是教学活动中主要内容的三个逻辑必要条件:第一,与引起学习的意图相联系;第二,须说明或展示学习的内容;第三,须考虑学习者的认知状态。在厘清教学概念的基

---

① 说明:原文题目为"教学",因其内容中首先讨论的是学习问题,继而讨论了教学问题,故这里将题目改为"学习与教学"。——编者注

原文来源:P. H. Hirst, R. S. Peters. Teaching[M]// The Logic of Education. London: Routledge & Kegan Paul,1970.

译文来源:[英] 赫斯特,彼特斯. 教学[M]//瞿葆奎. 教育学文集·教学(上). 北京:人民教育出版社,1988:63-78.

础上进一步说明教育研究需要对教学内容与教学方法重新进行彻底的思考。文中第三部分主要讨论教学与学习的具体活动，通过讨论进一步说明教育过程中教学与学习这两个基本概念之间存在混乱，而准确分析基本概念在教学情境中的含义是非常重要且具有价值的。文章关注的重点是包含在教育中的教学与学习的一般活动。那么教育这一术语是否限制了这些具体活动？这样的追问形成了本文的最后一部分，即教育、教学与学习的关系：审慎地设计教学以便于他人学习，是使教学具有意义的首要步骤；教学活动与有意识学习的人相关，就构成教学；教育过程是由教学所引起的学习过程。

作为分析教育哲学家赫斯特与彼特斯的重要学术成果，该文始终贯穿着分析哲学的方法。分析哲学可以通过精准的语言来厘清教育思想，而这种厘清的过程是一种语言学的方法，正是在不断厘清基本概念和观念的过程中，教育的基本内容与思想才会逐渐变得清晰与有意义。只有澄清了基本的概念或者词条，才能够真正地面对教学、指导教学实践。如本文中提及的教育与教学概念的模糊与演变，需要重新厘清，否则讨论教育的相关论题是不可能的。在其分析哲学方法的基础之上得出关于教育过程就是教学所刺激的学习过程这一论点，隐含了关于教育过程的讨论逐步以教师为中心向以学生为中心转变的进步教育倾向。当然，正如彼特斯在《教育的逻辑》一书中指出的，他的目标是“在于确立价值，而不是厘清价值”。无论是哪种关于教育过程的讨论可能都是不准确的，关键在于运用语言学方法确定与厘清基本概念与基本观点。

该文作为教育哲学的入门读物《教育的逻辑》一书中的一部分，曾刊登在1988年出版的《教育学文集——教学(上册)》中，是国外非常有代表性的教学论研究作品。尽管仅选用部分内容翻译并刊登，但其分析哲学的方法与视野被引入国内的教育、教学研究之中，促进了中国教育哲学以及元教育学、元教学论的研究。20世纪70年代末中国教育界开始关注教育哲学，并引进分析教育哲学的相关书籍与思想，为建设教育哲学思想体系做准备。引进国外教育哲学著作的同时，国内关于教育哲学的著作也相继问世，较有代表性的如黄济先生的《教育哲学初稿》(1982年)、《教育哲学》(1985年)，傅统先、张文郁的《教育哲学》(1986年)，崔相录的《二十世纪西方教育哲学》(1989年)，陆有铨的《现代西方教育哲学》(1993年)等。这之后关于教育哲学的研究热点集中于元教育学和元教学论，如周作宇的《问题之源与方法之镜——元教育理论探索》(2000年)、唐莹的《元教育学》(2002年)等。这些著作都深受分析哲学的影响，都是在澄清与分析基本概念、命题等的基础上，对教育学以及教学论的理论发展与学科建设等问题进行反思，并试图构建新的框架。而这些工作的基础都在于厘清基本概念及概念之间的关系。

值得注意的是，语言学的分析方法运用于教育教学研究以澄清基本概念或命题，需要语言运用的准确性与逻辑的严密性，而做到这两点并非易事。文中

开篇所讨论的“掌握”这一特征既是教育过程的特征，也是学习的特征，再经过一系列的语言的分析与事实的验证而得出“教育过程即学习过程”的结论，岂非已经预设了前提条件：“教育过程即是学习过程”。文中所隐含的理论研究方法及论证的逻辑都是值得进一步探究与学习的。

分析有助于厘清研究中使用的概念。而分析教育哲学就是主张运用分析的方法对教育的概念、命题、理论、问题等进行分析和澄清，以达到思想清晰的目的。思想清晰被认为是理论研究的美德。因此，教学研究也应该在厘清基本概念及其关系的基础上，逐步探讨与发展思想清晰的教学理论。这一点，正是课程与教学论专业研究生在学习与研读中必须特别关注的问题。

（撰写人：全国教学论专业委员会副理事长、西南大学教育科学研究所博士生导师李森教授）

选文正文

一、“学习”(learning)的概念

1. 掌握(mastery)

“掌握”是不是教育过程的全部特征？还能不能提出任何其他特征呢？我们的回答是，至少还可以提出另一个特征，即教育过程必须包含“学习”。例如，天然的生理或成熟过程会引起各种变化，但无论它们多么令人满意，我们总不能说这是教育。不过，这里只是举例说明教育和“学习”不是什么。但是，我们所需要的是比较确定的特征。尽管做起来会遇到困难，但从逻辑上来讲，作为“学习”的必要条件，从而也是教育的必要条件，似乎至少要有两个特征。首先，“学习”始终是有对象的。其次，如果人们必须学习某种特定事物，那么学习过程始终是与某种程度上掌握这个事物、与一定的成功或成就相联系的。学会了(to have learnt)这句话，总是意味着已经达到了某种标准，如：弄懂了以前不懂的东西，或掌握了某种技能。这里，各种可能的成就是多种多样的，至少像我们在前一章所列举的各种目标一样多。所以，如果学习所采取的具体形式也如此多种多样，就不足为怪了。阅读、背诵、观察、绘画、参加各种各样的体育运动，都是比较明显的学习活动。实际上，学习活动的形式是没有止境的，因为任何一种活动都可以作为学习活动的一部分。

2. 经验(experience)

不过，“掌握”一词还不足以显示学习的全部特征，因为很明显，我们必须排除前面提到过的各种成熟的形式。至少从理论上可以这样认为，人们呱呱坠地时就已知晓某些事情或具备某些技能，但我们并不把这些看做是习得的。看来，我们在这里需要加以说明的是，“掌握”或“成就”，是指个人以往经验的产物。不过，我们在这样看问题时，必须承认，在个人尚未清楚地意识到自己已经

获得的某种掌握形式的情况下，也可能产生“学习”。此外，通过经验，也可能引起学习状态的变化。但是，如果我们坚持“经验”是学习的必要条件，那么，是否还要坚持“清醒意识”是学习的必要条件呢？不然的话，怎样理解梦学(sleep learning)呢？怎样理解通过药物作用获得知识这种在理论上讲得通的事呢？假如我们不坚持“清醒意识”是学习的必要条件，那么下列两种情况的差别又何在：一种情况是，在呈现所要学习的材料的过程中，学习者仿佛是清醒的，如同处于梦学或催眠状态之中；另一种情况是，可能使用药物，这是不是学习呢？心理学家们往往倾向于用“学习”这个术语囊括所有非成熟原因引起的行为变化。这样，心理学家可能把由药物引起的行为变化包括在“学习”之内，而这类行为变化显然不是由于经验的作用引起的。心理学家还把由阈下经验(subliminal experiences)、学习者尚未清楚意识到的各种积极的和消极的强化形式所引起的变化包括在“学习”之内。是从广义上还是从狭义上使用“学习”这个术语，即是否要把导致适当成就的那种意识经验(conscious experience)划分出来，还有待于作出决策。假如赞同这些区别，会倾向使用哪一种用法；假如认为没有必要有一种能概括所有不同用法的“学习”的普遍原理，又会倾向使用哪一种用法；所有这一切，在某种意义上来说，也许是无关紧要的。不过，要作出这样的决策，最终取决于被认为是在特定情境里必须作出那些区别的情况。由于篇幅关系，我们眼下暂且不再进一步深入考察这个问题，我们打算根据“学习”这个术语的一般用法来讨论问题。但是，我们中间大多数人并非心理学家，对我们来说，这种用法会使人联想到某些意识或非意识经验(non-conscious experience)的形式，这些经验往往被认为是取得成就所必需的。采用这种一般用法，无疑会为在这种用法范围内作出更精细的区别敞开大门。当人们开始研究教育情境中的“学习”时，会有越来越多的人认为这是重要的。

3. 教育和学习(education and learning)

假定这种提法是对的，那就必须注意，即便所有教育过程都是“学习”过程，也并不表明所有学习过程都是教育过程。教育的价值标准明确意味着，许多可以学到的东西——令人厌恶的事情，如性堕落；或缺德的行为，如揪别人的耳朵——必须排除在教育之外。剔除这类“成就”，从而也就剔除了引起这类“成就”的活动，除非同样的活动过程能够带来大于抵消副作用的其他价值和教育所欲达到的目的。不过，就这些活动过程本身来说，无论它们也许会带来何种成就，可能还是会有反对意见。因为“教育”的价值标准不仅用来判断这些活动的结果，而且也用来判断过程本身。鉴于这个原因，如果没有其他原因的话，某些一般的学习过程不能被当做有教育意义的学习形式。不尊重学习者人格的所谓学习过程，就是一个例子。

二、“教学”(teaching)的概念

1. 教育和教学(education and teaching)

一般说来,教育过程既包括“学习”,也包括“教学”。尽管如此,教育与教学之间并没有必然的逻辑联系。没有教学,教育照样可以进行。我们可以说,一个人自己把船划出去,是“真正的教育”(real education),这就是说,虽然没有任何人向他灌输知识,他也学到了他想学的东西。许多学习的形式,是在没有“教学”的情况下进行的。再者,有教育作用的“学习”,并不意味着是在“教学”情境中必然产生的“学习”的附带标准。但如果教学情境是教师精心安排好的话,则学生能更迅速、更可靠地学会绝大多数事情,这也许是大家普遍经历过的事实。总之,“教学”无论是意味着“学习”,还是意味着“教育”,都肯定不是一种概念上的真理。

当代教育所关心的是“学习”而不是“教学”,这种做法是以这样一条重要原则为基础的,即“学习”乃教育的逻辑必然,而“教学”却不是。然而,如果把过多的注意力放在这一点上,以至于牺牲那些事实上是学生达到理想目标所必需教的东西,那么就会导致非常严重的“教育失误”(miseducation)。这实际上恰好表明,说许多目标没有“教学”也能达到,这在实践中是不可能的。不过对我们来说,重要的是要弄清教学活动的性质。前面已经论证过,在客观经验的不同形式中,概念以及检验真理的方式是主要的教育目标。这些教育目标连同我们感兴趣的有关心理品质,使我们能够一步一步地阐明千百年来形成的复杂的语言结构、社会制度和传统。只有掌握了它们得以生长的复杂的非自然世界(non-natural world),它们才会对每一个儿童开放。因此,我们要审慎地、系统地向学生介绍这些目标的抽象性质和复杂结构,因为看来这是儿童迅速有效地获得它们的唯一途径。单凭儿童在社会和物质环境中生活和自由探索,以为儿童就能够获得我们希望他们获得的复杂的、受规则支配的原理和程序(例如事物是正确的还是不正确的,是有根据的还是无根据的,等等),这种观点即便不像通常想象的那样荒谬,也是可笑的。有意识地按那样的方式行事,或因缺乏适当计划而按这种方式行事,都表明完全没有认识到目标的复杂性。因而,我们大多数人在思维或行为方面,能独立达到的目标甚少。

由此看来,要学生学习的许多事情,我们必须审慎地、系统地传授。学校的主要职能无疑就在于完成这项任务。如果事实的确如此,那么尽管“教学”对于“教育”和“学习”的所有一切形态来说,可能并不都是必要的,但对于“学校教育”(schooling)来说,则是必需的。而且,学校所关心的教育和学习的那些要素,是由教师和其他权威人士在制定目标和学习活动时有意安排的。如果没有在一定程度上有意识地关心教学,那么,不管这种机构的方法多么新颖,这种机构也似乎不配享有学校的称号。这些机构舍弃了教学这种职能,起别的作用去

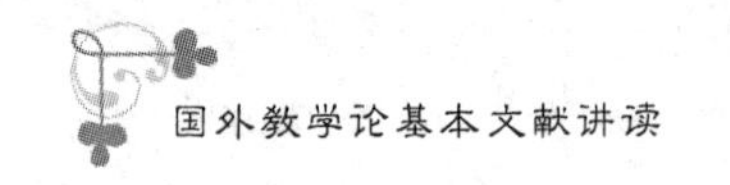

了，尽管这些作用本身可能是合乎需要的，但人们不禁要问，谁来承担审慎地为学生的“学习”做一些事情的责任？

2. 引起学习意图(the intention to bring about learning)

教学有些什么特征呢？我们怎样来辨别它的活动呢？正如学习活动和干园艺活这个例子所表明的①，教学不存在一种带有“教学”标记的具体活动。但不管怎么说，一个共同的特征还是明显的。因为在所有活动的背后，都存在着引起学习意图的问题。当然，它已经不再是那种通常为大多数人所公认的用法：教学是指人们必须学习一定的事情。相反，教学意味着教师有目的地引起学习。

把教学看成仅仅是由有目的的活动所组成的(无论这些活动可能采取什么特定的形式)，以此为出发点，这对于使我们从这种有局限性的观点——把教学限制在像教导(instructing)和演示(demonstrating)这类传统方法之内——中解放出来，可能是很重要的。如前所述，我们要学生学习的各种事情在性质上是极不相同的，如概念、信仰、技能、习惯、态度等等。因而学习过程也各不相同。所以，旨在引起如此众多的学习形式的教学活动，必然也是多种多样的，这是不足为怪的。再者，在某些场合，我们所要求的学习，最好由学生自己来完成。给学生以自行决定活动顺序的机会；或给他们先自己发现问题，然后再加以条理化的机会。这些活动可以是教学的一部分，如果不是全部的话。因为假若“教学”除了“学习”再没有其他要点和意图，那么这样的计划看来完全符合“教学”这个术语的本意。

然而，在有损于学校教育的必要部分——相互关联的教学活动——的情况下，强调学习活动，可能会毁坏学校教育事业。举例来说，探究(enquiry)、发现(discovery)、研究(research)、尝试错误(trial and error)等，都是学习的形式。但这些学习形式的自然发源地似乎都是这样的情境：个人实际上是自学，事实上也没有教师，或可能无法有教师，因为所要学习的东西还是未知的。确切地说来，这些都是在没有教学的情况下人们自己“学习”的活动。但是，对比起来，学校教育的全部要点恰恰在于有教师，而教师的职责则在于尽可能以最好的方式引起学习。在这种情况下，探究、发现、研究、尝试错误的要素都可能有一部分组成学校教育。但在自然状态下，这些活动本身则不能构成学校教育。而且，在学校教育中，这些活动要在控制条件下审慎使用，至少要在认为它们是在学校教育中达到某种具体目标的最佳途径时，才使用它们。这里，这些活动作为周密安排的教学方案的一部分，可能与教导和示范活动在教学方案中所占的成分一样多。学校教育并不限制可能允许的各种学习活动。相反，在学校教育

---

① 作者在前面曾提及，教育或学习并不是指一种单一的、具体的活动或过程。例如干园艺活，这包括挖地、锄草、修剪等一组活动。我们不能说挖地这种活动是一种教育或学习，而只能说挖地、锄草、修剪等活动组合在一起的“干园艺活”是一种教育或学习。——译者注

中,各种活动必须成为有意计划的一部分,这个计划从确定学校教育事业的具体目标开始,然后组织实现这些目标的最有效的手段。而且,就算处于这种情况下,也必须记住,通常没有理由去这样设想:人类当初发现事物的方式,是今天学生学习前人已知事物的最佳方式。也许值得指出的是,这里所说的,并不意味着对学生将要参与的学习活动没有任何选择。就像在确定课程目标和课程编制一样,所有这些活动的抉择,最终必须依靠他人,即依靠教师。"为了达到具体目标,最佳学习活动是什么?"对这个问题的判断是个永远争论不休的议题。由于从一开始起对目标就没有取得过一致看法,对最佳活动的争论常常被搞得偏离主题、混乱不堪。

3. **说明学习内容**(indicating what is to be learning)

除了教学活动的意图是引起学习这一事实外,我们还能进一步说出教学活动的其他特征吗?我们至少还可以说出两个特征来。毫不奇怪,这两个特征是同学习的两个特征相联系的。如前所述,教学活动是学生学习某种特定事物的活动,这是事实。教学过程在某种意义上包括特定学习者的经验,这同样也是事实。在考虑教学时,事实上必然也就是考虑怎样把某些东西教给别人。用上述观点看问题,如果有个人并没有通过某种手段确切地呈现要学习的内容,却宣称他正在进行教学,这将是令人费解的。事实上,无论人们教游泳的意图多么坚定,但如果把对英语语法结构的分析、讲述怎样解决流体力学的某些方程式,当做是在教游泳,那是荒唐可笑的。很清楚,教师的意图要在教学活动中起作用,就必须向学习者演示、说明、描述或解释学习内容,如果不是公开地这样做,至少也要有一定的暗示。对于教学来说,至关重要的是技能,即善于在教学中呈现学生学习的各种要素、设计工作卡片、进行示范或组织安排发现的环境等多种形式。注意种种呈现的形式——如果不是所有的话——在其他情境中(特别是在娱乐活动中)的重要性,这是有效益的。在教学中,与众不同的特点在于呈现内容时的意图,即要求学生达到某种以前不曾具备的掌握的形式。这种意图不能与得到乐趣或欢乐同日而语。

教学活动必须说明或表达一些要求学生学习的内容,其目的在于清楚地区别那些基本的教学活动与许多不是基本的,但在环境中可能有价值的活动之间的界限。例如,在教法语时,必须用某种方式向学生描述语言的各个方面,以便他们能够听到怎么讲、看见怎么写,如此等等。与此同时,给成功的学生以祝贺、微笑或奖励,这些做法与其说是在教法语的内在成分,不如说是在保持和谐的课堂气氛。事实上,这类条件也许能促进学生的学习,从而起到外部辅助物的作用。但至少在某处特定的意义上,它们既不是我们所指的学习的成分,也不是我们所指的教学的成分。当然,教学这个术语有一种更普通的用法,它既包括特定的教学活动,也包括在偶然情况下发生的有助于教学过程的那些活动。在实践中,后者是非常重要的。它是恰当理解什么是教学的关键,一定不

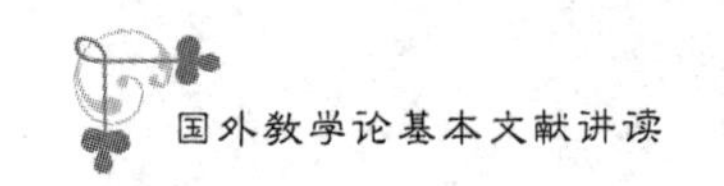

能把教学活动与进行某种教学所必需的那些活动相混淆。对于教学或学习来说，理想的条件和外部的动机既不是必要条件，也不是充分条件，但事实证明，它们作为教学和学习的辅助手段是有价值的。

4. 学习者的认知状态(the learner's cognitive state)

即便上述所有前提都成立，但我们在把教学界说为"最清楚地呈现要求学生学习的内容的活动"时，还会遇到困难。因为这些活动不能用来鉴别学生事实上能够学习的东西。让没有俄语知识的学生去阅读一首俄文诗，能够教他们去欣赏这首诗吗？对本科生讲授微分，可以看做是一种教学，但假如对平均年龄十岁的一个班级的儿童讲授微分，那还算不算是教学呢？在这种情况下，教学活动是在没有看到所有的教学（至少从原则上来说）都包括教人和教事这一简明逻辑要点的前提下组织起来的，当然就会遇到麻烦。而且，正如特定的活动必须说明特定的教学内容一样，教学活动还必须用易于接受的方法对有关学生加以说明。坚持把不能鉴别学生能够学什么的活动统统置于教学范畴之外，看来这已成了一种非常强烈的主张。而我们在使用教学这个术语时，肯定很少清楚地注意到这一点。然而，在任何情境中，都必须考虑到这一点。而且，这一点正是比较"进步的"教学方法的提倡者的功劳，就像我们在第二、三章中论证过的，这些人立论很清楚，他们极力主张教师的工作必须以学生已有的认知状态为根据。比较"传统的"方法一直明显地倾向于只考虑清楚地表达要学习的内容，而对学生认知状态的情况采取想当然的做法。如果上述分析是正确的，那么教学必须明确兼顾学习内容和认知状态这两个方面，并以此为根据来区分教学的优劣。

前面已经提到，当代使用"学习"这个术语时，有时会根据自己所认为的那种活动或过程提出不同的要求。有时把这个术语限定为非因果关系的、有意识的过程；有时把它限定为无意识的过程；有时甚至更广义地使用这个术语，认为它是有因果关系的过程。如果我们不准确地规定教学的含义，那么，这里也就必须承认当代用法的多样性。我们已经指出教学活动中主要内容的三个逻辑必要条件：(1) 它们必须与引起学习的意图相联系；(2) 它们必须说明或展示学习的内容；(3) 它们必须用易于学习者理解并适合学习者能力的方式来进行。但有些所谓的"教学"忽视了这些必要条件之一甚至之二，却还牵强附会地被认为是"教学"，存在这种情况是可能的。有关削弱后两个必要条件之一的确切意义的问题，已经在前面几节里论述过。但削弱第一个必要条件的精确意义是值得引起注意的。因为具有这一特征的活动在教育中有时确实很重要。很显然，在有些人作为学习手段的活动中，并不存在任何引起学习的意图，这种情况并不少见，但在这种情况下，可以说前一种活动在教后一种活动。观察某人表演一种特殊的体育技艺，或解决一道数学难题，也许能教人以大量的东西。在这种情况下，使用教学这个术语至少是合乎情理的。而且，即使这种活动并没有

意图，但事实上，这种活动使观察者明确了尚未明了的事情。人们在这种场合之所以可能学到东西，是因为他们自己的认知状态的作用。我们的许多学习也完全可能以这种方式发生。实际上，在某些情况下，特别是在艺术和社交学习方面，除了在师生社团中开展某些活动之外，我们能施教的情况是很少的。不过，审慎地安排这些活动，以便他人能够学习，这显然是通向完全有目的的教学的第一步。根据这样的教学定义，一旦作为学习者的看法影响这种活动本身时，教学也就产生了。

5. 内容和方法(content and methods)

综上所述，我们一直尽力在这两个重点之间保持平衡：一方面强调大量能够构成教学的具体活动；另一方面又强调必须满足的必要条件。在任何特定的情况下，选择最佳的具体活动有赖于许多非哲学性的特定因素。但值得提及的是，在考虑具体活动计划时，往往会出现需要从哲学上深入考虑的两个要点。第一，重要的是对以下各方面作出区分：(1) 作为正在设计的教学活动之结果的学习内容；(2) 用来表述学习什么的教学内容；(3) 呈现这些内容的方法和形式。在考虑第一个方面时，摆在我们面前的，就是要弄清教学所追求的目标。其他两个方面是表明达到这些目标的手段，这是两个独立的方面，当然也可能是有联系的。假定通过学习所欲达到的这些目标是对的，那么在许多情况下，可以通过多种形式来说明或表述这些目标。在教人理解抽象概念，如民主或古典交响乐的类型(这些内容的具体表述是多种多样的)时，尤其是这样。假如一种特定的内容是正确的，那么，准确呈现的方法也是多种多样的。如果教“民主”的方法所用的内容是当代英国的政治程序，而不是用古希腊发源的这个概念的历史演变，那么，对这种程序作有分析的叙述、在实施这种程序的过程中直接观察、在学校里进行模拟，或者用电影形象来说明，这些难道不都是一种呈现方法吗？再说古典交响乐，选莫扎特的交响乐作为内容，让学生在音乐会上听了之后作个别分析；对乐谱达到一定的了解后，由教师在黑板上进行简要分析；或者在“寻找主题”的音乐测验中得到解释；如此种种，不都是多种表述形式吗？

然而，如同在第四章中指出的，对实际教育计划的手段—目的这样一种写照，如果用粗糙的手段来解释，那么会把情况弄得很糟。只要内容和方法本身表达和体现了目标，所采用的内容和方法在事实上同目标就没有什么联系。内容本身正在被掌握，即便原本是为了其他某种目标，但人们一般认为这种掌握本身就是目标。方法同样有这种双重意义，它们本身包含着技能训练这种直接的教育价值。当然，这些看法在某种程度上确实限制了周密计划过的教育所采用的内容和方法。然而，这有利于发现比过去最通常使用的方法更有效的教学方法。还必须认识到，一般说来，选择目标时并不包括对精确的内容和正确的方法作出判断。例如传统文法学校采用的具体内容和形式方法，对不属于能干的儿童来说被证明是无效的，但这并没有提供正当的理由去拒绝向这种儿童提

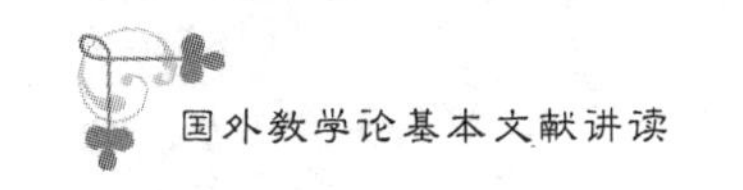

出教育目标。同样,“慢慢来”也不是唯一选择。如果目标确实在各方面都有价值,那么我们所需要的是,彻底重新思考在具体教学条件下所采用的内容和方法。

在计划的这一层次上,第二个要点是,在一定程度上,各种目标的复杂的相互关系事实上是存在的,这些目标决定了教学的序列。前面勾勒的每一种客观经验和知识的模式,都有一个独特的内在逻辑结构,这种论点,有时用来表明,存在着一个严格的必要的时间序列,主要概念和命题是在这个序列中学到的。如果这样,那么这个时间序列就决定了教学时必须遵循的概念和命题的顺序。这种观点犯了一个类似课程设计者所犯的错误。课程设计者以为,不同经验模式之间的逻辑区别,必然意味着把课程组织成各门独立的学科。但是,我们再一次重申,目的或成就的形式不能与手段的形式相混淆。在掌握概念和命题时,情况并不是这样,除非在非常独特的情况下,即在这些因素之间的相互逻辑关系规定了一个决定它们可理解性的有层次的相互依存的顺序的情况下,上述讲法才是对的。只要是这种情况,就会存在独特的教学和学习的序列。不过,按照层次模式的观点,理解力和知识一般不是用一块块砖砌成的。就绝大部分而言,我们掌握了术语的含义和主张的理由,开始形成相互联系的概念和真理,它们的联系环节被锻造成各种各样的顺序,恰如可以通过被锻造成各种各样的内容和方法一样。上述的序列证实,这并不是始末根由,柯尔柏格(Lawrence Kohlberg)、皮亚杰(Jean Piaget)和其他人声称,在掌握属概念(categoreal concepts)和原则时已经发现了这种序列。这类序列在这里看起来有时肯定反映了确实决定可理解性的某些逻辑前提。不过,要对这个问题得出详细结论是困难的。目前,我们所能说的所有东西,是需要在个别的、特定的情况下考察教学和学习的精确的限制条件。在所有学习的后面都存在着一个也是唯一的一个序列,如果我们对学习序列分析得非常严密的话,就会看到这种观点肯定是长期以来一直不适当地限制着我们教学方法的另一个秘密。

三、教学和学习的具体活动

在讨论教学和学习时,我们一直没有把注意力放到它们可以采取的比较具体的形式上,读者一定在别处考虑过这个问题了。作者希望前面的一般性讨论,已经提供了一个可能有它们某些初步特征的框架。运用已经区分出来的原则,对最广义的学习的各种活动,可以根据特定的掌握类型、特定的经验类型,或所包含的因果过程来加以区别。至少在某种程度上,有些学习形式是在没有教学的情况下产生的,对此我们已作过评论。教学也是这样,教学活动可以通过考察其所包含的目标、内容和方法的类型来加以区分。取一种比较简单的途径,教学的类型可以参照教学所指向的学习的类型来加以区分。例如,分清“教导”(instruction)和“训练”(training)的确切意思,可以用来把握在什么样的环

境中使用这些术语是适宜的，以及根据哪些确切因素来使用它们。当这些术语的必要条件尚未具备时，不确切地使用这样的词汇，可能会把一个粗心大意的教师错误地引到很不适当的、不可能达到他们预想结果的活动形式中去。而对一个教师来说，当学习赖以存在的情境中的各种必要因素已不复存在时，还认为通过那些称之为“游戏”(play)和“探究”(enquiry)的活动会引起学习，这只能是天真的想法。经常变换使用时髦的“社会化”(socialization)这个术语，时而表征某种目标，时而代表某种学习过程，时而被视为一种教学形式，时而与教学形成对照，这恰恰表明了有关教育过程的许多争论的混乱程度。准确地分析教学情境中这类术语的意思，是非常重要的，而且始终会带来富有价值的结果。

四、教学、学习和教育

本文主要关注的，与其说是在特定的教育情境中教学和学习所采取的形式，不如说是一般的教学和学习活动。因此，在结束本文时，我们不禁要问：根据我们上述分析，教育是否限制了标有这些术语的各种活动？如果教育的重点在于发展包含知识和理解力在内的理想的心理状态，那么，必须清楚地认识到，教育包含了各种各样的具体目标，就像布卢姆的认知、情感和动作技能领域所包括的目标一样。同时，它也决不排除例如像形成身体技能这样的目标，尽管这些技能肯定被看做与个人理解力和其他心理特征的发展有关，因为理解力和其他心理特征能够赋予他一生以适当意义，并为形成身体技能做好准备。因此，在这种意义上，教育为具体的体育运动训练之类的活动只提供有限的场所，因为它们的成就极其有限。但教育也不完全排除它们。值得记住的是，教育所包括的目标的多样性意味着，在整个教育事业中几乎每一种可能的学习和教学都可占有一席之地。

然而，所要排除的是那些教育概念所包含的“价值”和“知识”标准肯定不一致的活动。根据“知识”标准，教育几乎排除所有意在掌握不假思索的行为反应方式的教—学边缘过程(peripheral processes of teaching and learning)。因为，上述的这种教—学边缘过程意在排除一个人理解自己正在做的事情、对这种活动作出批判性评估以及改变自己行为的可能性。就此说来，这些活动与知识标准是直接矛盾的。从另一种观点来看，这种行为方式可能是有价值的，而且有时仅仅从为了生存来看，这种行为方式也是必需的。然而，不能把这种行为方式看成是教育的成就。由于争论越多，人们越把那些有目的地促进思维、批判和经过思考的行为作为主要的教—学过程感兴趣，而且为了某种目的十分审慎地寻求如何去制约上述过程中发生的认知框架。尽管所实现的东西可能有其他价值，而且那种过程甚至可能偶尔也发展某些具有有限的教育价值的事情，但其主要目的与知识标准是不相容的，因而必须受到抵制。从任何角度来看，阻碍理解力发展和知识掌握的，必定是反教育的(antieducation)。正是由于这个原因,凡属于难以捉摸的术语,如"注入"(indoctrination)这一类的许多活动,都必须清除掉。那些并不试图阻碍但也并不鼓励理解力增进的活动,处于有些模棱两可的地位。即使不把它们视为消极的教育价值,但也很难被认为有许多积极的作用。从教师这个角度来看,刚才提及的活动一直被理解为是完全有意图有目的的。然而,即便没有任何这种意图,但如果达到了以这些意图为特征的目的,从教育的观点来看,还是必须对它们予以拒绝。仅仅由于上述这种理由,就需要对教学活动的结果进行彻底的检验调查,看看是否超过了教师预定的结果。唯有同时采用了这种方式,我们才能希望控制住由所谓最佳教育意图所造成的教育失误。

教育的"价值"标准比"知识"标准更为一般,其意义更有限,如果不是说更不重要的话。我们多次提及的手段和目的之间复杂的相互联系,意味着不能用简单的功利主义的术语来评估教育过程。如果教育内容和教育方法本身是被当做辅助目标来掌握的,那么它们应该同比较直接的目标一样,根据教育要求来给予评判。从学习中"学"和从探究中"学",实际上已经成为近年来非常明确的课程目标,这一变化使得通常认为仅仅是教育手段的活动增添了重要性。因此,教育活动本身必须用教育术语来评估,而不能轻率地用对其他目的有用的功利效益这些术语来评估。在实践中,这种评估是很难的,部分是由于我们忽视了不同的教一学活动的经验事实。由于我们对那些我们确实认为有教育价值的事情还缺乏一致意见,因而为这种评估平添了困难。我们的阐述再次提醒人们正视教育中价值评估的极其困难的处境,而这些评估肯定不仅左右教育宗旨或教育目的(ends or aims of education),而且也左右教一学过程。目前,我们的教育价值很少排除许多可能的教一学形式。那些被排除的东西,通常是以广泛的一般道义上难以接受为理由而遭到拒绝的。

因此,我们的结论是,教育过程即学习过程,这种学习过程可能因教学而得到促进,理想的心理状态(包括知识和理解力)由于学习而得到发展。这样的过程是很多的——通过榜样、个别指导、教学机器等从经验中学。最近,对这些过程的讨论倾向于两极分化,一些人持"传统的"教师中心态度,一些人持"进步的"学生中心态度。我们的观点是,这两种"模式"都是偏颇的。比较充分的分析认为,教育过程比这两方中任何一方所说的更复杂,坚持对活动范围作任何限制的教条主义者,其结果只能是徒劳的。

(熊川武　译　施良方　校)

大教学论(节选)①

夸美纽斯

作者简介

扬·阿姆斯·夸美纽斯(Johann Amos Comenius,1592—1670),捷克著名教育理论家和实践家,近代西方教育理论的奠基者之一。夸美纽斯在教育理论上的最大贡献,是比较全面地论述了改革中世纪的旧教育、建立资本主义的新教育的主张,从教育目的、原则、方法和内容等方面提出了一个比较完整的改革旧教育的方案。这一思想集中地反映在他的教育理论代表作《大教学论》一书中。除此之外,他还著有《母育学校》、《世界图解》等,其中《世界图解》是一本运用直观性原则编写的教科书,是西方第一本图文并茂的儿童启蒙读物。

选文简介、点评

夸美纽斯对教学工作的诸多方面都进行了深入的研究。他在《大教学论》一书中开宗明义地指出:教学论是"教学的艺术"。这种艺术是"一种把一切事物教给一切人类的全部艺术","使人获得真实的知识"。

夸美纽斯在《大教学论》中总结了丰富、具体、有用的教学经验,包括前人、时人和他本人长期从事实践的经验。他力图使这些经验总结上升成为规律、理论,使其从属于一个总的、更高的原则,他所提出的这个总原则就是自然适应性。他认为,在自然、社会和人类的活动中存在着普遍的规律,一切好的教育、教学原则、规则、方法都受这一普遍规律支配,必须服从(或适应)这种普遍规律,这就是自然适应性。在第十六至十八章中,夸美纽斯的论证公式是:(1) 先提出一条自然现象的规律;(2) 用自然界的事例说明这条规律;(3) 在人类活动中,园丁如何模仿这条规律;(4) 现存的学校教学工作怎样违反了这条规律而出现了错误(偏差);(5) 纠正偏差的办法。

夸美纽斯认为,教学工作要废除强制灌输的方法,要多方激发儿童的学习自觉性。他认为凡是强迫孩子们去学习功课的人,便是给了孩子们很大的害处。那么,用什么方法把学生的求知欲望激发起来,提高他们的自觉性呢?他

---

① [捷]夸美纽斯.大教学论[M].傅任敢,译.北京:教育科学出版社,1984:90-154.

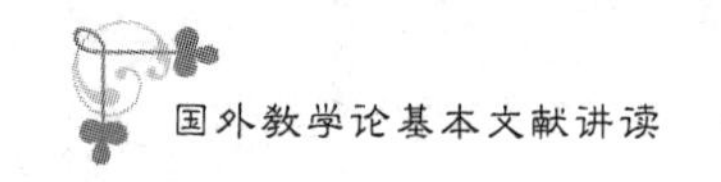

认为，第一需要来得自然。因为凡是自然的事情就都无须强迫——水往山下流是用不着强迫的。第二，要使教学的方法合于口味，要使学生有兴趣。第三，学生学习的事物对于现实生活（或将来）是有用的。在教学的时候，教师要指出所教的事物在日常生活中的用途，这样学生就会变得积极而热心。

夸美纽斯在《大教学论》第十六至十八章中提出的教育教学改革建议多达二十多条，包括了从学科排列顺序到教学方法选择再到减轻课堂负担等。从这些改革建议中，我们可以看到，夸美纽斯提出教学工作要根据学生的年龄特点和理解能力来进行。教材的深浅难易要符合儿童的理解能力，教材的分量要适当。他认为一切应学的科目都应加以排列，使其适合学生的年龄，凡是超过了他们的理解力的东西就不要给他们去学习。他指出学校强迫学生做过重的功课，对学生来讲是一种酷刑。他提议减轻学生的功课负担，尽量少给学生过多的默写及过多的需要背诵、记忆的功课，这样才能使学习更容易、更快意。夸美纽斯还主张把教学从当时引经据典、咬文嚼字的“文字教学的绝路”上解放出来，采取直观的方法。他把直观教学定为教师的“金科玉律”，要求在一切教学中普遍地运用。

夸美纽斯最伟大的贡献就是他在教学论中所提出的一套完整的体系。他从“泛智”的要求出发，为各级学校规定了多方面的教学内容，其中包括百科全书式的知识教育、道德教育和宗教教育。他所提出的教学内容，大大地超过了经院主义的教学内容。夸美纽斯的教学过程主张以学习事物、理解事物为教学的中心内容。他把教学过程分为三个阶段——人的感官收集知识；透彻理解事物，掌握知识；通过复习和练习，巩固知识——从而打破了以呆读死记为中心的经院学派的陈腐传统。在夸美纽斯以前，教育家们虽也曾提出过一些教学应遵循的原则，但往往缺乏理论上的根据。夸美纽斯第一次给予这些原则以理论上的阐述，在今天对我们仍有启发和可供借鉴之处。

当然，由于科学发展水平的限制，夸美纽斯没有也不可能把教学论建立在辩证唯物主义的认识论的基础上。但是，应当肯定，他的这些基于实践经验的教学论思想，在一定程度上反映了教学工作的某些客观规律，为以后的教学论的研究工作开辟了一个新的时期。夸美纽斯的教育思想中还夹杂着一些神秘主义和中世纪的落后思想。但毫无疑问，他是一个划时代的伟大的教育家。他的教育思想，对世界许多国家的教育都发生过影响。

（撰写人：陕西师范大学教育学院博士生导师刘新科教授）

选文正文

第十六章 教与学的一般要求；即一定能产生结果的教与学的方法

一 我们的主，耶稣基督在《福音书》里所打的比喻真是好极了，他说："上帝的国，如同人把种子撒在地上；黑夜睡觉，白日起来，这种子就发芽渐大，那人却不晓得如何这样。地生五谷，是出于自然的；先发苗，后长穗，再后穗上结成饱满的子粒。谷既熟了，就用镰刀去割，因为收割的时候到了。"（《马可福音》，第四章，二六）

二 救世主在这里告诉我们，在一切事物里面发生作用的都是上帝，人所能做的只是用一颗虔诚的心，去接受教导的种子；然后生长与成熟自然就会自行继续，为人所看不出来。所以，教育青年的教员的责任不是别的，只须熟练地把教导的种子散布到他们心灵里，并精心地灌溉上帝的植物就够了。增加与生长自然就会从此来到的。

三 谁会否认撒种与种植需要技巧和经验呢？假如一个没有经验的园丁把幼树种在一座果园里面，大多数幼树死掉了，少数长得茂盛的则是由于机遇之故，不是由于技巧。但是受过训练的园丁的工作是很小心的，因为他受过良好的教导，知道在什么地方去做，知道在什么时候去做，知道怎样去做，并且知道什么不必去做，自己才不至于失败。事实上甚至一个有经验的人有时候也不免失败（因为一个人不能够事先考虑得十分周到，一点不犯错误），但是我们现在所讨论的并不是周到与机遇的抽象问题，而是怎样用周到去排除机遇的技术问题。

四 直到现在为止，教导的方法还很不可靠，很少有人敢说："在若干年月之内，我可以把这个青年教到某种某种程度；我一定用某种某种方法去教他。"所以我们应该看看，我们能不能够把训练才智的艺术奠定在一种坚实的基础上面，使我们能够得到可靠的与准确的进步。

五 由于只有尽量使艺术的步骤符合自然的步骤才能正确地奠定这种基础（这是我们在第十五章已经知道了的），我们打算遵循自然的方法，拿一个孵化幼鸟的鸟儿来做我们的榜样；假如我们看见园丁、画家和建筑家步随自然的后尘得到了好结果，我们就该明白，教育青年的教育家是应该采取同一行径的。

六 假如有人觉得这种做法不足重视，过于平常，他就应当想想，我们是在从日常习见、举世周知，并且在自然与艺术方面（教学的艺术是例外）产生了良好结果的事情，去推求那些比较不很被人知道，但系我们现在的目标所需的事情。大家知道了那些形成我们的方案的基础的原则所根据的事实之后，我们是可以希望我们的结论来得更加显明的。

原 则 一

七 自然遵守适当的时机。

比如，一只鸟儿要想繁殖它的种类，它不会在万物都被寒冷冻僵了的冬天去繁殖，也不会在万物都被酷热烤焦了的夏天去繁殖；并且它也不会在秋天去繁殖，因为那时候一切生物的生命力跟着太阳的光辉日趋低落，初冬挟着敌视的姿态正在到来；它只在春天去繁殖，因为那时太阳给万物带回了生命与精力。并且繁殖也分好几个步骤。当天气还冷的时候，鸟儿把鸟卵怀在体内去给它们温暖，因为在体内，它们就不至受到寒冷的侵袭；一旦天气渐趋温暖，它便把蛋儿放到巢里，但是要到温暖的季节到来以后，娇嫩的幼鸟有了逐渐习惯光亮与温暖的机会的时候，才把它们孵化出来。

八　模仿。——同样，园丁当心地不违背季节去做任何事情。所以他不在冬天去种植（因为那时候树汁留在树根里面，预备日后升上去，把养料带给树木）；他也不在夏天去种植（那时树汁已经分散到树枝上面去了）；他也不在秋天去种植（那时树汁又再回到树根里面），他只在春天去种植，因为那时候水分已开始从树根往上升，树木的上部开始发芽了。对幼树很重要的是此后所需的各种处理，如下肥、修剪、剪枝之类，也必须选择恰当的时候。甚至树木本身的发芽、开花、生长、成熟，也是有它的正当时机的。

同样，谨慎的建筑家也必须选择正当的时机去砍伐木材、烧砖、下脚、建造以及粉刷等等。

九　偏差。——学校犯了一种直接违反这个原则的双重错误。

1. 没有选择运用心灵的正当时机。

2. 心灵的运用没有正确地划分阶段，使一切进展能经各个必经的阶段去得到，一点也不漏掉。当孩子还是一个儿童的时候，他是不能够受教的，因为他的悟性的根芽离地面还太远。一旦老了，那时再去教他又太迟了，因为那时智性和记忆已在衰退。在中年的时候，教导是困难的，因为智性的力量分散到了形形色色的事物上面，不容易集中起来。所以，我们应该选定青年时期。这时生命和心灵都是生机盎然的，都在蓄积力量；一切事情都是精力饱满的，都可以深深地生下根。

十　纠正。——所以我们的结论是：

1. 人类的教育应从人生的青春开始，就是说，要从儿童时期开始（因为儿童时期等于春天，青年时期等于夏天，成年时期等于秋天，老年时期等于冬天）。

2. 早晨最宜于读书（因为在这里，早晨等于春天，正午等于夏天，黄昏等于秋天，夜间等于冬天）。

3. 一切学科都应加以排列，使其适合学生的年龄，凡是超出了他们的理解的东西就不要给他们去学习。

原　则　二

十一　自然先预备材料，然后再给它形状。

比如，鸟儿想要产生一个和自己相似的生物，它便先用自己的一滴血去怀下胚胎；然后再预备生蛋的鸟巢，但是不到幼鸟已经形成，在蛋壳里面动弹的时候，不把它们孵化出来。

十二　模仿。——同样，小心谨慎的建筑家在开始兴造一所建筑以前，便先去收集许多木材、石灰、石头、铁以及其他种种必需的东西，使自己日后不因缺乏材料以致被迫停止工作，或发现建筑物的坚固性受了损害。同样，画家想要画张图画，便去预备画布，把它支在架子上面，在上面涂上底色，和好颜料，把画笔放在便于随手取用的地方，最后才开始作画。

同样，园丁在开始工作以前，他就去准备好园地、本枝、接穗和工具，以免工作时还要去找必需的用具，否则会破坏整个工作。

十三　偏差。——学校是违背了这个原则的犯人：第一，因为它们不经心，事先不去准备书籍、地图、图像、表解之类的机械帮助，不为一般的使用把它们准备好，而只在到了需要这样或那样的时候，他们才去做实验、画图、笔录、抄写等工作，这种工作由一个不熟练的或是不当心的教员（这种教员的数目一天天在增加）做出来，结果是可悲的。这就正像一个医生到了用药的时候才不得不到花园与树林里面去徘徊，去收集和蒸馏药草和树根一样，医治每一种疾病的药剂他都应该随时放在手边。

十四　第二，因为甚至在学校所用的书籍里面，也没有遵守先材料、后形状的自然秩序。到处都是恰恰相反的情形。总是不自然地把事物的分类放在关于事物本身的知识前，虽然在被分类的事物没有出现以前，分类是不可能的。关于这一点，我可以用四个例子来说明。

十五　(1) 在学校里面语文先学，科学后学，因为智性在学习语文方面耽误了好些年，然后才去学习科学、算学和物理学等等。但事物是主要的，文字只是偶然的；事物是本体，文字只是衣着而已；事物是核，文字是壳，是皮。所以两者是应该同时呈现到智性眼前的，事物尤其如此，因为它们和语文同样是悟性的对象。

十六　(2) 甚至在语文学习方面，正确的次序也被颠倒了，因为学生不是从某个作家或从一种熟练地编辑出来的片语集开始的，而是从文法开始的；其实作家（和他们用自己的方式所写的片语集）可以供给言语的原料，即字眼，而文法则只能供给形式，即关于字的组成、次序和结合的法则。

十七　(3) 在人类知识的百科全书式的读物里面，艺术总放在前面，科学总放在后面，虽则科学所教导的是事物的本身，而艺术所教导的则是操纵事物的方法。

十八　(4) 最后，先教的是抽象的规则，然后才勉强找几个例子去解释；虽则光体显然应比光体所照的人先出现。

十九　纠正。——所以，为使学校得到彻底的改进起见，下面各项是必需的：

1. 书籍与教学所需的材料必须事先准备好。

2. 悟性应该先在事物方面得到教导，然后再教它用语文去把它们表达出来。

3. 一切语文都不要从文法去学习，要从合适的作家去学习。

4. 关于事物的知识应该放在关于它们的组合的知识之前。

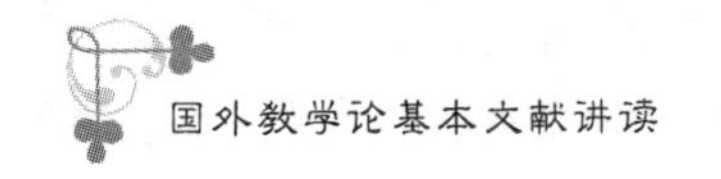

5. 例证应比规则先出现。

原 则 三

二十 自然选择一个合适的物件去动作，或是先把它加以合适的处理，使它变得合适。

比如，一只鸟儿不把别的东西放在它所伏着的巢里，它只把一件能孵出小鸟的东西放在里面，就是一个蛋。假如一块小石头，或任何其他东西掉到巢里去了，它就会认为没有用处，把它扔掉。但孵卵的过程中，它却把温暖给蛋里的物质，照顾它，直到孵出小鸟为止。

二十一 模仿。——同样，建筑家尽量挑选质地优良的木材，砍下来把它弄干，弄方，锯成木板。然后选择建筑的地点，把那地方扫除干净，打下一个新的基础，或是修整旧有的基础供他利用。

二十二 同样，假如画布或画面不合画家的颜料，他便设法使它们变得更加合适，加以抹擦、打磨，使它们合于他的用途。

二十三 园丁也(1) 从能结果实的树上选择一枝具有充分活力的嫩枝；(2) 把它移植到一座花园里面，小心地种在地里；(3) 除非他看见它已经生了根，他不给它接穗，去增加它的负担；(4) 他在接上新穗以前，先去掉原有的枝条，甚至沿着树干切去一块，使树汁除了灌活接穗以外，不作别用。

二十四 偏差。——学校是违背这个原则的犯人：不是因为它们收容了智性低劣的人(因为我们认为，一切青年都应该入学)，主要是因为：

1. 这些幼小的植物不是移植到花园里的，即不是完全信托给学校，使凡是应当训练成人的人在他们的训练没有完毕以前，谁也不许离开这个工场。

2. 一般地说把最可贵的知识、德行与虔信的接穗接得太早了，在树干还没有生根以前就去接，就是说，在那些天性没有学习倾向的人的学习欲望还没有被激发起来以前就去接。

3. 在接穗以前，旁枝或吸根没有去掉；就是说，心灵还没有习于约束与秩序，从一切懒惰的倾向中解脱出来。

二十五 纠正。——必须使：

1. 凡是进了学校的人都要坚持学习。

2. 在开始任何专门学习以前，学生的心灵要有准备，使能接受那种学习(参看下章原则二)。

3. 应为学校清除一切障碍。

“因为训诲是没有用处的，”辛尼加说，“除非去掉了当前的障碍。”关于这一点，我们要到下章再讨论。

原 则 四

二十六 自然的作为不是杂乱无章的，它在前进的时候，是界限分明地一步一步进行的。

比如,生一只鸟儿的时候,它的骨骼、血脉、神经是在不同时间里面形成的;在某一个时候,它的肉变结实了,在另外一个时候,它得到了覆盖身体的皮肤或羽毛,在另外一个时候,它学会了怎样飞。

二十七 模仿。——一个建筑家打基础的时候,并不同时又去修墙,更不去修建屋顶,这些事情他只在适当的时候与适当的地点分别去进行。

二十八 同样,一位画家并不同时画二三十幅图画,他只去画一幅。因为,虽然他可能时时在别的画面上加添几笔,或注意到别的事情,但是他的精力所集中的是一幅,而且只有一幅。

二十九 同样,园丁一次并不种植好几株幼苗,他只一株一株地种,以免自己弄糊涂或毁坏自然的作为。

三十 偏差。——学校因为想要一次教给学生好些事情,于是就产生了混乱。例如,拉丁文和希腊文的文法,或许还有修辞学和诗词,以及许许多多别的科目。因为大家知道,在古典学校里面,阅读与作文的主题差不多一天之内每小时都在改变。假如这还不算混乱,我倒愿意知道它算什么。这就正像一个鞋匠同时想做六七双新鞋子,他一只一只轮流拿起来,才几分钟又放下了;又像一个面包师一样,他想把各种面包都放到他的炉灶里面,但是立刻又得把它们拿出来,放进去一种的时候便得把另外一种拿走。这种傻事情谁会去做呢?鞋匠要做完了第一只鞋子才做第二只。面包师在炉灶里面的面包完全烤好以前不把新的面包放进去。

三十一 纠正。——我们要学这些人,不要使学文法的学生再学辩证法,也不要在他们的功课里面加上修辞学,去把他们弄迷糊。我们也要等拉丁文学好了再教希腊文,因为心灵同时从事几件事情的时候,它是不能把精力集中在一件事情上面的。

伟人约瑟·斯卡利泽(Joseph Scaliger)便很明白这层道理。据说他(也许是根据他父亲的建议)从来一次不去从事一个以上的知识部门,他只把精力集中在一个部门上面。由于这个缘故,所以他不仅精通了十四种语音,而且精通了人类领域中的一切艺术和科学。他对于这些东西一件一件地专心地学,非常成功,在每一门学科上面他都赛过了那些终生终世专学那一门的人。凡是曾经步随他的后尘,模仿过他的方法的人,也无不做出了很大的成绩。

三十二 所以,学校应当这样组织,使学生在一定的时候只学一件事情。

原 则 五

三十三 在自然的一切作为里面,发展都是内发的。

比如,以一只鸟儿而论,首先形成的不是足爪、羽毛或皮肤,而是体内各部分;体外各部分要到后来有了合适的时机再去形成。

三十四 模仿。——同样,园丁并不把穗接在外表的树皮里面,也不接在

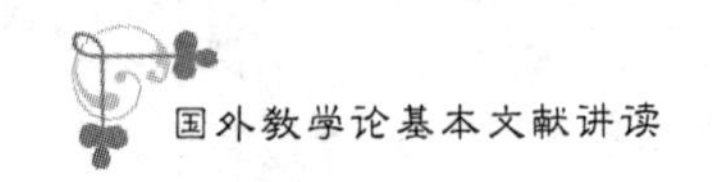

木材的外层，而是切一个切口，切到木髓里面，把接穗尽量深深地插进去。

他就这样把接口弄得很牢固，使树汁不能跑掉，而被迫流到枝条里面，竭尽全力去把枝条灌活。

三十五　同样，树木得到天上的雨水和地下的水分作养料，它吸收养料也不是经由外层的树皮，而是经由最内层的微孔。由于这个缘故，所以园丁并不灌溉树枝，而只灌溉树根。动物也不把它们的食物送给外部的肢体，而把食物送给胃，由胃去消化，并供养整个身体。所以，如果教育青年的教育家肯去特别注意知识的根芽，即悟性，这种根芽不久就会把它们的生命力输送给树干，即输送给记忆，最后输送给花儿与果实，这就是说，熟练地运用语文和实际的能力就会产生出来。

三十六　偏差。——有些教员在这一点上犯了错误，他们不对他们所教的孩子把学科彻底讲解清楚，却无止无休地要他们默写，要他们死记硬背。即使其中有人愿意讲清楚教材，也不知道怎样去讲清楚，就是说，不知道怎样去照料知识的根芽，不知道怎样进行知识的接穗。他们这样把学生弄得精疲力竭，就像一个想要在树上切一个切口的人一样，不去用刀，却用一根棍棒或者一个木棰去代替。

三十七　纠正。——所以：

1. 学生首先应当学会理解事物，然后再去记忆它们，在这两点经过训练之前，不可强调言语与笔墨的运用。

2. 教师应该知道一切可以使悟性变敏锐的方法，应当熟练地应用那些方法。

原　则　六

三十八　自然在它的形成进程中是从普遍到特殊的。

比如，一只鸟儿要从一个鸟卵产生出来。先形成的并不是鸟头、一只鸟眼、一根鸟毛或一只鸟爪，而是按照下列的程序。整个鸟卵得到了温暖；温暖产生运动，这种运动生出一个血脉系统，这就构成了一只整个的鸟儿的轮廓(划分了将要变成鸟头、鸟翼、鸟足等等的各部分)。在这个轮廓没有完成以前，个别的部分是不会被完成的。

三十九　模仿。——建筑家把这种情形当做他的模范。他首先在他的头脑里，或在纸面上，或用木头替建筑大体做出一个计划。然后再奠基，筑墙，修建屋顶。在这种步骤没有完成以前，他是不会注意到完成一座房屋所必需的细节，如同门、窗、楼梯等等东西的，最后他才加上装潢，如同绘画、雕刻和地毯之类。

四十　一个艺术家也是同样进行工作的。他并不开始就画一只耳朵、一只眼睛、一个鼻子或一张嘴，而是先用木炭勾出一个面孔或全身的轮廓。如果他觉得这个轮廓类似原来的形状，他才用笔去轻轻勾画，一切细枝末节仍旧省略不画。最后他才加上光与影，用种种颜色把各部分仔细画完全。

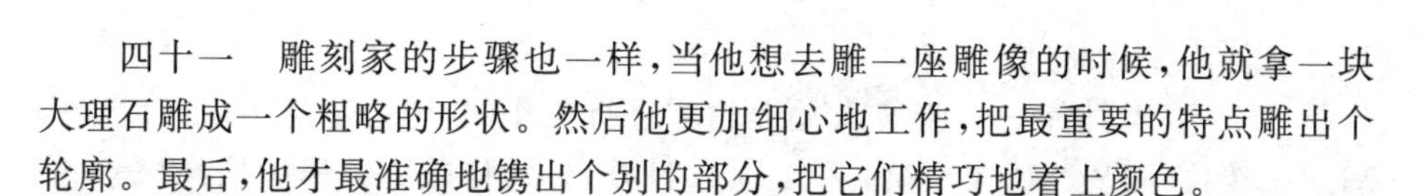

四十一　雕刻家的步骤也一样，当他想去雕一座雕像的时候，他就拿一块大理石雕成一个粗略的形状。然后他更加细心地工作，把最重要的特点雕出个轮廓。最后，他才最准确地镌出个别的部分，把它们精巧地着上颜色。

四十二　同样，园丁拿的是一棵树上的最简单、最全面的部分，就是一根嫩枝。后来，这根嫩枝有多少蓓蕾，它就能够长出多少个枝了。

四十三　偏差。——由此可见，不先把整个知识领域的一般轮廓放在学生跟前就去详细教授科学的各个部门是错误的，谁也不应该这样受到教导去精通知识的某一个部门，而没有彻底懂得它与其余一切部门的关系。

四十四　由此又可知道，艺术、科学和语文教学，如果先不教明初步概念，便是教得不好的。我记得很清楚，当我们开始学习辩证法、修辞学和玄学的时候，我们一开始便被冗长的规则，被评注和评注的小注，被作家比较和纠缠的问题累坏了。教我们拉丁文文法的时候连一切例外的与不规则的地方全教了；教我们希腊文的文法的时候也把全部方言都教了，我们这些可怜的人们被弄得昏头昏脑，差不多弄不清它是讲的什么了。

四十五　纠正。——医治这种没有系统的毛病的方法是：孩子们刚刚开始学习的时候，他们应当学到一般文化的基本原则，就是说，所学的科目要这样排列，使后学的功课不要带来新的材料，而只扩充孩子们业已学会的初步知识。正如一株树木一样，即使活了一百年，它也并不发出新的枝桠，只是听任原有的枝桠去发展，去扩大而已。

(1) 每种语文、科学或艺术必须先教它的最简单的原理，使学生对它能得到一种概念。(2) 第二步就可以把规则和例子放在他的跟前，进一步去发展他的知识。(3) 然后他就可以系统地学习那门学科，并且学习它的例外的与不规则的地方。(4) 最后，就可以给他一种评注，虽则只有在绝对必要的情况之下才能给他。因为凡是开始就彻底学会了一门学科的人是很少用得着评注的，他是不久就可以自己去写评注了的。

原　则　七

四十六　自然并不跃进，它只一步一步地前进。

一只小鸟的发展包括某些不能够省略或延搁的渐进的步骤，一直到它最后破壳而出为止。当它破壳而出时，母鸟并不让幼鸟去飞、去觅食(实际上它也做不到)，它只自己喂它，用自己的身体替它保持温暖，这样去促进它的羽毛生长。当幼鸟的羽毛业已长好的时候，它并不立即把它从巢里抛出去，使它飞，而是首先教它在鸟巢里面展动它的翅膀，或蹲在鸟巢边上，然后再到靠近鸟巢的巢外去飞，先从一枝树枝飞到另外一枝树枝，然后再从一株树木飞到另外一株树木，再后才从一个山头飞到另外一个山头，最后一直到它具有充分的自信，能在旷野飞行为止。我们容易看出，这种种步骤之中的每一步骤都是必须在适当的时候去做到的；不仅时候应当合适，而且步骤也应当是渐进的；不仅要渐进，而且

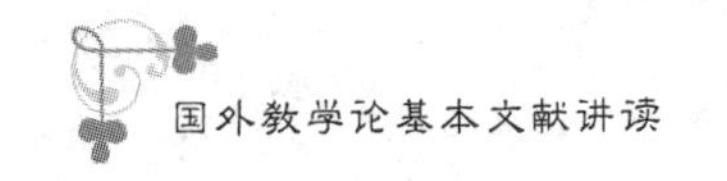

要是一种不变的渐进。

四十七　模仿。——建筑家也是这样进行工作的，他并不从山墙或墙壁去着手工作，而是从基础去开始。一旦基础打好以后，他并不去修屋顶，而是去造墙壁。一句话，各个阶段的接连次序是依它们的相互关系而定的。

四十八　园丁也同样要采用渐进的原则。野生的树干必须找出来，掘起来，移植过去，加以修整，加以修剪；接穗必须插进去，接口必须弄牢固，这种种步骤没有一个是能够省去或改变次序的。但是，如果这种种步骤做得合适，遵守了正当的次序，结果不成功是很少可能的，事实上是不可能的。

四十九　偏差。——所以，假如教员不为本身设想并为学生设想，不把他们所教的学科分成阶段，使每一阶段不仅可以直接导入另一阶段，而且每一个阶段都可以在一定的时限以内教完，这显然是很荒谬的。因为除非立定目标，预备好达到目标的方法，并且计划好利用这种方法的适当制度，那是容易有所省略或颠倒的，结果就是失败。

五十　纠正。——所以：

1. 各个班级的一切功课都应该仔细分成阶段，务使先学的能为后学的开辟道路，指出途径。

2. 时间应该仔细划分，务使每年、每月、每日、每时，都有一定的工作。

3. 时间与学科的划分应该严格遵守，务使无所省略或颠倒。

原　则　八

五十一　自然如果开始了什么工作，不到工作完成，决不离弃。

假如一只鸟儿受了自然冲动的督促，开始去孵卵，它不到孵出了小鸟是不离开的。假如它只孵几个小时，卵内的胚胎便会冷掉，死掉。甚至小鸟孵出以后，它也并不停止给它们的温暖，它一直要孵到小鸟已长强壮，生了羽毛，能御寒冷为止。

五十二　模仿。——画家开始作画以后，如果中途不间断，直到画成为止，他也就会画出最好的作品。因为在这种情形之下，颜色就会结合得更好，粘得更牢。

五十三　由于这个原因，一座建筑在建成以前最好一点不间断；否则太阳、风雨就会糟蹋它，后加的部分就不会那样坚实，四周便会有裂缝、弱点和松散的接口。

五十四　园丁工作时也是明智的，因为他一旦开始了接穗，不到工作做完就不中止。因为，假如中途耽误了，工作没有做完，树汁在树木或接穗里面干掉了，树木便被糟蹋了。

五十五　偏差。——所以，假如孩子们连续上了几个月或者几年学之后，又长久地退出学校，去做别的事情，那是有害的；假如教员一会儿开始这门学科，一会儿又去开始那门学科，什么都没有满意地做完，也是同样有害的；最后，

假如他不为每一小时安排一定的工作，把工作做完，使他的学生在每个时限之内得以向着所望的目标得到明显的进步，那也同样是致命的。凡是缺乏这种火焰的地方，一切事物都会变僵冷。有一句谚语说“趁热打铁”，这不是没有道理的。因为冷却后去打是没有用处的，那时它又得重新放到火上，这样就要浪费许多时间和铁质。因为铁块每热一次，就要损失一些。

五十六 纠正。——所以：

1. 凡是进了学校的人，就应该继续留在学校，直到变成一个具有充分的学识、德行与虔信的人为止。

2. 学校必须设在一个安静的地点，要远离尘嚣和分心的事物。

3. 凡是学习计划规定该学的就必须学，一点不要规避。

4. 任何学童都不得凭借任何借口离开学校或逃学。

原 则 九

五十七 自然小心地避免障碍和一切可能产生伤害的事物。

比如，当一只鸟儿正在孵化鸟卵的时候，它是不会让冷风，更不会让雨或雹去接触鸟卵的。而且它也会把蛇与鸷鸟等赶走。

五十八 模仿。——同样，建筑家也尽可能使他的木料、砖头和石灰保持干燥，不让他所建成的东西被破坏或塌下来。

五十九 画家也保护一幅新画成的图画，不使它受到风、炎热与尘土的侵袭，除了他自己的手以外，不会让别人的手去碰它。

六十 园丁也用一道栏杆或用一道篱垣去保护幼小的植物，不使兔子或山羊去啮它，或把它连根拔了起来。

六十一 偏差。——所以，当一个学生正在开始学习一门学科的时候，给他介绍一些争论之点。也就是让一个正在学习新事物的心灵采取一种怀疑的态度，这是愚蠢的。这不等于把一株刚刚开始生根的植物连根拔了起来吗？[休哥(Hugo)说得对，他说：“凡是开始就去考察可疑之点的人，是决不能够进入智慧的庙堂的。”]但是，假如青年人没有受到保护，避免不正确的、难理解的、写得不好的书本以及不良伴侣的侵袭，情形恰恰就是这样的。

六十二 纠正。——所以我们要注意：

1. 学生除了适合他们班级的书本以外，不可得到别的书本。

2. 这种书本要是可以正当地称为智慧、德行与虔信的源泉的。

3. 在学校里面和在学校附近，学生都不许和不良的伴侣混在一起。

六十三 假如这种种建议全都能被遵守，学校是很少不能达到它们的目的的。

第十七章 教与学的便易性原则

一 关于教育者怎样才能确有把握地达到他的目标的方法，我们已经考虑过了，我们现在要看看这些方法怎样才能适合学生的心灵，使它们用起来容易

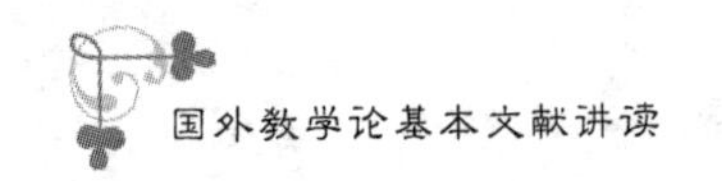

而且快意。

二　步随自然的后尘，我们发现教育的过程会来得容易。

1. 假如它开始得早，在心灵没有腐化以前就开始。

2. 假如心灵有了接受它的适当准备。

3. 假如它是从一般到特殊的。

4. 假如它是从较易到较难的。

5. 假如学生不受过多学科的压迫。

6. 假如在每种情形之下，进展都是缓慢的。

7. 假如按照学生的年龄，采用正当的方法，智性不被强迫去做天性所不倾向的事情。

8. 假如每件事情都通过感官去教授。

9. 假如每件所教的事情的用途不断在望。

10. 假如每件事情都用一种，并且是同一种方法去教。

我说，要使教育来得容易而且快意，这种种就是应当采用的原则。

原　则　一

三　自然从小心地选择原料开始。

比如，一只鸟儿要孵卵，它就选择新鲜的、内容纯粹的卵。假如小鸟的形成业已开始，那便盼望不出任何结果来了。

四　模仿。——建筑师想要建造一座建筑物，他就需要一块开阔的地段。假如地上已经有了房屋，他就必须把它掀倒，才能建造新屋。

五　艺术家也要一块清洁的画布才能画出最好的作品。假如画布上面已经画过了画，或是不干净，或是粗糙，他就必须把它弄干净或弄光滑，才能用它。

六　我们要保存珍贵的药膏，我们就必须得到空瓶子，如果瓶子正作别用，便须小心地洗去它们所盛的东西。

七　园丁也宁愿种植幼小的树木，如果种的时候太老，他便把它们的枝桠砍去，以免树汁分散。由于这个原因，所以亚里士多德(Aristotle)把“剥夺”放在自然的原则中，因为他认为，当旧的形状没有去掉以前，在任何材料上是印不上新的形状的。

八　偏差。——由此可见：(1) 最好在心灵还很清新，没有养成把精力分散到形形色色的事务上面的习惯以前，就使它去专心探求智慧；教育开始得愈迟，它便愈难得到支持，因为，那时心灵已经被别的事情占住了。(2) 假如一个孩子是由几个教师同时教导的，结果一定不好，因为他们很难采用同样的方法，如果他们不采用同样的方法，孩子的心灵便会一会儿被引到这个方向，一会儿又被引到另一个方向去了，他的发展就会受到阻碍。(3) 当儿童或较大的孩子开始受教时，如果不先进行道德教育，那就是一种非常缺乏判断的表现；因为他们如果学会了支配自己的感情，他们就更适于接受别种教导。驯马的人用一块铁衔使马接受他们的绝对支配,他们在教马蹓步以前,先要取得马的服从。辛尼加(Seneca)说得对,他说:"先学德行,后再学智慧,因为没有德行,智慧便难学到。"西塞罗(Marcus Tullius Cicero)也说:"伦理学可以使心灵适于进一步接受知识种子。"

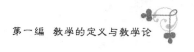

九　纠正。——所以:

1. 教育应当从早开始。

2. 学生的每门学科不可有一个以上的教师。

3. 在做其他事情以前,先要运用教师的力量使德行变和谐。

原　则　二

十　自然使它的原料真能获得它的形状。

比如,小鸟在卵内充分形成了的时候,便寻求进一步的发展,它动,它冲破蛋壳,或用嘴把它啄破。一旦脱离了它的囚牢以后,它就在母亲所供给的温暖与养育中得到了快乐,它期望地张开嘴,贪婪地把食物吞进去。它喜欢空旷的天空,它练习翅膀,后来就快乐地去运用它的翅膀。总而言之,它表示一种热切的愿望,要去实践它的一切自然功用,虽然在整个发展的进程中,它是一步一步地前进的。

十一　模仿。——园丁也必须为植物合适地供应水分与温暖,使它乐于精壮地生长。

十二　偏差。——所以,强迫孩子们去学习的人,就是大大地害了他们。因为他们能够期望什么结果呢?假如一个人没有食欲,却又被迫去吃食物,结果只能是疾病与呕吐,至少也是不消化、不痛快。反之,假如一个人饿了,他就急于要吃食物,立刻可以把食物加以消化,容易把它变成血肉。所以爱索克拉提斯(Isocrates)说:"凡是热忱求学的人就会是具有学问的人。"昆提利安(Quintilian)也说:"知识的获得要靠求知的志愿,这是不能够强迫的。"

十三　纠正。——所以:

1. 应该用一切可能的方式把孩子们的求知与求学的欲望激发起来。

2. 教导的方法应该减轻学习的苦楚,使学生在功课上不受到任何阻碍或耽误他们的进步。

十四　孩子们的求学欲望是由父母、由教师、由学校、由所教的学科、由教学的方法、由国家的权威激发起来的。

十五　孩子们的求学欲望能由父母激发起来,假如他们当着子女的面,揄扬学问与学者,或应许给他们美好书籍和衣服,或其他精致的东西,鼓励他们去用功;假如他们称赞教师(尤其是教他们的儿子的教师),称赞教师对于学生的友谊,称赞教师的教学技巧(因为爱与慕是最能激发模仿欲的感情);最后,假如他们不时打发学生带着小小的礼物到教师那里去。这样一来,他们就容易使子女爱好他们的功课,爱好他们的教师,并且信任他们的教师了。

十六　孩子们求学欲望能由教师激发起来，假如他们是温和的，是循循善诱的，不用粗鲁的办法使学生疏远他们，而用仁慈的情操与言语吸引他们；假如他们称赞学生当时所学功课的美好、快意与安易；假如他们不时称赞用功的学生（对于年幼的学生，他们可以给予苹果、坚果和糖食等等）；假如他们把儿童私下地，或在班上叫到跟前，把他们应学的事物的图像给他们看，或向他们讲解光学或几何器械、天球仪以及诸如此类可以激起他们羡慕的东西；或是间或让儿童带信给他们的父母。总而言之，假如他们和善地对待学生，他们就容易得到学生的好感，学生就宁愿进学校而不愿意待在家里了。

十七　学校本身应当是一个快意的场所，校内校外看去都应当富有吸引力。在校内，房屋应当光亮清洁，墙上应当饰以图像。这种图像应当是受人崇拜的人物的照片、地图、历史图表，或别种装饰。在校外应当有一个空旷的地点可以散步和游戏（因为这对儿童是绝对必要的，我们以后就可以知道），并且还应当附属一个花园，让学生时时进去，在那里欣赏树木、花草、植物。假如这样，孩子们进学校就很可能像赴市集一样快乐，永远盼望在那里看到、听到一些新鲜的事物。

十八　所教的学科如果合于学生的年龄，解释得清清楚楚，它们本身对于青年人就是有吸引力的；假如解释能用幽默的，至少是比较不甚严肃的语调加以调剂，那就尤其如此。因为这样一来，快乐和有用就合二为一了。

十九　要使方法能够激起求知的愿望，第一，它必须来得自然。因为凡是自然的事情就都无须强迫。水往山下流是用不着强迫的。一旦水坝等阻止水流的东西移开以后，它就立刻会往下流。我们用不着劝说一只鸟儿去飞，樊笼开放之后它立刻就会飞的。眼睛看到美丽的图画，耳朵听到优美的曲调，用不着督促就会去欣赏的。在这种情形之下，必须约束的时候比必须督促的时候还多。至于自然的方法所必需的要求是看了上章和随后的规则就可以明白的。

第二，如果想使学生发生兴趣，我们就应用心使方法合口味，务使一切事物，无论如何正经，都可以亲切地、诱人地放到他们面前；比如用对话的形式，即诱导学生争相答复，并解释深奥的问题、比较和寓言之类。不过关于这一点，我们要到合适的地方再细说。

二十　政府当局和学校的主管人可以出席公共仪式（如同宣告、辩论、考试和升级之类），赞扬用功的学生，给他们小小的礼物（不可偏袒），这样去激起学生的热忱。

原　则　三

二十一　自然发展一切事物都是从头开始的，开头虽则显得无关紧要，但是具有巨大的潜伏力量。

比如，形成一只鸟儿的物质不过是盛在蛋壳里面的几滴东西，它们容易得到温暖，容易孵化而已。但是这几滴东西却潜伏地包含了整个鸟儿，因为后来鸟体是由集中在它们当中的生命力形成的。

二十二 模仿。——同样,一株树木,无论如何巨大,它是潜伏地包含在果核或者树枝尖端的一个嫩枝里面的。假如它们有一个放在地内,它所包含的内在力量就可以生长出一株整全的树木。

二十三 可怕的偏差。——一般地说学校直接违背了这个原则,犯了一个可怕的错误。大多数教师努力用植物代替种子,树木代替嫩枝,放在地里,因为他们不从基本的原则去开始,却乱七八糟地把不同的结论或作家的整本作品放到学生面前。但是教导所根据的当然只是极少数的原则,正如土地由四个元素组成是一样的道理(虽然形式各不相同);从这些原则(按照它们的分化力的显明限度)就可以堆成出无数的结果,正同一株树木一样,成百的枝条,成千的树叶,花儿和果实都是从原有的一根嫩枝发生出来的。啊!愿上帝怜悯我们这个时代,愿他打开某一个人的眼睛,使他能够看清事物间的真实关系,能把他的知识传授给其余的人类吧。有了上帝的帮助,我希望,在我的《耶教智慧大纲》(*Synopsis of Christian Wisdom*)里面,我能认真地这样努力去做,我只希望对于上帝在合适的时候吩咐继续这件工作的人们能有一些用处。

二十四 纠正。——同时我们可以得到三个结论:

1. 每一种艺术都应当包含在最简短和最实用的规则里面。

2. 每一条规则都应当用最简短和最清晰的字句表达出来。

3. 每一条规则都应当伴同许多例证,以便遇到新的事例时,规则的用法一看就明白。

原 则 四

二十五 自然从容易的进到较难的。

比如,一个蛋的形成并不是从最坚硬的部分蛋壳开始的,而是从蛋的内部开始。最初外面包着一层薄膜,不久硬壳就出现了。鸟儿学飞,先习惯用腿站,然后徐缓地运动它的翅膀,然后再多用力量,直到自己能从地上飞起为止,最后就得到了充分的信心,能在天空中飞了。

二十六 模仿。——同样,一个木匠的学徒先学砍树,然后把树锯成木板,把木板钉在一起,最后才学用木板建成整所的房屋。

二十七 形形色色的偏差。——所以,用同样未知的事物作媒介去教未知的事物是错误的,如同下列的情形:

1. 假如对刚学拉丁文的孩子,用拉丁文去教拉丁文的规则。这就正像用希伯来文的规则去解释希伯来文,或用亚拉伯文的规则去解释亚拉伯文一样。

2. 假如不用德文拉丁字典,而用拉丁德文字典去帮助这些初学的人。因为他们并不需要拉丁文的帮助去学他们的国语,而是要用已知的语言作媒介去学拉丁文(关于这种错误,我们到第二十二章再细说)。

3. 假如让一个不懂他们的语言的外国教师去教孩子。因为如果他们没有共同的媒介可以用来和他交谈,对于他所说的话只能去猜度,那么除了一种巴培尔塔(Tower of Babel)以外还能有什么结果呢?

4. 假如各国家的孩子(就是法国的、德国的、波希米尔的、波兰的或匈牙利的孩子)都按同样的文法规则[比如美兰克吞的或累马斯(Ramus)的文法]去教,那是背离正当的教学法的,因为这种种语文对于拉丁文的关系各不相同,如果要把这些国家的孩子的拉丁文彻底教好,这种关系是必须好好地懂得的。

二十八　纠正。——这种种错误可以避免:

1. 假如教师和学生说同样的语言。

2. 假如全部讲解都用学生所懂得的语言去讲解。

3. 假如文法与字典是用那种能为学习新语言作媒介的语言写成的(就是说,用国语去学拉丁文,用拉丁文去学希腊文)。

4. 假如能让新的语言的学习逐渐进行,使学生先去学会了解(因为这是最容易的),然后再学写作(因为这里还有思索的时间),最后才学说话(这一点最困难,因为说话的进行是很迅速的)。

5. 假如拉丁文和德文合并在一起,应把德文放在前面,因为它是学生所最熟悉的,把拉丁文放在后面。

6. 假如教材能这样排列,使学生先知道最靠近他们的想法的事物,然后去知道不大靠近的,随后去知道相隔较远的,最后才去知道隔得最远的。所以,孩子们头一次学习什么东西(如同逻辑或修辞学),所用的解释不应该从学生不能领会的学科,如神学、政治学或诗学之类去采取,而应从日常生活中去取用,否则孩子们是既不会懂得规则,也不会懂得规则的运用的。

7. 假如能使孩子们先运用他们的感官(因为这最容易),然后运用记忆,随后再运用理解,最后才运用判断。这样才会次第井然;因为一切知识都是从感官的感知开始的;然后才由想象的媒介进入记忆的领域;随后才由具体事物的探讨对普遍生出理解;最后才有对于业已领会的事实的判断,这样,我们的知识才能牢实地确定。

原　则　五

二十九　自然并不使自己负担过重,它有一点点就满足了。

比如,它不向一个鸟卵索取两只小鸟,只要产生一只它就感到满意了。园丁并不在一根树干上面接上无数接穗,即使他觉得树干极强健,顶多也只接两枝。

三十　偏差。——所以,假如学生同时要学许多东西,比如同一年内要学文法、辩证法、修辞学、诗词、希腊文等等,就会浪费他的精力。(参看上章,原则四)。

原　则　六

三十一　自然不性急,它只慢慢前进。

比如,一只鸟儿并不把它的卵放在火上,去使它们快些孵化出来,而让它们在自然温度的影响下慢慢地发展。后来它也并不把食物填它的小鸟,去使它们快些长大(因为这种办法反而会阻遏它们的生长),而是小心地为它们选择食

物,按照它们的脆弱的消化力所能支持的分量慢慢地给它们。

三十二 模仿。——建筑家也并不过分急迫地在基础上面修建墙壁,然后立刻又去安上屋顶;因为,除非基础有时间变干燥、变坚固,否则,它们受了上面的压力便会下沉,整个建筑便会倒塌。所以,巨大的石屋是不能在一年之内建成的,它们必须有适当长久的时间来建造。

三十三 园丁也并不希望一株植物在第一个月就能长大,或在头一年年终就结果实。所以,他并不每天去照料,每天去灌溉,他也并不用火或生石灰去为它保暖,他只要有了天上降下的水分和太阳供给的温暖就满意了。

三十四 偏差。——所以,对于青年人,这是一种酷刑:

1. 假如强迫他们每日听六堂、七堂或八堂课,外加自习。

2. 假如使他们过度受到默述、练习和需要记忆的功课的压迫,以至产生恶心甚至痴癫。

如果我们拿一只窄口的瓶子(因为我们可以把它比作一个孩子的才智),把大量的水猛烈地倒进去,而不让它一滴一滴地滴进去,结果会是什么呢?毫无疑问,大部分的水会流到瓶子外边去,最后,瓶子所盛的水比慢慢地倒进去的还少。有些人教学生的时候,不是尽学生所能领会的去教,而是尽他们自己所愿教的去教,他们的做法也一样蠢;因为才力是要加以支持的,不可负累过度,教师和医生一样,是自然的奴仆,不是自然的主人。

三十五 纠正。——所以,学习可以更容易,更快意:

1. 假如课堂教学尽量减少,即减到四小时,假如给自习以同样多的时间。

2. 假如尽量少强迫学生去记忆,就是说,只记最重要的事情;对于其余的,他们只需领会大意就够了。

3. 假如一切事情都按学生的能量去安排,这种能量自然就会同学习与年龄一同增长。

原 则 七

三十六 自然不强迫任何事物去进行非它自己的成熟了的力量所驱使的事。

比如,一只小鸟在它的肢体合适地形成并巩固以前,并不被迫去离开蛋壳;在它的羽毛长好以前并不被迫去飞;在它飞得好以前并不被掷到巢外。

一株树木在树汁从根上升让它长出嫩枝以前,并不长出嫩枝,在树汁所成的叶儿和花儿要求进一步发展以前,它也不让果实出现,在花儿所含的果实得到一层果皮的保护以前,它也不让花儿落掉,在果实成熟以前,不让果实掉下来。

三十七 偏差。——青年人的能力是受到强迫的:

1. 假如孩子们被迫去学一些和他们的年龄与能力还不相称的东西。

2. 假如要他们用熟记的方法去学习,或去做没有先向他们彻底讲解和证明的事情。

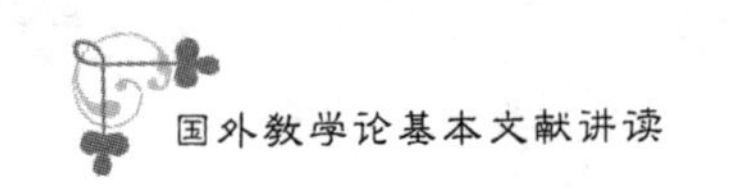

三十八　纠正。——从以上所说的，可见：

1. 无论什么事情，除非不仅是青年人的年龄与心理的力量所许可，而且真是它们所要求的，都不应该教他们。

2. 凡是没有被悟性彻底领会的事情，都不可用熟记的方法去学习。并且，若不是绝对有把握，知道孩子具备了记忆某件事情的力量，不可要求他去记忆。

3. 无论什么事情，除非已经把它的性质向孩子们彻底讲清了，又把进行的规则教给了他们，不可叫他们去做那件事情。

原　则　八

三十九　自然采取一切可能的方式去协助它的工作。

比如，一个蛋有它的自然温度；但是，它又得到了太阳的温暖与孵它的鸟儿的羽毛的帮助；上帝，自然之父，对于这一点是有远见的。新孵出来的小鸟也在需要的时限以内，尽量得到母鸟的温暖，由它训练小鸟去履行各种生活的职分。这我们可以从鹳鸟的情形看出来，当幼鸟练习运用它们的翅膀的时候，它们把幼鸟背在背上，绕着鸟巢飞行，这样去帮助它们。保姆也是这样去帮助幼儿的。她们先教他们把头直起来，然后再坐起来；随后去用腿站立，去运动他们的腿部，预备走路；再后才逐渐地行走，安稳地伸步。当她们教他们说话的时候，她们把字句向他们反复地说，给他们指出字句所指的事物。

四十　偏差。——所以，假如教师叫学生去工作，却不先向他们彻底加以解释，或指示他们怎样一个做法，当他们初次试做的时候不去帮助他们；假如他让学生去苦干，干不成功便发脾气，这从教师方面说是残酷的。

这不是磨难青年人是什么？这正像一个保姆当儿童还不敢自己站立的时候便去强迫他行走，走不好就打他一样。自然的教法与此大不相同，它告诉我们，叫我们对于弱者没有充分的力量以前要有耐心。

四十一　纠正。——由此可见：

1. 不应该因为学生不愿学习便去鞭挞他们（因为，假如学生不愿学习，那不是别人的过错，而是教师的错处，他或则不知道怎样使学生能接受知识，或则根本便没有这样去做）。

2. 对学生所应学习的学科应该对他们彻底讲解清楚，使他们了解，如同了解他们的五个指头一样。

3. 教导应该尽可能通过感官去进行，使它能费较少的劳力被记住。

四十二　比如听觉应该永远和视觉结合在一起，舌头应该和手臂联合训练，所教的学科不仅应该用口教，这只能顾到耳朵，同时也应该用图画去阐明，利用眼睛的帮助去发展想象。此外，学生应该学会用他们的嘴去说话，同时用手去表示他们所说的话，所以，在学过的东西没有彻底印在眼睛、耳朵、悟性和记忆里面以前，任何新课都不能进行。所以，为了这个目的，最好作些阐释性训条和规则，或者图像和表解，在教室的墙上，用图画的方式去表明教室里所教的一切，假如这样做了,就能大大帮助一个教师把他的教导印入学生的心灵,说来简直是难以置信的。假如学生学会了把所听、所读的一切全记在他们的笔记本或成语集上,那也是有益的,因为这样一来,想象就可以得到帮助,后来就比较易于记起它们了。

原 则 九

四十三 自然所产生的事物没有不能明显地看出实际用途的。

比如,一只鸟儿形成以后,不久就可以看出它的翅膀是为飞翔之用的,它的腿是为奔跑之用的。同样,一株树木的每一部分小至包着果实的果皮和花儿,都有它的用处。

所以:

四十四 模仿。——假如教师教授任何事情的时候,同时把它在日常生活中的用途告诉学生,学生的工作就会来得轻松些。这条规则在教语文、辩证法、算术、几何、物理学等等时必须小心地遵守。假如忽略了它,你所讲解的事物就会变成从新世界来的怪物,学生不关心它们存不存在,他的态度便会是信仰,而不是知识。当事物被他注意到了,把它们的用途向他说明了以后,就应当把它们放到他的手里,使他相信自己的知识,并因知识的应用感到快乐。

所以:

四十五 只有那些易于指明用途的事情才应教给学生。

原 则 十

四十六 自然的一切作为全是划一的。

比如,一切鸟儿的产生,实际上一切生物的产生,都与你所任意选出的一只鸟儿的产生是相似的。不同的只是次要的细节之处而已。植物的情形也是一样,一颗植物从种子发芽到发展,一株树木的种植与生长,可以毫无例外地说明其他一切植物的发展。一株树上的一片树叶和其余的树叶全都相似,在这方面,它并不是年年改变的。

四十七 偏差。——所以,方法不同是会把青年人弄糊涂,使他们厌恶学习的,因为不仅不同的教师采用不同的方法,甚至每个教师也变换他们的方法。比如,教语文用一种方法,教辩证法又用一种方法,虽然两者都可以按照宇宙的和谐和事物与字句间的普遍而亲切的关系,采用同一种方法去教授。

四十八 纠正。——因此:

1. 一切科学必须用同样的教学方法,一切艺术必须采用同样的教学方法,一切语言也必须用同样的教学方法。

2. 在每个学校里面,一切功课都应该采取同样的安排和对待。

3. 每门学科的教本应当尽量采用同一个版本。

这样,困难就可以避免,进步就容易。

(傅任敢 译)

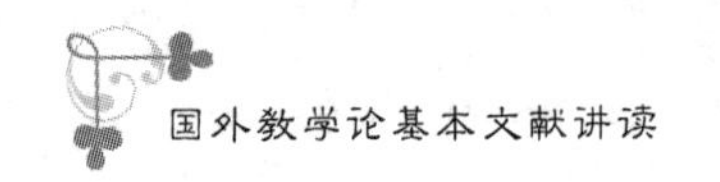

普通教育学(节选)[①]

赫尔巴特

作者简介

约翰·弗里德里希·赫尔巴特(Johann Friedrich Herbart,1776—1841),德国哲学家、心理学家和教育家,被誉为"现代教育学之父"、"科学教育学的奠基人"。赫尔巴特试图在伦理学的基础上建立教育目的论,在心理学基础上建立教育方法论。他不仅指明了教育学的研究对象,指出了它同其他学科的相互关系,而且提出了科学的术语、定义和分类。赫尔巴特的教育思想集中反映在他的代表作《普通教育学》与《教育学讲授纲要》中,后者是前者的补充与具体化。其中,《普通教育学》(1806)被视为教育史上第一部具有科学体系的教育学著作。

选文简介、点评

在西方教学思想史上,赫尔巴特第一次提出了"教育性教学"的概念。在他看来,形成学生观念体系的整个学校教育工作,不可能分为两个孤立的过程,即通过情感和意志的训练进行道德陶冶的过程与通过知识的传授进行智慧启发的过程。他说:"教学可以产生思想,而教育则形成品格,教育不能脱离教学,这就是我的教育的全部。""我得立刻承认,不存在'无教学的教育'这个概念,正如反过来,我不承认有任何'无教育的教学'一样。"这清楚地表明,教学和教育是相互联系的同一过程的两个方面。

赫尔巴特把教育和教学的关系看成是目的和手段的关系。他强调指出:"教学如果没有进行道德教育,只是一种没有目的的手段,道德教育(或者品格教育)如果没有教学,就是一种失去了手段的目的。"赫尔巴特还认为,教学与教育,即知识的传授与道德的培养之间虽有密切的联系,但并非一切教学自然而然地具有教育性。例如,"为了收益,为了生计或出于业余爱好而学习,这时将不关心通过这种学习一个人会变好还是会变坏",诸如此类的教学便与教育性问题无关。因而他认为,决定教学具有教育性的主要因素在于强化教学工作中的教育目的性,它要求教师必须严格按照一定的教育目的来组织教学过程,以

---

① [德]赫尔巴特.普通教育学·教育学讲授纲要[M].李其龙,译.北京:人民教育出版社,1989:62-105.

使教学真正成为造就社会所需要的人的有效途径。

赫尔巴特还指出，教学论的前提和基础是多方面兴趣的理论。教学除了以培养德性为“最高”、“最后”的目的外，还有“较近的目的”，即根据“完善”的观念发展“多方面的兴趣”。没有这种兴趣，教学无疑是空洞乏味的。

在《普通教育学》一书第五章“教学的过程”中，赫尔巴特主要分析与论述了教学的方式与教学过程的基本阶段。

赫尔巴特从教学方法的角度出发，把教学分为单纯提示的教学、分析教学和综合教学三种。所谓单纯提示的教学实际上就是直观教学。它是一切教学的基础和前提。所谓分析教学是在单纯的教学的基础上进行的。分析教学就是对同时出现在感官前的事物加以分析。所谓综合教学就是将分析教学的结果加以重新结合，以形成新观念。赫尔巴特认为，综合教学具有重要作用，因为只有综合教学能够承担教育所要求的建立整个思想体系的任务。

赫尔巴特还基于心理学的观点，将教学过程划分为“清楚、联合、系统、方法”四个阶段。与此相应，他把学生的心理状态分为“注意、期待、探究、行动”四种。

这四个教学阶段分别是：

(1) 清楚，也称明了。这是教学过程的第一步，由教师传授新教材，要求教师在讲解时应尽量明了、准确和详细。教师主要采用提示教学，也可辅之演示，包括实物、挂图等直观教学方式帮助学生明了新观念，掌握新教材。对学生而言，这一阶段处于静止状态的“专心”活动，其心理状态主要表现为注意。在这个阶段中，主要的任务是明了各种知识，要对学习的内容逐个进行静态的学习。

(2) 联合，也称联想。对学生而言，这是运动状态的“专心”活动。在这个阶段中，教学的主要任务是使学生的新旧观念之间建立联系。由于这一阶段新旧知识之间的联系尚不明确，学生的心理状态表现为期待，希望知道新旧观念联系起来所得的结果。这时，教师主要采用分析教学和学生进行无拘无束的自由谈话，使新旧知识之间产生联合。

(3) 系统。经过“联合”阶段后，学生的新、旧知识和观念之间已产生了一定的联系，但是，还不系统。这需要学生进行一种静止状态的“审思”活动。学生在教师的指导下，在新旧知识联系的基础上，进行进一步的思考，并寻求定义、结论、规则等规律性的知识。这时，学生的心理活动是“探究”。在这一阶段，教师主要采用综合教学。

(4) 方法。这一阶段是学生对观念的进一步深思，表现为一种动态的审思活动。这时，学生要求通过实际的练习，使已获得的系统知识付诸运用。在“方法”阶段，学生的心理特征是“行动”。在教学法方面，教师可采用练习法，指导学生通过练习、作业等方式，将所领会的教材应用于实际。

(撰写人：陕西师范大学教育学院博士生导师刘新科教授)

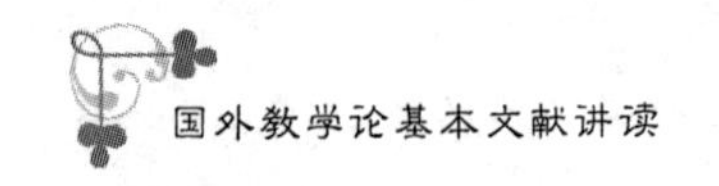

选文正文

第四章　教学

把人交给自然，或者甚至把人引向自然并让自然来训练，那是愚蠢的。因为，什么是人的自然本性呢？自然本性对于斯多葛派和伊壁鸠鲁派来说同样都是他们体系中得意的支撑点。人类的天性似乎适宜于最不同的各种条件，具有这样的普遍性，以致进一步确定其发展与促使其完善的工作完全应当留给人类去做。用最高手艺建造的能够使其经受一切风浪颠簸的船，期待着这样的舵手，他将按照各种情况操纵它的航程，指引它到达目标的彼岸。

我们知道我们的目的。大自然有一些可以帮助我们的地方，人类在业已经历过的旅程中已经积累了许多知识，我们的使命是把它们一个个连接起来。

一、教学作为经验与交际的补充

人通过经验从自然中获得认识，通过交际获得同情。经验虽然是我们整个一生中的老师，但它仅仅赋予我们庞大整体中的极小的一个片断。无限的时间与空间阻碍了我们获得无限多的经验的可能。也许交际相应地没有这样贫乏，因为我们对熟人的知觉一般地说与对所有人的知觉是一样的。但是，同情基于极细微的差别，所以片面的同情比片面的知识更糟得多。所以交际在小小的感情范围中留下的缺陷与经验在巨大的知识范围中留下的缺陷，对于我们来说几乎是同样重大的；无论是这方面还是那方面都必须同样地欢迎通过教学来加以补充。

但是，单就弥补这样重大的缺陷来说已并非是小事了。在我们赋予教学这种使命之前，但愿我们看到，教学能胜任什么，不能胜任什么！教学将纺织出一根纤长、细弱、柔软的线，时钟打点将它扯断，而又将它联结；教学按照其时间节拍进行，通过扰乱学生自己的智力活动速度，不依随这种活动的跳跃，不给这种活动以休息的时间，从而使教师纺织出来的线在每时每刻系住这种智力活动。观察却是多么不同！它一下子可以展现广阔的场面，目光从猝然惊愕中收回、分散、合并、往返、凝视、停留、重新升起——然后出现触动，其他感觉参与进来，思想集合起来，开始尝试，从中产生新的完形和激发起新的思想，到处是自由而丰满的生活，到处是提供给人们享受的丰富内容！这种丰富的内容以及在没有要求和强迫的情况下提供这种内容，这是教学多么指望能达到的境地啊！教学如何才能充分地与交际进行竞争呢？交际不时地要求表达其自身的力量，作为完全灵活而可塑的因素以使人可以接受的方式显示出来，就像它灵活地、有力地触及心灵深处，以使各种感受得到改造并融合起来一样。它不仅丰富着对别人的感情产生的同情，而且使自己的感情在别人心中增殖起来，以使这种感情强有力地、纯洁地反馈给我们自己。假如后一种优点是个人直接接触所特有

的，那么通过信件的交际与此相比显得就弱了，比如在纯粹描述那遥远的地方和时间的不熟悉的人的陌生感情时，这种优点必然会丧失殆尽。可是教学却可以通过描述来扩大交际范围。

事实上，有谁在教育中想撇开经验与交际呢？那就仿佛避开白天而只满足于烛光一样。对于我们一切表象来说，那些丰富的、强烈的、具有独特明确性的内容，应用一般经验的练习内容，与实际、国家和时间的联系手段，对于人的客观现状的忍耐心，这一切都必须从精神生活的交际与经验这一源泉中吸取。

但是可惜，教育并不能支配经验与交际！试比较一个勤奋农家的庄园中的地方环境和一个生活在城市的时髦妇人的宫殿式地方环境！前者可以把学生引向各处，后者却必然阻止他走向各处。无论是谁，是农民、牧人、猎人、各种工人，还是他们的孩子，不管他们把孩子带往何处，在早年，孩子都可以同他们进行最合适的交际，将向他们学习，并从他们那里获得知识。相反，在上流家庭的城市儿童中间，在城市仆人中间，却有何等多的危险！

这一切容许有许多严格的限制，也容许各种例外。但最后，当我们重新回忆起我们的目标、兴趣的多方面性的时候，就会很容易想起，固定在一个地方，机会是多么局限，而一个受过真正教养的心灵应超出它多远。即使在有利的地方，活动范围也是有限制的，就像使某一个没有必要受限制的青年人的教育受到限制，而我们无法对此负责一样。假如他有空闲和有一位教师的话，那么没有什么可以使这位教师避免通过各种描述来扩大自己的影响范围，从时间中索取过去的光辉，并为各种观念打开精神王国的大门。

我们是否应当隐瞒这样的事实：描述与绘画中的空间往往比现实更可爱；与太古时代交往比与邻居交往如何更能令人满足，显得更加高超；观念的认识比直观的认识如何更丰富；而在现实与应有而未有的事物之间的对照，对于行动来说是如何必不可少。

经验与交际确实常常使我们感到厌倦，而有时候我们必须忍受。但是，学生却决没有必要一定得遭受教师带来的厌倦！使人厌倦就是教学的最大罪恶。教学的特权就是掠过草地与沼泽，不能总是让人在舒适的山谷中游荡，相反将让人练习登山，并使人在获得广阔视野中得到酬偿。

经验似乎考虑到教学将随之到来，以分析经验所积累的东西，使那些没有定形的分散的片段得到组合与条理化。在一个没有受教过的人的头脑中，这一切究竟会是怎样的呢？那里没有确定的上下之分，根本没有次序，一切都是杂乱无章的。其思想还没有学会等待，一有机会一切思想便都会涌现出来；联想的线索刺激起何等多的思绪，有何等多的思绪一下子在其意识中找到位置。大多数通过频繁重复的印象得到强化的思想将会发生作用。这些思想吸收适合它们的一切，排斥不适合它们的一切。新的东西将使人惊讶，或者不受注意，或者被怀旧心理所否定。凡不能与这些思想协调的，就会被分离出去。要点在这

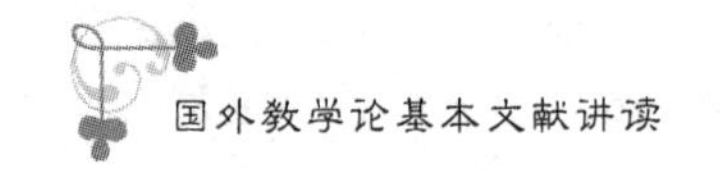

些儿童的思想中将得不到重视。或者，即使天性良好的儿童可能具有出色的目光，但却仍然缺少手段去追踪已发现的足迹。假如我们开始对一个十岁到十五岁的粗野孩子进行教学的话，那么我们就可以看到这一点。起初也许完全不可能将其注意力引到单调的进程中去。因为缺乏具有支配作用的主要思想来维持秩序，因为缺乏观念的约束，所以心灵就一直不安地徘徊。随着好奇而来的是注意力分散与单纯的嬉戏。假如将这种孩子与受过教养的青少年比较，那么对于后者来说，有条不紊地在同一时期掌握一系列带有科学性的讲述并对它们进行加工，显得并不难。

人们同样不能满足于单纯交际的结果。假如把同情始终作为交际的灵魂，那么其中所缺少的就太多了。人们相互观望、揣察并试探。儿童在他们游戏时已经会相互利用和相互阻碍了。甚至从一方发出的善意和爱，不一定能够引起另一方的类似感受。人们不能够用服务来传递仁爱。虽然仅仅施以好意而不加关切能引起快乐，而快乐则能引起追求更多快乐的欲望，但不能引起感激。这种情况存在于儿童之间的交际中，也存在于儿童与成人的交际中。试图从儿童那里获得爱的教育者都亲身经历过这种情况。教育者必须对好意补充一些可以说明其意图的东西，其感情的流露必须激发起儿童本人与其相一致的感情。这种流露是教学范围内应当出现的，甚至应当在各种特定的课上出现。无疑没有人经常迫使教育者流露自己的感情，然而作为同情的准备，其对感染儿童来说却是无比重要的，所以对同情的关切应当丝毫不亚于对认识的关切。

全部生活，人类的全部观察，证明每个人都从他的经验与他的交际中吸取适合他自己的一切，展现他原有的观念与感情。人世间有各种轻浮的老人和愚蠢的庸人，而在另一方面却也有谨慎的青少年。两者我都见过。所有与我同时代的人一定也看到过，世上最重大的事件对于成见所能产生的影响是何等微小。这些极其显著的经验是我们共同的财富，交际将一切民族联结在一起。然而，意见分歧、感情不睦，很难说过去比今日更严重。

因此，我们精神生活的核心不能卓有成效地通过经验与交际来培养。而教学一定能较深入地渗透到思维工场中去。试想一想每一种宗教教义的威力！试想一想一种哲学讲演的支配力，它是这样轻而易举地，甚至不知不觉地掌握一个聚精会神的听众的！此外，还可想一想小说读物的惊人力量——因为这一切都属于教学，不管是好的，还是坏的教学。

自然，现在的教学限于科学、艺术和文学方面迄今（不仅是现在，而且也是过去）已形成的状况。在这方面必须尽可能地利用既存的认识，尽管这些认识还可以做大量的完善工作。然而，问题是，在教育中常常碰到各种各样的愿望，它们超越教育范围，或者甚至使人感到对教育的兴趣不是一种独立的兴趣，并使人感到有一些人只是因为其他的一切工作对于他们来说太高超、太严肃，而

为了在某个地方成为一个为首者，才姑且从事教育和儿童工作的。教育的兴趣很难在他们的心目中得到发展。

教育的兴趣仅仅是我们对世界与人的全部兴趣的一种表现，而教学把这种兴趣的一切对象集中于青年的心胸中，即未来成人的心胸中——在这种兴趣中我们不敢想到的希望终于可以得救了。没有这种兴趣，教学无疑是空洞乏味的。任何人都切不要说，他是全心全意在执教！因为这是一种空谈。他或者可能在教育中无所作为，或者他的大半思考属于告知孩子什么和使孩子能够了解什么，属于他的期望，即期望那种受过比较细心教养的人将能在我们人类迄今已有的一切现象以外有所作为。但如果是后一种情况，那么便会从充满希望的心灵中产生出教学内容的丰富性，这种丰富性可以与经验的丰富性相比拟。于是，激动的心情也造成听众的自然的感动。在这种教学的宽广而富有折纹的墙布上具有足够的空间，使讲述的实质内容在不失其纯洁形式的情况下引出许许多多附带思想。教育者本身对于学生来说也将是一种丰富而直接的经验对象。的确，他们在上课中相互进行交际，在这种交际中至少包含着与太古时代伟人或者与诗人所清晰描写的人物之间进行交际的想象。那些已故的历史人物，诗歌中的人物，可以从教师生活中获得生命。只要他一开始教学，那么青年，甚至孩子也很快会随着他的想象而想象。教师与学生两者，往往不需要第三者的参与，而相互成为伟大的、精选的伙伴。

最后，只有教学才能满足平衡地培养广泛的多方面性的要求。我们应当设想出一种教学方案，一开始仅以认识与同情的成分来安排，完全不考虑我们科学材料的各种分类，因为这些材料本身对于人格各个方面是无所区别的，对多方面性的平衡发展是毫无相关的。通过对这种方案进行比较，我们不难发现，就某一个主体与已知的情况而言，教学的哪些地方应当具有经验与交际的作用，哪些地方（这无疑要比前者多得多）却不会有什么作用。例如可以发现，学生往往更易被环境引导到对社会的兴趣（如爱国的兴趣）上去，而不易被引导到对个人的同情上去，或者更易引起他对鉴赏的事物而不是对推想的事物的注意，或者相反。在这两种情况中缺点是同样大的。这里就有双重做法可供参考，首先应当在材料有所偏重的地方对它们作出分析、补充与调整；其次应当部分地通过材料彼此间的联系，部分地直接通过教学，使平衡得到恢复。但绝不可以在可塑的年龄阶段把儿童偶然突出的表现看做通过教育能更大地发挥出来的标志。这种保护畸形者的做法是从宠爱发展到放任的产物，是低级趣味所推崇的。自然，光怪陆离与荒诞无稽的爱好者，准会欣赏一群驼子与各种残废者发狂地相互嬉闹，而不愿观看发育良好与匀称的人行列整齐的行动。这就好像发生在这样一个社会中，这个社会由那些具有彼此不同的思想方式的人组成，这些人中的每一个都以他的个性来炫耀自己，而且没有一个人能理解别人。

二、教学的步骤

“什么是我首先选取的，什么是其次，什么是最后。”

——荷马

什么是必须相继地，并一个通过另一个地发生的；什么是必须同时地，并各借助本身的以及原始的力量发生的——这些问题关系到一切工作，一切计划，其中可能包含非常错综复杂的措施。因为我们一直必须同时从许多方面着手工作，许多工作也一直必须通过先前进行的工作好好准备。这可以说是我们赖以为指南的两个因素。

我们前面说过的概念告诉我们，教学必须把认识与同情作为彼此不同、基本上独立的心理状态同时地加以发展。假如我们观察其附属的成分，那么其中虽然有着某种次序与相互依赖关系，但没有严格的连贯性。尽管推想与鉴赏是以经验认识为前提的，但是，当这种认识不断前进的时候，推想与鉴赏却似乎并不期待着自身的终结。它们甚至在很早就活跃起来了，从此，它们到处，即在没有障碍的地方，尾随着认识，从而随各种各样纯粹认识的扩大而同时发展着。在儿童不断提出“为什么?”问题的时期所产生的猜想冲动显得特别令人注目。也许鉴赏往往隐蔽在注意和同情的其他活动中。但鉴赏始终有助于儿童产生爱好与憎恶，从而认识事物的区别。假如我们对鉴赏先给予最简单的情况，而不立即将其投入不可理解的复杂情况中去，那么它将会如何迅速得多地发展呢？因为鉴赏以及思考是一种本源的东西，是不能学习得到的，所以假如心灵不为其他方面所分散或压抑的话，我们甚至可以撇开经验而期待这两者在充分认识的对象范围中会毫不迟疑地自己活动起来。但不言而喻，教育者为了要发觉什么在儿童心灵中活动，自己必须具有那种他们应当在儿童心灵中看得到其细微迹象的教养。教育的不幸恰恰在于，在柔弱的青年时期里闪烁着的某些微光，到成年时早就完全熄灭了，因此成人无能力把那些微光燃成火焰。

以上所说的对于同情的各成分也同样适用。在一小组儿童中，只要他们有一些同情心，并且经久不衰，那么就能自动地产生某一种需要，出于公共利益而要求有社会秩序。正如最野蛮的民族不能没有上帝那样，儿童的心灵也隐隐约约感觉到一种冥冥力量的存在，这种力量会这样那样地干预他们的愿望。否则，不仅各种迷信的观念，而且各种真正的宗教观念，它们缘何能轻而易举地进入儿童幼小的心灵并产生影响呢？然而对于一个处在对其父母与保护人严重依赖中的儿童来说，依赖性的感觉通常赋予那种冥冥力量的地位却会自然而然地被这些具体的人们所占据。正因为如此，最初的宗教教学，只是一种父母对于儿童的关系的最一般的扩展，正如最初的社会观念由来于家庭那样。

因此，教学所应培植的各种兴趣，我们认为只有同时不同时的差异，而没有明显的步骤上的先后。

相反，最初形成的基本的形式概念却在那种必然相继连续发生的概念对照的基础上产生。因此关键在于正确地应用这一点认识。

总而言之，专心活动应当发生在审思活动之前。但是两者前后离开多远，这个问题一般来说仍然是不确定的。但可以肯定地说，必须使两者尽可能地相互接近，因为我们不希望为达到专心而来损害那种通过审思获得的人格的统一性。长期不断的专心活动可能会造成一种紧张状态，这同健全的精神存在于健康的身体的原则是不相容的。因此，为了始终保持心灵的一贯性，我们首先为教学确定这样一条规则：在教学对象的每一个最小组合中给予专心活动与审思活动以同等的权利，也就是说，同等地关心并依次做到：对于每一个个别事物的清楚，对于许多事物的联想，对于联想的前后一贯次序，以及在遵循这个次序前进中进行某种应用。要使所教的一切都能明白清楚就有赖于此。也许教师在这方面最大的困难就是找出真正的个别来，即他自己把他的思想分成若干成分。在这里，教科书可以为此作好部分准备。

假如教学用这种方式来处理对象的每个小的组合，那么许多组合会在学生心灵中产生，而每一个组合通过相当的专心为学生所掌握，直到所有的组合被联合到一种更高级的审思活动中去。但是，各个组合的联想是以每一个组合的完备的统一性为前提的。所以，只要每个组合的组成部分的最后的个别仍有离开其余部分的可能性，那么就不能设想有较高级的审思活动。但是，在较高级的审思活动之上还有更高级的审思活动，如此无限上升，一直到无所不包的最高级审思活动。然而，我们要通过各种系统中的某一系统来找寻这种最高级审思活动是达不到的。青少年在他们的早期必须放弃这样做的企图。青少年总是处在专心与分心的中间状态。早期教学不可能给予我们所谓较高意义上的系统，对此我们也许应感到满足；但是从另一方面说，教学越是要使每一组合更加清楚，我们越须勤奋和多样地使各组合联合起来，并且注意等量地从各方面向这无所不包的审思活动接近。

教学的衔接就基于上述这一点。较大的构成部分是由较小的构成部分组成的，正如较小的是由最小的组成一样。在每一个最小的构成部分中都可区分出四个教学阶段，必须注意到：清楚、联想、排列与这种次序的进程。在最小构成部分中这些阶段是迅速地一个接着一个发生的，而在下一个较大的构成部分要由最小的构成部分组成起来时，这些阶段就较慢地一个接着一个出现了，因为审思阶段上升得越高，前后出现的时间距离就愈大。

假如我们回顾一下关于兴趣概念的分析，那么我们也会发现其中几个相区别的阶段：注意、期望、要求和行动。

注意基于一种与其他偏离它的表象相对立的表象力量，因此它一方面有赖于这种表象力量的绝对强度；另一方面有赖于其他表象离开的容易程度。后者使我们想到思维训练的观念，这种观念我已在《直观教学 ABC》中着重作了探讨。表象的强度部分是通过感官印象(例如许多儿童同时进行的言谈,通过绘画、工具及模型等等对同一种对象进行多种多样的描绘)来达到的,部分是通过生动的描述来达到的,而部分则特别是通过使那种扎根在心灵深处的、业已熟悉的表象与当前新的表象相结合来达到的。这种结合普遍实现是需要通过高度的艺术与周密的思考来完成的事情。这种工作的进行,应当为未来的每一种教学预先做好某种准备,如同《直观教学ABC》对于教数学,组词的游戏对于教语法,讲述古代故事对于经典作家的教学做好准备一样。

在注意中,个别事物是可以清楚的,但是联想、次序和按次序发展的进程也是必须留心的。

如同存在着我们期待的明确性与我们期待的联想一样,我们也存在着对系统与方法的期待。

不过这种错综复杂的关系不是我们在这里发生兴趣的主要对象。我们知道,当被期待的事物出现时,所产生的只能是一种新的注意。在知识范围内情况通常如此。当一些知识的储备汇集在一起时,就不容易注意到那些与期待毫无联系的事物,因而期待便会消失,或由于获得新的知识而得到满足。假如从中产生强烈的欲望,那么它们将服从控制的规律,而因此属于训育范围。但是尚有一种注意,它既不容易得到满足,也不容易忘却;同时还有一种要求,它是一定要过渡到行动的,这是同情的要求。在这方面,控制工作无法施展多大权威,假如教育不能给予学生确立为人类福利与社会福利而工作的决心,不能给予学生的宗教要求以一定动力,那么这种教育将是徒劳的。因此,在培养同情心时,应十分重视使兴趣能够达到更高阶段。而显而易见,人的年龄阶段是与这些阶段相吻合的。同情的注意是适合儿童去做的,同情的期望是适合少年去做的,同情的要求是适合于青年去做的,而成人则可以实现同情而进行行动。但在这方面,教学却又可以在属于儿童早年最小各部分上提出那种希望他们付诸行动的要求来。由于这种要求的提出,由于性格的形成同时发生作用,在后来的年月中就可能对他们提出采取行动的有力的要求。

这里似乎可以用简短而易懂的话把有关结论确定下来。教学一般应当:

指明,

联结,

教导,

给予哲学的观点。

在有关同情的事项中,教学应当:

直观的,

连续的,

令人振奋的,

深入现实的。

三、教学的材料

教学的材料存在于各种科学中。在这本《普通教育学》中无须一一列举它们。

每个人应当自问，在其知识范围中，什么是属于纯粹认识的，什么是属于同情的？而且在上述各种成分中两者又是如何分布的？在大多数情况下，这样一种自我检验将会揭示自身教养的显著的畸形状态，甚至在自身教养的重要部分中存在着的许多残缺不全的地方。有些人缺乏情趣的陶冶，他们也许从事过很低水平的各种美的艺术——描绘花卉，搞一点音乐、小品诗歌或小说，有些人根本不懂数学；另外一些人对哲学一无所知。最有学问的人也许将会长久地去思索：究竟在他们知识的广阔王国的什么地方可以找到我们称之为同情的那完整的一部分呢？

教育将不可避免地忍受这一切缺陷。它能忍受多少，这是非常悬殊的。这取决于教育者，取决于学生，取决于或有或无的机遇。

教育者越忠实于自己，越能熟练地利用现存的情况，其结果则越佳。对于各种不同情况作出的每一种考虑一概显得迟钝的人，是实为少见的。许多事情只要真正愿意是可以学的，甚至在教时还可以学。有时本人兴趣的新奇性可以补偿讲述根底的不足。成人要略胜青少年一筹，这并非很困难。这种做法至少比完全忽视教养的主要部分，而仅传授教育者自己业已掌握的极其有限的技巧与知识，总要好得多。

有时教师只需在某些事情上给学生以初步的推动，并继续注意引起他们的动机，给予他们材料，这样，他们就会自己进行学习，并且也许会很快摆脱教师的照料。在另外一些情况下，在脑子迟钝的人身上去发现某一种灵活性，某一种引人注目的兴趣迹象，这无疑是困难的。正是在这种情况下，需要教师具有大量知识，以便能够进行多方面的尝试，并需要最好的技巧，以便找到恰当的教学方式。假如教育者与学生的弱点不能相互弥补，那么一切就无从着手了。

在我们附近常常有人知道如何把我们不了解而又觉得必须教的事物恰到好处地传授给别人。在此时，谨请教育者不要出于自己的虚荣心妨碍对这种人的利用。事实上，这不是一种耻辱的表示，也许没有人了解能够进行教育的一切，因为知识实在太多了。

至于教学的各种内容如何在这方面同前面已经阐述过的主要概念联系起来加以说明，这个问题将在下章中一起得到简略的阐述。这里首先还要做一些说明的是教学内容的区别，这种区别多少可以间接激发起我们对这些内容的兴趣。

这就是说，教学涉及：

事物，

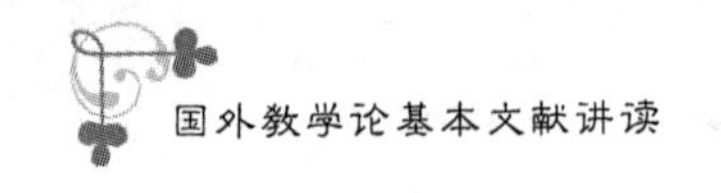

形式，

和符号。

符号，例如语言，显然仅仅作为表现其要表达的事物的工具，才成为兴趣对象的。形式，即由抽象从事物中分解出来的普遍现象，例如数学图形、形而上学的概念、美的艺术中简单的正常的关系，这些形式至少不仅能直接引起兴趣，而且也能引起应用它们的思考。但是，假如有人要谈到事物本身、自然作品与艺术作品、人、家庭与国家，说它们只有在为达到我们的目标而得到应用时才能引起我们的兴趣，那么我们则请他不要使这种荒谬见解在我们争取培养多方面性的努力中让我们听到，不然这种不幸的个人主义最终可能作为唯一的直接引起兴趣的东西保留下来。

符号对于教学来说是一种明显的负担，教师假如不通过对符号所标志的事物产生兴趣的力量来消除这种负担的话，那么它就可能把教师与学生抛出正在前进的教养之轨道。尽管如此，对语言的研究仍然是教学很显著的一部分。假如教师在这方面陷于偏见与传统的一般要求，他就将不可避免地从一个教育者降格为教书匠。而且如果教课不再具有教育意义，那么环境中的一切平庸的事物立即会诱使孩子退到孩子水平；他们内在的成长节奏就会消失。这时，教育者将觉得其所作所为索然无味，而监督也就成为必要了。因此，只要可能，就应当毫无例外地阻止任何偏离培养兴趣途径的语言教学，无论是古典语言还是现代语言，都一样！只有那种现在就能引起兴趣，并能为未来做好引起新的兴趣准备的书，才具有被阅读的价值。对于其他书籍，特别是对于那种始终无目的的自由诗之类的选集，就不应当花费时间，哪怕仅仅是一个星期去读它。因为一个星期对于孩子来说是很长的一段时间。假如延续一天之久，教育影响就会变弱的话，我们就可在孩子身上觉察到这种不耐烦的迹象了！但是，在教学中每次都要用到的书，尽管其语言是何等之难，还是需要读的，其一切困难是可以通过技巧、耐心与努力加以克服的！

但是，符号知识的传授艺术是与通过事物方面进行教学的艺术相同的。首先符号也是事物，它们可以被感知、观察与摹写，与事物相同。它们给予感官印象越强烈，越多样，就越好。清楚、联想、整理、规律化必须及时连续出现。对于符号的意义的了解，不必操之过急，暂时可以完全撇开它，这样就可以赢得时间。① 此外，在一开始就完全透彻地讲授符号的理论，这是无意义的。我们应当在讲授那些对后来有趣的应用非常必要的问题上多下工夫。如此之后，便很快会激发起儿童需要更详尽的知识的感觉，而如果这种感觉一旦起作用的话，那么一切便变得较顺利了。

---

① 在我们紧接着对字母符号读出某种声音以前，也许应先在阅读教学中通过各种描述使儿童的眼睛熟悉它们。

在考虑形式或抽象时，首先有一点必须提出来让大家注意的，在各种特殊情况下常常要求做到的，这就是：绝对不可以使抽象本身具体化为事物，而必须始终通过对事物的实际应用来证实抽象本身的意义。抽象是从例子、从直观和既成事实中升华出来的。尽管需要学生自己专心于纯粹的形式来理解抽象，但必须使他们的审思活动始终保持与实际的密切联系。

孩子处在柏拉图式的思想与实际事物本身中间。抽象对于他来说可能不太会被感到是真实的。同样，他不太能在感知到的事物中探索那种不可及的本质，在他的知觉中探索纯粹的自我，或者甚至在许多中探索个别——这种个别不是许多，却能概括一切。假如他偶然幸运地进入这种观念状态，那么恰恰应当希望他首先忠实于自己清醒的感官，继续前进，直至到达使形而上学者振奋的灵活境地。

因此，各种事物对于孩子来说就是在抽象的过程中，得到概括与分类的各种特征的既成组合。所以存在着一条从个别特征(形式)到具体事物，两者互相平行在一起的途径。同时也存在着一条从具体事物回到个别特征，使特征得到分化的相反途径。综合教学与分析教学就基于这一点，下一章将要讨论到。

但是，不幸的是没有人真正认识到具体事物可以作为各种特征的组合来理解。我们大家都把任何事物作为其特征的混合体，盲目地假定这些特征的统一性的存在，几乎想不到在每一种特征下有许多可能的从属关系。在我们哲学家中甚至没有人似乎完全想到过事物的这一面与那一面！因此，思想受束缚，头脑不灵活，不知道在各种可能的条件中把握正确的事物。但是，在这里我不能说明一切，有些问题得由其他研究来帮助说明。

四、教学的方式

方式在任何地方都不受欢迎，但它在任何地方都存在。事实上怎么可能缺少它呢？每个人都根据自己的个性把它拿过来应用，而在任何合作中，例如这里在教师与学生的合作中，方式便来自两方面。

可是，人们习惯于相互适应，至少在某种程度上如此。超出这种程度就会不可容忍，重复会使这种不可容忍愈演愈烈。那种故意矫揉造作的方式和直接引起厌恶的方式都属于此例。我们不宽恕前一种方式，因为它是一种任性的错误，后一种方式破坏耐心，因为通过重复，厌恶的感受就会增强。

但愿把任何矫揉造作的方式排斥于教学之外！无论提问还是讲授，无论诙谐还是慷慨激昂，无论是语言精练还是抑扬顿挫，一旦看上去是被作为任性的配料在应用，而不是出于客观事物与情绪的需要，那么这一切将会使人厌恶。但是，从许多事物与情况需要出发形成了许多讲课方式与技巧，因此教育家以教学法这一动听的名称所发明与推崇的许多方式还在不断增加，并到处都得到应用，而不使某一种方式对于别的方式保持绝对的优势。教育者必须富有各种

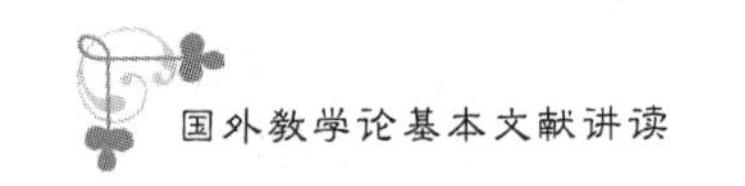

各样的技巧，能轻而易举地变换方式，随机应变，并恰恰在处理偶然事件时越须突出事物的本质。

使听者仅仅处于被动状态，并强迫要求他痛苦地否认自己活动的一切方式，本身就是使人厌恶与感到受压抑的。所以一种连贯的讲课必须通过使学生始终保持急切的期待心理来激发学生，或者，假如教育者在什么地方不能做到这一点(在对儿童教学时，要做到这一点是困难的)，那么他就不要把讲课连贯下去，而允许学生穿插意见打断教学，或者由自己启发学生穿插意见。教师在必须确保正在进行的工作能顺利进行下去的范围内可以给予学生最大限度的自由，这种方式乃是最好的方式。教师始终只要使自己以及学习者双方都感到满意即可。每个人都有他的方式，不可能失去驾轻就熟的方式，离开它太远。因此，只要没有大的损害便可原谅他人，也希望他人原谅我们。

第五章　教学的过程

把以上所阐明的一切适当地编排在一起并针对我们世界的某些对象引用于教学实践中，这乃是想要通过教学来实现教育的人们的伟大而真正艰巨的任务。我们通过不多的普通概念已经可以表明，在完成这些任务中将要求许多人在很长时间中作出坚持不懈的努力。

我想在这里说明的只是一个概要。它的宗旨仅在于使业已阐明的概念彼此更容易地联系起来，并提供大家关于目前工作领域的一个概貌。普通教育学不应专注于特殊问题，致使对整体的概括收缩为对某一特殊部分的探讨。为了防止这一点，我本人将尝试通过感性认识来说明理性认识，并将尝试对哪些事物必须同时思考到和同时付诸实施这个问题作一概述。

一、单纯提示的教学——分析教学——综合教学

任何时候要为某一个人制订教学计划，总会碰到这个人所处的经验范围和交际范围问题。这种范围也许可以按照平衡的多方面性的观念加以合理的扩大，或者在其内容上作一番更好的探索。这就是应当注意到的第一点。

但是，教学同时还可以超越经验范围与交际范围，展示这两方面的生动的丰富性和透彻的明晰性。或者，进一步说，教学的某些部分可以有力地通过经验与交际来加以说明。我们可以从能够目及的视野中获得材料，通过对邻近世界的描述来扩大眼界。我们可以由周围年长者的生活线索把儿童引导到其出生以前的时代。凡是与儿童以往观察到的相当类似并有联系的一切，我们一般都能通过单纯的提示使儿童感知到。例如可以应用以儿童熟悉的颜色描绘出来的陌生城市、乡村、风俗和信仰的图画；可以应用那些因为模拟现代特色而使人有一种现实感的历史描述，在这方面，教学可以借助各种插图，这些插图事先越少被儿童无目的地浏览过或越少被他们滥用来无意义地消磨时间，对教学的帮助就越大。

单纯的提示离开儿童的视野越远，便必然越会丧失其清晰性与深度。而另一方面，当视野越扩展时，提示的媒介就愈会增多。正因为如此，我们难以确定从这种提示中可以指望得到什么和得到多少，同样也难以对它作明确规定。因为就提示的性质而言，这种教学方式只有一条规律：描述应使学生相信所描述的即其所见的。

分析教学更多地依靠其本身的力量，所以也就能更多地具有普遍性。为了使人立即明了，至少大体明了我讲的是什么，我举裴斯泰洛齐(Johann Heinrich Pestalozzi)的《母亲的书》与尼迈尔[①]的《理解的练习》为例。每一个有思想的教育者，他的健康的触觉把他引导到分析在儿童头脑中堆积起来并通过单纯提示教学增值起来的材料，使儿童注意力逐渐专注到较细小和极细小的问题上去，以便使儿童的一切表象达到明确与纯洁的程度。这一点是必须贯彻的。

我们可以把同时出现的环境分解为个别事物，把事物分解为组成部分，把组成部分分解为特征。特征、组成部分、事物以及整个环境都可以抽象化而形成各种形式概念。但是，在事物中不仅存在着同时出现的特征，而且也存在着逐步出现的特征。事物的可变性使我们有机会把事变分解为不同的层次。这些层次贯穿在事变中，依次地并连续地出现。在这一切分解尝试中，我们有时碰到某些事物是不能分开的，例如思辨的规律，有时碰到应当分开或者不应当分开的事物，例如提供鉴赏的美感。

交际也可以分解，分解为交际产生的、使心灵深化的、各种同情的感受。而且我们必须这样做，以使各种感情纯化并达到真挚的程度。因为对于一个人的，甚至一帮人的感情总和，总是由许多个别的感情组成的。同情他人的感情必须首先谨慎地从反对他人的感情中分别出来，以使个人主义至少不至于毫无察觉地压抑同情。具有细腻感情的妇女最了解如何分析交际，如何在儿童中间唤起更多的同情心，并正是如此来增加他们的接触面，提高他们交际的积极性。一个人早年是否受过这样的妇女的影响，这是显而易见的。

这样，分析教学通过分解其所遇到的特殊现象，上升到一般的领域。因为特殊是从一般中抽象出来组成的。请无论如何记住“近属与类别”的定义，同时记住，类别单独地说也是一属。在属中，也同在类别中一样，又能包含更高的属以及附属于它的类别，而每一种类别又是与以上情况相同的。所以应切记逻辑与组合学说之间的关系，并切记，为什么对一个个人视野中组合地包含着的事物进行的分析，可以指明逻辑的一般，并从而增加一个人对于其他新的观念的可接受性，在这些观念中，已知的成分能以其他形式并同其他成分组合在一起出现。虽然这一切本来都发生在我们大家心目中(凡是自发的现象，教师不应当对其纠缠不放，也不应使儿童纠缠上去)，但是这一切并非完美地发生，迅速地发生，因此对教师来说仍然有许多事情要做(此外，教师还必须观察自我)。

---

① 尼迈尔(A. Hermann Niemeyer，1754—1828)，德国神学家、教育家。——译者注

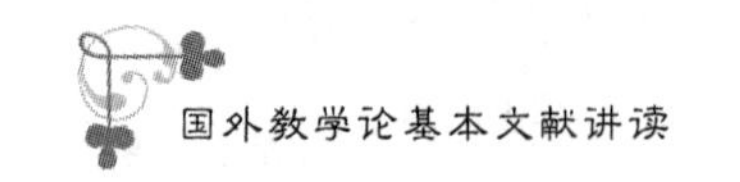

由于分析教学可以上升到一般,因此它有利于,也有助于作出各种判断,因为要判断的事情无非是要将其从混乱的不适切的定义中提炼出来。简单的事总比复杂的事容易识别。基本的提示如获得了较大的力量,那么由数量与色彩造成学生注意力分散的情况就会消失。此外,一般的判断不仅有助于今后在新场合下的应用,而且也有助于今后在新场合下的检验。

同样,对现存材料的不断分析,常常可以获得关于各种前提的联想,一个人得出逻辑结论的熟练程度全都有赖于这种联想——科学的想象。正因为经验没有系统,所以假如我们伴随着经验不断地进行思索,那么经验就能出色地使我们的各种思想多样化地混合起来,融为一体。

但是,由于经验、交际和与此相关的描述所能提供的东西是有限制的,因此分析教学的所有优点也是受制约而有限制的。分析必须接受它所能找到的材料。同时,在一方面造成某种优势的感性印象的重复常常比教师在另一方面力图人为地借以达到专心与凝思更有力。其次,一般只有在某些情况下通过抽象才能表现出来,必须经过努力才在心灵中达到自由的地步,从而使它不仅能表现为一般,而且同样能使一切特殊的结合成为可能。分析对于思辨和审美来说,除了仅能说明对思辨与审美活动具有决定性的各点以外,其实并没有其他作用了。众所周知,经验不能给予我们以理论和审美的需要,因此这种需要也并不能通过对现有材料的分析得到。即使对于已经接受的思辨和审美的各种表象作出分析说明,也只能使人感到什么被颠倒了的,而不可能达到那种使一种印象强化到要消灭以前留下的印象所必需的强度,也决不能达到唤醒心灵所必需的足够程度。单纯的驳斥与批评收效甚微。我们必须确立起正确的标准。

综合教学是建立在它自身的基础之上的,只有它能够承担教育所要求的建立整个思想体系的任务。自然,它不可能比我们的各种科学和我们的文学更丰富,但是正因为如此它要比儿童个人环境丰富得多。自然,它将不会比教师所具有的手段更丰富,但思想本身可以逐步造就较干练的教师来。整个数学[①]连同与它前后有关的一切,以及人类从古代到近代的教育阶段的全部进程,都属于综合教学的内容。但是乘法表、单词和语法也都属于综合教学的内容。这就容易使我们想到,在这方面错误的做法会造成多大损失。假如各种成分一定要通过单纯背诵的方法印入学童的心中,那么他们就有极充分的理由反对综合教学的任何推广应用。事前的概述、复述、复习、举例以及各种符号都是众所周知的减轻综合教学困难的有益方法。对于典型三角形,我曾建议过,用发亮的钉把它描绘在壁板上,不断地置于摇篮里的儿童的视线中。有人曾笑我。而现在请再笑吧!因为我想,除了壁板外还可以布置各种颜色的棍棒和圆球,我可以常常移动、组合和变换这种棍棒,以后则代之以各种植物和各种儿童玩具。我

① 在这里根本不必考虑数学的所谓分析方法。这里不谈数学家如何解决其面临课题的方式。按照教师或者教科书觉得好的要求来提出课题与编制课题,这肯定是一种综合。

把小风琴放进婴儿室，并让人奏几分钟简单的曲调和奏出简单的音程；我还给它配上一个钟摆挂起来，以便使儿童的眼睛与不熟练的弹奏者能够注意节奏关系。其次，我将训练儿童用温度计辨别冷热的感觉，用砝码说明重量。最后，我把他送到布商那里学习，以便使他学会像布商一样出色地用触觉辨别出毛织物的粗细。此外，谁能断定我不会用华丽色彩的大字母把婴儿室的墙壁装饰起来呢？

这一切都是以一种简单的思想作为基础的，即：假如综合的成分在早期就变成儿童日常经验的组成部分，那么在儿童心目中突然地、费力地印入知识，即所谓背诵，或者就变得没有必要，或者就变得非常轻而易举了。这样一来，综合成分将在可能范围内渗透到儿童日常经验的无数事物中，在儿童学习说话以及叫出这些事物名称时将被极其顺利地掌握。但是，我并非蠢人，决不至于把这些多少可以减轻教学负担与促进教学过程的小方法看做使人类得救的关键。

言归正传！综合教学必须照顾到两个方面，必须提出成分并构成它们的联合。这里的“构成”不是完全完成，因为完成是无止境的。什么人能测知所有事物的一切关系呢？有教养的成人还要不间断地致力于建造他的思想大厦。但是，他之所以能从多方面致力于这种工作，这肯定是其青年时期的教养为他做好了准备。因此，除了提供成分之外，教养还必须提供应用这些成分的方式方法与技巧。

最普通的一种综合就是联结性的综合。这种综合到处存在，它在一切方面有助于使头脑灵活起来，因此必须尽早地、最大限度地训练，直到达到最高的熟练程度。但这种综合的应用在经验学科中尤为普遍，因为其中没有什么可以阻碍这种综合使人去认识其(逻辑的)可能性(这种可能性的一部分就是偶然的实在)，同时这种学科可以让人用多种方式来加以分门别类。就这一点看，这种综合可以使人找到认识实用科学的道路。而在这些科学中，假如一系列的概念可以用于说明一系列现象的话，那么综合就是其媒介，关于这一点我们即将在这本教育学著作中加以说明。① 在思辨范围中假如缺少这种综合的话，将会使人感到惘然若失，数学家已感觉到这一点。可是在这方面，并同样在鉴赏范围中，这种综合被那种在这里占统治地位的特殊综合所掩盖。这种特殊综合一面排斥不容许的联结，一面使心灵脱离一切没有特色的思想活动。

与联结性概念密切相关的是数的概念。每一种联结活动把组合成分组成某一种数量。数本身就是这些成分的抽象。

众所周知，经验综合的本身形式就是空间、时间的形式，如几何形式与音律形式，《直观教学 ABC》就属于此类。这本书是综合性质的，因为它是从各成分出发的，虽然它的编写是由分析观察自然界中发生的并必须归入自然的各种形态决定的。

---

① 这一点也许可以，或者说应当，更多地通过积极的法则形式来加以说明的。

真正的思辨的综合完全不同于逻辑联结性的综合。前者基于关系之上。但是关系的方法还无人知道。教育学没有揭示这种方法的使命。同时对自然抱一种严肃的批判态度也不是儿童早年时期要做的事情。另一方面,在儿童希望获得信念的迫切要求自动发展起来的年华到来以前,在其顽固地抱住先入为主的观念而感到满足的年华到来以前,让儿童的心智完全得不到训练,这同样也是不允许的。这种疏忽在我们的时代尤为不足训。在现时,意见的分歧影响到每一个人,只有那种轻率的人,或那种既草率又悲观绝望的人,才放弃对于真理的追求。相反地说,教育者应该完全不管他的体系如何而去寻找危险最少的途径,以便尽可能培养探讨能力,并从许多方面唤醒由个别问题(即各种思辨的成分)激发起来的能动的感情,以免年轻的思想者相信,他很快就会走到真理的尽头。无疑,最稳妥的方法就是学习数学。可惜,这种学习严重地退化为玩弄辅助线和公式的游戏了。我们应当尽可能让它回到概念本身的思想方面去。同时,逻辑也有用处,只是不要对它希望太多。在哲学的思辨问题中,那些与数学、物理和化学有关的问题发展得最完备。在巧妙的引导下,青年人可以把心智多方面地应用在有关自由、道德、幸福、法与国家的问题上,以得到极大的好处。但任何接近宗教的问题需要多加推敲。在儿童早年,其宗教感情依附于天意这种单纯的思想。请尽量长久地保持这种感情,不使它受干扰。但一切宗教都有一种渗透到思辨中去的倾向和发展成为庄重的教条的倾向。在那种进行多方面教养时被触动的心灵中,这种倾向无疑没有停止活动。至此,是提出一点恳切意见的时候了:古往今来许多成熟的人物在这方面寻找不变的定论,这乃是一种徒劳的尝试。对这些对象的研究首先必须等待到一切思辨的预备活动终了以后才能进行。突然用思辨的信念来重新唤起那种业已失去了的宗教感情,这是不可能的。我们周围的自然界的秩序是同人类的依赖性在我们身上产生的永远无法满足的需要相一致的,而这种需要使宗教在同情的土地上牢固地扎下了根。就教育者的本质而言,积极的宗教教学不属于其范围,而应属于教会与父母,教育者在任何情况下不应当给以任何障碍,而且至少在新教范围内,理智地说,他不能稍微有一点设置障碍的念头。

鉴赏的理论是非常模糊的,以致我们不能说明各种审美活动的成分及其综合。虽然如此,我们不难取得一致意见:美的价值不存在于事物的量中,而存在于事物的关系中;鉴赏并不基于感知的事物,而基于感知的方式。我们没有什么其他情绪比对于美的情绪更容易受到损害了。对于儿童明亮的眼睛来说,美是不清楚的,尽管我们觉得,仿佛只要看到美就能清楚美似的。没有受过训练的眼睛无疑可看到物体,无疑可以看到眼前可以看到的一切,但是不能把各种关系汇集起来,如同有教养的人在最佳时候最愿意并最容易做到的那样。虽然鉴赏与想象彼此迥然不同,但鉴赏往往寓于想象之中。想象有助于鉴赏,这是容易理解的。例如在想象的变幻中,各种关系也变化着。而在许多关系中有一些关系通过其影响将注意力吸引,把其他形象在其周围组织起来。这样,心智就进入了诗的意境。

因此鉴赏的综合教养，其任务似乎就是使美的观念在儿童的想象中产生。我们首先必须在可能范围内供以材料，然后通过交谈让儿童想象材料，再后才把艺术作品本身拿给儿童观赏。关于古典戏剧，我们可以先讲述出戏剧的内容（这不是指各场次序，而是指情节），力求找出其间的关系、情境。使情节这样那样连贯起来，在这方面、那方面形象地描绘出来。最后将由诗人的作品本身来说明那些我们感到困难的问题。我们也许得力求使各情节的要素理想化地体现出来，这可以是一幅图画，一件造型作品，我们可以把它们作为一种组合展现出来。至于音乐，则一切都更为明确了。各种基本关系，连同其最简单的综合都操在精于和声学的教师手中，他只须不是一个迂腐的人。

现在我们来谈谈综合地培养同情的教学，通过这种教学，心地一定能变得豪放并充实起来，即使没有美好的家庭关系，没有幸福的青年人之间的友谊，也许还没有师生之间高尚而自然真挚的友谊来辅佐。在什么地方我们可以得到这样一种教学呢？有谁能否认，通常的教学方法是旨在迫使心智服从于物质材料，以严酷的科学和甚至为我们所夸耀的艺术使心灵变得冷淡，使我们疏远人类，疏远不合我们胃口的、思辨方面过于低劣的、往往离我们观察过于遥远的各个实在的人及其构成的各个实在的团体。但出于同情而为这些人工作仍然是我们最光彩的事情，而且我们也属于他们的种族，虽然承认这一点不免有一种羞愧的感觉，但我们无论如何必须承认这一点。

为了把历史印入记忆中，人们已经把联结在一起的历史框架，即用一种年代线索联系起来的各种地区名称的系统，表列出来了。人们也曾设法从各种语言学习与古代知识学习中得到理解力的锻炼，重新将古代诗人作为一切艺术的楷模来强调。这一切做得都是很出色的！最后，人们曾经想把人类历史连同各种各样的思想观念看做一个伟大的发展过程。随后人们却并非毫无根据地改变了看法，因为把这个过程作为一出戏来看，那么这整体，不是全部，无疑是不能非常令人振奋与满足的。但是，难道我们由于这一切而应忘记我们是在这里从各方面讨论人类吗？出于对人类的同情，我们只能为人类培养具有同情心的观察者。我们不应忘记，因为儿童还根本不能理解现实，所以还不能同我们一起展望未来，而正因为如此，在他们看来过去就是真正的现在，因此正是他们这样的人才会极自然地产生这种同情心。难道所有古代希腊作家共同表现的儿童的这种天真不能克服我们以高傲的学者态度去阅读他们的著作吗？或者进一步说，难道我们如此缺少自我感觉，乃至不能发觉，这里是在描述我们应当已经经历过的青年时代，而决不是我们现在还能够返回的年龄时代？

我们不能再回避我们有时羞愧地感觉到的那种被曲解的教养了。我们感到，我们耽误了我们本来应当具有的一些东西。我们想通过羞羞答答的努力来加以弥补，但这似乎是徒劳的。但是没有什么可以阻止我们让我们年轻的兄弟们从头开始努力，用自己的步伐，不借用外力，一直不断地前进到未来。

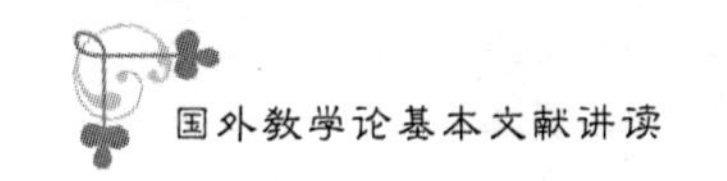

然而，他们若要推进前辈先行的工作，那么就必须继承前辈的工作——首先他们必须从早年开始就把前辈的工作认做他们的先行的工作。

这样，我们对同情的对象就不会感到不知所措了。在这方面我们是否以综合的和基础的方式着手工作呢？

首先，我们无须列举同情的各种成分，也无须用某一种综合方法硬把它们联结在一起。这方面需要一种温暖的感情，但它任何时候都不是由一种辉煌的火焰发出的瞬间的灼热，而是始终由一种能放出柔和的温暖的燃料所发出的持久的热。

其次，同情与人类的冲动有关。由各种成分逐渐发展起来的同情将随着人类感情的前进而前进。但这种感情是由人们的境遇确定，并随着境遇的发展而前进的。我们在社会上的感觉，产生于欧洲各种复杂的政治和文化关系。假如对社会产生的同情出于各种简单、纯粹而坦率的感情，而这种感情中的每一种都独自呈现在意识中，以致整个意识了解各种感情的需要，那么同情一定会在一系列人类境遇中前进。从最初的、已清晰地表达出来的、通过属于它的各种心理活动范围得到充分发展的状态开始，一直前进到现在这种状态。因为过去无疑只表露了人们各种状态的一小部分，更不能如同教育所希望的那样清晰而多方面地表达出来。正因为如此，某些文件是很珍贵的，这些文件用完美而活生生的语调告诉我们过去。至于其余的，必须由我们通过想象来加以补充。

最后，同情虽然可能在儿童之间的交际中最自然、最完美而连贯地发展起来，但他们这种交际恰恰是按照每一个儿童对这种交际作出的贡献决定的，而贡献是依据每一个儿童的活动与观点来决定的。假如人们不使他们放荡不羁地成长起来的话，那么这种活动与观点无疑是由提供给他们心智加工的材料决定的。不可否认，青少年的交际是由于其所获得的引导的不同而迥异的。假如这种引导跳跃地进行的话，那么他们就难以遵循，不愿遵循，就会退缩到他们幼稚的游戏与活动中去，他们将在这种活动中相互交往，使自己坚强起来。但是他们在某一天总得投身社会、投身世界的。假如到那时他们还相互抵触，毫无同情地如同陌生人一样，并顽固地坚持在他们的小事情上互不相让，那么这有什么可以诧异的呢？最后，假如社会本身是由许多小组织组成的一种松散的集体，而每个小组织都喜欢自得其乐，并尽可能地利用他们同集体的各种关系作为达到这种目的的手段，这更有什么可以诧异的呢？

但是在一个有爱国心的民族中情况却是何等不同！这里六岁儿童都会告诉你们历史故事，儿童都会告诉你们关于从前伟大的英雄少年的故事；他们彼此讲述这些故事，彼此联合起来随着本国的历史发展前进。他们渴望成为本民族的卫士，而且的确可以成为本民族的卫士。古人都能背诵荷马史诗，他们不是在成年时，而是在童年时学习这史诗的。荷马史诗就是青年人的普遍教育者，而其学生并不辜负它。诚然，它并不能做到一切，我们也并不把一切信托给它。

请你们想一想欧洲的爱国主义。希腊人与罗马人是我们的先驱。一切分裂乃是派别心理的不幸表现,这种分裂必须同派别心理一起消失。有谁能够引起对这种思想的重视呢?教学能够。

请不要说我们德意志人本来就很赞成世界主义。这太缺少爱国主义了。可惜这是事实!但是我难道要在这里首先来调和爱国主义与世界主义吗?

让我们回到对古人的讨论上去。我们认为,诗人、哲学家、历史学家,就他们全都要使人去关心人的本性而言,他们在这里是属于同一个行列的。荷马史诗、柏拉图的对话原先并不是艺术作品和至理名作,而首先是描述人物与思想,首先它们要求人们乐意接受这些人物与思想。我们认为,糟糕的是,有人向我们推荐的外国人讲的是希腊语言!这就使我们难以很好地接受他们的作品了,因为我们不得不需要译者,不得不要逐步地去学习语言,逐步的、不是一气呵成的,至少不能立即透彻掌握它。而这种学习对于我们现在越来越需要了,因为译者本身恰恰不能说最易懂的德语。将来有闲情逸致时我们将尝试使语言达到精深程度,并从而来把握诗歌艺术,可现在对我们来说两者还同样遥远。寓言只能给我们消遣,但人物却可以使我们发生兴趣。诚然,归根结底,教师需要具有某种程度的语言学技巧,以使他尽可能把文法课限制在最狭窄的范围内,但却能在这种限制范围内最坚定地把着手了的教学工作进行下去。可是,这种技巧在这方面只能获得做好工作的荣誉,切不要有其他追求。有一些意见认为,荷马史诗代表了各种希腊语言的最古老而闻名的形式,结构极为简单,这种古典语言的掌握对今后在文学上取得各种进步是具有决定性意义的。这些意见是正确的,但是它们在这里无关紧要。假如教授这种语言困难重重,而收获却事倍功半,那么上述理由仍然是无可比拟地强有力的。但这取决于用什么心情来理解这些理由。

为了实现这部分特殊的教学艺术,必须做三方面的工作。第一,必须决定教材的选择,主要从荷马、希罗多德[①]、修昔底德[②]、色诺芬[③]、普鲁塔克[④]、索福克勒斯[⑤]、欧里庇得斯[⑥]和柏拉图乃至罗马历史学家中选取材料,就罗马历史学家来说,一等到对他们有所准备后就必须立即选取他们的著作来进行教学;第二,必须严格说明教学方法;第三,需要确定某些辅助材料,以作为讲述和思考的补充,起到有利的陪衬作用。我仅在这里略微提一下,在荷马著作中较为粗糙的《伊里亚特》是不适用的,而全部《奥德赛》,除第八卷中唯一的一个长篇以外,却都适用(个别表达是容易避开的)。在儿童早年,索福克勒斯的《斐罗克太特》、

① 希罗多德(Herodotus,约公元前484—前425),古希腊历史学家。——译者注

② 修昔底德(Thucydides,约公元前460—前404),古希腊历史学家。——译者注

③ 色诺芬(Xenophon,公元前431—前350),古希腊历史学家。——译者注

④ 普鲁塔克(Plutarch,约46—120),古希腊古典作家。——译者注

⑤ 索福克勒斯(Sophokles,约公元前496—前406),古希腊悲剧作家。——译者注

⑥ 欧里庇得斯(Euripides,公元前484—前406),古希腊悲剧作家。——译者注

色诺芬的历史著作颇为适用(但不要用实为放荡的回忆录,其所享的信誉是由于幸福论的缘故)。当儿童后期阅读了几篇简单的《对话》时,就可以选读柏拉图的《共和国》了。《共和国》完全符合他们对范围更大的社会正在萌发着的兴趣。在青年人郑重地投身治国艺术的时期,这部著作是不能满足他们的,就像荷马不能满足一个正在抛弃一切孩子气的少年一样。作为思想家的柏拉图与作为诗人的荷马诚然是适合于成熟年龄的,但是这些作家的作品难道还不值得我们读两次吗?青年的教师难道没有留意与浏览这些著作的兴致吗?

以上对综合教学大体上作了充分的说明。这种教学必须很早就开始,而其终点却是找不到的。但它将使人感到,父母与青少年必须延长教养年限,使它超过今天习惯上的年限,因为他们也许不甘心让其长期辛苦中获得的可贵成果半途而废,听凭命运摆布。对于大多数人来说,也许正是出于这一原因而不去开始进行这种教养,但只要能找到最好的教养,就有一些人想要得到它。

然而,假如聘请教师太迟,而他似乎也没有发觉被延误的儿童并非变坏(这种情况是少见的),那么,他就应放弃希腊语著作,而更多地依赖分析教学。但切不要把积累起来的一大堆材料一下子就分解为极小的各部分。相反,开始时必须使各种专心活动一一得到反复。然后,在继续的交谈时(这种交谈也许是会在共同阅读各种从现存见解出发选择出来的书籍中自然地引起来的),必须不断地探索心灵受感动之处,把书中的各小节一部分一部分地教给儿童。这样做,与其说为了纠正什么错误,不如说是为了让人意识到自己的潜力。假如一个人自己成了观察的对象,那么这就会表明,他如何可以使自己满意?他有多大力量,什么地方,怎么样可以在综合方面给他提供帮助?

如上面提到的,我们希望教师在纯粹的提示教学中具有灵活的态度与观察的精神,而不拘泥于各种规则。在前一章中所阐明的概念应当联合起来应用于分析与综合的教学。请注意,这里仅说了个大概而已,不要期待对课程表上安排的各种严密的学科作详细的教学说明。

(李其龙　译)

教育学(节选)[①]

凯洛夫

作者简介

伊·安·凯洛夫(N. A. Kaiipob,1893—1978),苏联著名教育家,20世纪四五十年代苏维埃教育学的代表人物之一。凯洛夫一生著述甚多,像《伟大的教育家扬·阿姆司·夸美纽斯》,主编两卷本的《教育辞典》以及四卷本的《教育百科全书》等。其中流传最广、影响最大的是他主编的《教育学》一书(有俄文1948年和1956年两个版本)。《教育学》在一定程度上反映了社会主义教育学的特点,揭示了教育的客观规律,特别是对教育的本质与作用、共产主义教育的目的及任务、教学理论、关于学生年龄特征等有关教育学的重要理论问题,力图以马克思主义的观点,进行探讨。

选文简介、点评

凯洛夫《教育学》自从被引入我国后不久,就一直饱受专家学者们的争议。但不管人们对其怎样评价,可以肯定的是,凯洛夫《教育学》对我国教育理论与实践领域所产生的影响是其他任何教育学论著所不能比拟的,直到21世纪的今天,其影响仍随处可见。

下文节选了凯洛夫《教育学》的第八章"教学过程",凯洛夫在本章主要论述了教学过程的本质与教学原则。

首先,凯洛夫提出,教学过程是一个认识过程,而这个认识过程有其特殊性,是一个特殊的认识过程。其特殊性体现在,学生的认识对象是人类世世代代积累起来,且依据教学原则系统整理出来的现成知识——即课程之中系统的知识、技能、道德规范,而且学生的认识是在教师的指导下迅捷、经济、有效地进行的,还要不断地巩固、检查与评估教学效果。

其次,凯洛夫还认为教学过程是师生双边活动。在教学过程中,既要发挥教师的主导作用,又要调动学生的积极性和主动性。在师生关系方面,凯洛夫突出了教师及"讲授"的重要作用,认为"在教学过程中,讲授应起主导的作用,正确地安排讲授是学生顺利地掌握知识、技能和技巧的主要条件"。

---

① [苏]凯洛夫. 教育学[M]. 陈侠,等译. 北京:人民教育出版社,1957:130-159.

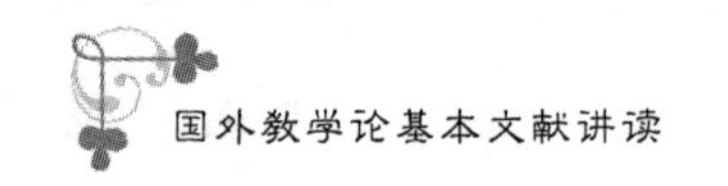

再次，凯洛夫强调“教学永远具有教育的作用”，主张把思想政治教育渗透到各个学科的教学之中。

第四，凯洛夫依据“共产主义教育的目的和我们已经认识到的教学过程的规律”提出了一系列的教学原则：① 在掌握知识的过程中，学生的自觉性和积极性原则；② 教学的直观性原则；③ 教学上理论与实际相结合的原则；④ 教学的系统性和连贯性原则；⑤ 掌握知识的巩固性原则；⑥ 教学的可接受性原则；⑦ 在教师对班级进行集体工作的条件下，对学生进行个别指导的原则。他认为这些教学原则“反映出教师在长时期积累和概括起来的成功的教学工作经验”。

凯洛夫《教育学》当然也存在一些不可回避的缺陷。国内大多数学者认为，首先，凯洛夫《教育学》是“工作手册”式的教科书，理论性与科学性不强。其次，凯洛夫反复强调、过分重视对知识技能的传授，虽然也提出要发展学生的能力，但没有提出用什么内容与方法发展学生的能力。第三，凯洛夫“把学生的学习归结为掌握一些现成的经验。而这些现成的经验自然由有经验的教师来传授，教与学的关系变成了讲与听的关系，把生动活泼的课堂变成了僵死的满堂灌的课堂。”[①]第四，在师生关系方面，他过分夸大了教师的作用，而忽视了学生的学，把学生置于消极被动的地位。

我们在学习选文的过程中，一定要历史地、客观地看待凯洛夫的《教育学》。一方面，要认识到凯洛夫《教育学》所强调的教师、课本、课堂的“三中心”倾向“对于新中国成立初期吸取苏联十月革命后出现的‘学校消亡论’等‘左’的教训，稳定教育教学秩序，保证教育教学质量具有积极意义”[②]，另外，我国中小学生普遍具有较为扎实的基础知识与基本技能，其中凯洛夫的影响是显而易见的。另一方面，也要看到其明显的时代局限性。

（撰写人：洛阳师范学院副教授任宝贵博士）

选文正文

第八章　教学过程

第一节　教学过程的本质

教学的概念

学生掌握教学大纲和教科书所规定的知识、技能和技巧是在教学过程中进行的。

教学过程一方面包括教师的活动（教），同时也包括学生的活动（学）。教和学是同一个过程的两个方面，彼此不可分割地联系着。在教学过程中，讲授应

---

① 李定仁.赞科夫的教学论思想与凯洛夫教育学[J].外国教育动态，1981(5)：35-39.

② 杨旭，李剑萍.凯洛夫《教育学》：学习苏联教育经验的样本[N].中国教育报，2009-09-22(4).

起主导的作用，正确地安排讲授是学生顺利地掌握知识、技能和技巧的主要条件。

讲授在于阐明学科的内容，丰富学生的观念和概念，指导他们进行独立作业，检查和评定他们的知识和根据教师的指定所完成的作业。教师在进行讲授的时候，要引起学生的积极性，指导他们的认识活动，教他们进行学习。

学习是学生在教师指导下掌握各种学科的一种系统的脑力劳动和体力劳动；掌握各种学科就需要感知、理解和记住构成学科内容的教材，同时要掌握在实践中运用所获得的知识，即利用这些知识的技能。

教学永远具有教育的作用。

在阶级对立的社会里，统治阶级为了他们自己的利益，曾经利用过这个规律。例如在资产阶级的社会里，教学的目的是为了培养唯心主义的世界观和使学生信奉资本主义的社会制度。

在苏维埃学校里，这个问题的解决是根本不同的。苏维埃学校教学是这样进行的：学生学习基本科学知识，同时在教师指导下，养成对自然和社会生活现象的各种科学观点，了解现代生产的科学原理和组织，准备为社会主义祖国的幸福而劳动。在教学进程中，要培养学生的求知欲、好奇心以及研究周围的生活和利用已得的知识来改善周围生活的能力。在教学过程中，要养成学生的道德意志品质和他们的组织性。

教师不仅要把“现成的”知识传授给学生，而且要努力创造条件，使学生在分析观察的结果和对比事实的时候，能自觉地去进行概括。在正确的教学工作过程中，可以发展学生的认识能力：观察、记忆、思维、言语以及创造性想象。

这样看来，具有共产主义教育意义的教学，是由讲授的科学性和思想方向性以及学生掌握知识、技能和技巧这种学习劳动的积极性来保证的。

学生掌握知识的过程

掌握知识是一个复杂的过程。掌握知识，意思就是要明了提供学习的教材，要把这种教材跟已经学过的教材联系起来，记在脑子里，从而使这种教材里所概括的人类经验，成为自己的智慧的财富。

在科学知识里反映着现实世界和现实世界发展的规律性。关于人类意识中正确反映现实世界事物和现象的规律是怎样的这一个问题，马克思列宁主义的认识论做了详尽的回答。人类可以认识不随人类意识为转移的、客观存在的世界。认识是在人的实践活动的过程中发生的。实践是认识的基础和真理的标准。

认识是从人类对事物和现象的感性知觉开始的。知觉之所以可能是由于人类具有感觉器官，感觉器官可以接受客观现实事物的刺激。不过，感性知觉所能反映的主要是事物和过程的外在的方面。

为了很好地作用于外部世界，需要了解世界发展的客观规律。而只有借助于抽象的思维，才能够认识这些规律。进行抽象思维时，要把某些感性知觉的材料加以概括，同时要抛弃事物和现象中的一切非本质的和偶然的东西，渗透到事物和现象的本质中去。概括的结果表现为科学的概念和规律。这些概念和规律是否正确，要通过实践来检验。实践是检验知识是否正确的最高标准。认识是一种复杂的辩证的发展过程。列宁用下面的话给这个过程下了个定义："从生动的直观到抽象的思维，并从抽象的思维到实践，这就是认识真理、认识客观实在的辩证的途径。"[①]

学生是在掌握知识的过程中认识客观世界的。青年一代掌握知识的过程和人类在其历史发展中认识世界的过程具有共同之点。因此，认识的一般规律性也跟学习过程有关。不过学生掌握知识的过程有它的一些特点。

学生所要掌握的知识都是科学上的稳固可靠的财富，学生并不负有发现新的真理的任务。他们的任务是要自觉地去掌握基本知识，把这类知识牢牢地记在自己的脑子里，并且要学会利用这类知识。因此，在普通学校里，学生对于知识的掌握，应该采取捷径，要避免在认识的历史发展过程中出现过的走弯路和犯错误的现象。

学生要用哪些方式去掌握知识呢？有时候，仿佛知识的掌握是一刹那的事，就好像照镜子的动作一样：教师一经讲述，一经指点，学生立刻就明白了。实际上，通过这样的方式，学生所能获得的只是有关某些个别事实的知识，只是一些初步的知识[例如"伟大的俄国诗人普希金于 1799 年 5 月 26 日(即俄历 6 月 6 日)生于莫斯科"]。掌握"棕榈生长在热带，部分生长在亚热带"这样一个断言，已经比较复杂了。如果儿童没有关于棕榈、热带和亚热带的概念，他可以复述教师所说的这个命题，但是并不能从这个命题来增加自己的知识。

显然，必须进行一些工作来形成学生关于热带和亚热带的概念，来形成学生关于这些地带所特有的植物——棕榈——的观念。在需要掌握关于自然和社会规律的知识的时候，学生脑力活动过程就更加复杂了。

从这里可以明白地看出，学生掌握知识是一种很复杂的活动，这种活动包括一系列的阶段或环节。首先，教师要向学生提出跟课题有关的属于认识性质的问题，并且帮助他们把新教材所依据的那些知识再现出来。这样，教师传授具体教材和学生掌握具体教材(演示并观察各种事物和过程，讲述各种事实，等等)就有了准备。学生通过知觉来学习新教材：把新教材分成若干组成部分，划出要点，找出同异之点，揭示所研究的各种现象之间的因果关系和各种不同的依存关系，重新把各个部分综合成为一个整体。学生的这一切智力活动也可以形成他们的正确的观念和科学概念。

其次，必须使学生巩固地掌握知识，以便他们在从事各式各样的工作时来应用。同时要培养学生的建立在既得的知识基础上的技能和技巧。随着教学大纲的某一个章节的学习或者整个这门学科的学习，要把已经掌握的教材加以复习，使它系统化，并进行概括。学生把知识应用到实践上去，对于自觉地和巩固地掌握知识和技能，具有非常重大的意义。

在教学的所有阶段中，必不可缺的一个环节就是由教师来考核和评定学生的知识、技能和技巧。

这类教学进程是最典型的。然而，必须考虑到在活生生的教学过程中所有这些环节是彼此互相交错在一起的，有时候，要看教材的内容和学生掌握这种教材的准备程度来改变它的顺序。

在一般情况下，知识的掌握是从“实践”开始的，也就是说，是从学生完成教师指定的教学上的实习作业开始的。这种“实践”的目的就是要学生积累必要的经验。

例如教师计划上圆周长度这一课的时候，要向学生提出预备作业：测量圆周和直径的长度，并且用各种不同的圆形物体（车轮子、桶箍、菜碟等等）作例子，找出圆周和直径的关系。

尽管掌握知识的过程有所不同，但是都要求把所研究的各种事物和各种过程正确地反映到学生的意识里。

对现实对象及其映象的认识，不断地体现并反映在词汇、专门术语和定义里面。

这样看来，学生对于知识的掌握以及他们对现实世界各种事物和各种现象的研究，都是在观察、思想和言语的密切发生相互作用的条件下进行的。

学生进行学习的诱因

学生是在各式各样的动机影响下进行学习的。在这些动机中可以分为属于“直接诱因”的动机和属于希望中的动机。属于直接诱因的动机的是直接推动学生去学习的那些动机（上课时引起儿童注意的有趣味的图画，教师生动的讲述，学生想要获得好分数的愿望，教师对学生的知识和所完成的作业进行的系统的检查，等等）。

某些高年级的学生的学习动机是企图掌握某些方面的深湛的科学知识，以便能够阅读参考书籍、做实验和进行设计等等。在属于希望中的动机和属于直接诱因的动机之间，具有密切的相互作用。各种不同的动机之间的对比随学生的年龄而不同。而同一个动机所发生的推动力量也随年龄以及教育和教学的一般条件而不同。

教师的任务在于引起学生的求知欲，也要引起满足这种求知欲的愿望。求知欲是由讲授的特点——如所学的东西跟实践的密切联系；能指出理论的重要意义；能应用理论去解决各种问题。就这一点来说，学生的亲身实践所起的作用也很重要。学生本身在某一方面所进行的生动的实践活动，可以引起他们一系列的科学能给予解答的问题。

高年级学生有学习的强烈的动机，这是由于他们想要成为社会上有用的成员，他们有对学习的责任感，对集体、对学校、对人民的义务感，他们了解自己的学习劳动跟全国劳动人民的创造性活动有密切联系。无论是成为苏维埃社会优秀的成员的愿望或是对于自己的学习的责任感，都是由教师在教学过程中和班主任在班级教育工作中培养起来的。为了达到这个目的，可以采取各种不同的教育方法：给学生指出苏维埃社会先进人物和过去进步人士活动的范例，把有趣味的创造性作业和完成这些作业的报告包括到课业里去，等等。

学生如果了解他们所要做的作业究竟为了什么，是可以刺激学习的。正因为如此，向学生说明这堂课的题目和所要达到的目的，就高年级来说，在学年开始简略地说明本学年所要学习的这门课程的内容，都是有好处的。

诱导学生努力学习的重要条件之一，就是要把课堂内的集体作业安排得很好。一个集体能共同要求尽可能很好地完成教师所布置的作业，在这种情况下，就为每个学生树立积极的学习态度创造了有利的先决条件。

在所有年级，学生对学习劳动的积极性可以推动学生的学习，学生都很喜欢独立进行工作，中年级和高年级的学生更热衷于完成难解的，当然也是他们能够做到的、需要紧张努力的习题。普通学校的生活制度和教学工作规则以及教师对学生的坚持不渝的严格的要求，对于养成学生系统的学习劳动习惯具有很重要的作用。教师在解释习题和课堂内的行为规则的时候，在说明学生回答问题所应履行的要求的时候，在系统地检查学生是否遵守这些要求的时候，也在培养着学生的劳动习惯。

学习的动机在学校教育期间发生着很大的变化。

在低年级，儿童首先是在教学过程本身所引起的直接兴趣的影响下进行学习的，这种教学过程本身对他们来说是一种很新鲜的活动。兴趣是由于教学的直观性、教学跟儿童的经验和体验密切结合而逐渐浓厚起来的。当然，即使一至四年级的学生就已经有了这样一个观念：为了获得知识，从而准备劳动，就需要学习。但是这种观念还是极端模糊的。在五至七年级，除了对于知识的直接兴趣而外，还存在着这样一个愿望，即想要掌握某些知识，以便把它们应用到自己的活动上面去。准备生活这样一个意图，已经在学习的动机中占有重要的地位。

在高年级，学习的基本动机是要求获得知识并对发生的问题寻求答案，是想要更深入地了解周围的生活和更好地准备实际参与生活。为了选择未来的职业而求知的要求，也来得更加明显了。

使学生感知新教材

感知所研究的现象，并不是像照镜子那样机械地进行的。感知是一种能动的过程。特别重要的是新教材的感知是要借助于一定的思想和课题的。从这里就可以看出训练学生自觉地、积极地感知教材的必要了。

在使学生感知新教材的准备工作中，布置实习作业，使得学生了解他们所要获得的知识的必要性，具有很重要的作用。

例如在六年级题为“比重”的一节物理课上，教师指定学生解答这样一个问题：“在日常生活中，往往需要了解某一种东西的重量，可是又不能用秤来称。例如建筑工程师需要了解所要建筑的房屋墙壁的重量，以便计算所需要的地基；集体农庄的工作队长在编造饲料预算时需要确定草垛的和草棚里的干草的重量。而这类东西——墙壁和草垛——的体积用适当的测量和计算是很容易知道的。那么，能不能确定它们的重量呢？在什么样的情况下才能够确定出它们的重量？”学生在那里沉思着。教师认为可以举另一个比较容易懂的例子引导学生来回答的时候继续说：“假定有一块砖，不直接用秤来称它，怎样去确定这块砖的重量，或者假定有一块铁重得很，不能用学校的秤来称，怎样去确定这块铁的重量呢？”当学生已明白必须了解各种物体的体积单位一个立方厘米或一个立方分米的重量时，教师就向学生说明这一课的题目并且在说明题目以后，立刻就去使学生形成“比重”的概念。

学生在感知新教材的准备工作中，依靠他们已有的经验是很重要的：儿童在自己的生活中曾经碰到过学校里所要研究的许多现象。教师不仅可以依靠儿童已经积累起来的经验，而且可以预先组织学生去了解他们所要研究的各种事物和各种过程。例如一个乡村中学的五年级学生，在学年开始时曾经跟教师一起去参观一个新建的集体农庄的果园。在那里，他们不仅了解了果园，而且参加了果园的工作：他们曾经松过行距间的土，然后给一丛丛的醋栗培上了土。儿童曾经发现好多新植株生根的情况。学生的观察反映在他们的谈论里：“你瞧，你瞧！这个小树枝扎根了！千万不要把它从土里拔出来。”“喂，你看，我这里刚刚开始扎根。有好些小根生了出来。”在第二次参观的时候，学生栽种了一丛丛的穗状醋栗。教师要他们注意插条上面可以发生根蘖的那些部分。

学生在集体农庄的果园进行的观察，对于进行营养繁殖这一堂课，曾经发生极其良好的作用。

由教师帮助学生积累起来的印象，可以在学生的意识里给感知新教材打下一个良好的基础。

在讲授过程中，为了使学生能够清楚而又正确地感知所要研究的对象，在介绍给学生所要研究的各种现象时，可以利用分析和综合的方法。例如就动物学这门课程来说，在研究某种动物的时候，首先要叙述它们的、跟居住条件统一的生活方式，然后，在这个共同的背景上来研究动物的各种器官、器官系统和它们的机能。器官的研究必然是跟器官的机能的研究密切结合着的。而器官机能的研究，是跟整个有机体的生活不可分割地联系着的。

教师在指导学生感知新教材的时候，可以培养他们的观察的技能。教学如果安排得很恰当，学生就可以学会制订观察计划和利用这种计划，就可以学会区别出对象的本质的属性、确定整体和局部的相互关系、精确地把观察的结果肯定下来。

观念的形成

学生正确地感知教材，对观念和概念的形成具有很大的作用。

能不能顺利地形成观念，要看为了使学生进行观察而选择的那些事物和过程是不是恰当；在所选择的这些事物和过程里要能够最明显地表现出它们的典型的属性。为了形成正确的观念，并没有必要引用大量的对象。举出几个生动的、可以很清楚地看出和明显地感知到的一些典型特点的例子，就能够形成一个正确的观念。

教师引导学生的感知进程和帮助学生更好地分析对象时所做的讲解，对于观念的形成起着很重要的作用。关于各种事物和各种现象的正确的观念，不是一下子就能形成的。最初的认知往往只能提供一般的情况，不可能提供一切细节都很精确的情况。只是由于教师的指导，才能使学生对于某种事物的基本特点产生一个清楚的知觉，才能使学生的知觉和观念更加精确，才能使他们抛弃一些偶然的特征和属性。

各种实物的利用，学生的实际行动，特别是劳动过程，都对学生的感知和观念的鲜明性和精确性发生着作用。在认知对象的过程中如果亲自动手，就能够使各种对象的知觉更加精确，在意识中更加牢牢地巩固起来。

直到现在，这里所谈到的都是形成观念的直接的方法，学生可以利用这种方法认知所研究的事物和现象，并且可以在亲自观察的过程中获得知识。但是，绝不是说，凡是应该知道的一切都可以让学生去观察。此外，如果经常总是依靠直接的知觉，知识的掌握就会来得非常迟缓，而学生的抽象思维的发展也将受到妨碍。学生的许多观念是在教学当中用间接的方式，通过教师的传授和学生的阅读书籍而形成的。例如学生可以获得关于雪崩和冰河以及他们从来没有见过的动物和没有亲身经历过的历史事件的观念。

教师采用这种方式的时候应该确信学生能够正确地理解他所使用的词汇。

教师如果同时能够依靠学生从前用直接观察各种现象的方法所形成的一些观念是有好处的。因为在过去直接观察过的种种现象里面，跟要学习的新现象总是有某种相似之点的。例如在五年级，教师通过口头的描述给学生形成关于雪崩的观念，这种口头的描述是跟直接引证以前所进行的各种观察结合在一起的，如"你们每个人都见过，到了冬天结束的时候，房顶上的积雪从上面滚了下来。在山上，也是同样的情况，只是规模更大一些罢了。山坡上，一到冬天，就堆积了很多雪。最后，积雪几乎没办法留在山上了。只要稍微振动一下，所有的雪块就开始往下滚落，滚落到溪谷和山峡里面。起初是缓缓地，后来越来越快了，最后是惊人的速度和震耳欲聋的巨响，连带石头和树木奔腾而下。这就是雪崩。有时候，极其轻微的一点儿振动：风一吹动，枪声一响，有时不过是

讲话的声音大了一些，积雪就崩落下来。”

概念的形成

概念是人类的一种思维形式，这种思维形式反映现实世界各种事物和现象的最本质的特征、属性和联系。概念从来就是一种概括。概念的形成是一个很复杂的过程。为了形成概念，单单积累很多观念是不够的。例如我们可以具有各种个别植物的观念，但不一定能掌握“植物”这一个概念的确切的内容。

为了形成学生的概念，教师提出一定的属于认识性质的问题，并且正确地选择和分析概念所形成的对象，具有很重大的意义。

新的概念就是对教师所提出的问题的答案，教师的提问可以使学生的能动的思维活跃起来，并且引导学生的能动的思维。例如在讲解物理学上的“压力”这一概念以前，教师可以向学生提出这样一类的问题：“为什么一部复杂而又非常笨重的机器——ЭШ/65 型步行式挖土机——安装在一块又宽又厚的金属板上，借助于巨大的滑板就可以移动？为什么这部巨大的挖土机既不能安装在轮子上，又不能安装在履带牵引装置上呢？”就在这个时候，教师向学生讲述这部挖土机的重量是 1200 吨。学生把所有这些资料加以对比，就会引起这样一种思想，挖土机要是安装在轮子上或安装在履带牵引装置上，就会沉重地插进土壤里。从这种思想出发，就不难获得土壤压力的概念。以后学生就懂得，挖土机在对土壤的很小的压力之下可以自由移动。

概念是学生在教师指导之下进行正确的逻辑思维的过程中形成的。在学生的思维活动的进程中，广泛采取着比较的方法。例如非重音的元音这个概念，只要跟重音的元音这个概念相对比，就可以很明确地掌握它。等速运动这个概念，只要跟非等速运动这个概念相对比，是很容易形成的。图形的相似这个概念，只要把它跟相等的那些图形相对比，学生就可以深刻地体会到。

采用比较法要求学生进行重大的思想活动。每次比较总有可以进行对比的基础。我们在比较某些事物的时候，同时就把它们保存在意识之中，并且从这些事物里找出一些相似或相异之点。当教师提出的问题或习题里包括比较的基础时，比较就可以进行得很好。教师说：“你们把已经取得的沉淀，就它们的颜色、稠度和润湿玻璃的能力，加以比较”，这给学生们提示对照的“程序”，这种“程序”使得学生能够按照一定的特征，来分析液体的相同或相异之点。比较法要求把某些事物或现象的本质的特征加以对比。同时需要发展学生能够在还没有显现出来的地方看出相同之点，又能够从相同之点看出相异之点。

在教学中，并不是为比较而比较和为对照而对照。比较和对照只是概括各种事物和现象的本质属性和特征的手段。

比较和对照是同分析和综合密切联系着的。分析和综合在形成概念的过程中起着很重要的作用。

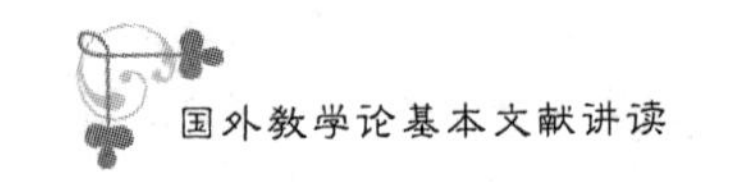

为了找出某种事物的本质的特征和属性，必须把它分解为各个部分和各个方面，分别研究其中的每一个部分和每一个方面，然后把其中最本质的东西结合起来。

学生的概念的形成，一方面依靠归纳，一方面依靠演绎，归纳和演绎是密切联系着的。例如在研究物体对另一些物体（被认为静止的）的各种运动形式的时候，教师可以使学生去理解机械运动就是一个物体相对于另一个物体的移动。这时，就利用归纳的推理方法——从特殊到一般。而当教师利用这类概念来阐明各种运动（等速运动、非等速运动、加速运动、减速运动）的时候，他就是在进行推理，并且教导学生进行演绎推理，也就是从一般到特殊。

概念往往表现在词汇里面。在形成概念的时候，什么时候才下定义这个问题，要看形成概念的方式分别来解决。在学生对某一定义的领会毫无准备，只能机械记忆的情况下，就不应该给概念下定义。在这样的情况下，学生只能"掌握"概念的口头的表述，不能领会概念的内容。

每门学科都包括一些学生可以从实践上去掌握、不需要借助于定义的概念。例如词的概念、音的概念、语言的概念、语法上的性的概念或是语法上的数的概念、数和数列的概念等等，都属于这类的概念。儿童在生活中经常碰到这类的概念。给这类概念下定义是不必要的。这反而会使学生的学习发生困难。只要检查一下是不是所有的学生都晓得表达这些概念的词的含义，并在必要时帮助学生去理解这些词就够了。

通常教师要给新形成的概念下定义。学生掌握这个定义，并且在回答问题的时候利用这个定义。有时候，他们就在这种情况下犯错误。教师应该利用纠正这些错误的机会来培养学生的思维，使学生的语言精确。举例来说吧，一个学生在给质数下定义的时候说："凡是有两个约数的任何一个自然数，都是质数。"在这个定义里，其中第一部分漏掉"只有"这两个在这种情况下很重要的字眼。教师用一副期待的眼神，注视着全班学生。如果没有人想来订正，他就向学生提出一个问题："照这个定义的说法，4 这个数字就是质数，原因是这个数字有两个约数。是这样吧？"教师的提问，使得这个学生不能不去思索，并且把自己的答案加以订正。教师向他提出一个问题："错误究竟在什么地方呢？"学生回答："漏掉了'只有'这两个字。"教师指出："不错，漏掉这两个字是会歪曲这个定义的含义的。现在你讲一讲能被 9 整除的数有哪些特征。"这个习题的目的是要检查学生是否体会到自己所犯的错误。

在学习学科的进程中，会不间断地使学生形成的概念更加精确和更加丰富。例如在三年级语法课上，要形成"句"的概念。在以后的各年级，学生在进行语法分析、使用这个概念、研究系统的语法时，可以掌握这个概念的愈益清楚和愈益精确的内容。同时由于更深入地研究了语法的概念和规则，这个概念就更加富有内容，就产生了修改它的定义的必要。这也就说明了三年级、五年级

和七年级应用的句的定义为什么不同。

某些概念形成的特点随学科的内容而不同。分析每一门学科中概念形成的特点，属于有关的各科教学法的范围。

知识的巩固和复习

关于巩固知识的工作，是掌握知识过程中一个必要的环节。在每一次以不同的形式讲解新教材的课上，都要进行初步的巩固。为了检查学生是否自觉地去掌握教材，为了检查学生是否有兴趣去再现教材，不仅要学生单纯地复述教师讲过的东西，而且要学生回答需要进行思想活动的问题。在中年级和高年级初步地巩固教材时，要更多地依靠学生的独立作业。例如他们要根据教师提出的问题，把主要的教材再现出来，制定已讲述过的东西的提纲。

巩固知识的工作也可以在课堂上和家庭里阅读教科书的过程中进行。

巩固地掌握知识的可靠的手段是采取积极的方式(追忆)进行及时的复习，设法防止把所学习的东西遗忘掉。学科的每一部分的内容，都是依据以前讲过的各个部分当中的某些原则的。在掌握新教材以前把那些原则再现出来，是教学过程中最重要的因素之一。

为了增进学生有关某一门课程中某一部分(或整个这门课程)的知识并使它系统化而进行的概括性的复习，也有助于知识的巩固。这类复习通常是在学过教学大纲当中某一部分以后进行的，它可以使学生更深入地掌握知识。

教师所采取的巩固教材的方法，对于学生记忆的发展有很大的影响。如果学生在学习过程中，只是消极被动地去熟记教师和教科书的词句，而不把那些词句跟他们的生动的印象和他们已经很明确的概念结合起来，那么，这就会阻碍他们的合乎逻辑要求的记忆的发展。在教师采取积极地巩固知识方法的时候，学生就给自己提出认真负责地识记教材这样一个任务，找出其中的主要意思，把它们导向逻辑的联系。这一切都可以发展学生理解记忆的能力。

在运用知识的过程中学生的技能和技巧的形成

在教学过程中，学生除了掌握知识以外，还要掌握一定的技能和技巧。技能就是一个人自觉地遵守一定的要求，完成所需要的动作的能力。有了某一种技能，就可以在不断变化的情况下，保证完成相应的一些动作。在教学过程中，要给学生们培养出来的技能是多种多样的：编写读书纲要的技能、解习题的技能、就指定的题目做作文的技能、安排具有物理学或化学方面初步研究任务的实验的技能、进行最简单的测量技能等等。技能越是可以运用自由，也就越加完善；技能如果在各种不同的情况下都能够适用，那就达到了很高的境地。

所谓技巧是指由于多次的反复练习而获得自动性质的那种动作。例如读写和口算等技巧都是在普通学校里所要获得的技巧。技能和技巧之间的关系，表现出各种不同的形式。有些学习方面的技巧的养成是在技能之先。例如使用仪器的初步技巧的培养，可以在形成实验作业(物理方面的和化学方面的)技

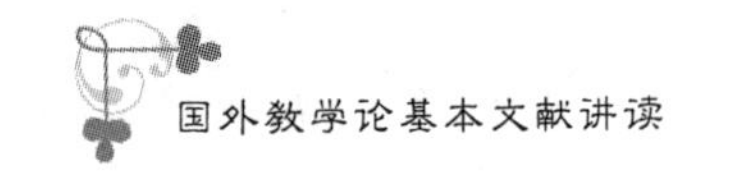

能之先。我们常常碰到的是由技能转变成技巧,例如运用带有非重音元音的字的书写规则的技能,变成正确地拼写这些字的技巧。

技能和技巧是在练习过程中形成的。例如在运用比例的除法法则解习题时,学生可以获得一定的技能。并且就在这个时候,可以使已经获得的理论知识更加完善起来:学生可以更深入、更巩固地掌握比例的概念。

所谓练习是指自觉地反复地去完成目的在于掌握技能和技巧的某些动作。

练习是根据一定的顺序进行的。教师在进行口头讲解的时候就要指出完成某种活动的方法;学生就在这个时候,学习运用必要的工作规则或工作方法,跟随教师重复同样的动作(引导性的练习)。学生采取跟教师所指示的相类似的方法,在教师直接监督之下,独立地完成相应的动作,这是保证技巧的养成的基本的练习。这类练习可以一直继续到全体学生养成巩固的技巧为止。以后,在讲授新教材的时候,也还要运用从前已经学过的规则进行练习,目的在于把各种技巧保持下去,不使那些技巧减弱。例如学生已经掌握了辨认动词的完成体和未完成体的技巧以后,教师在讲授新教材(形动词、副动词等)的时候,可以运用新的规则进行包括判断完成体动词和未完成体动词的作业这样一类的练习。这类作业好像是学生们"附带地"完成的,所以通常把这类练习叫做附带的练习。

能够达到作为各种技巧的特征的动作的自动化,对于进一步丰富学生的知识和技能,具有特殊重要的意义。例如只有在有了巩固的拼写的技巧或使用标点符号的技巧的情况下,学生在进行书写的时候,才不至于由于拼写而分散了对于内容的注意力。

对于学生掌握知识、技能和技巧情况的检查

学生掌握知识、形成技能和技巧是在教师指导下的一个过程。很明显,教师必须晓得这个过程进行得是不是很成功,结果是不是很好。这就要对学生的知识和他们所完成的作业进行检查才能晓得。

在各个教学阶段,都要对知识的掌握、技能和技巧的形成进行检查。教师在教授新题目、讲解新教材和完成某些活动方法的同时,也要检查学生的注意力怎样,他们对新教材的领会和理解的正确程度怎样。在进行巩固学生的知识、技能和技巧的工作时,教师要考虑学生是否充分地、融会贯通地、精确而又牢固地掌握教学大纲所要求掌握的东西。

此外,教师也要专门进行检查知识的工作。为了这个目的,教师可以提问已经学过的东西,检查家庭作业的完成情况,并且进行测验作业。教师同时不仅要注意学生的回答和作业的内容,而且要注意它们的表现形式——语言(口头的和书面的)和字体——的质量。他应该特别注意学生的答案是否出于自觉,学生对自己答案的正确程度是否确有信心,论据是否充分;教师也要注意观察学生对于各种学习任务完成得是否及时,是否经常,是否准确。

教师在指出学生知识中的弱点，发觉学生答案和作业中的缺陷、疏漏和错误的时候，要很好地安排工作，以便消灭所发现的各种缺点，并使每个学生的学习获得成功。

这样看来，教师检查和评定学生的知识不单纯是一种考核的手段，教师在检查学生的同时，也是在继续使他们的知识、技能和技巧更趋完善。教师的客观的要求和教师对学生的答案和学生的作业的评定，有助于培养学生认真负责的学习态度。同时，学生不仅感到要对教师、对父母负责，而且也要对自己的同学集体负责。这样看来，知识的检查和评定也是具有教育意义的。

学生的科学世界观基础的形成

学生的世界观是在掌握知识的过程中逐渐形成的。苏维埃学校要培养青年学生积极的世界观，这种世界观的特点，不仅表现在各种观点的内容方面，而且表现在对现实的各种现象采取一种积极主动的态度上面。形成世界观这样一个任务的巨大意义，恰恰就在这里。例如学生在学习植物学的时候，不仅要掌握米丘林生物学的思想，而且要进行某一种实习作业，以便获得更好的收成，选出优良的植物品种。

在八至十年级，各门学科基本知识的内容已经能够使学生形成对世界的一系列的观点。在这一个阶段，学生不仅可以看出这门学科内容所要学习的某方面现象的联系和依存关系，而且可以领会到现实世界某些现象的普遍联系的各种因素。学生可以看出自然、社会和人类思维各种现象的相互联系。

在学习某一门学科时，要特别强调各种现象之间的联系的辩证性质。

事实的继续不断的积累和它们的系统化，使学生有可能从运动和变化中去了解物质世界。例如物质和能的不灭定律、万有引力定律、门捷列夫的周期律的掌握，是作出有关多种多样物质运动形式的统一、有关物质世界发展的过程、有关认识发展规律的途径等等广泛的结论的基础。

学龄中期和学龄晚期的学生，往往提出关于物质世界各种现象的本质问题："宇宙到底有终极还是没有终极？物质能不能转化为能？地球、月亮和太阳是怎样生成的？生命是在什么样的条件下产生的？"他们也从社会生活方面提出一些问题，例如"历史事变是否随个人的意志而转移？高尔基怎样理解一个人的个人幸福？"等等。这证明中年级的学生，尤其是高年级的学生非常关心属于世界观性质的问题。唤起并保持这种兴趣，帮助学生去正确地解决所发生的问题，是普通学校教师应有的任务。

为了培养世界观的基础，必须正确地坚持不渝地以唯物主义的观点去阐明自然和社会的发展过程。

学生的世界观，不仅是在教学过程中形成的。儿童对于周围世界的看法，也是在家庭中、在跟同学来往中，并且从书本里和公益劳动中形成的。

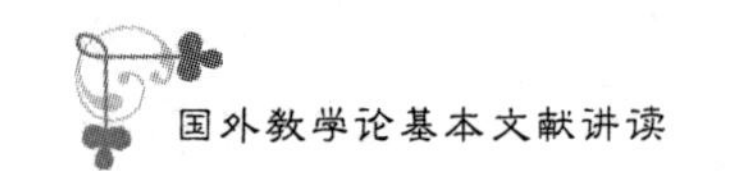

从这里可以很明显地看出，学生在集体中以及在少年先锋队组织和共产主义青年团里的积极的活动，对于他们的世界观的形成具有重大的积极的影响。

第二节　教学原则

教学原则的理论根据

通过教学过程的分析，可以发现其中必要的环节和它们之间的本质的联系。用知识、技能和技巧武装学生的过程，也就是教师向学生提出一定的属于认识性质的问题、给学生形成关于现实世界事物和现象的正确的观念、用各种概念和规律阐明这些事物和现象的本质，并且教导学生运用所掌握的知识去解决教学和实习任务的过程。

教师如果能够从共产主义教育目的的观点去正确地利用教学过程的各种规律，那么，在这种情况下，教学就可以收到良好的效果。根据共产主义教育的目的和我们已经认识到的教学过程的规律而规定教师活动的教学理论，它的各种基本原则就表现在教学原则上面。这些教学原则反映出教师在长时期积累和概括起来的成功的教学工作经验。

作为苏维埃学校教学工作方针的教学原则是什么呢？

学生掌握知识是他们的一种积极的认识活动的过程，这种认识活动是由教师所引起并且是在教师指导之下进行的。只有在这种情况下，教学才能大大地发展学生的认识能力：观察、思维、语言、记忆和创造性想象。

因此，在教学工作中首先必须实行学生自觉性和积极性原则。这个原则可以推广到教学过程中的一切阶段和一切环节。

使学生获得正确反映现实的知识，同时使学生获得真正的也就是跟获得实际技能必然联系着的那些知识，这种必要性体现在教学的直观性原则和教学的理论联系实际原则之中。

然而，在教育学和学校的历史里，总是有人企图使学生理论知识的获得完全从属于实习作业，这就使学生的知识局限于目前的实际需要，使所获得的知识毫无系统，从而损害学生对系统的科学知识的掌握。根据逻辑的连贯性，用系统的知识把青年武装起来，同时在获得知识、技能和技巧的过程中，遵守渐进性和不可分割性原则，这种必要性表现在教学的系统性和连贯性原则上面。

掌握新知识和新技能以及学生智力发展的可能性，是建立在巩固地掌握以前所学到的知识的基础之上的。教学成功的根源就在于每一个教学阶段学生都能够巩固地掌握知识。巩固地掌握知识，对于实际工作、对于学生参加生活的准备都是必要的。这就是学生掌握知识的巩固性原则。

然而，如果所学习的教材以及掌握教材的方式和方法不是学生所能够接受的，那么也就不能使学生对于知识的掌握具有自觉性和巩固性。如果教师对于学生的能力估计过高，那么，不管怎样努力，他们将是机械地、不理解地去掌握知识。从另一方面来看，教师如果对学生的能力估计得过低，学习的任务过分容易，就会降低学生的学习兴趣，阻碍他们发展的速度。

教师必须根据学生的年龄特征和他们以前的发展水平进行教学，一方面要竭力设法使给学生指定的作业是他们能够做到的，但是又要他们做适当的努力，也就是说需要他们发挥积极性，这种积极性也是学生进一步发展的必要条件。教学的可接受性原则的根据就在这里。

其次，学校教学既是在班级中进行的，而班级就应该是一个集体，就应该作为一个集体对他们进行教育；那么，在教学过程中，必须尽量利用学生的集体，以便使全体学生都能获得优良的成绩。在对待学习劳动的态度上，在以合理的方式组织同学之间互相帮助去完成教师指定的作业上，集体的舆论可以影响每个学生。同时，集体并不否定它的每个成员的个别差异，而是预先考虑到它的每个成员的个别差异。关心一个班里的全体学生有成效的学习，需要亲切地无微不至地去了解每个学生。这就是跟作为一个集体的班进行教学工作的条件下，教学上对学生进行个别指导的原则。

所有的教学原则都是互相密切地联系着的，综合起来成为一定原则的体系，而它的主要环节是教学当中学生的自觉性与积极性原则。教师认真地关心实现整个教学原则体系，是在完成一切教学任务时获得成功的可靠保证。

现在，我们分别来研究每一个原则。

在掌握知识的过程中，学生的自觉性和积极性原则

在掌握知识的过程中，学生的自觉性和积极性原则是跟共产主义教育的目的密切联系着的。

列宁在共产主义青年团第三次代表大会上简单而又有力地指出在掌握知识的过程中自觉性的必要："……废除旧时崇尚书本、强迫纪律、呆读死记的方式时，我们必须善于吸取人类的全部知识，使我们这里的共产主义不会是什么生吞活剥的东西，而是经你们自己深思熟虑过的东西，是从现代知识上看来必不可免的结论。"①

教师应该关心把所教的各种现象正确地反映在学生的意识里，要使学生能够了解所学的各种现象之间的联系和依存关系，懂得知识在生活中的作用，正确而又有效地把知识、技能和技巧应用在实际活动中。

学生能对学习采取认真负责的态度，能认识到了解教师所讲解的东西的必要性，这时他们才能自觉地掌握知识。

……

学生认真负责的学习态度的形成是跟教师的明确的和坚持不渝的严格要求分不开的。教师的每一句话和每一项指示，每一个学生都应该用心地听取和执行。教师逐步提出来的要求，对学生的学习生活来说，具有法律的性质。担

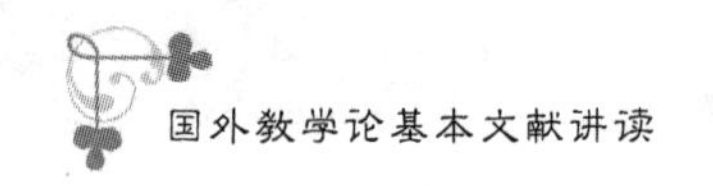

任某一个班的所有教师的要求越是能取得一致，这种要求也就会更快地具有法律的性质。

自觉性的原则意味着知识的掌握应该建立在对所学教材充分理解的基础上，应该建立在所学的教材的内容和形式的统一上。科学的知识是以定义、规律、定理、公式等等的形式表现出来的。也往往有这样的情形，学生只是牢牢记住字面的表述，但并没有理解它的内容。在这种场合，学生的知识是没有内容的、流于形式的，因为学生看不出在学校里所学的知识跟所研究的事物和现象有什么关系。在他的脑子里，缺乏某些词所含有的具体概念，因此他也就无从理解词的意义。为了防止形式主义，必须很好地安排教学，使所学的知识真正能够帮助学生正确地理解现实并作用于现实。

自觉性原则要求在掌握知识的过程中，发展学生的思维和语言。可以用各种不同的方式来激发学生的积极的思维。激发学生的积极的思维的方式之一是要向学生提出不能直接用以前所掌握的概念、规律、规则去解释的这样一类的事实。由于必须寻找可以说明所发生的各种问题的途径，就有助于学生的思维的发展。例如物理教师（七年级）在学生根据实验知道了任何一种物体的分子都是处于运动状态以后，向全班学生提问："怎样解释固体、液体、气体主要性质的区别?"学生都非常清楚，固体保持它自己的体积和它自己的形状；液体只保持体积，而气体既不能保持自己的形状，又不能保持自己的体积。但是学生已有的关于物体的分子结构的观念和概念，是不能用来回答教师所提出来的问题的。学生不得不去寻找新的解释，构成假设。当然，他们不见得自己就能够找到正确的答案。在这种具体情况下，教师可以提示，给他们关于分子的斥力和引力的思想。学生的思维就可以获得一个正确的方向。

学生语言的发展，也是跟思维密切地联系着的。不正确的和不纯洁的语言，妨碍思维的发展。在讲授每一门学科的时候，重要的是要使学生感觉到，如果说得稍微有一点点不准确，往往就会引起不正确的结论。例如一个学生如果说"在两个三角形里，等角对等边"，而不补充说"在两个全等三角形里"，那么，在论证定理和解习题时，就可能引导出不正确的结论。

指导学生发展语言和克服语言中的不正确的现象可以采取各种方法。首先，需要培养学生准确、恰当而又充分地使用已经掌握的名词术语的习惯。设法让学生感觉到他所讲的话和他所讲的话的真正含义"相抵触"，对发展学生的语言是很有好处的。例如学生如果在比较垂线和斜线之长而忘记了说"从一点引出"时，教师可以马上在黑板上从不同的点向同一直线引一条垂线和一条斜线，再让学生回答出准确的答案。学生凝视着这个图形，想起他所没有说出来的话，于是就能很准确地把这个定理表达出来。

真正的自觉性的特点，一方面表现在思想上的成熟，另一方面又表现在行动上的深思熟虑。自觉性和积极性的重要表现形式之一就是学生能够创造性地主动地去完成某一种作业(例如解答换了一种新的形式的习题,设计任何一种机械、仪器等的模型图)。

教学的直观性原则

教学的直观性原则表现出对所学习的事物和现象获得感性知觉的必要性。对所学习的事物和现象的感性知觉是所形成的观念和概念的基础。教学的直观性原则,同时也表现出使学生养成观察各种现象的习惯的必要性。

上面在论证对学习的事物和现象的直接知觉,亦即在论证教学中学生的感性经验的作用时,曾经阐明了作为知识源泉的直观作用的重要意义。直观原则肯定利用各种知觉,如视觉、听觉、触觉和味觉等等去自觉地掌握知识的必要性。

同时,直观是认识现象本质、揭露现象内在属性和规律的一个途径。直观有助于发展学生的观察力和他们的逻辑思维。直观性原则完全符合苏维埃学校教育的目的。直观性原则的实现,有助于培养学生学习现实现象的意愿和观察现象的技能。

在学生认知实际存在的事物和过程的时候,直观就是知识的源泉。如果所学习的对象不可能指给学生看,直观可以帮助学生把它们的形象再现出来。其次,直观甚至可以帮助学生比较容易地掌握某些抽象的原则,因为在这些场合可以采用能说明那些抽象原则的带有插图或图解之类的物品和教学参考读物。例如在学习分子运动说、电子说以及其他各种学说的时候,最好利用电影片,特别是动画片去说明问题。直观有时也是象征地表达抽象的概念、规律等的手段(例如,语法分析图解、各种图表等的作用就是这样)。在掌握知识过程中的一切阶段:无论在叙述新知识的阶段、在巩固新知识的阶段或在检查学生掌握知识情况的阶段,都可以利用直观。

在小学教育阶段,正当形成学生关于周围世界各种现象的初步的观念和概念的时候,直观具有特殊重大的意义。不仅在小学的各个年级,而且在其他各个教育阶段,直观可以使知识易于掌握,并且有助于学生思维和语言的发展。甚至在学习需要进行抽象思维的各种复杂现象的时候,直观的方法对于知识的掌握,也有很大的帮助。例如原子的构造就可以借助于特制的模型来说明。

这样看来,由于直观,就可以比较迅速、比较明确地给学生形成关于所学习的各种事物、事实和现象的观念和概念,就可以更清楚地阐明它们之间的联系和依存关系,从而可以给学生掌握新知识打下一个巩固的基础。

直观可以使教学的过程活跃起来,帮助学生引起对所学习的教材的兴趣。直观可以帮助学生牢牢记住所掌握的知识。

把直观跟讲解正确地结合起来,就可以使直观的利用获得应有的效果。教师的讲解可以引起学生的注意,指导学生知觉的方向,有助于揭示所学习的对象的一般特点,引导学生把观察的结果加以概括。

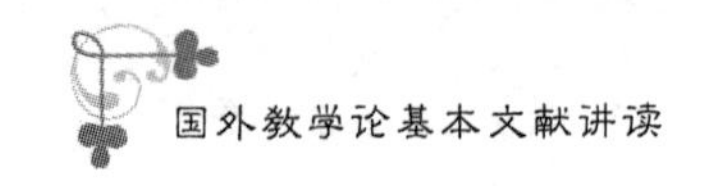

教学的理论联系实际的原则

理论联系实际的原则表现出引导学生必须理解作为人类认识活动基础的实践的作用。这个原则也要求教导学生能够运用所掌握的知识去解决理论问题和实际问题。把知识应用在实践中，就是使学生直接跟生活接触。谁都知道，旧日的学校很害怕这种接触。苏维埃学校却经常引导学生去解决实际生活问题。

理论跟实际相结合，对于学生深入地掌握知识有很好的影响。恰恰就是在知识的实际应用的过程中，才能极其深入、极其巩固地掌握知识，原因是学生不得不在接近现实生活的不断变化的条件下，或是在直接完成实际生活任务的条件下(例如在生产劳动中)去利用知识。

实践是认识的基础，是丰富学生感性经验的方法之一。实践的这种作用的利用在于教师有时要给学生以一些教学实习作业，这类作业要在学习对儿童是全新的某一个问题之前指定，而且要能帮助他们积累经验。

同时，理论联系实际的原则指的是学生在教学过程中可以越来越具体地认识到他们所获得的知识对于实际工作、对于改善生活所起的作用。随着物理学、化学、数学以及其他各种学科的知识的掌握，学生将会越来越清楚地理解：科学是生产和技术的理论基础。教师要坚持不渝地把科学的、实际应用的材料涵盖到学科教学工作中去。在物理学、化学、生物学、数学以及其他学科的教学过程中实现理论联系实际的教学原则，要使学生有可能了解生产的科学原理和生产的科学组织。

理论联系实际的性质随学科的特点和学校教育的阶段而有所不同。例如在历史教学中只有到了高年级，由于有关社会发展规律的事实和科学概括的掌握，学生才能够了解这门学科不仅提供前人如何生活的知识，而且教导我们去研究今天的社会政治生活的各种现象。

理论联系实际的原则要求学生在学校教学实验室、实验室、教学实习工场进行实验和实习作业，在学校实验园地进行规划工作，在本地进行测量工作，等等。同时，教师可以选择一些学生有条件进行的、同时需要他们克服能够克服的新困难的教学实习作业。

教学的系统性和连贯性原则

教学的系统性和连贯性原则，表现出根据严密的逻辑联系来讲授科学基本知识，并根据连贯的顺序来分配教材的必要性。

如果没有掌握以前学过的东西，就不可能自觉地学习以后要学习的东西。如果没有掌握最简单的运动形式——机械的位移和热运动，就不可能学习复杂的物质运动形式，例如在物理学里物质运动的电的形式。教学的系统性原则也是以学生认识能力的发展规律为根据的。恰恰由于学生先解答计算个位数范围内的习题，他们的思维就要准备去解答计算十位数范围内的习题，而这样又

可以使他们能够过渡到去解答带有更大的数的习题。在学习平面几何的过程中空间想象的发展,使学生能够进一步学习立体几何,而在学习立体几何的进程中,又可以进一步形成他们的空间的观念。

系统性原则要求在掌握学科的每一部分或每一题目的过程中,特别注意主要的和基本的东西,围绕在它们周围的是次要的和派生的东西。在学习学科的每一题目和每一部分以后,就要使学生的知识系统化,要根据适当的连贯性,确定所学习的问题之间比较密切和比较巩固的联系。

教师要系统地检查并考查学生的知识、技能和技巧,检查他们做功课的方法,以便逐步提高学生的知识质量和学习劳动质量。

教学的系统性也表现出适应教材内容的教学方法的逐渐复杂化。例如在教学上学生的独立作业形式,实际上是逐渐复杂起来的。在学生独立工作过程中,他们认真地学习教材,掌握认识周围现象的方法,学习发现周围现象之间的联系并且掌握运用知识的方法。

掌握知识的巩固性原则

从原则上来看,重要的不仅是掌握知识的自觉性和掌握知识的深度,而且还有掌握知识的巩固性,要把它们长期地保存在学生的头脑里。

一般来说,普通学校传授给学生的知识,都是将来独立充实科学知识和获得专门教育所必需的。这些知识都是生活在当前情况下的每个人在他自己的活动中、在他跟别人的日常交往中所需要的。因此,每门学科的基本教材都需要特别加以牢记。

教师和学生如果不注意巩固知识和技巧的要求,就会造成不好的后果:以前学过的那些部分的模糊的概念和薄弱的技巧,甚至更严重地丧失了的那些概念和技巧,不可能使学生清楚地理解以及自觉地、巩固地掌握以后所要学习的知识。这就会造成学习落后和成绩不及格的现象。

巩固地掌握知识这个原则首先提出一个要求:在学生开始认知教材的时候,就要把教材清楚而又简单明了地传授给他们,这样一来,在掌握知识这个阶段,就能够使新知识达到应有的巩固。

专门给学生布置的熟记课本上的教材的作业,也可以达到巩固地掌握知识的目的。

教师要对初步巩固新教材的工作给予应有的注意,同时要经常进行各种不同的复习:及时的复习、系统的复习和概括的复习。复习的一个最重要的原则是要能保证防止把已经掌握了的东西遗忘掉。因此,要建立一套复习的制度,来保证学生掌握知识的巩固性。教师要培养学生巩固地掌握知识的意愿,要把各种合理的熟记和复习的方法教给学生,并且要注意他们的记忆的发展。教师在组织教学的过程中,要努力防止学生失掉已经获得的知识、技能和技巧。在长时间的间隔以后(例如在暑假以后),教师要布置足够数量的课业,以便把学生可能忘记的知识和技巧再现出来。

教师鼓舞学生经常去寻找知识并利用知识，也可以使知识得到巩固。

使学生能够广泛地把所学习的教材系统化，并且把所学习的教材加以分类，这也是使知识的掌握巩固起来的一种方法。

教学的可接受性原则

教学的可接受性原则意思是指教材的内容和分量以及教学方法要符合学生的年龄和他们的一般发展水平，这样，才能使学生自觉地、巩固地把知识掌握起来。

这个原则要求适当地选择教材，并且要求一定年龄的学生能明了的简洁的语言来叙述教材。但是，在教学上不应该把可能接受的跟容易的混为一谈。对学生来说，过分容易的教材是不需要任何艰苦的努力就可以掌握的。这样一种教学方式会阻碍学生智力的发展。根据对学生的智力活动的正确理解，可接受性的意思是指学生借助一定的智力紧张活动，能够自觉地掌握教材。

教学的可接受性原则是跟执行各种基本的教学规则密切地联系着的。

由浅入深的规则是指学生在从具体的谁都清楚的事实逐渐到概括、从最简单的概括逐渐到比较复杂的概括的条件下，自觉地去掌握知识、技能和技巧。

在教学中，浅和深之间的界限是很难确定的。本来是难的，随着学生对于这种教材的理解，会变成容易的，同时会成为掌握新的更难的教材的一个阶梯。在开始学习代数的时候，多项式的乘法，对六年级的学生来说，是很难的。但是，由于掌握了这类运算方法，多项式的乘法会变成容易的，同样，这种乘法也是学习以单项式除多项式的第一个阶梯。

由已知到未知的规则。在教学上，乡土研究教材之所以必要，就是以这个规则为理论根据的。教师从学生已知的东西出发，一方面，使他们掌握科学的基本知识，另一方面，使他们更正确地认识本乡本土。从已知到未知的规则，要求教师能够考虑到学生已经学过的东西，而学生已经学过的东西要成为学习新教材的一个基础。

从简单到复杂的规则是指在教学上掌握任何教材，如果都从简单的事实和概括开始，那么，它总是成功的。所谓简单的，就是不需要紧张的努力就可以了解的。学生在完成一些简单的作业的时候，同时就准备着去掌握复杂的教材，解决复杂的习题。凡是我们还没有了解的，似乎就是复杂的；凡是我们可以了解的，似乎就是简单的。因此，教师的任务就是要依据儿童所掌握的东西，使困难的成为可以了解的。

在教师对班级进行集体工作的条件下，对学生进行个别指导

为了搞好教学，为了在对班级这一学习集体进行教育的过程中能促进每个学生良好素质的发展，对学生进行个别指导是必要的。

在一个班级里，如果学生了解作业的一般目的，在上课时善于同心协力地

进行工作，感觉到自己是一个统一的集体的成员，并且能认识到自己对集体的责任，那么，教学就会进行得很顺利。

要考虑到学生的个别特征，尤其是要避免不利情况的影响(例如视觉不好和听觉不好的学生，让他们改坐到第一排座位上；对于注意力涣散的学生，要经常向他们提问和留一些习题)。

教师要了解某一个学生的特征，并且依靠他的优点，同时，他要利用各种不同的影响学生的方式和方法来搞好教学，来最适当地推动学生的发展。

有些学生在上课时，总是处于消极被动的状态，钻研教材的作业，不能唤起他们的积极的思想。这些学生，在家里可以很准确地完成教师指定的像练习、复述等类作业，可是为了培养他们的独立钻研精神所布置的那些作业，完成得非常吃力，而且结果往往并不怎么好。对于这类学生，应该用一些需要积极的思维活动的作业来引起他们的兴趣；为此，应该给他们布置那类分量不多的作业，起先可以具体地帮助他们去完成；同时，即使这些学生在发挥主动性方面流露出一些胆怯的尝试，也应该鼓励他们。

我们也往往碰到一些对学习漫不经心的学生，需要对他们进行改造。这做起来是很困难的，然而是必要的。改造这类学生的主要方法是教师所提出的、得到班集体舆论支持的、坚持不渝的严格要求。

学生的成绩不好，往往跟学生的思维迟钝和语言发展不好有关。在答问的时候，不应该催促这些学生，在他们完成作业的时候，应该逐渐提高他们写作业的速度。对这类学生，给他们一些个别的作业，包括阅读参考书、解习题、进行观察等等，这些都是有好处的。

运用全部教学原则，对于搞好教学具有很大的意义。只实现个别的原则而不跟其他的一些原则联系起来，是不可能达到预期结果的。

(陈　侠　等译)

思维与教学(节选)[①]

杜威

作者简介

约翰·杜威(John Dewey,1859—1952),美国哲学家、教育思想家、实用主义教育学代表人物、功能心理学的先驱、美国进步主义教育运动的创始人之一。杜威认为教育是经验的重组过程,教育无外在目的,经验的成长或经验的重组本身,就是教育的目的。其主要著作有《我的教育信条》(*My Pedagogic Creed*)、《学校与社会》(*The School and Society*)、《儿童与课程》(*The Child and The Curriculum*)、《我们怎样思维》(*How We Think*)、《经验与教育》(*Experience and Education*)以及《民主主义与教育》(*Democracy and Education*)。其中,《民主主义与教育》(1916)是杜威实用主义教育思想的代表作。

选文简介、点评

作为实用主义教育与进步主义教育的代表,美国教育家杜威的教育思想是非常丰富的。从教育的定义到教育的目的,从课程教材到教学方法,都能看到他与传统观点完全不一样的认识和理解。教学思想无疑是杜威整个教育思想体系中的重要组成部分,主要包括他对课程与教材的理解、思维与教学关系的论述以及对"从做中学"的方法的大力推崇。

在《我们怎样思维·经验与教育》一书中,杜威把教学过程等同于解决问题的思维过程。他从批判传统教育的形式主义教育方法出发,认为学校让学生求知识的目的,不在知识本身,而在制造知识以应需求的方法。杜威认为,凡"有意义的经验",总是在思维的活动中进行。每一思维的两端,开始时是一个迷惑、纷乱或困难的情境,结果却是一个澄清、统一或解决的情境,思维就在这两端之间进行着。在这两端之间,包括五个步骤:① 疑难的情境;② 确定疑难究竟在什么地方;③ 提出解决问题的种种假设;④ 推断每个阶段所含的结果,看哪个假设能解决这个困难;⑤ 进行试验、证实,驳斥或改正这个假设。

在《我们怎样思维·经验与教育》一书中的第18章,杜威对讲课和思维训练的关系、讲课的目标、教师在讲课中的作用以及如何通过讲课发展学生的思

---

① [美]约翰·杜威. 我们怎样思维·经验与教育[M]. 姜文闽,译. 北京:人民教育出版社,2005:213-226.

维等问题进行了比较具体的论述。他首先澄清了有关讲课的错误认识，指出讲课并不是教师把知识灌输给学生然后再要求学生复述出来的活动。讲课应该是刺激与指导儿童思维的活动。因为，在讲课中，教师与学生达到了最紧密的接触。所以，指导儿童的活动，激发儿童求知的热情，影响儿童的语言习惯，指导儿童的观察等种种可能性，都集中在讲课上。

杜威认为，讲课要达到的目的有三项：① 讲课要刺激学生理智的热情，唤醒他们对于理智活动和知识以及爱好学习的强烈愿望——这些主要是指情绪态度上的特征；② 如果学生具有这种兴趣和感情，并且相应地受到鼓舞，那么，讲课就会引导他们进入完成理智工作的轨道，就像把一条潜力很大的河流，导入一条专门的路线，以便用来磨碎谷物，或使水力转变为电能；③ 讲课要有助于组织理智已经取得的成就，验证它的质和量，特别要验证现有的态度和习惯，从而保证它们将来的更大的效果。

关于怎样才能提高讲课对思维能力影响的效果，杜威认为，首先是学生要认真准备。如果没有学生在意念和思想上的准备，他们的思想在教师讲课中就很难处于机警和探究的状态，也就无法积极地进行思索性探寻。如果学生没有这种理智的热情，即使是最妙的教学方法也不能奏效。其次是教师的参与程度要恰当。他告诫教师，不应该限制学生对课堂作出贡献，而是要在急需的时刻，即当儿童经验极为有限时，为他们提供必需的材料。第三是要让学生说明自己意见的合理性。最后，要集中注意中心论题或典型事例，防止分心。教师必须避免向学生罗列大量不分轻重的事实，以致造成学生的精神涣散，因为注意是有选择性的。

那么，如何看待教师在教学与讲课中的作用呢？在这一章里，杜威有过这样的表述："在传统的教育中，倾向于把教师看成是独裁的统治者。而在现代教育中，虽然教师是必需的人物，但有时人们把教师看成是一个微不足道的因素，几乎是一个有害的人物。实际上，教师是一个社会团体的明智的领导者。教师作为一个领导者，依靠的不是其职位，而是其广博、深刻的知识和成熟的经验。认为自由的原则使学生具有特权，而教师被划在圈外，必须放弃他所有的领导权力，这不过是一种愚蠢的念头。"通过这一段话，我们不难看出，杜威虽然不主张教师对课堂的独裁式的统治，但并没有否定教师对课堂明智的作用。当然，杜威对教师如何才能发挥明智的领导作用也有自己的看法。那就是，教师不仅要有深厚的学科专业知识，还要有广博的相关知识以及教育理论和技术知识。

杜威的这些观点，对于我们正确理解教师的作用与教师如何才能发挥自己的作用，仍然是有现实意义的。通过本部分内容的研读，读者不仅可以了解杜威关于讲课的看法与讲课的目的是激发儿童思维的观点，而且还可以对以往评价杜威的观点进行一定程度的反思，尤其是关于儿童与教师关系的反思。

（撰写人：陕西师范大学教育学院博士生导师刘新科教授）

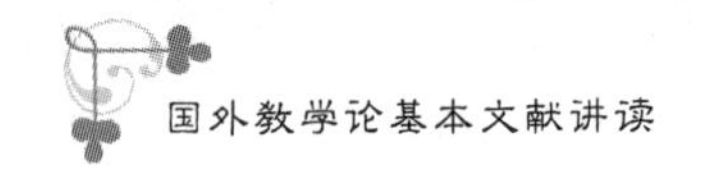

选文正文

第十八章　讲课和思维训练

一、关于讲课的错误观念

在讲课中，教师与学生达到了最紧密的接触。指导儿童的活动、激发儿童求知的热情、影响儿童的语言习惯、指导儿童的观察等种种可能性，都集中在讲课上。因此，我们把讲课作为教育手段来讨论它的意义时，只是阐述前面三章里研究过的各个要点，而不是提出新的论题。讲课的方法是对教师能力的严峻的考验，例如教师判断学生理智现状的能力，为引起学生理智的反应而提供种种情境的能力等。总之，这是对教师教育技巧的一个严峻考验。

1. 复述与反省

用“讲课”(recitation)一词来指明在一节课的时间内，教师与学生、学生与学生之间最亲密的理智的接触这一具有决定意义的事实。“复述”(recite)一词的意思是再引证、重复、反复叙说。如果我们把这一段时间称作“重复”(reiteration)，这一名词就会比平常所指的复述间接知识、记忆以及在一定的时间内作出正确回答的“讲课”(recitation)一词更加模糊。基本的事实是，讲课是刺激、指导儿童思维的场所和时间，因而，我们在这一章中所说的每一点都有重要意义。记忆和复述虽然不可缺少，但却只是养成反省思维态度的一个偶然因素。

在学校制度中，讲课同其他事情相比，更明确地表现出没有目的地积累知识的观念，因为知识虽有助于克服困难，但却不能判断什么选择是恰当的。这种说法也许并不夸张，即常常把儿童看成是留声机上的唱片，上面印着一套文字，一到背诵或考试的时候，按一下适当的装置，这套文字便逐一地复现出来。或者，变换一个比喻，把儿童的心智看做是一个水塘，用一套导管把知识机械地注入进去，而复述是水泵，通过另外一套管子又把知识抽出来。教师的技巧便以他们操纵这输入和输出的两套水管的能力来评定。

2. 被动性的弊病

这种方法助长思维的被动性，这是不言而喻的。在一切有关思维的讨论中，我们都着重强调，被动性是和思维对立的；被动性不仅表示缺少判断和理解，也表示好奇心的减弱，导致思想混乱，使学习成为一桩苦差事而索然无味。甚至在大多数情况下，头脑中积蓄的事实和原则等材料，一旦需要时，也不能加以利用。心智不是一张自动地吸收和保存墨水的吸墨纸，更确切地说，儿童的心智是一个生动的有机体，它寻求自己的食品，依照当前的条件和需要，有的加以选取，有的加以排斥；它所保留下来的，只是它吸收并转化为自己生命能量的那一部分。

二、讲课的作用

讲课要达到哪些目的呢？一般说来有三项：① 讲课要刺激学生理智的热情，唤醒他们对于理智活动和知识以及学习的强烈愿望——这些主要是指情绪态度上的特征；② 如果学生具有这种兴趣和感情，并且相应地受到鼓舞，那么，讲课就会引导他们进入完成理智工作的轨道，就像把一条潜力很大的河流，导入一条专门的路线，以便用来磨碎谷物，或使水力转变为电能；③ 讲课要有助于组织理智已经取得的成就，验证它的质和量，特别要验证现有的态度和习惯，从而保证它们将来的更大的效果。

讲课的这三种作用或目标，值得更广阔地加以考虑。

1. 讲课应刺激理智的热情

学习和智力活动最基本的动力来自内部。人在心理上和生理上一样，有一种欲望，如同生理上有饥饿和干渴一样，人们也有理智的欲望。然而，环境中的食物，无论是手边的或是寻找得来的，最后，还是要理智来决定人们能够吃些什么。这就是说，理智决定实际上满足这种欲望的方向。所以，外部的刺激，特别是社会情境中的刺激，决定了理智动力继续前进的方向。婴儿要学会说话，就要有内部的动力，比如，牙牙学语、打手势等等。起初，它们是不定型的、散乱的动作。由于同其他刺激的接触，它们便有了意义，有了理智的作用。

讲课应当成为一种情境，使一个班、一个组形成一个社会的统一体，有着共同的兴趣，在一个成熟的、有经验的人的领导下，激发理智的热情。一个学生可能是理智空虚而且死气沉沉的，或者是虽有理智兴趣，但对手头上的功课却无兴趣。讲课这一段时间里的任务，就在于激起学生的心灵，使它有所作为，使学生产生某种程度的理智的兴趣。人们有时认为，有的教师并未受过教育理论、心理科学知识等训练，然而却成了伟大的教师，他们中的一些人甚至比那些具有充分的教育课程修养的人更伟大。如果读者回顾自己的学校生活经验，他也许不难发现这一事实的原因。给学生留下最持久的印象的教师，能够唤起学生新的理智兴趣，把自己对知识或艺术的热情传导给学生，使学生有探究的渴望，找到本身的动力，这是一件最为紧要的事。有求知的渴望，心灵就会有所作为；没有求知的渴望，即使给他塞满了知识，到头来也几乎毫无所得。

在学习中，适合于传导这种求知热情的种种条件，在前面的讨论中已多次提到。教师本身必须有真正的理智活动兴趣，必须热爱知识，这样，于无意中就会使其教学充满生机。一个令人生厌的、敷衍了事的教师将使任何学科变成死物。再则，教科书必须用来作为手段和工具，而不能是目的。教科书的用途在于引出问题，并提供解答这些问题的知识。但是如果在讲课中，听任教科书的摆布，甚至让教科书占据主宰地位，其结果只能使思维变得迟钝。通常，对教科书的材料，应当采用迂回战术，不宜直接攻击。从字面上去对待教科书，就会使

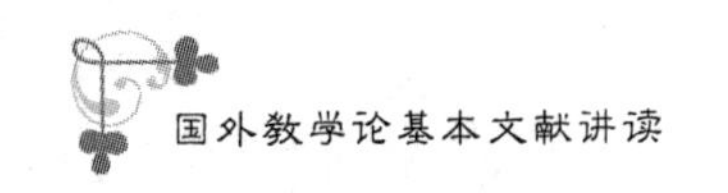

儿童的心智局限于书中已经定型的老套子上。在班级成员之间，应当主要依靠学生之间交换意见、交流经验、交流知识。这种必备的前提要从事实本身中总结出来。

一种生动的讨论，能够突出地显示出主要问题的中心点。如果不把所有的事实和陈述看成是在同一个理智水平上，那么，就会破坏理智的观点，不能提供判断的机会，以便评价哪些事实是重要的，哪些事实是次要的。讨论应当围绕中心思想，集中在几个要点上，别的知识要围绕着这几个要点而组织起来。它会引导学生从先前的个人的经验或别人经验（反省）中，反复探查其与当前问题的肯定或否定的关系。虽然不应容许退化为单纯的“争论”，但热烈的讨论也必须表现出理智的差异、对立的观点和解释，以便有助于确定问题的真正性质。教师对于学生掌握观念而遇到的困难，应具有同情心，教学语言要有适当的幽默，这些也是不可缺少的。

2. 讲课要指导学生形成良好的学习习惯

刺激和指导应当同时进行，这一问题，前面刚刚说过。从指导的方面来说，其所强调的是使讲课达到高潮；从理智的观点来看，是要促成良好的学习习惯。下面我们谈谈有关学习的问题，不再重述其他。

实质上，学习只是一种特别注重语言（口头的或印成文字的）所提供的材料的反省思维活动。“勤学的人”，是指喜好阅读有丰富理智内容书籍的人。同时，成语所说的“格物致知”，是指一个人“研究”机器、财政、政治形势、个人品行和性格等问题。一个人的汽车不能发动了，他要“研究”毛病出在哪里。他被困难所迷惑时就会找出困难的原因。显然，这一主动的研究过程，将以理解而告终，这与那种再三重复教科书或讲演稿中的说法，使它们在记忆中留下稳固的印象，以便日后需要时能回忆起来的学习，是大不相同的。

思维是探究、调查、熟思、探索和钻研，以求发现新事物或对已知事物有新的理解。总之，思维就是疑问。传统上既定的讲课的特点是由教师提出问题，让学生解答。但这种提问常常以取得答案为满足，而不是引起疑难，由师生共同讨论。在准备“学习”阶段，学生熟读课文，到了上课阶段，他们便表明他们以前学习的结果。这两个阶段割裂开来，是十分有害的。学生在学习中需要指导。因比，所谓“讲课”时间，应该是一个管理和监督学习的时间，在这一时间里，教师应了解学生在学习上遇到的困难，确定他们运用的学习办法，提供一些线索和暗示，帮助他们认识对其有害的不良的习惯。在一切情况下，讲课都应当是学习的继续，把已经学过的东西作为基础，继续向前，引导到进一步的独立的学习。

提问的艺术。讲课的艺术大体上包括两个方面，即向学生提问，指导他们的探究，以及养成他们独立探索的习惯。就是说，通过观察和回忆有关的教材而进行探究，以及通过推理求得现有材料的意义而进行探究。提问的艺术完全

是一种指导学习的艺术，它并没有严格的和固定的训练规则。下面提示几个要点。

第一，提问应当依据学生已学过的有关材料，要求学生运用这些材料去解决新的问题，而不是逐字逐句地、直接地复述已学过的材料。这就要求学生进行判断练习，养成独创性，即使是应付别人已经熟知了的事物，也要如此。例如，一个学生，在高年级班已经学过关于蛇的教材，包括蛇的解剖标本，一次书面测验问道：蛇怎样在地上活动？学生已经有了关于蛇的筋肉系统和骨骼的知识。这个问题促使学生使用那些知识，去想象蛇的实际运动的结构，去思维蛇的肌肉运动。然而，直接复述材料的那种提问，有时也是适当的。当问题已被积极地考虑过了，一位学生仍在漫无目标地东拉西扯，这时，可以制止他，让他回到主题上来，尽可能精确地说明与本问题有关的事实和原则。

第二，提问要使学生注意教材内容，而不是注意教师的目的。如果重点主要放在得到正确答案上，就违背了这个原则。那么，上课也就变成了追求教师真正答案的猜谜游艺会了。

第三，提问要使问题能持续地发展下去。这就是说，提问应当成为继续讨论的原动力。如果每个问题都是各自独立的，学生回答完一个问题之后，提出另外的特殊的主题，那就不会有问题的继续发展了。学生在思维之前，必须有一个情境，有一个大范围的情境，在这个情境中，思维能够充分地从一点到另一点进行连续的活动。如果没有这种情境，就会打断观念的连续性，使思维陷入紊乱无序的境地。

第四，提问要周期性地检查和回顾以前获得的知识，以便吸取其基本的意义，总括和掌握住先前讨论中的重点，并使之从枝节性问题和尝试性的、探究性的评论中突出出来。讲课一般应包含两三次有组织的小型检查，以便使讨论围绕在一个问题上，防止漫无目标地东拉西扯；应有不定期的循环性总结，广泛延伸以前讲课的材料，并把旧材料放在新材料所提供的新框架之中。

第五，在每一堂课快要结束的时候，要检查学生已经完成的作业和学到的知识。在学生的思想中，对某些未来的课题，应有更多地询问，到底是什么，许多问题仍然是悬而未决的，这正如结构清晰的故事或戏剧中的每一片段，都会使人期待着，渴望循着线索继续看下去。有一个古老的故事，大意是说，教育一个儿童，须从他的祖父母开始。要在任何特殊情况下，引导思维活动，就一定要有从先前讲课中形成的、继续求知的欲望。这种说法比较切合实际。

3. 讲课应当检查已经获得的知识

关于讲课的第三个作用——检查，没有再多需要补充说明的。检查的作用应该是连续不断的。如果认为只有检查复述记忆的教材时才需要检查，那么，这种看法是错误的。前面的讨论已经表明那种目标不是主要的。检查的重要性表现在：① 理解教材上的进步；② 运用已经学习的东西，作为一种工具，从

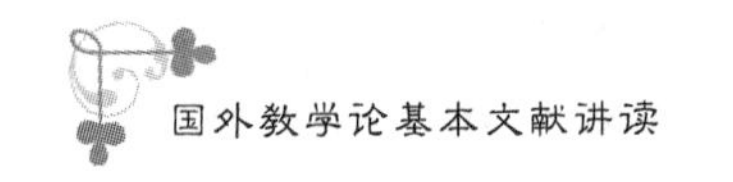

事进一步研究和学习的能力；③ 增进作为思维基础的一般习惯和态度，包括好奇心、有条不紊、复习能力、总结、定义、虚心、思想诚实等等。

三、讲课的进行

现在，我们根据上述的材料，来考虑一下一个单元的讲课是怎样进行的。

1. 需要学生的准备

从学生一方面来说，讲课的第一需要是准备。最好的、实际上是唯一的准备，是引起一种对那些需要解释的、意外的、费解的、特殊的事物的知觉作用。当真正困惑的感觉控制了思想（不论这一感觉是怎样出现的）的时候，思想就处于机警和探究的状态，因为刺激是内发的。问题的冲击和刺激，使心智尽其所能地思索探寻，如果没有这种理智的热情，即使是最妙的教学方法也不能奏效。要促使理智去作通盘考虑，要回忆过去所得的知识，发现当前问题的性质，以及处理问题的方法，必须事先有掌握问题、实现目的的意念。

教师有意识地引起学生经验中的比较熟悉的成分，并使之能够发挥作用，这样做，必须预防几种危险。第一，准备阶段不要持续过长，不可过分详尽，否则，就将事与愿违，学生失去了兴趣，感到厌烦。有些认真负责的教师提醒学生，讲课的准备阶段和跳远相似。如果距离起跳线太长，跑到了起跳线，由于过分疲劳反而不能跳得很远。第二，我们依靠习惯来理解新事物，但总是坚持把习惯的倾向变成有意识的观念，反而会妨碍它们发挥最好的作用。某些熟悉的经验中的若干的因素，确实要转化为自觉的认识，这正如为了使某些植物茁壮成长，必须移植一样。但是，不断地挖掘经验或者揠苗助长，就会造成不可挽回的错误。学校中的确普遍地忽略观念的自我推动力。一旦引起了观念，随之就会出现活跃的思想，这会使学生进入一个新的天地，其能使学生产生新的观念，就像树木发出新芽一样。

2. 教师参与的程度

在讨论过程中，教师应当介绍多少新材料这一实际的问题，在我们讨论关于知识的地位时，已经提到了它的一个方面。然而，在许多方面，由于教师生怕养成儿童过分依赖别人的习惯，导致了一种病态的恐惧症，因而，教师就不敢积极地参与课堂活动。教师的实际问题在于保持平衡，既不能展示和解说得太少，以至不能刺激反省的思维；也不能展示和解说得太多，而抑制学生的思维。只要儿童对于讨论的问题有真诚的兴趣，只要教师给予学生吸收和保存材料的极大灵活性（而不是刻板地去要求他们掌握和复述每一件事情），那么，热心的教师，即使对于讨论的问题提供了过多的材料，相比之下，也几乎没有什么危险。如果小组里充满了真正的社会精神，如果有自由地交流经验和建议的气氛，而又限制教师自由地给予学生应有的权利和义务，这便是荒谬的了。唯一需要告诫教师的是，他不应该限制学生作出贡献，而是要在急需的时刻，当儿童

经验极为有限时，提供必需的材料。

有一种反对意见认为，我们推荐的这种自由的社会性的讨论方式是无目的的，不能解决问题；这种讨论是散漫的，儿童可以从一个问题任意转移到另一个问题上去，这样就会破坏了知识的完整性，使学生感到一无所获。毫无疑问，的确存在着这种现实的危险性。但是，儿童要预备在离开学校之后，在民主社会中发挥有效的作用，就要面对这种危险，并且要克服这种危险。许多民主政体的失败（批评者通常把这种失败归罪于全部的民主事业），是由于成年人不能参与共同讨论和磋商社会问题和争端。他们既不能奉献出自己的智慧，也不能信奉和判断别人作出的贡献。因而，他们在早期学校教育中形成的这种习惯，并不适合于他们从事的事业，甚至这种习惯还妨碍他们的事业。

3. 让学生说明自己的意见的合理性

要避免讲课陷入无目的的东拉西扯，一个最重要的因素在于让每个学生透彻说明他的意见的合理性。他要从思想上对每一个暗示的原则具有责任心，指出所提原则的意义，说明它和当前事实的相互关系。如果学生对其所提出的推测的合理性没有负责的态度，那么，讲课对于推理能力的训练实际上就不会起到什么作用。一位聪明的教师清除学生的不适当的、毫无意义的意见，而选择和强调和他所期望结果相一致的那些意见，从而容易获得巨大的技巧，但是，这种方法（有时也叫做“暗示性提问”）解除了学生的理智的责任感，只不过是在教师的指引下，像走钢丝的杂技演员一样，有轻巧灵活的适应力而已。

要把含糊的、或多或少有些偶然性的观念，变成首尾一贯的和确定的思想，如果没有一个专心思索的休止时间是不可能的。我们说“停下来，想一想”，的确，所有的反省思维，在某些阶段，都需要停止外部的观察和反应，以便使观念臻于完善。观察和实验在某一阶段是必要的。同样，在推理阶段，深思默想，对纷乱的感知和外部的行为进行抽象，也是必要的。消化和吸收的比喻，使人容易想起思维中的合理的同化作用，这是很有教育意义的。通过比较和衡量每个可供选择的暗示，进行沉静而连续的思考，对于确立首尾一贯的严密的结论是不可缺少的。口中使劲咀嚼并不是消化。同样，推理也不等于抗辩和争吵，或者也不等于粗暴地信手拈来或抛掉种种暗示。所以，教师必须允许学生有从容不迫的消化的机会。

可以打个比喻：在讲课中，面对学生时握着秒表，等待着学生作出严格及时的和迅速的反应，并无助于形成学生反省思维的习惯。

4. 集中注意中心论题或典型事例，防止分心

教师必须避免向学生罗列大量不分轻重的事实，以致学生的精神涣散，因为注意是有选择性的。在正常情况下，某一件事物要求我们去思维，它便成了思维的起点和参照物的中心。如果在学生头脑中堆放一系列同等重要的事例，那么，这一教学方法注定是不会成功的。在形成某一概括时，学生的思维并不是自然地从甲、乙、丙、丁等的事例开始，而是设法找到它们之间一致的方面。教师应从单一的事实或情境开始，它的意义多多少少地有些含糊而且不完整，然后，参照其他事实，以使这一典型事实的意义得到首尾一贯的和清楚的理解。单纯地增加事实，不利于推理的有效进行。每个事实应当在思维中澄清某些疑难，或者扩充原来事实的不尽完整之处。

简言之，教师应下工夫去选取典型的事例作为思维的中心。典型材料，尽管是个别的或特殊的，但却能容易地有效地暗示一类事实的原则。例如，头脑清醒的人对河流进行思考时，起初，他决不列举大量的或任意的河流，他只举出一条河，提出其中的疑点。然后他再研究别的河流，以解释这一河流的原因不明的性质。同时，也要运用原先事物的特点去综合同这一河流有联系的其他河流的千差万别的事实，使之井然有序。这样反复进行，既保持了意义的完整，也避免了它的千篇一律和狭隘性。要保护思维的正常进行，避免许多孤立的特殊的因素的消极影响，也要反对贫乏无效的单纯的形式的原则。概括内在的重要性在于，它使意义摆脱局部的限制，概括被解放出来的意义；它是解脱了偶然特性的意义，而能应用于新的事例。虚假的概括（一般采取文字说明的形式，而没有对意义的辨识），便是那些不能自发地扩大其本身作用的所谓"原则"。一个中心的观念，能够主动地发挥应用价值，并且要寻找机会应用到其他的事实中去。

四、教师的作用

1. 教师是领导者

在传统的教育中，倾向于把教师看成是独裁的统治者。而在现代教育中，虽然教师是必需的人物，但有时人们把教师看成是一个微不足道的因素，几乎是一个有害的人物。实际上，教师是一个社会团体的明智的领导者。教师作为一个领导者，依靠的不是其职位，而是其广博、深刻的知识和成熟的经验。认为自由的原则使学生具有特权，而教师被划在圈外，必须放弃他所有的领导权力，这不过是一种愚蠢的念头。

2. 削弱教师领导地位的错误观念

在一些学校中，存在着削弱教师领导地位的趋向，其表现形式是：认为教师提出儿童所应从事的作业，或安排可以提出问题和课题的情境，这就是任意的强制。这一趋向认为，为了尊重受教育者的思想的自由，所有的意见均需由儿童自己提出。在幼儿园和小学低年级里，这种观念尤为突出。结果，就像在儿童故事里所描述的：一个儿童来到学校，对老师说："我们今天必须做我们想做的事吗？"教师可以选择和建议的只能是那些偶发的事件，偶然的接触，儿童在上学的路上所看到的，他们昨天所做的，或儿童看见别人所做的，等等。因为要完成的工作的目的，必须直接或间接地来自于某种环境，否认教师对它的建议的权利，不过是以儿童偶然接触的人和情景代替教师的智慧计划而已。既然教师有权成为教师，他

是团体中的一分子,他就最懂得团体中各个成员的需要和可能。

3. 教师需要有丰富的知识

教师具备什么条件才能真正成为社会团体的理智的领导者,这是一个重要的实际问题。第一个条件需要追溯到他对教材具有理智的准备。他应当有超量的丰富的知识。他的知识必须比教科书上的原理,或任何固定的教学计划更为广博。教师必须触类旁通,才能应付意想不到的问题或偶发事件。他还必须对所教的学科具有真正的热诚,并把这种热诚富有感染力地传递给学生。

为什么教师要有大量知识,其道理非常明显,不需说明。但其重要的理由往往不能获得承认。教师在讲课时,必须有余力来观察儿童心智的反应和活动。学生的问题在教材中,而教师的问题却在于学生对待教材的心理活动内容。如果教师预先不掌握教材,不精通教材,可以不需思考而运用教材,那么,他就不能自由地用全部的时间和注意力去观察和解释学生的智力的反应。教师不仅要感受到儿童用文字表达出来的意义,而且要注意到身体所表现出来的各种理智状况,像迷惑、厌倦、精通、观念的醒悟、装作注意、夸耀的倾向、以自我为中心把持讨论等等。教师不仅要了解这些表现的意义,而且要了解学生思想状态所表现出来的意义,了解学生观察和理解的程度。

4. 教师要有专业的知识

教师应当成为学生心智的研究者,而学生所学的科目又是多种多样的。这个事实说明教师不仅需要所教学科的知识,而且需要教育技术性的知识。在这里,"技术性的知识"是指专业性的知识。为什么教师要熟悉心理学、教育史和各科教学法?这主要有两个原因:第一,他能凭借这类知识观察学生的反应,迅速而准确地解释学生的言行,否则,学生的反应,可能察觉不出来;第二,这些知识是别人用过而又有成效的方法,在需要的时候,他就能够凭借这些知识给儿童以适当的指导。

不幸的是,这种专业性知识有时被看成是一套固定的行为程序的规则,而不是作为个人观察和判断的指导与工具——这是基本的作用。当教师发现这种理论知识和自己对于一种情境的常识性的判断不相一致时,最好的办法是奉行自己的判断,当然,要确信这是一个明智的判断。如果专业的知识无助于教师对情境的感知,无助于他的工作,那么,它只能成为纯粹机械的手段,或者是一堆未经消化的材料。

最后,教师要成为领导者,必须对个人所教的学科有特殊的准备。否则,他不是无目的地随波逐流,就是呆板地受教科书的束缚。灵活性——处理意料不到的偶然事件和问题的能力,依靠教师对所教学科具有新鲜和充分的兴趣和知识。在讲课之前,教师应当想到种种问题:对于这一课题,学生先前的经验和以前学过的知识有什么可以利用的?我怎样帮助他们形成新旧知识的联系呢?需要采用什么手段来激起他们渴望学习的动机呢?怎样才能把教材讲清楚,并使学生牢记教材呢？怎样才能使课题个别化，就是说，使它既具有某些显著的特征，而教材又能适合于每个人的特殊需要和个别的爱好？

五、欣赏

1. 对价值的真正认识

对一件事物的充分经验，用熟悉的成语来说，就是对这件事物已经"心领神会"了；或者，用同义语来表示，这件事物打动了人心，抓住了人心。当这种情况发生时，人是"兴奋的"，就好像是儿童在探索性的游戏中所表现的那样。先前在心智和某些对象、事实或情境之间的壁垒和障碍，便荡然无存了。心智和事物似乎是连成了一体。这种状态，可用"欣赏"一词来表述。有时，我们说起"欣赏的"事物是有价值的。相反地，当事物变得陈腐、过时、不为人所追求的时候，它就"贬值"了。当理智彻底地欣赏一种事物时，它的价值就增高了。思维、知识和欣赏之间没有内在的对立。然而，单纯从理智上掌握了观念和事实，和在情绪上加以渲染的观念和事实之间，却有着明显的对立。因为这是与个人的需要和满足的感觉相联系的。在后一种情形里，就有直接的价值，就是说，它是被欣赏的。

2. 欣赏在思维中的地位

本书一再说到情境和问题的必要性，这对学生来说是生动的现实。不言而喻，思维与现实、理智活动与欣赏，是不可分的。现在，把这种含蓄的观念简要地加以研究，其目的是要更加明确欣赏在思维中的重要性。

现在，学校中有一种倾向，要摆脱传统的常规训练和复述教材的方法，而把科目明显地划分为一方面是掌握事实和原则的学科（像算术、文法、物理学、地理学的大部分等），另一方面是文学、音乐、美术等。后一类是为了个人欣赏所需要的学科。按照这种观点，后一类科目就成为感情的和想象的（仅是指假想的、不现实的意义），而"自我表现"的自由也就多半成为所谓的"自我暴露"了。

然而，对我们来说更为有害的是，这一观点没有看到，像在文学和美术等学科一样，在所谓"知识性的"和"理智性的"学科中，如历史、算术、自然科学等，生动的欣赏也是基本的（就是说，也会有情感反应和想象的推测）。一般说来，不能把人类分成一部分是感情的，另一部分是冷静的、理智的；一部分是事实的，另一部分是想象的。实际上，常常有这样的划分，但往往是错误的教育方法造成的。人在本性上和在常态中是一个整体。只有理智与情绪、意义与价值、事实与想象融合在一起，才能形成品性和智慧的整体。对任何学科教学的检验，最后要以学生对该学科生动的欣赏程度为依据。否则，种种问题和疑问，只是反省思维的真正刺激物，它们或多或少只是一种外部的强制，而不能一心一意地去加以感受和对待。

（姜文闵　译）

教学论的对象与任务[①]

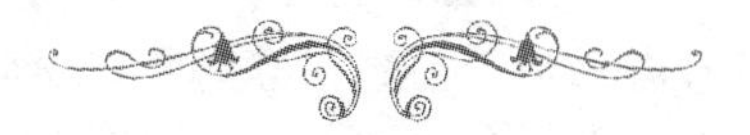

鲍良克

作者简介

弗拉基米尔·鲍良克(Vladimir Poljak),南斯拉夫著名的教学论专家,曾任南斯拉夫克罗地亚共和国教育·科学·文化委员会顾问、萨格勒布市教育家协会主席,萨格勒布大学哲学学院副院长和教育专业的教学论·教学法教研室主任。在教学论方面,鲍良克教授有近二十本专题著作和大量学术论文。其中,《教学论》是他在教学论方面多年研究结果的集中和概括。

选文简介、点评

教学论是教育学的重要组成部分,它从教学实践中抽象出来,又反过来指导教学实践。澄清教学论的研究对象和任务有利于教学论的健康发展和新的理论生长点的萌芽,因为教学论的研究对象关系到教学现象、教学原理、教学本质、教学规律、教学目的、教学方法、教学评价等。对教学论对象和任务的不同看法,必然反映着教学理论与实践工作者对教学论的不同认识,特别是对教学论学科性质的不同认识。

教学论的对象和任务历来众说纷纭。鲍良克在其著作《教学论》中论述了他对教学论对象和任务的观点。他认为教学论是教育学的一个分支,它研究教养的一般规律,不分其进行的地点和进行的方法,因为人的教养规律是一致的。鲍良克在提出他的观点之前,系统论述了教学论研究对象的发展过程。他认为在“有组织的教学活动中,首先提出的要求是确定为生活做准备应该教学生什么,而不是应该怎样教。第一位是教的内容,不是工作的方法”。他评价夸美纽斯给教学论下的定义——“把一切事物教给一切人们的全部艺术”——是相当广义的,它包括了“教养和教育”两部分。他认为从 19 世纪末 20 世纪初起,教学论的对象限于教养的范围,只涉及有组织的教养,后来,教育的范围不断扩张,教养必须考虑自学。夸美纽斯把教学论作为学校教育学来理解之后,教学论的对象缩小到只是在教养领域内,而另一方面教养从总体上又扩大了。由此鲍良克认为教学论包括正规教学之外的所有的不同体系的一般教养,但教学论

---

① [南斯拉夫]弗拉基米尔·鲍良克. 教学论[M]. 叶澜,译. 福州:福建人民出版社,1984:1-9.

的对象没有改变，因为不管是正规的还是非正规的，都还是教养。他指出教学论的范围从学校教育学和教学到总体教养的变化成了精确地确定教学论研究对象的分歧意见的起点，对于这些分歧意见他提出了有关的影响因素，如教学论(didaktika)这个词并没有被罗马语和英语的国家采用，这造成了翻译教育教养范畴表达上的困难，因而对教学论研究对象的观点并不统一。

对于教学论对象，鲍良克鲜明地指出教学论是“研究教养的一般规律”，“揭示教养的一般规律就是确定在获得教养过程中各种因素的确定因果联系和关系”，同时还提出教学论不是独立的科学，它和其他许多科学有着直接的联系。

鲍良克对教学论的研究对象和任务有深刻认识。他从历史的发展视角看教学论的对象和任务，在汲取前人理论成果的基础上提出了自己的见解，大大深化了对教学论对象和任务的研究，一改西方对教学论研究多侧重于各种具体的教学方法及技术的主流认识。如美国学者布鲁纳(Jerome Seymour Bruner)在《论教学的若干原则》中指出，教学论阐明有关最有效地获得知识与技能之方法的规则，从而有助于构建概括水平较高的、内在逻辑体系严密的教学论框架体系。规律是事物的内在联系，掌握了规律就能更好地指导实践，从而避免盲目实践，教养的规律必然更好、更科学地指导教学，更好地促进人的发展。

鲍良克还认识到教学论是一门独立的科学，但独立是相对的，教学论与教育理论一起和其他许多科学有直接的联系。从这点看，鲍良克还认识到教学论的相对独立性与普遍联系性，教学论与其他科学有着广泛的联系，必然互相促进，共同发展，这不仅对科学的发展具有深远意义，而且丰富了教学论的内涵。

鲍良克对教学论对象和任务的研究是深入的，产生了重大的影响。新中国成立后的教学论研究就深受其影响，如王策三教授在《教学论稿》中就提出：“对于教学论来说，必须坚持研究教学的一般规律，必须不断提高其抽象概括水平。”

然而，需要指出的是，教学论如果只关注教养的一般规律，忽略技术操作方法层面的具体研究，那么教学论的内容就会变得空洞乏味、艰涩抽象，对教学实践者来说不易掌握，这就很难将理论转化为有效的实践。如果在技术操作方法层面上缺乏研究和建树，理论也只能是理论，规律不能被利用，教学论更像是纸上谈兵，它应起到的作用必将大大降低。因而，教学论的研究对象不只是教养的规律，还应该关注技术操作方法层面上的问题。

教学论不仅要研究教学的一般规律，还要关注实践，同时又要研究将一般规律运用于教学实践的方法策略和技术。李秉德教授在其主编的《教学论》中指出：“现代教学论的研究对象与任务在于探讨教学的本质与有关规律，寻求最优化的教学途径与方法，以达到培养社会所需人才的目的。”因此，学习本文要理解教学论既研究教学的一般规律，也研究这些规律在实际中的运用，这表明教学的一般规律与教学实践的统一是教学论今后研究的方向。

（撰写人：淮南师范学院副教授龚孟伟博士）

选文正文

第一章 教学论的对象和任务

教学论和其他科学一样，按自己研究的对象来确定研究的基本范围，以揭示该范围内的科学认识和在人的实践活动中的运用。

从历史发展来看，教学论的研究对象是逐渐变化的，在某种程度上可以理解为是一个发展过程。当然，这个过程还在继续进行。

Didaktika[1]（教学论）一词来源于希腊语，其原意是教导。它在17世纪时由拉特克[2]和夸美纽斯[3]引入到教育学术语中。当然，教导作为一种与人的出现联系在一起的教育的范畴与功能，即凡人类总要教导年轻一代为生活和劳动作准备，年长的一代，首先是父母，把生产劳动的经验传授给年轻一代。这早在原始社会共同体就开始了。

但是，当社会的生产劳动经验相当丰富时，父母就不可能在自己家中通过直接教导把它传授给青年人。于是就产生了建立一种特殊机构的需要。在这种机构中通过一定的组织方式使年青一代在成年人的指导下较快地获得老一代的劳动经验。学校就这样诞生了，与此同时出现了专门的职业——教师、教育者。

教学即有组织的教师教和学生学的过程，它正是随着学校和教师的出现而萌发的。

在这样有组织的教学活动中，首先提出的要求是确定为生活作准备应该教学生什么，而不是应该怎样教。第一位的是教的内容，不是工作的方法。

然而，生产发展要求广泛开展对年青一代的教育，它必须既快又经济。因此教学方式的问题，即教和学的技巧问题就逐渐被提出了，这个要求的提出特别与市民阶级和市民社会的出现相联系。

1613年拉特克提出，教的技巧应列入成功教学的基本要求，这就是“教导”一词采用希腊词 didarkin（塞尔维亚语 poučavati）的主要原因。这个词后来被夸美纽斯用来命名自己的著作《大教学论》（1632年用捷克文，1657年用拉丁文发表），17世纪也因此而被称为教学论的世纪。它意味着学校在教学论即教导技巧意义上的改革。可见，教导在那时就被解释为对学生学习的帮助。此外，夸美纽斯在《大教学论》中给教学论下的定义是：“把一切事物教给每个人的全

① Didaktika：教学论的塞尔维亚语词。这里列出该词原文是因为涉及词源学上的问题。以后凡列出原塞尔维亚语词的均属此情况。

② 拉特克（1571—1635），德国教育家、教学法的革新家，他的理论对夸美纽斯理论的形成有很大影响。

③ 夸美纽斯（1592—1670），捷克教育家，教育史上的著名人物。主要著作有《大教学论》、《母育学校》、《语言和科学入门》、《世界图解》等，在欧洲被誉为“教育学之父”。

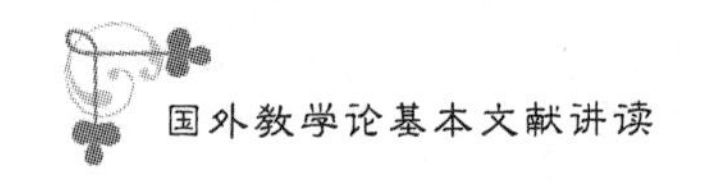

部技巧。”因此正是夸美纽斯第一次确定了教学论的概念并构成了它的体系。在建立教学论的体系中，夸美纽斯首先想到的是学校活动，或者说教学，因为有组织的教是在其中进行的。

但是，夸美纽斯教学论的概念是教每个人学会一切的技巧。它包括了教养和教育，属于普通教育学的概念，教育和教养是教育学的两个基本范畴和功能，夸美纽斯提出的教学论是相当广义的。

教学论对象的这种解释一直持续到19世纪。

随着教学中对教的方法体系的更为精确和深入的研究，引出了必须把教育和教养区分开来的结论。因为按它们本身的内容、任务和方式来说，这是两个概念。也就是说，教的技巧在这两方面并非完全相同的。通过对教养和教育的精确区分形成了教育学的最初结构。教育学作为一门科学在教育和教养职能方面包括的范围要比单纯学校教学广泛得多。这就确定了教学论不能和教育学等同，就像夸美纽斯所认为的那样。教育学作为科学的范围相当广泛，它包括教学论这一单独的科学分支。

从19世纪末20世纪初起，教学论的对象限于教养的范围，但涉及的只是教学中有组织的教养，因为当时还没有形成教学之外的有组织的众多的教养体系。

1882年，奥·维尔曼(O. Willmann)[①]出版了《教学论作为教养的科学》，格·凯兴斯泰纳(Kerschensteiner Georg)[②]出版了《教养的理论》。

尽管教学正是被当做统一的教养—教育过程，这无疑是正确的，然而教学论的对象只限于教学中的教养部分。这就是教育学分为教育的理论和教养的理论或教学论的理由。

教育学出现教育理论和教养理论之分，也是别的科学领域内科学研究精确化的反映。当时，主张用分析的方法加深对构成该科学各项狭窄因素的认识。教育学也是这样。分析研究的立场是以科学的划分为条件的。

教学论的对象限于教学中的教养，这在大量教养活动只是在学校进行的时期是完全可以理解的。但是，在20世纪的头十年间，特别在现在，教养的体系已大大扩展。它再也不像在某个历史时期所解释的和实际所存在的那样，只限在正规教学的圈子里，而是在正规学校之外、结束了学校教养之后仍继续进行。换言之，它并不随着正规教学的结束而结束。今天教育已成为人生中不断进行的过程。在正规教育结束以后，还存在着各种特殊形式的教育(报告讨论会、课程讲座等)。它们由学校中心、工人大学、人民大学、劳动组织及学校等单位来承担，此外还有专门为教育安排的无线电广播节目和电视节目。

---

① 奥·维尔曼(1839—1920)，德国赫尔巴特学派的教育家。

② 格·凯兴斯泰纳(1854—1932)，德国教育家，主张“公民教育”与“劳作学校”，这种思想20世纪初在德国曾广泛流行。

当然，这里还应该提到各种不同的自学形式。现代教学论特别强调教是对学的帮助，也就是说教养必须考虑自学。

由此可见，在夸美纽斯把教学论作为学校教育学来理解之后，发生了如下的变化：一方面教学论的对象缩小到只是在教养领域内，而另一方面教养从总体上看又扩大了，它不再受教养的地点、时间、内容和组织方式的限制。

正因为如此，教学论越来越不能只限于研究正规教学中的即学校中的教养，而应该研究包括正规教学之外的所有的不同体系的一般教养。不过，教学论的对象并没有因此发生任何本质的变化。因为不管是正规的还是非正规的，都还是教养。它们的区别只是在补充教养的形式，以及教学中以教学大纲、教师教和学生学的特殊形式表现的某种特殊的组织方式。因而，教的概念应解释为包括对学生学习的各种直接和间接的帮助，而不只解释为口头的讲解。

但是，不管教育在何处进行以及组织形式的大小如何，人的教养过程有共同规律。尽管由于教养的目的、学生或参加学习者的年龄期、心理能力的水平、学习延续的期限等不同，带来了教养内容和教养进行方法上的不同，但是，初级学校的学生和某些企业学校中心的成人在掌握新知识的过程中遵循着一些共同的心理规律。儿童和成人经过同样的心理活动认识新的事实，新概念的形成也都要借助于思维操作。事实上这只是认识了的教养的规律在不同场合下的特殊的教学论的运用和体现。

然而，教学论的范围从学校教育学和教学到总体教养的变化却成了精确地确定教学论研究对象的分歧意见的起点。不过，造成这些分歧意见也还由于另一些因素。

首先，从17世纪克拉特和夸美纽斯用教学论(didaktika)这个词起直到现在，它只在欧洲的斯拉夫语系和日尔曼语系的国家中被采用。还要补充的是，从天主教会立场出发，克拉特和夸美纽斯都是异教徒。而在通用罗马语和英语的国家中，特别是在美国，didaktika这个词完全没有被采用。在通用这些语言的国家中，包括法国在内，教育和教养统一用拉丁语的词——educatio来表达。如法语为l′eaucation，英语为education。这造成了翻译教育、教养范畴表达上的困难：遇到这个词究竟译作教养，还是教育，还是两者统一？

由于在英语语系的国家中没有didaktika这个术语，又引出了一系列在表达具体教育活动，特别是教养范围内的特殊术语，如在教养范围内的术语有课程、工艺学、模拟、模式、战略、构筑理论、指导等，但是把这两类不同语系的词汇表达加以比较可以确定它们都是在教育学的范围内，首先是关系到教学和教养的。其区别只是在名称上。但是，在教育学英语术语的强烈影响下，在欧洲公开提出了这样的问题：didaktika这个词在今天是否还适用？

由此可见，教育理论和实践的发展、加强，便严格地、精确地确定某一教育科学分支的研究对象，包括教学论的研究对象有困难。所有这一切，都是今天在确定教学论对象上观点尚未统一的原因。

仍然采用这个古典表达法的欧洲教学论家主张用逐渐区别教学论的研究对象来克服这种模棱两可的状态。这种区别可以采用不同的分类标准。如按年龄期——学前教学论、初级学校教学论、中等学校教学论、高等学校教学论、成人教学论等；按教学论与其他科学的整体关系——哲学教学论、心理学教学论、控制论教学论、通讯教学论、现代技术教学论、算法教学论、电化教学论、劳作生理教学论等。这些科学从一定的角度研究作为人类现象的教养，以确切地显示其特征。同时，也是努力克服教学论范畴的学究式讨论。

今日对教养特性的研究在术语表达上、概念上、方法上以及不同国家的作者之间的许多区别上，比起经典的教学论要全面、深入得多。教养活动也将在自己的发展中更加专门化，更具有变化性。若用研究范围来严格限制其变革和革命那是错误的，因为不可能有一个万能的和完整的教学论。

从教养和教育作为基本的教育学范畴和教育活动的基本内容来看，我们把教学论对象确定为不考虑其专业分支的整个教养。从这样的角度，我们用教学论(didaktika)这个词指的是：教学论是教育科学的一个分支，它研究教养的一般规律。每一门科学都研究一定的规律，教学论也不例外。揭示教养的规律就是确定在获得教养过程中各种因素的确定的因果联系和关系。

这样的规定一点也不削弱教育方面，相反，教学仍然是教育、教养[①]的统一过程。要说明的是教育问题应由教育理论来研究。某些教学论家把教学论解释为教学的理论。这是不能接受的，理由有二。第一，教学是教养、教育的过程，也就是说既进行教育又进行教养的过程，而不是只包含其中任意一个的过程。如果把教学作为教学论的对象，就回到了夸美纽斯的立场，把教学论看做是研究整个学校教育活动的科学。可是，那些把教学论解释为研究教学理论的教学论专家，在自己的论著中却没有写进道德教育、美育、体育、劳动教育等问题。这事实上间接地证明了教育问题并不包括在教学论的范围之内，而是属于教育理论的范围。这种不合逻辑性甚至可能造成把教学只当做教养的过程，因而忽视它的教育功能。第二，今天教养的过程不只是在学校即教学中进行的系

---

① “教学”、“教育”、“教养”，塞尔维亚语中是三个不同的词(分别为 nastava、odgoj、obrazovanje)。在教育理论中它们是有严格区别的三个基本概念。文中的教育是指狭义的教育，即思想政治、道德品质等方面的教育，不是广义的教育，即整个教育活动。读者在阅读本书时，要从上下文联系中分清其确切所指。塞尔维亚语“教养”一词的含义与中文不同，主要是指人的知识、能力的培养。在有的场合下(不与教学、教育的狭义作严格区分时)，也可作教学或教育理解。在本书翻译中，根据文章表达的意思，有时对上述三名词按原意译，有时则把“教养”译为“教学”或“教育”(广义)。对广义的“教育”(塞尔维亚语 odgoj-brazovanje)，也按文章所要强调的意思，有时译为“教育”，有时译为“教育和教养”。

统教养，它们也存在于教学之外。当然，教学之外的教养不可能是其他科学的研究对象，它只能是教学论的对象。因为不可能有两门科学从同一个角度研究同一范畴的对象。

在理论上区别教育活动中的教养与教学的同时，产生了教育和教养的关系问题。有些教育学从形式逻辑的观点来看，把这个关系说成是从属关系，或教育从属教养，或教养从属教育。这是不能接受的。教育和教养之间是辩证关系。它们是相互联系和相互补充的关系。一方面教养为人形成教育方面的信念和立场提供了一定的认识基础，另一方面教育形成的立场又促使认识上的深化和扩大。在辩证关系中，不存在从属关系，相互之间只是渗透。教育和教养之间越是相互渗透，整个的教育效果必将越发显著。

必须指出，在正规学校教育期间进行的正规教学是最有组织、最系统和强度最大的教养。所以教学论的关于正规教学中教养过程规律的认识有助于推进在正规教学之外和之后的那些教养过程。这种教养是在有组织的特殊教学形式中进行的，它的形式也越来越多了。

正因为如此，在下面章节中，我们将着重从正规教学这个最有组织的教养过程来研究教学论问题，从中得到的认识和结论可以运用到所有的其他形式的教养中去。

总之，教学论是研究和揭示人的教养的规律，不分其进行的地点和进行的方式。因为人的教养的规律是一致的。

但是，这里还要强调一点，教学论从它研究的对象的特殊性来看是一门独立的科学。然而，这种独立性是相对的，不是绝对的。也就是说教学论与教育理论一起，和其他许多科学有直接的联系。如：心理学、哲学、逻辑学、认识论、社会学、人类学、控制论等。这些科学都从自己的立场研究人和人的社会意识。这里还涉及与教学论实验研究方法相关的数学和技术知识。这些联系说明教学论在研究教养规律和形成自己的方法论时要运用上述科学的成就，以便于研究自己的对象。因此，对上述科学基础知识的掌握是进入、研究和解决教学论问题的条件之一。

此外，教学论从研究的内容来看还与那些学校中开设的学科的科学知识以及这些学科的教学法有关。如物理、化学、生物、历史、地理、语言、文学、音乐等学科。

（叶　澜　译）

教学论的概念与课题[1]

佐藤正夫

作者简介

佐藤正夫(1911—1997),日本广岛大学名誉教授、福山大学教授。佐藤教授一生致力于“教育方法学”的研究,常年主持广岛大学教育方法学讲座的教学工作,主要著述有《近代课程论》、《近代课程的形成》、《训育与生活指导理论》、《教学原理》等,还曾主译过德意志民主共和国的罗塔尔·克林伯格的《现代教学论》(1978)。他善于多视角地考察教育现象和教学实践,主要研究课题包括:课程发展的历史与理论、教学理论与教学分析以及道德教育。

选文简介、点评

这篇选文的内容是日本著名教育学者和教学论研究专家佐藤正夫所著《教学论原理》一书中第一章第二节的内容。之所以节选这一部分的内容,主要是考虑到在本节中佐藤正夫教授不仅基于词源演变与概念演变两个方面分析了教学论与教学到底是什么,而且进而论述了作为教育学分支的教学论与学科教学论的关系以及自身所应该研究的课题是什么。尽管与其他同类主题的论述相比较,其内容篇幅相对较短,但从作者所表达的观点来看,仍然能为我们了解与认识教学论与教学的词源演变、学科地位以及问题领域提供非常有意义的参考。

文中,作者在对教学论与教学概念进行历时性的探究之后指出,教学这一词包含了教师的活动——教,和学生的活动——学。所谓“学”,就是掌握教材,发展知识、能力、熟巧。所谓“教”,就是传授教材,发展知识、能力、熟巧。教学就是组织、指导学生旨在掌握教材,发展知识、能力、熟巧的学习活动。所以,在研究教学的教学论中当然应当包含教养理论与教学理论两个方面:研究应当授受怎样的教材,发展哪些知识、能力、熟巧的教养理论;研究如何传授教材,如何使学生掌握,如何发展知识、能力、熟巧的教学理论。教学论既不是单纯的教养理论,也不是单纯的教学理论。可以说,它是教养与教学的理论。在此基础上,作者还明确地辨析了教学论与各科教学法的区别。他认为,教学论同“授业学”

---

① [日]佐藤正夫.教学论原理[M].钟启泉,译.北京:人民教育出版社,1996:33-39.

决非一回事。首先，以授业为研究对象的不只是教学论。各科教学法（学科教育学）也从事授业的研究。只是各科教学法从各自学科的特殊的视野出发研究授业的问题。教学论则舍弃了各学科的特殊性，概括种种形态及诸学科的教与学的特殊现象和规律性。所以，它也可以说是一般教学论或一般授业论。在依据教学的内涵分析说明教学论的研究对象以及它的学科地位的基础上，作者进一步指出了教学论旨在研究教学的过程，特别是授业中的教学过程，以便系统地整理对于教学过程的一般规律性的认识，同时在此基础上，为形成与改进授业的实践，提供确凿的科学的基础理论。这些均可以看成是作者对教学论研究的学术贡献。

通过该文的学术观点，我们不难发现，作者对教学论与教学的分析与理解有着自己的逻辑思路和独特看法。的确，从词源演变来看，人们对"教学"概念的认识与理解，确实是经历了"实践经验累积"与"理论抽象探索"两个准备阶段。正是在实践与理论准备的共同催生之下，"教学"概念的内核才得以日益凸显与明晰。无疑，核心概念是一门学科得以存在的根基，而核心概念则成熟于学科关系的流变之中，不同的学科对话与交流，为核心概念内核的凸显储备了理论，也提供了进一步审视与反思的基础。

从学科关系梳理来看，只有明确教学论与各科教学论的关系，认识教学论需要不断发展与深入的价值，才能真正使教学论起到对各科教学论的理论引导作用。作为教学论的研究者，只有对教学的概念有清晰的认识，方能藉由这一核心概念真正地把握学科的研究问题域，因为，学科研究是有界限与分工的，这些构成了一门学科区别于其他学科的特质，是某一门学科赖以存在的理由，同时更需要从事这一学科的研究者用不同的"眼睛"看问题，形成一门学科独特的"学科之眼"。反过来，只有一门学科有了独特的看问题的方式，才能充实与验证其核心概念明晰的程度。从这个意义上讲，持守学科的研究问题域，才能保有一门学科的尊严，坚守一门学科的阵地，一门学科的发展与繁荣才有持续发展的可能。

学习该选文，不仅能够让读者明晰作为学科根基问题的"概念"与"研究问题域"是教学论学科研究绕不开的问题，更能让从事教学论学科研究的学者持守学科尊严，增强"学科自我意识"。在选文的具体论述结构中，作者的论述路径非常清晰，论述角度也很独特。从逻辑安排与论题选择上，该选文都是一篇值得教育学专业本科生，尤其是课程与教学论研究生和学科教学论研究生应该认真研读的文选。同时，学习该文也可以为从事教学论及学科教学论研究的学者深入思考与不断探索同类问题提供有益的参考。

（撰写人：陕西师范大学教育学院课程与教学系常亚慧博士）

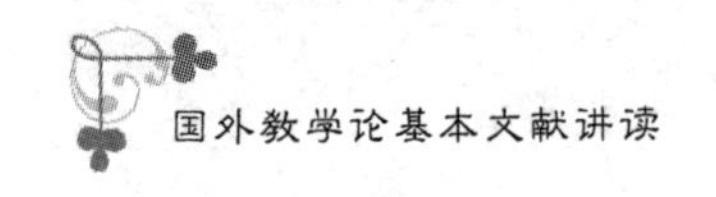

选文正文

第二节　教学论的概念与课题

一、教学论的概念与对象

教学论在德语中称为“didaktik”，英语中称为“didactics”。它源于拉丁语的“didactica”一词，“didactica”则是源于希腊语的 δτδασKω(教)一词。

前章已经说过，最早使用“教学论”(didactica)一词的，是 17 世纪的拉特克和夸美纽斯。1612 年，拉特克在向法兰克福诸侯呈交的学校改革奏书中自称为“教学论者”，称自己的新的教学技术为“教学论”。夸美纽斯也把他于 1632 年用捷克语写成、1657 年用拉丁语出版的代表作命名为《大教学论》。

他们将 didactica 界说成“教授法之学”(Die Lehre vom Lehren)或“教授术”(Lehrkunst)。夸美纽斯也在《大教学论》中将“教学论”定义为“教授术”(docendi artificium)，然而，“教授术”的含义究竟该怎样理解呢？

在第一章里已经详述了拉特克的奏书《教学论或教授术》。这本奏书主要叙述了如何才能使科学、语言、技艺普及于民众。亦即阐述了教授的方法。此外，他还提到了教育制度的问题。

夸美纽斯也在《大教学论》的序言(《致意读者》)中说：“我敢于应许一种把一切事物教给一切人的全部艺术。”不过，他在这本书中全面论述了教育的方方面面：首先，在第 1—12 章中论述了教育的本质与目的，学校及学校的必要性、普遍性，改革的必要性等。其次，在第 13—22 章中论述了普通教学法、语言及科学的教学法。再次，在第 23—26 章中论述了道德、宗教的教养及学校教育的问题。最后，在第 27—33 章中论述了教育制度的整体构想。

由上可见，在拉特克和夸美纽斯时代，“教学”一词同“教育”一词，并未作严格的区分。所谓“教学论”或“教授术”，类似于今日的“教育学”。其内容无疑是着重于技法，但囊括了教育学的全范围的问题。

在 19 世纪前半叶的德国，由于尼迈耶(A. H. Niemeyer，1754—1828)、施莱尔马赫(F. D. E. Schleiermacher，1768—1834)、赫尔巴特等人的业绩，系统的教育学得到了发展。作为教育学的一个分支的教学论也从中分离出来了。从这一时期开始，在德国，一般说来“教育”这一词有广狭二义。其广义意味着发展儿童的心智或精神的多种力量。其狭义意味着意志的教育，信念与性格的形成，亦即教育(训育)。与此相对，传授教材、形成知识技能的教育—学科的教育，称之为教学(unterricht)。这样，探求教育(训育)的教育(训育)论，与研究教学理论的教学论分离了，两者构成了教育学的两大分支。

不过，在教学论的研究中产生了两种教学论的界说。一种把教学内容，即教养财富置于重点，另一种把教学方法置于重点。例如，奥托·维尔曼(Otto Willmann)是把教育视为“文化财产的传授”的，他把自己的教学论著作称为“作

为教养理论的教学论”(Didaktik als Bildungslehre,1882)。而保尔森(F. Paulsen,1846—1908)则从“教授法理论”这一意义上把教学论定义为“教学理论”的。

教学这一词包含了教师的活动——教,和学生的活动——学。所谓“学”,就是掌握教材,发展知识、能力、熟巧。所谓“教”,就是传授教材,发展知识、能力、熟巧,就是组织、指导学生旨在掌握教材,发展知识、能力、熟巧的学习活动。

所以,在研究教学的教学论中当然应当包含教养理论与教学理论两个方面:研究应当授受怎样的教材,发展哪些知识、能力、熟巧的教养理论;研究如何传授教材,如何使学生掌握,如何发展知识、能力、熟巧的教学理论。教学论既不是单纯的教养理论,也不是单纯的教学理论。可以说,它是教养与教学的理论。

这样,教学论是研究如何通过教和学,授受怎样的教材,应当如何去培养哪些知识、能力、熟巧的一门学问。亦即,研究教学中的教养的课题、内容、方法。但教养并不是独立形成意志、信念、性格的过程——教育过程的,“教学”不仅是教养过程,同时也构成教育过程。儿童在学习并掌握教材时,掌握一连串的概念和法则,由此发展自己的世界观。另外,学习活动如何加以组织、加以展开,也会影响儿童形成不同特征的意志和性格,它或者有助于,或者有碍于理想的德性的培养。所以,教学论必须揭示教学的教育意义,必须把教学与教育紧密结合起来。

然而,虽说教学论要研究教育的问题,但它只限于教学过程中本来隐含的教育功能的问题。它是以自然地交织在教养与教学的一连串问题中的教育课题与教养为目标的。教学论不是教育论。在教育论中考察的中心是如何组织儿童的整个生活环境,以实现信念与行为的统一。在教学论中重点则在考察凭借教学形成知识、技能的问题。教育论探讨的重要课题是如何形成性格、控制行为,教学论探讨的中心课题则是授受知识的教学过程的规律性、教学的方法论与技术。

教学一般是以课堂教学的形式集中进行的。所以,教学论也称为“授业学”(Unterrichtslenre)或“授业理论”(Theorie des Unterrichts)。在克拉因(H. Klein)和托马雪夫斯基(K. Tomaschewsky)编著的《学校教育学·第一编教学论》中,把学校教育学区分为两个部分:“授业中的教养、教育理论”——教学论与授业外的教养、教育理论。但是,这种观点,无论把教育论纳入教学论中,抑或把教学论等同于“授业理论”,都是有问题的。这样一来,将会模糊教学论现象的固有逻辑。

教学论同“授业学”绝非一回事。首先,以授业为研究对象的不只是教学论。各科教学法(学科教育学)也从事授业的研究。只是各科教学法从各自学科的特殊的视野出发研究授业的问题。教学论则舍弃了各学科的特殊性,概括种种形态及诸学科的教与学的特殊现象和规律性。所以,它也可以说是一般教学论或一般授业论。

这样,在以授业为对象的学科中,除了一般教学论之外,还有各科教学法。因此,教学论不能同授业学混为一谈。教学论与各科教学法彼此具有密切的关系。关于一般教学论同各科教学论的关系,克林伯格(L. Klingberg)作过如下的阐述:

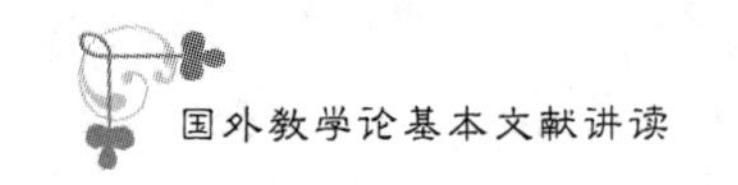

各科教学法最初是在“教学论的胎内”发育的。各科教学法同一般教学论的关系极其密切，它不过是一般教学论原理的应用。[①]

然而在现代，各科教学法各自作为一门独立的教育科学分支发展，各科教学法不仅从一般教学论中分离出来，而且各科教学法也是彼此独立的。从原则上说，这意味着教育科学内容的不断分化、丰富和发展。但是，个别的教学理论的各自的发展和独立，有导致丧失授业理论问题的共同的教育学、教学论基础的危险。

因此，一般教学论与各科教学法论必须在更高的水平上加以统一、综合。就是说，一般教学论与各科教学法论，一方面要展开各自固有的科学理论的侧面，另一方面，又需要借助共同的问题与认识紧密地结合起来。一般教学论必须作为各科教学法论的基础以及作为真正统一两者的学术领域加以发展。

其次，教学论并不是以教学的全部作为对象的。在这一意义上，我们也不能把它同“授业学”混为一谈。[②] 授业中产生的所有教育过程并不都是教学论性质的过程。教学论是研究教与学之间的规律性关系，亦即研究教授哪些教材，怎样教和学，发展哪些知识、技能，如何发展。因此，它同教养过程密不可分。但是，授业不单是教养过程，而是教养和教育的过程。在授业中，教育(训育)过程也起着重要的作用。不过这种教育过程首先应当在教育论中加以研究，因为教学论的对象不是授业对象的全部，它的范围更狭窄一些。

当然，在授业中，教学过程与教育过程是密不可分的。在具体的授业情境中，教养与教育总是相互对应、相互结合的。所以，在教育学的理论结构上，教学论现象与教育论现象是复杂地交织、重叠在一起的。教学论也不仅仅是研究以教养为目标的教与学，它还要研究存在于教学论问题与教育论问题的交叉点上的问题。例如，向儿童传授的教学内容，以及儿童掌握这些教学内容的学习活动中直接产生出来的教育作用的问题，属于这一类问题。但是，教学论不是以授业中的教育过程的全部作为研究课题的。研究授业中的教育过程的全部，以及授业外的教育过程，乃是教育论的课题。

教学论的对象，此外还有一些同授业也不是一致的。这就是说，在授业之外存在种种方式的教与学的过程。由于技术革新的迅猛进展，就学期间以外的学习，传统的学校课堂教学之外的学习其意义日益增大。今后的教学论必须扩大视野，也将这些教学过程纳入自己的对象范畴。不过，教学论纵然如此地扩大视野，也必须着重考虑授业，发展以授业为中心的教学理论。

二、教学论的课题

教学论是教育学的一个分支。它旨在研究教学的过程，特别是授业中的教学过程，以便系统地整理对于教学过程的一般规律性的认识，同时在此基础上，

---

① 路德·克林伯格.现代教授学的理论[M].佐藤正夫，主译.明治图书，1978：14-15.

② 同上书，第15页。

为形成与改进授业的实践，提供确凿的科学的基础理论。

为此，第一，教学论必须明确从教育目标引申出来学校教学的总课题。教学是旨在实现教育目标而展开的。所以在教学论中，首先要研究依据教育目标提出的教学课题，也研究与此相应的教学的组织原理与组织方法问题。把目标研究、内容研究摆在首要地位，应当是教学论的基本立场。事实上，从拉特克以来，一直在研究应当有怎样的"教授术"或"教授法"，以实现教育的课题与目标。

第二，教学论必须确立教育内容、教材的范围、选择排列的一般原则。就是说，必须遵照教学目标和课题，揭示应当选择怎样范围的教学内容，应当由哪些学科组成怎样的整体结构（课程），各学科的范围、系统应当怎样。这些问题是赫尔巴特及赫尔巴特学派的学者[戚勒（T. Ziller）、奥托·维尔曼（Otto Willmann）]以来一直提及的。

第三，教学论必须探讨授业过程（教学过程）及其规律性。就是说，必须揭示：在教师指导之下学生掌握教材过程的本质与结构是什么？这是教学论的最重要的课题之一。裴斯泰洛齐和第斯多惠以"从直观到概念"的方式提出了这个问题，赫尔巴特及赫尔巴特学派的戚勒、赖因等人，以形式教学阶段说，发展了这一研究。奥托·维尔曼则指出，教学内容的逻辑因素和儿童的心理因素乃是决定教学过程的因素，从而深化了这一领域的研究。

教学论必须研究的第四个领域，是教学方法或授业方法的问题。这是引导、调节教学过程的教学技术的问题。换言之，是引导、促进教学内容、教材的有组织、有计划的学习过程的方法论处理的问题。因此，它必须作为适应学科内容的质与结构、教学过程的局面与阶段的变化来加以研究的问题。在这方面，尤其是第斯多惠和奥托·维尔曼的研究，给我们留下了卓越的遗产。正如在第一节中已经谈到的，他们主张依据学科内容与教学阶段采取不同的教学法的基本形态——提示方式、说明方式、发现方式（对话式、问答式）等等。

教学论应当研究的第五个问题领域，是同授业中的教与学直接相关的教育问题，也就是研究如何发挥教学中的教育力的问题。这个问题也是赫尔巴特及赫尔巴特学派的学者和第斯多惠等学者一直探讨的，并且揭示了这个问题可以分为源于教学内容的教育与源于学习活动的教育以及世界观的形成与学习活动的组织问题。

最后，教学论必须探明在授业中教与学应当采取怎样的组织方式展开。这是夸美纽斯的班级教学组织论提出的。尔后，英国的倍尔（A. Bell，1653—1732）和兰卡斯特（J. Lancaster，1778—1838）倡导导生制（Monitorial System），美国的帕克赫斯特（Helen Huss Parkhurst，1887—1959）和华虚朋（Carleton Wolsey Washburne，1889—1968）等人提出的教学组织改革计划，发展和深化了这一课题的研究。

（钟启泉　译）

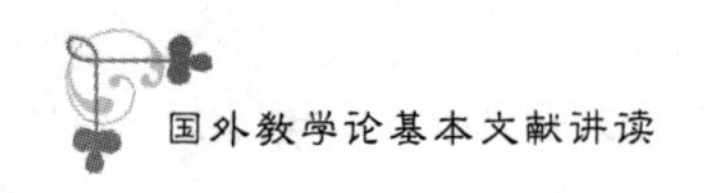

专题拓展阅读文献

1. [美] Howard Gardner. 未来的教育:教育的科学基础和价值基础[J]. 教育研究,2005(2).
2. [德] Karl Jaspers. 教育的意义与任务[J]. 中国大学教学,2003(7).
3. [英]Jenny Lenny Leach ,Bob Moon. 什么是着重理解的教学[M]//学习者与教学. 陈耀辉,冯施钰珩,陈垄,译. 香港:香港公开大学出版社,2003.
4. [美] Lee Shulman. 理论、实践与教育的专业化[J]. 王幼真,刘捷,编译. 比较教育研究,1999(3).
5. [德] Christine Moller. 课程教学论——或以学习目标为导向的理论[J]. 庆发,译. 外国教育资料,1992(3).
6. [苏] Vasily Vasilyevich Davydov. 对传统教学论的批评性分析[J]. 杜殿坤,译. 外国教育资料,1990(4)—(5).
7. 瞿葆奎. 教育学文集(第 10 卷)· 教学(上册)[M]. 北京:人民教育出版社,1988.
8. [日]小室达人. 教学的研究方法[M]//钟启泉. 现代教学论发展. 北京:教育科学出版社,1988.
9. [美] Jones F. Soltis. 论教学的品德与实践[J]. 吴棠,译. 华东师范大学学报:教育科学版,1986(3).
10. [美] C. H. Pattorson. 教学论简论[J]. 汪刘生,译. 教育评论,1986(4).

第二编

教学目标与教学内容

在生活中，目标帮助我们集中注意和精力，并表明我们想要完成的任务。在教育中，目标表明了我们想要学生学习的结果。

——安德森

教师与行政管理人员的主要任务之一，便是确定学生发生什么变化以及在此过程中如何提供帮助。

——布卢姆

专题导论

本专题共选文献五篇，涉及三个国家的五位学者关于教学目的与教学内容（教材）问题的论述。文献类型包括著作节选和独立论文两种。选文内容的排列顺序采用了从宏观的教育目标到中观的教学目标再到微观的教材内容的逻辑。下面按照选文排列顺序对其内容作概要介绍与评析。

第一篇节选的是布卢姆所著《教育评价》一书中关于教育目标的思想。文中，布卢姆认为，教育目标就是以一种较特定的句式描述在单元或学程完成之后，学生应能做（或生产）些什么，或者学生应具备哪些特征。制定与选择目标的过程有三种益处：① 要求教师十分认真地思考要帮助学生去实现的变化；这一过程帮助教师识别不重要的目标并辨认出遗漏的目标。② 明确表达的目标能帮助教师确定学生的适当位置。③ 清晰表述的教学目标提出了评价学生成绩的最直接的方法，有助于确保教师之间的交流，能够增进教师与家长之间的交流。

布卢姆将教育中应当达到的全部目标分为三大领域：认知领域——包括知识的掌握、理解和认知能力的发展；动作技能领域——包括行为技能和其他运动技巧的发展；情感领域——包括兴趣、习惯态度、价值观的形成和适应能力的发展。他还将每一领域的目标由简单到复杂依次分成若干类或称不同的水平。布卢姆关于教育目标分类的思想不仅在理论上为教学目标的设计提供了依据和参考框架，而且在实践上也为教学活动的开展指明了具体的方向。

第二篇节选的是安德森等人在《学习、教学和评估的分类学》中关于教育目标新分类的内容。文中，安德森等人在批判借鉴泰勒模型的基础之上，用“认知过程”替代了泰勒的“行为”，用“知识”替代了泰勒的“内容”，将认知领域的教育目标按知识与认知水平两个维度分类——知识维度包含事实性知识、概念性知识、程序性知识以及反省认知知识四个类目；认知水平维度包括记忆、理解、运用、分析、评价和创造六个维度——从而构建了关注学生的学习和教师的教学的目标分类新框架。他们认为，目标的一般领域可以表示为从相当一般到十分具体的连续体，总体目标、教育目标、教学目标代表了连续体上的三个位置。从范围来看，总体目标范围最“宽泛”，教学目标范围最“狭窄”，即总体目标不涉及具体细节，而教学目标涉及具体细节。在具体运用时，教师需要分类学的框架来提高对目标的理解程度。在运用分

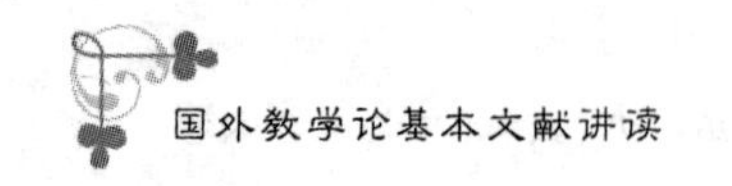

类学框架时，教师需要解决好学习问题、教学问题、评估问题以及一致性问题四个问题。

第三篇节选的是鲍里奇在《有效教学方法》一书中关于教学目的与教学目标论述的内容。文中，鲍里奇首先指出，方针、目的与目标三者虽有联系但又不同。方针是价值观的表达，给人以方向感；目的是从学习者角度来说的，明确说明学生将从教学中学到些什么；目标向学习者准确转达他们所要达到的特定行为，展示这些行为需要的条件，以及这些行为必须达到怎样的熟练水平。鲍里奇进而告诉我们，教学目标在实践上有两个意图。第一个是详细列出能实现教学目的的特定课堂策略，从而使教学目的向课堂成就靠近。第二个是表达教学策略，表达的形式使你能够测量这些策略对学习者的影响程度。这两个用途的书面说明称为行为目标。编写行为目标有三个步骤：确定学习结果、界定条件、陈述标准的水平。

最后，鲍里奇认为，认知、情感或者动作技能领域中的行为的复杂性，与对学生产生行为所要求的操作有关，而与对教师教学活动的复杂性的要求无关。认知领域的行为，从最不复杂到最复杂依次为知识、理解、应用、分析、综合和评价；情感领域的行为，从最不复杂到最复杂依次为接受、反应、价值化、组织和个性化；动作技能领域的行为，从最不复杂到最复杂依次为模仿、控制、精确、连接和自动化。行为目标的根源在于我们作为一个民族所持有的教育价值观。这些价值观在最广阔的民族水平上为人们所分享，并通过行为目标转化为实践，课文、课程以及部门和学校的政策是对这些价值观的诠释。

第四篇选文是肖邦所著的《教科书的编写、使用和培训》一文。文中，肖邦认为，教科书行使着四种功能，分别为：参照性功能、工具性功能、文化和意识形态功能以及资料性功能。随着社会、文化环境、时代、学科和教育水平的不同，各种职能所占比重有所不同。从时间上来看，意识形态和文化功能是最先出现的。教科书反映了教学目标和教师真实的教学实践之间的关系。“教科书应该让教师自由选择适合不同类型学习的教学方法”，这触及了教科书的结构，教科书“应该避免把学生和教师封闭在一种过于强制性的方法步骤里”。在师资培训中让教师掌握使用教科书的技能和策略尤为重要。他还指出，培训的第一个目标是让教师在接受关于教科书、教科书的历史、生产条件等因素之后自己编制一些概念性的工具，使之能够更好地选择和利用教科书。第二个目标是教师能够让学生自主地面对教科书，“逐步引导学生有规律地、经常地、理性而中肯地使用手里的教科书”。

第五篇选文是竹中辉夫所著的《选择教材的必要条件》一文。文中，作者指出，教材指含有教育价值的材料，以此定义为基础，他把教材分为三种类型：各种事实（事态）；对事实的解释；得出解释的方法。他认为，对于教师而言，选择教材是教学实践过程中极其重要的工作。教材的选择应该依据推进儿童的探究与思考、从教材的连锁性出发以及使儿童的解释发生质的深化三个方面的条件来进行。其中，推进儿童探究与思考必须考虑“所选的教材对于重新建构儿童现有的经验和知识体系能起到多大作用”，必须考虑“所选的教材能够引发儿童提出和探究什么样的问题”；从教材的连锁性出发必须思考“用这份教材可以表达什么”，必须探明“理解这份教材需要哪些必要的先行经验和知识”，并应反复推敲“该教材蕴涵着多少可生成新视点的契机”；使儿童的解释发生质的深化必须明确“所要选择的教材中是否包含着能让儿童与科学研究成果进行交锋和对抗的要素”，要研究“在所选择的教材是否包含着能够不断逼近事物核心的要素”。

学习与研读本专题的文献，不仅可以帮助我们理解教育目标与教学目标的关系，教育目标如何实现具体化的思考，而且有助于我们认识教学目标的价值以及恰当地在教学目标的框架下合理编写与使用教科书，同时还会启发我们如何正确地看待教材的作用。

教育目标分类①

布卢姆

作者简介

本杰明·布卢姆(Benjamin S. Bloom,1913—1999),曾任芝加哥大学名誉教授,国际教育成就评价协会(IEA)的创始人。受行为主义理论的影响,布卢姆以行为结果为目标分类依据创立了教学目标分类理论、掌握学习理论和教育评价理论。其主要著作有:《教育目标分类学:第一分册,认知领域》(1956)、《掌握学习》(1968)和《人类特性与学校学习》(1976)等。

选文简介、点评

对教育目标分类的研究可以追溯到20世纪20年代的博比特(Bobbit)、查特斯(Charters)的工作分析法、活动分析法。这一思想及方法,以"现代课程之父"泰勒为承启,到50年代学习、教学和评估的分类学《教育目标分类学——认知领域》一书的出版,标志着一种较为严谨、科学、系统的方法论体系——教育目标分类学的确立。之后,拉斯沃尔(D. K. Krathwohl)与布卢姆合作编写的《教育目标分类学——情感领域》、安妮塔·哈罗(Anita J. Harrow)和伊丽莎白·辛普森(Elizabeth Simpson)的《教育目标分类学——动作技能领域》以及安德森等人编写的《学习、教学和评估的分类学》又进一步发展、完善了布卢姆的教育目标分类学。加涅的教育目标分类理论以及布里格斯(Briggs)、梅里尔(M. David Merrill)、梅特费塞尔(Metfessel)、布兰德豪斯特(Brandhorst)、霍恩斯坦(A. Dean Hauenstein)等学者的贡献使教育目标分类学不断发展,并使教育目标分类体系呈现出百花齐放、百家争鸣的态势。

布卢姆借鉴生物学上的分类方法来构建其教育目标分类理论,并对这一理论的建构目的作了解释。他说:一是"为我们教育系统的目标提供分类方法",二是"希冀能为所有的教师、教育管理者、专业人员和处理课程及评价方面问题的研究工作者提供一般的帮助"。布卢姆及其助手们认为建构这一理论的组织原则主要有三个:教育学原则、逻辑学原则、心理学原则。首先,分类要符合教育学原则,反映教育特性,尤其是计划课程或选择学习情境的分类更应如此;其

① [美]B. S. 布卢姆. 教育评价[M]. 邱渊,等译. 上海:华东师范大学出版社,1987:22-70,528-539.

次，分类要符合逻辑学原则，在逻辑上要求做到简明扼要和连贯一致；最后，分类要符合心理学原则，分类要与相关的心理学基本原理和理论联系起来。只有符合了这三个原则的分类，才是比较合理科学的一种分类理论。①

布卢姆是以人的认知过程从简单到复杂、由具体到抽象这一规律来作为其教育目标分类理论依据的。布卢姆认为，只要两种简单类似的行为一发生联系，则二者都会变得无比复杂。在这一观念的指引下，布卢姆把教育行为的发展从简单到复杂进行了分类，也就是构建了认知领域教育目标分类这一完整的理论体系。该理论主要是将教育的目标按认知能力的高低先后分成知识(knowledge)、理解(comprehension)、运用(application)、分析(analysis)、综合(synthesis)、评价(evaluation)等六个主类以及其他的亚类。布卢姆认为，知识就是识记，这是认知目标中最低层次的能力，包括记忆名词、事实、规则和原理等。常用来表示这种能力的行为动词有：描述、认出、配对、界定、说明、列举、阐明等。理解是指能了解所学过的知识或概念的意义。要想检测学习者是否产生理解有两个最基本的方法：一是要学习者用自己的话解释概念的意义；二是使用课本以外的例子说明概念的意义。常用来表示理解能力的行为动词有：转换、估计、说明、举例、预测、摘要、归纳等。运用是指将所学的规则、方法、步骤、原理、原则和概念运用到新的情境的能力。常用来表示此种能力的行为动词有：预测、证明、解决、修改、表现、发现等。分析是指将所学到的概念或原则，分析为各个构成的部分，或找出各部分间的相互关系。例如，学习者能分析化合物组成的不同元素，或分析文章内容的主次。常用来表示此种能力的行为动词有：选出、分析、判断、辨别、指出、分解等。综合是指将所学到的零散的概念或知识、原理、原则与事实等统合成新的整体。例如，综合各项资料而获得结论就属于这种能力。常用来表示此种能力的行为动词有：联合、设计、组织、综合、筹划、创造等。评价是指依据某项标准作价值判断的能力，是认知目标中最高层次的能力。文学作品或艺术创作价值的批判就属于这种能力。常用来表示此种能力的行为动词有：评价、判断、比较、支持、批判、评论等。

长期的教育实践证明，布卢姆的教育目标分类理论的确能够为教学评估和管理两个方面提供一个比较系统化的依据。根据这一目标分类理论，把教育目标分成六个主类及其他亚类，使得教学目标在表述上实现了具体化、准确化，避免了过去笼统含糊的弊端，也便于加深对教学体系的再认识，明确各阶段的具体教学要求，更使得教学的评估有了一条较为明确、合理的标准，有效地实现了对教学和管理的控制，避免了教学过程中的随意性和盲目性，达到了深化当时对传统教学进行改革的目的。

---

① 王汉松.布卢姆认知领域教育目标分类理论评析[J].南京师范大学学报：社会科学版，2000(5):65-71.

但任何一种理论都有其局限性。布卢姆的教育目标分类理论虽然极大地影响了世界的教育，而且为教师的教学以及教学评价提供了强有力的帮助，但它还有一些不足之处。首先，教育目标分类提供给了人们众多的目标，但教学预知所有的结果是荒谬的，而且越是严谨的分类框架越可能使目标内容狭隘和简单化，那么把教学内容看做目标的散开是危险的。即便教师愿意做极为详细的目标罗列，还得思考“目标之外还有些什么”的问题。随时注意教育过程中有价值的事物，不断修正目标，甚至放弃原有的目标，发现新的目标。① 其次，布卢姆提出的教育目标分类理论是以能力为维度的，是对最后学习水平的分类，而不是认知过程的先后层次，不是行为的发展过程。传授某一知识可以同时培养好几种能力，达到好几级水平。正是因为这样，用布氏提出的教育目标分类理论来指导教学过程就会出现教学目标与教学过程脱钩的现象，以及教学目标要么达不到、要么必须降低的现象。最后，布卢姆提出的教育目标分类理论并没有真正揭示出能力的内在机制，虽然他强调能力以知识为基础，但在他的理论中，知识与技能是分开的两部分。换言之，他没有考虑到如何指导学生将知识转化为技能，如何培养学生从这一水平上升到领会这一水平，以至更高的水平。因此，教师无法从中获得教学的方法与策略，只能是全凭自己的经验教学。②

（撰写人：陕西师范大学教育学院课程与教学系博士生导师陈晓端教授、洛阳师范学院副教授任宝贵博士）

选文正文

第二章　制定和挑选教育目标③

在第一章中，我们了解到本书的一个主要根据是认为教育是帮助学习者按预期方式变化的过程。假如这一根据成立，那么教师与行政管理人员的主要任务之一，便是确定要学生发生什么变化以及在此过程中如何提供帮助。教师所预期的学生的变化便是教育目标或教学目的。

教育目标的定义

为了阐述一个目标，教师试图在头脑中理清所希望出现的关于学生思想、行动或感情方面的变化，并与其他人进行交流，这些变化是某特殊单元或教育方案应当帮助学生实现的。阐述教育目标，就是以一种较特定的方式描述在单元或学程完成之后，学生应能做（或生产）些什么，或者学生应具备哪些特征。为了制定教育目标的有用表述，教育者必须尽可能斟酌词汇，使有关的读者们

---

① 邹静.教育目标分类评析[J].高等师范教育研究，1992(5)：26-30.

② 王汉松.布卢姆认知领域教育目标分类理论评析[J].南京师范大学学报：社会科学版，2000(5)：65-71.

③ 鉴于本书的篇幅有限，故删减了本书中部分内容，特此说明。——编者

按本意理解这些目标。本章处理的问题,是如何撰写与挑选对预期教育目标有意义的、明确的表述。这样的目标能够作为教学以及形成性与终结性评价的指南。

在第一章里,我们也了解到在设立教学目的时,必须作出两种决定:首先,潜在的目标是否可能?其次,它是否令人满意?在确认一个目标是否可能时,研究现存社会与教育哲学则是有益的。很可能出现这种情况,所撰写或挑选的目标是特定而明确的,但它却不可能达到,或者不适合个人或团体的需要。然而,正是这种制定或挑选明确的教育目标的过程,常常可以揭示关于什么事才合意的隐含想法和关于什么是有可能的预先假定。教育目标表述的撰写或挑选过程应当为判断目标可行性与合意性的过程提供信息,反之亦然。不应忽视这样的决定与判断,不应草率从事,读者可以参考第一章中所讨论过的、可用于这一过程的各种筛选标准。(关于可行性问题,读者也可参阅 Case,1975;关于合意性问题,可参阅 Mac Donald & Clark,1973)

尽管按定义说,目标是预期的教学成果,但目标绝没有包括所有的成果。由于大多数学科范围的复杂性以及课堂内的动态社会结构,无法预料教学所产生的成果的全部范围。没有预料不到的成果,教学也就不成其为一种艺术了。随着教程的进展,预料不到的成果(某些是积极的,另一些则不幸是消极的)常常出现。其中某些被迅速辨认出来,另一些则未能识别出来。试图预先就详细规定所有的成果,会使教学与评价显得愚蠢可笑。教师可能会错误地认为,只有预先计划的成果是重要的,从而忽视了可能产生其他成果的情境,或者只评价那些预先明显而详细说明的成果。制定或挑选目标应当被看做是一种不断发展的循环过程,计划中的成果常常要根据经验重新加以考虑。此外,在下一次课程或单元的教学中,许多这次未预料到的成果将成为目标。简而言之,相互作用的课堂情境既是确立目标的根据,也是形成计划目标的可行性与合意性的环境。

这并不意味着在教学前不应当周密考虑哪些成果是可能的、希望达到的,从而有计划地加以寻求。这种计划是教学与评价的一个基本步骤,而本章就是解决如何制定与挑选对于教育目标最有用的表述问题。然而,重要的是应强调,在教学进程中,其他重要的成果通常会变得显而易见,教师对此应有所警觉,对于预期的成果的评价,在本书中将作更直接的论述。

教育目标的重要性

在美国教育中,人们十分注意陈述目标的过程。教学的任何一个方面可能都未得到过如此多的论述。有关教学方法的论著全都强调对目标界说的重要性。负责教师培训教程的人们常常把它当做师范生准备的课业计划的一部分。国家委员会、州与地方的课程小组以及各个任课教师都已进行了长期而艰苦的工作来描述教育目标与教学目标。然而,这些努力对于课堂教学与评价很少有所影响。这种缺乏影响的情况已导致对于目标表述的重要性的怀疑和对于目标表述的价值的辩论。它们确实有助于改进教育过程吗?或者制定目标只不过是对于新手的一种通过的仪式,而对于更富有经验的教育工作者来说,则成了仪式性的练习呢?为什么要为研究教育目标费心呢?

在近来的主要发展过程中,特定的行为目标已经成为核心问题,它注定会影响到教师:以能力为基础的毕业方案、程序学习、计算机辅助教学、掌握性学习计划、以工作表现为基础的师范教育、准则参照的测试、教学合约、需要评定方案以及教学负责运动,都需要对目标进行特定的、明确的阐述。公法第94-142条以及州的相应条款(如马萨诸塞州的第766条)进一步举例说明了直接涉及教师的主要发展情况。这些法律规定了为缺陷学生与其他有特殊需要的学生提供个别化的教育方案。它们要求学生的正规课堂上教师与专科教师以及其他专业成员密切合作,为每个有特殊需要的学生制订出特定的教育方案。每种个别化方案必须包括学生最初表现水平(判断技术见第五章,本章则关注以特定的、行为性形式表述的短期与长期目标)以及对如何评定这些长期目标的描述(见第四章与第六章)。

如果上面列出的发展情况确实较为重要,那么作为上述发展情况基本成分的教育目标运动,本身就是一个极为重要的发展。为了评价这类方案的含意、优点、局限性、用处与原因,为了积极参与到一种或更多方案之中,今天的教师必须知道行为目标。

对于教育目标只是"了解"是不够的。今天的教师必须懂得如何制定与选择目标,这一过程会带来各种益处。第一种益处是:撰写或挑选明确的、特定的、行为性目标这一表述过程,要求教师十分认真地思考他要帮助学生去实现的变化。这一活动本身就是有益的。人们不再满足于广泛而一般的目标表述,对于模糊的含蓄的目的,应使其变得鲜明而明确。使教学目的鲜明而明确的过程能够揭示对于某些目标的合意性与可行性所作的隐含的判断(MacDonald-Ross,1973)。

除了要求教师明确考虑学生行为变化之外,这一过程帮助教师识别不重要的目标并辨认出遗漏的目标。不明确的目标或一般的目的表述,其含糊的语言容易掩盖琐碎或陈腐的目标。

批评定义行为目标过程的人们争辩道,这样做会产生这样一系列成果,它们十分强调机械学习以及信息、定义、法则等的回忆与再认。注意这一点是有趣的。之所以如此,是因为这些所谓"较低水平"的成果比"较高水平"的成果更容易转化为特定的行动或产物(Broudy,1970)。当然,后一类成果不应被忽视。另一方面,也无须将较低水平的成果贬低为不重要的。重要的是,正因为撰写与挑选过程要求特定的表述,这就使得教师更容易识别某些成果是否更重要,某些成果是否完全遗漏了,而另一些成果是否未得到充分表现。简而言之,可以按照合理的根据,在表上增删目标(Popham,1969)。

和制定或挑选目标过程有关的第三种益处是：明确表达的目标能帮助教师确定学生的适当位置。在第五章中，我们将讨论诊断性与配置性评价。在此只需说明：一量确定了一系列特定目标，便可使用先行性的测验去发现哪些目标已经被掌握了，此后便可以进行不同的编组并为不同的学生挑选不同的材料与经验。此外，人们一旦列出了目标一览表，便能更好地辨认出走向新目标时所必先具备的行为。上面提到的公法第94-142条以及马萨诸塞州的第766条法规的一个关键性特征，便在于对必先具备的技能的评定。

和适当地安置学生有关的益处是：教学目的一览表本身就有助于挑选达到这些目的所需的方法、材料与经验。教师对希望达到的目标作出清晰的表述，便能更好地考虑各种手段的适当性以及可能的效验。清晰表述的目标对手段既未作出规定，也未加以禁止，它只是提出了建议。

考虑同一行为目标的两位不同的教师很可能会采用两种很不同的教学方式。方法、材料、经验等方面的差异是课堂组成情况，甚至教育哲学方面的差异所造成的。例如，卡兹顿(Cazden，1971)描述了三种不同类型的学前方案所共有的目标："以完整句子说话的能力"。用于实现这共同目标的手段却大不相同。一种方案强调顺序与结构，包括"背诵课文，希望儿童按一种仔细规定的方式作出反应，甚至重复教师的句子"。在其他两种方案中，教师强加的结构则要少得多，"而依靠更自然的会话场合"。

有许多证据表明，成功的方案开始于清晰表述的目的，然后是组织适合于这些目的的教学、在学生向着这些目的前进时给予反馈与矫正、使用反映这些目的的评价技术(参见Block，1971，1974；Bloom，1976；Iwanicki，1972；Madaus，Airasian & Kellaghan，1980；Stodolsky，1972)。因此，计划工作对教师有帮助，而计划工作的要旨便在于清晰表述的教学目标。

清晰表述的目的只是提出而不是规定了可用来达到目的的手段。这样的目的确实为教学计划提供了出发点与参照体系。当然，事先进行尝试，明智地把手段与目的联系起来，这并不能精确地告诉教师在课内某一特定时刻该做些什么、说些什么。课堂的情境过于复杂，使人们无法预言相互作用的性质。这种情境与汽车旅行相似。一张地图便提供了极好的计划。然而，它并未告诉驾驶者如何根据交通流量、道路与天气情况进行调整。人们必然会遇到这些变化的情况，而驾驶的节奏也必然受其制约。此外，在课堂相互作用中常常会出现这种情况：由于学生迷惑的表情、错误的回答、厌倦的神态或者预想不到的问题，教师可能不得不放弃计划好的方法或准备好的材料。此外，为抓住"教学良机"，追求预想不到的成果的机会也可能导致教师放弃计划好的活动。

即便新的目标会出现，但大量重要的目标是预先可知的，并且能清晰而详尽地加以表述。这些清晰表述的教学目标的存在，便成为设计方法、挑选材料、指派作业与提供体验，并以此帮助学生实现预期目标的出发点。

我们认为，最重要的益处还是在于：清晰表述的教学目标提出了评价学生成绩的最直接的方法。例如：假如目标是“学生能正确使用显微镜”，那么关于显微镜各部件的书面测试的可据性就值得怀疑。目标与制定形成性、终结性评价技术的关系将在本节的较后部分加以讨论，并贯穿于本书的其余章节。此处并不进行深入探讨，只是强调指出：制定可据的评价技术的第一步便是撰写或挑选特定的行为目标。

和制定、表述目标相联系的一种常常被忽视的益处，是清晰表述的教学目标有助于确保教师之间的交流。特定的教学目标一览表，能够增进同一教程或者序列性教程的教师之间的对话(Geis,1972)。在谈论教学目的时，教师们常常使用“理解”、“应用”、“动机”、“领会”之类的词汇。这些词汇是名义性或描述性的术语、构成物，是用来描写某些可观察的行为类型的。麦克唐纳-罗斯(MacDonald-Ross,1973)把这些动词称为“状态动词”，而且不是“行动动词”，没有人曾经看见过“理解”。然而，观察者可以给某些可观察的行为类型标上名义性或描述性的标记——“理解”。例如，不同的教师可以把“理解”的表现描述成应用以前学过的原理去解决一个新问题，或者列出一系列日期，或者用自己的词汇转译图表信息。问题在于像“理解”这么广义的构成物，会让不同的教师对它们作出各种解释。

如果没有进一步的详尽说明而单独使用“理解”这个词，相邻教室的两位教师可能认为他们正试图实现同一个教学目标。但事实上，两个班级可能在希望的与实际的成果方面都完全不同。因此在讨论一个假想的共同目标——“理解”时，两位教师很可能会在谈话中感到无法交流。另一方面，明确而特定的教学目标是按照学生可测的行动或产物来表述的。这些行为类型或产物成了一般构成物“理解”的指示物。(本章第45—50页讨论了教师如何按照学生可测的行动或产物来描述，如“理解”、“欣赏”和“领会”一类的字眼。)

在教学目标中完全消除歧义是不可能的。即使在教学目标按照可观察的行动或产物来表述时，不同的教师仍会对意图有不同的解释(见Gardner,1977; Geis,1972; MacDonald-Ross,1973)。然而，在讨论教学目标时，使用可观察的行动或产物可以大大减少歧义与误解。教师们可以更好地讨论他们的兴趣是否只限于回忆与再认，他们能够讨论教学目标的价值与可行性。最后，他们可以更好地辨认与探究同事们对一定的目的与手段的预先假定，并解释自己的预先假定(MacDonald-Ross,1973)。

对于目标作出表述能增进教师之间的交流；与此作用大体相近，它们也同样能够增进师生之间的交流。如果学生在教学开始时就知道教师期望他们完成什么，那么他们便能更好地组织学习，不然他们只能被迫从教师的考核或评分的做法中推断出目标。目标一览表能成为学生在学科上的“先行组织者”，并且能使学生把自己的表现与目标中的准则作比较(Duchastel & Merrill,1973; Faw & waller,1976)。

有些学生过于年轻，无法从明确而详细的教学目标一览表中得益。而年龄大的学生必须使他们相信，表述的目标便是教师真正的目标。这就是说，学生必须确信表述的目标与评价的目标是一致的。依靠来自和教师相处的直接经验或接受高年级传授下来的传统都能够建立这种信心。当年龄较大的学生确信表述的目标事实上就是课程或单元的实际目标时，他们便会以更明智的方式开始组织自己的学习。

和清晰表述的目标相联系的最后一种重要的益处是：目标能够增进教师与家长之间的交流。技能、产物或可观察的行动一览表，为向家长们汇报学生已掌握了什么，提供了一种比传统报告形式更加精确的手段。在第四章中，更详尽地描述了用可观察行动或产物来表述的报告形式的实例。根据明确的教学目标报告学生的进步，使家长与学生对优缺点有了更清楚的了解。此外，这类报告提供了一个基础，使教师、家长与学生能就采取什么步骤来补救缺点进行更为明确的对话。

下一节探讨界说教育目标的另一些方法，以便能够得出表述得当的目标所特有的两个要素。

教学目标与两种成果模型

在详细描述如何撰写与挑选目标的最有用的表述之前，我们回到第一章开始的关于两种成果模型的讨论。教学目标运动中的成果模型来自任务分析或泰勒(Tyler)探索方法中的一种。麦克唐纳-罗斯(1973)把前者称为计划的“前馈”模型，把后者称为“循环的”或“反馈”模型。比较这两种探索方法是有益的，它揭示了对教学与评价的目的与手段的不同设计方式。

任务分析

任务分析式的探索方法源于工业心理学在军事与工业培训中的应用。在第二次世界大战以及朝鲜冲突期间，军方在培训人员方面求助于工业心理学家。要求心理学家们制订有效的方案，使受训者具备同等的、能明确定义的能力。所需的能力常常是用于人类与机械之间相互作用的。什么是所要培养的技能、如何使用这种技能，都十分明确。除非技术方面有变化，技能应能相当持久。因此，当陆军希望训练士兵拆装一支 M-1 型步枪时，心理学家们便用一种叫做“任务分析”的技术，着手将培训目标具体化。他们先描述在教学单元结束时想要受训练者具备的技能或表现，然后把它们分解为“行为结构的各组成部分”，从序列上加以组合，以达到最终的工作表现。分解有时是依照特殊的人-机系统(如操作雷达装置)的特征，有时则根据对于有经验或“高明的”工作者的观察(MacDonald-Ross，1973)。

与一般的教育不同，在培训中机械地学习一组连续的步骤能确保受训者获得所需的技能。因此为具有层次结构的学习步骤规定出最有效的组合便变得十分必要。任务说明详述了受训者在教程结束时应当具有的能力；任务分析则超出这一步，详细指明被认为与学习直接有关的条件。因此，任务分析接受了“宏观的”工作表现，并把它分解为“微观的”行为成分，这些成分便是教学的组件。

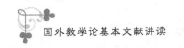

加德纳(Gardner，1977)把这一过程描述为一种分解过程。在这过程中：(1) 先是存在着一个实质上难以处理的复合体；(2) 对这个复合体可以采用一种分解过程把它分为一批可以处理的各个部分；(3) 然后把这些部分综合起来重新组成可处理的整体。

军事心理学家们的技术，经过某些修改，被研究课堂学习的实验心理学家以及对程序或计算机辅助教学感兴趣的人们所采纳。过了一段时间，又被研究个别化教学的人们所采纳。在所有这些应用中，编制材料的第一个步骤便是详细描述具体目标行为。

详尽的任务分析的意图之一，是把从学习理论中得出的原理应用于教学序列的安排。心理学家信奉哪一派学习理论当然会决定结果分析的特性以及在教学序列中所使用的方法的特性。

……

制定教育目标的策略与根据

在撰写或挑选目标时，教师可以采用什么策略以减轻这一重要任务所需的工作负担呢？下列的策略或多或少是按效率最高的次序而排列的。除了知道高效率地撰写和挑选目标的策略之外，教师们今天还需了解行为目标越来越多的来源。最后，在利用这些来源时，教师需要遵循某些注意事项。我们首先考察一下制定教育目标的策略。

制定教育目标的策略

同事间的合作

能够减轻撰写与挑选教学目标的负担的第一种策略，是同事间的合作。我们已注意到，撰写有利于计划以及教学评价的教育目标并不是一项特别容易的工作。它需要大量周密的思考与分析，而思考与分析又需要大量时间。如果同一系列或年级的教师共同制定目标的话，这项工作能变得容易些。合作的努力将最大限度地减少每个教师在详细说明目标时所需的时间与工作。

集体参与也有助于确保从不同教师那儿学习同一课程的学生，朝着实现同一的核心目标而努力工作。从不同教师那儿接受“同样”课程的班级取得了完全不同的成果，这种现象实在是太常见了。并不是说各个教师不再有机会持有独特的教育目标，然而，确定一门共同课程的所有的目标不能完全让每个教学者自由处理。在一组共同目标的框架里，教师仍有充分的自由向着独特的终极目标进行工作。此外，在实现统一目标时，教师能够采用许多途径。共同的目标并不意味着共同的方法或要求压制教师的创造性。应当承认，有才能而认真的教学者会对同一的核心目标的价值提出质疑，而重视自己目标与他人目标之间的变化与差异。但在认为共同技能与知识是有价值的场合，我们大力推荐合作地制定目标。

集体参与制定目标的另一个好处是试题库的形式。试题库由大量测试问题材料所组成，每道题编上行为、内容与大致的年级水平代码，这有利于构制测试。对于试题库的形成与使用在第七章中将充分加以论述。在此，只须说明合作制定目标是发展试题库所必需的第一步。

课程材料的分析

教师制定共同的教学目标，应从分析所采用的课文与材料着手。应当指出，人们应先制定目标，再选择课文与材料；而不是先课文，后目标（现实中常常如此）。不过，制定有用的目标不会在真空中开始，因而这一过程可以转而发现已在使用的课本与材料中的不足。

行为目标运动影响的标志之一，是大多数教科书出版者现在提供了教科书的教师用书，它们包括了每单元或每节课的教学目标。因此，分析所采用或计划采用的课程材料的策略，能导致发现一种已制定的目标的丰富理由。例如《麦克米伦数学》（教师用书）（*Macmillan Mathmatics*，Teacher's Edition，Thoburn，Forbea Bechtel & Nelson，1976），描述了一个单元开始所需的学习基础，并且以儿童在单元结束时应能完成的任务来表述单元的目的。表1是以减法单元为例的说明。

表1　对于减法单元中学习基础与学习终极目标的描述

单元4：减法1

学习基础

在单元开始时，儿童应能：

写对11—18之中的数字，以指出给定的一组物体的数目。

立刻回忆起被减数是10（或10以内数字）的基本减法知识。

学习终极目标

在单元结束时，儿童应能：

1. 立即回忆起被减数是11—18的基本减法知识。
2. 在混合练习时求出和或差。
3. 在使用括号指明运算顺序的混合练习中求出和或差。
4. 对于混合运算的应用题，用加法或减法解决“放在一起”，“拿走”或“比较”等问题。

词汇与符号

括号　　多多少*

（　　）*　比较

* 学生课本中出现的词汇或符号

来源：Thoburnetal，1976，第69页a。

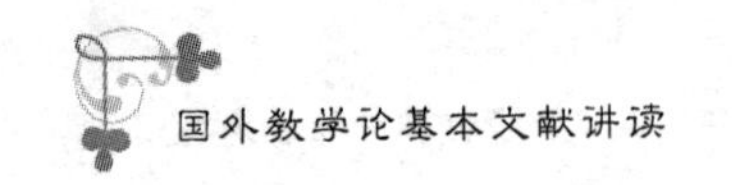

今天，许多出版者把目标的表述作为一个组成部分编进材料中。此外，大多数出版者也提供诊断性与配置性测试(第五章将进一步描述)、形成性单元与测试(第六章描述)以及终结性测试(第四章描述)。

参加合作的教师应当从检查被采用的或所提议采用的教科书所附的教学目标表述入手，开始制定自己的教程目标。然而，教师不必拘泥于这些教科书所表述的目标，还应当检查其他出版者所编的类似的教科书所附的教学目标，作为追加的目标。这种策略也可以揭示同年级同学科的不同教科书中各种教学目标的共同性与独特性。这样的信息在判断不同目标的可行性与合意性时是有用的。参加合作的教师对于出版者撰写的目标表述进行讨论，有益于看出探索方法、侧重点与顺序安排方面的差异。

必须记住，尽管出版者编写的教科书以某种可观察的行动描述了教学目标，但教师并不一定把它当做自己的目标。他们必须仔细研究与特殊的情境相联系的指定课程的目标。以前教学的经验、教学可用的时间、一组学生的特殊需要以及教师的兴趣与资格，这些都可能独立地或共同地成为阻碍采用某些查阅到的目标的因素。

全国性课程小组对目标的分析

过去十年中，地区性实验机构与各种团体(主要由对课程改革感兴趣的大学的学者与有经验的教师所组成)已经为中小学所教的几乎所有的学科制定了新的成套目标。因此确定目标的另一种策略是研究这些全国性课程小组所制定的成套新目标。在一些研究项目中(如中小学数学剑桥大会，1963)，终极目标带有理想成分和长期性，为教育者们指出了应当努力的方向。然而，在大多数情况下，这些小组已把他们的目标转换为供课堂使用的课程材料，而且如前所述，许多材料现在已公开销售了。

全国性课程小组提出的成套目标提供了一种参照系统，指明了有造诣的专家们所认为的一门学科中的重要方面。因此，教师们可把他们以及作者、教科书出版者还有全国性课程小组各自认为重要的东西加以比较。

对教师编制的测试的分析

还可采用的另一种策略，是分析过去几年采用的考核方式。通过分析测试问题，人们便可以推断出学生在回答各题时所需的行为类型。应当始终记住，对于学生来说，真正有关系的目标是蕴涵在测试中的那些目标，测试决定了他们的分数等级。这恰恰是保证目标与评价程序相一致的重要理由。

必须强调，这些推断的有效性取决于准确了解题目与学生背景情况(至少是校内经验)的关系。对于不同的学生来说，同一道题目可以激发出完全不同的行为：一道测试问题，对于在班上已讨论过某特殊材料的学生来说，只是熟记事实的简单回忆，而对于在教学中从未见过这种材料而只学过有关原理的学生来说，可能需要的是高水平的分析与应用。

尽管学生的背景情况有差异，但这种策略能使人洞察教师预想中的实际行为，从而为详细说明目标提供了指导准则。下面即将详细论述的《教育目标分类学》(Bloom,1956)，是把测试问题分类的有用的参照系统(Madaus & Macnamara, 1970)。

课内观察

通过观察班级来辨认实际发生的学生变化，这也能改进目标。学生的表现揭示了教学的实际成果，而它们常常与一开始所表述的目标十分不同(Brickell, 1976;Scriven,1974)。

用这种策略，观察者看到的不仅是预期的成果，而且还有预料之外的成果。这种程序所依据的假设是，尽管教科书或课程材料的内容具有可据性，但事先预想的所有的行为结果是困难的。由于评价全部集中在以前制定的目标上，忽视课程中预料不到的消极与积极的成果的情况实在太常见了。"伊利诺伊小学科学研究项目"利用这种探索方法来评定优缺点。正如 J. 迈伦·阿特金(Myron Atkin, 1963)当时的项目主持人所指出的：

"项目的全体工作人员正在开展一系列课内观察，试图辨认预料不到的学生行为变化。在课程发展与评价的常规方法中，这样的程序似乎是落后的。标准的做法是辨认出学生合意的变化，然后再看教程是否有效地产生这些变化。而我们则观察班级，意在辨认在开始时并未预料或识别到的变化"(第 132 页)。

因此，课内观察有助于辨认预料不到的成果，导致更全面而可靠的评价，以及确认哪些目标应当增加、保留或取消。

课内经验

观察者的见识需要有教师的见识作为补充，因为定期对日常教学进行反省并予以记录，这能够为一种最有价值的目标提供根据。在第一章中，我们看到目标的主要来源是学生的需要，尤其是学生的兴趣。要发现这些兴趣，难道还有比课堂更好的场所吗？加德纳(1977)在分析科尔(Kohl)的著作《36 个儿童》(1968)时指出：科尔这位在少数民族集中居住区小学的六年级第一年任教的教师，最初拿不准他的目标应该是什么。

"科尔著作中所涌现的目的，是由他的方法所具有的、本质上是实验性的特征所造成、所决定的。科尔从他对于儿童的研究中——他们的需要、感情、思想、语言以及生活经验——发现了教些什么，而怎样教则取决于他希望教些什么。"

根据制定目标的循环观点来看，一位新教师应在第二年对于教学目标有一种更清晰、更扩展的看法。作为每年经验的结果，计划中的目标一览表以及实现目标的手段都会丰富起来。必须强调，教师要学生掌握的许多技能与行为能够在事先加以详细说明，这一点即使是新教师也能做到。然而，作为教学的结

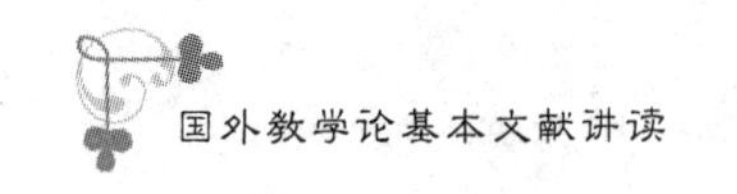

果,新的目标与方法会涌现出来,而计划好的目标将进行修订。新出现的目标可以加到已计划好的一览表中,它们也许会排挤掉以前的一些目标。

《教育目标分类学》

在制定目标时,两卷本的《教育目标分类学》(下文简称《分类学》)(Bloom,1956;Krathwohl,Bloom & Masia,1964)是极有价值的。附录中概述了这两卷(两种)《分类学》,本书第八至十一章也将较全面地阐述每种分类学。然而,在此对这两卷书作一简单描述也许是适当的。

手册1,《认知领域》,在1956年出版,把涉及智力任务的目标加以分类。其中某些目标只需要学生回忆;而对于另一些目标,学生必须确定本质的问题,然后根据以前学到的概念、方法或程序把给定的材料重新排列或组合。(第八至十章对认知领域中的范畴作了更详细的论述)

手册2,《情感领域》,完成于1964年,列出了强调感情、情感或接受、拒绝的程度(第十一章更详细地论述了情感领域)。

《分类学》是几位高校主考人的研究成果,他们创立这种教育目标的分类系统,是为了促进他们与同事之间关于目标、试题以及测试程序方面的交流。他们认识到分类缺乏精确性造成了许多歧义、曲解与无信息交流的会话,这些情况都是教育者们试图共享有关目标与测试方面的想法时常遇到的。关于心理运动领域的第三种分类是哈罗(Harrow,1972)创立的(关于教育目标其他分类的论述,参阅 DeLandsheere,1977)。

这三种分类学把目标的行为方面置于一种层次结构的框架中:每种范畴被假设为包括比前一范畴更复杂、更抽象或更加内在化的行为。在认知领域中,这些范畴按由简单到复杂的连续体排列。在情感领域中,它是一种内在化的连续体,即其中的序列描述了给定的现象或价值的发展过程,从单纯的意识水平发展到某种指导或控制人的行动的力量的过程。哈罗把心理活动行为排成一种连续体:从最低水平的可观察的行为(反射运动)直至最高的无法推论的运动。

各卷中对每一范畴都作了说明,用的是从文献选取来的教育目标的实例、对一定水平所涉及的行为的描述以及为测量合意行为而设计的测试样题。

教师可以用各种方式使用《分类学》。首先,如果一组教师具有一套广义表述的目标,《分类学》有助于更精确地详细说明这些目标。因此,假如目标之一为“学生理解用图表形式表示的经济信息”。教师可以从《认知领域》中选择各种行为并采用说明性的试题,使目标更为精确。对于同表述目标的困难作斗争的教师来说,《分类学》提供了共同的参照与共同术语,使他们的讨论能够得以集中。

其次,《认知领域》的重要价值之一在于,它要求教师们注意测量比回忆事实更为复杂的行为的可能性。《分类学》中的试题,能被教师用作为模型,编制符合他们内容方面需要的类似题目。《分类学》具有丰富的范题，用来测量由简单到十分复杂的行为。教师在测试直接回忆事实时，通常没有什么困难；但并不那么擅长编制测量高级心理过程或教学的感情成果的题目。教师们对客观性测试的主要批评之一是，它们只考核了十分简单的技能。《分类学》中的范题可以使教师消除这种想法，并为他们构制测量更复杂的行为指明方向。

第三，《分类学》能够提供以前未考虑到的各种目标。用这种方式使用《分类学》，它便成为更全面地检验教程成果的指南。

第四，如上所述，《分类学》能用来帮助教师分析蕴含在测试中的目标。(Madaus and Macnamara，1970)正如克拉斯沃尔(Krathwohl，1964)指出的，教师们认为标准化测试是：

"……由知道得多、做得少的专家们编成的。尽管教师们对测试有一种模糊的不满感，但他们常常并不把这些测试的内容与自己的目标作对比分析，从而确定它们是否相符。这时，用分类学作为一种说明的框架，人们便可以把测试与教师的终极目标作比较。其最简单的形式便是确定各主要分类范畴中题目的比例。仅此就常常提供了信息，足以帮助教师判断测试的恰当性。"

最后，《分类学》已被各种团体用作一种分类系统，建立了庞大的目标与试题库或"银行"(下面将会讨论)。某些教科书出版者也用认知分类学描述其教科书的终极目标或目标。因此，具备会应用各种分类学的知识，将有助于教师斟酌目标库以及教科书出版机构提供的目标的表述。

目标挑选的来源

我们已提到过，制定与撰写教学目标的工作很费时间。此外，由于教师一般教授一门以上学科(小学教师通常负责不止一个方面课程)，他们就不得不撰写大量教学目标。例如，如果一位教师每节课有两个目标，每天有五节不同的课，那他每周需撰写 50 个教学目标。这是一项极费时间的任务，对新教师尤其如此。

由于认识到这种负担，也认识到清晰地表述目标的价值，人们已提供了一些来源，使忙的教师能够挑选适合他们用途的、按合意的内容与行动表述的教育目标。在前面几节中我们已论述了三种这样的来源：教科书的教师用书、全国性课程小组的论述以及三种教育目标分类学。本节将论述教师能从中挑选制定得好的教学目标的另一些来源。这些来源消除了从零开始计划教程的需要。利用这些来源可吸取课程专家与无数任课教师的思想与努力的长处，从而避免了重复劳动。此外，这些来源起到了水平基准的作用，教师或教师小组可据此把他们关于课程目的的观念与学科专家或其他学校系统、学区所制定的目标作比较。然而，在对这些来源作描述之前，我们需要强调一下使用的注意事项。

(1) 目标合意吗？只凭出版的、按行为与内容清晰表达的目标，不足以表明它是有价值的目标。需要根据它与学校或教师的宗旨，与学习过程以及学生需要的关系来判断其合意性(见第一章)。

(2) 目标可行吗？一个目标在某种特殊情景中，可能并不可行。其内容可能并不适合可得到的教科书或教学资料，或者由于学生群体的某些特征(如使用两种语言、成熟方面的差异、残疾)，不可能产生那样的成果。对每个所考虑的目标都需作出可行性决策。

(3) 目标的内容是否在教师的能力范围之内？某些教师不经过在职培训，就可能不具备教授某些内容或观念的条件。而这些内容与观念可能是目标的一部分，例如是新的数学或社会学科教程的一部分。

(4) 目标的内容成分是否处于内容序列中的适当阶段？这一重要而经常被忽视的内容顺序安排问题在上面已论述过了。

(5) 同事们能够赞同目标的特殊表述的含意吗？目标的表述应在内容与可观察的行动或产物两方面都能够清晰，使得教师能够赞同该成果。如果做不到这点，而且目标又是重要的，教师应能进一步加以阐述。

(6) 来源是否限于只能用书面测试来测量的目标？如果来源具有这种限制(许多来源确实如此)，那便可能排斥种种重要的终极目标。例如这种限制会压制只能用“动手”方法测量的目标——解剖、操作、制型、修理汽化器、演奏乐器、使用显微镜、烹饪、缝纫、发表演说等等。

八年研究

广泛的行为目标最早的一览表之一，是进步主义教育协会著名的中等教育八年研究所生产出来的。一批被称为“进步主义的”中学试图发展新课程，探索教与学的新方法，这些方案负责人预感到他们的毕业生在进高校时会遇到困难，因为这些学生未曾学过“传统的”中学课程，某些高校会认为他们缺乏足够的预修学分。八年研究得到了高校的合作，它们招收进步主义中学的学生，以便在四年高等教育期间能继续纵向地周密评价新方案的发展。为了进行比较，对从传统学校来的学生也作了纵向追踪。

这一研究成功的关键在于新课程的目标是用清晰、无歧义的术语来表述的，这样便可以采用适当的评价工具与技术来评估课程的有效性。史密斯(Smith)与泰勒的著作《评估与记录学生进步》(1942)是描述八年研究的五卷著作中的一本，包括了一个又一个按内容与可观察的行动描述的教育目标的例子(第十一章中举了一例)。尽管其中某些目标已经过时，但大部分仍然可以使用，尤其是情感目标。

……

附　录
教育目标分类学的缩本[①]

认知领域

知识

1.00 知识

这里把知识定义为包括对特定事物和普遍事理的回忆，对方法和过程的回忆，或对某一式样、结构或环境的回忆。对于测量目的而言，这种回忆状况基本上仅限于在头脑中想起合适的材料。虽然有时可能要求变换一下材料，这只是任务中的相对次要的部分。知识的目标最强调的是记忆的心理过程。

1.10 特定事物的知识即对于特定的、孤立片断信息的回忆

这里所强调的是各个用以指称具体参考对象的符号。这种材料处于很低的抽象水平，可以把它看做构成更复杂而抽象形式的知识的要素。……

1.20 处理特定事物的方式和手段的知识即关于组织、研究

判断和批评的方式方法的知识，包括讯问方法、时间顺序、某一范围内的判断标准以及用于各该范围本身的划定方法和内部组织式样。……

1.30 某一范围内的普遍事理和抽象概念

即用以组织现象和概念的主要格局和式样。这是一些容量广阔的结构、理论和通则。它们在某一学科范围内占据支配地位，或者常被用来研究现象和解决问题。它们都处于极高度的抽象和复杂的水平上。

理智的能力和技能

理智能力和技能指的是，对用于处理材料和问题的条理化的操作方式与普遍技术。材料和问题可能几乎或完全不再需要专业和技术资料。所需的这类信息可以假设为属于个人一般知识总量中的一部分。其他问题可能需要颇高层次的专业和技术资料，如在处理问题和材料时需有专门的知识和技能。智能和技能的目标强调组合和改组材料以达到某一特殊目的的心理过程。材料可以来自提供，也可以出于记忆。

2.00 领会

这是表示最低层次的理解。它所指的了解或领会类型，是说个人知道传输给他的是什么，而且能在无须联系其他材料或看出其充分含义时，使用传输给他的材料或概念。

2.10 转换

这是在把信息用易懂的文句重述或将其从一种文字或形式转变为另一种文字

---

① 见 B. S. 布鲁姆(Bloom) 主编：《教育目标分类学：教育目的分类》卷一《认知领域》，1956；D. R. 克拉斯沃尔 (Krathwohl)、B. S. 布鲁姆(Bloom)和 B. B. 马西亚(Masia)：《教育目标分类学：教育目的分类》卷二《情感领域》，1964.

或形式时，通过谨慎和准确做法来显示的领会。转换是依据忠实程度和准确程度来判断的，这就是要看，信息形式变换了，原始信息的内容保存到什么程度。……

2.20 解释

即一项信息的说明或概述。作为目标，转换是把一项信息一部分一部分地表述，而解释则包括对材料的重新排列、整理或者赋予新的看法。……

2.30 外推

即把趋势或倾向延伸到已知数据范围以外，以求确定与原始信息所述条件相符合的涵义、后果、推论、效应等等。……

3.00 应用

即在特殊和具体情境中使用抽象概念。抽象概念可能表现为一般概念、程序的规则或概括化的方法。抽象概念也可能是技术方面必须记住和应用的原理、概念和理论。……

4.00 分析

即把某一信息剖析为它的组成要素或部分，借以弄清楚诸概念的相对层次，并使所表达的各概念之间的关系显示明白。这种分析意在阐明信息，指出它是如何组成的，并表明它用以传达效应的方式以及它本身的基础和安排。

4.10 要素分析

即辨认出某一信息所包含的要素。……

4.20 关系分析

指对信息中诸要素和各部分间的联系和相互作用的分析。……

4.30 组织原理分析

即对使信息组合成整体的组织体制、系统安排结构联系的分析。这里包含“明显”的和“隐涵”的结构关系。它包含基础、必要的安排以及使信息成为一个整体的机制。……

5.00 综合

指把诸要素和各组成部分合在一起，以形成一个整体。这是一个对各个片断、组成部分和要素加工的过程，把它们安排组合成一个过去尚未明显存在过的式样或结构。

5.10 作出独特的信息交流

即制订一项交流计划，以便让作者或演说者对他人传达概念、感受或经验。

5.20 制订计划或成套操作

即制订一项工作计划或是一项作业计划的提案。计划应当符合向学生提出的或由学生自己提出的任务要求。……

5.30 推导出一套抽象关系

即制定一套抽象关系，或者用来把特殊数据或现象进行分类或说明，或者从一套基本命题或符号表达式中演绎出若干命题和关系来。……

6.00 评价

即对用于既定目的的有关材料和方法的价值作出判断。对于材料和方法满足准则要求的程度所作的数量方面和品质方面作出判断。对于评估标准的使用。这些准则可以是学生自定的,或者是别人提供给他的。

6.10 按内部证据判断

即从诸如逻辑准确性、一贯性和其他内在准则,对信息的准确性作出评价。……

6.20 按外部准则判断

即参照挑选的或回忆起来的准则,对材料作出评价。……

情感领域

1.0 接受(留意)

在这一水平上,我们所考虑的是学习者已经感觉到某些现象和刺激的存在。也就是说,他愿意接受和留心它们。如果要使学习者真正去学教师要他学的东西,接受(留意)显然是首先的关键一步。……

"接受"这个范畴已被分为三个次级范畴,用以表示对现象留心在意的三个不同水平。虽然三个次级范畴间的分界点带有任意性,然而三者确实表现为一个连续体。这个连续体是从学习者方面的极为消极的地位或作用开始——唤起行为的责任只落在教师身上,也就是说,"抓住"学生注意力的责任在教师——然后延伸下去,一直到学习者至少半自觉地把自己的注意力指向他所喜好的刺激。

1.1 觉察

觉察几乎就是一种认知行为。但是它与认知领域的最低层次"知识"不同。这里,人们不大注意对某一题目或事实的记忆或回忆能力,而更多地关心的是在现存的适当机会中,学习者是否意识到了某个东西,他是否考虑到了某一情境、现象、对象或事态。与"知识"相同的是,它并不意味着要对刺激的品质或本性作出评定;与"知识"不同的则是,它不一定意味着注意。可以存在简单的觉察,即使相信这些特征必将带来某种效应,也无须专门辨别或识别对象的客观特征。当事人可能不会用语言表达出引起觉察的刺激的各个方面。

1.2 愿意接受

到了这个范畴,我们在阶梯上升高了一步,但还是在处理看来像是认知行为的东西。按其最低水平说,我们此处所描述的行为是愿意容忍某个既定刺激而不去避开它。像"觉察"一样,它含有对待刺激保持中立或暂时不加判断的意义。在连续体中的这个水平上,教师并不关心于要学生找出这项刺激,也许他甚至不去考虑学习者在许多其他刺激密集的环境中,是否必定会留心到这个刺激。教师所想的不如说是:在最糟的情况下,学习者遇到了在一个相竞争的刺激较少的领域中有所留意的机会,而他并不积极找办法去避开它。在最好的情况下,学习者愿意了解某种现象,并对其显示出自己的注意力。

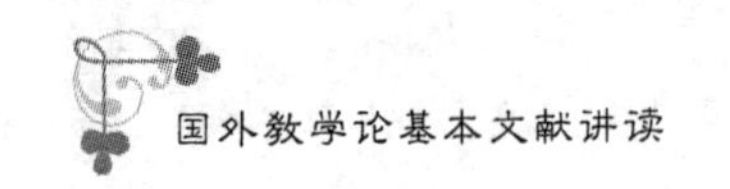

1.3 控制或选择的注意

在一个稍高的水平上，我们关心的是一种新的现象，这就是在有意识或半自觉的水平上，将给定的刺激区别为形象和背景，即对于一个能清楚看出与毗邻印象截然划开的刺激，把它的各方面加以分析。

这种知觉还不带有心理张力或评定意义。学生可能不知道向别人作正确或精确描述时所用的术语和符号。在有些情况下，这种知觉主要不是指这项注意的选择性，而更多的是指它的控制作用，因此当某种刺激出现时，它将会被注意到。这里有着学习者控制注意的要素，以致可以不顾各种相竞争的和分心的刺激，而对自己偏好的刺激加以选择和留意。

2.0 反应

在这个水平上，我们关心的是那些超过了只对现象留意的反应。学生已经被充分动员起来，因而他们不仅如 1.2 所述是“愿意接受”了，也许说他在积极地留意才是正确的。在“边干边学”过程的第一阶段，学生只在很小程度上把自己摆进所涉及的现象中去。这是很低水平的承诺感。对于这种水平，我们不会说这是“他的价值观念之一”，或者说他有了“如此这般的某种态度”。这些术语属于我们所说的后一个更高水平。但是我们可以说，现在除了仅仅看见某一现象外，他还要对这一现象做点什么；而在比这一水平刚好低一层的水平“控制或选择的注意”(1.3)上，的确只是在“看”而已。

这个范畴对于许多教师来说，将是他们发现的最能描述其“兴趣”目标的范畴。我们最常用这个术语来表示这种愿望，即：儿童对于某一科目、现象或活动充分地卷入或有了约束感，以致他会竭力把它找到，并从工作或活动中得到满足。

2.1 反应中的默许

我们也许可以用“服从”或“顺从”的字眼来描述这种行为。正如两个术语所表示的，说到行为的“起动”，这里就有些被动性，而且唤起这项行为的刺激也不敏锐。“顺从”也许是个比“服从”更合适的术语，因为其中更多的是对建议作出反应的意思，而较少有抵抗或无奈屈服的含义。学生作出反应，但是他没有完全承认这样做的必要性。

2.2 反应的意愿

这一水平的关键在于“意愿”一词，它带有自愿活动的能量这个含义。这里的含义是说，学习者对于表现某项行为有了相当充分的责任感，因此，他这样做就不仅是为了怕受到处罚，而且是“出于自愿”。值得注意的是，前一水平上可能出现的抵抗或屈服要素，在这里已由同意或个人自愿所代替。

2.3 反应中的满意感

这一步超过了反应的意愿水平。这里超过同意、赞成的反应或自愿反应的另一个因素，是在行为之后有一种满意感，一种情绪反应，通常是愉快、风趣或享受。在层次结构里，把这个范畴置放在何处，曾给了我们不少困难。在整个

内化过程中，行为引起的情绪反应、快感或激动恰好是在何处出现，至今是很难确定的。在这种事上，关于它出现于内化过程的某一水平这一点是否依赖于特殊行为，尚难确定。我们甚至曾自问，这应该不应该算作一个范畴。如果我们所制定的是个层次结构，那么每个范畴应当包含在它之下的次一水平的行为。在一系列的内化过程诸范畴中，情感成分逐步出现。试图特别指明层次中的某个既定位置，把它作为"独一无二"的加进情感成分之处，那是注定要失败的。

我们把这个范畴带点任意性地放在这里：这是它似乎最常出现的地方，也是它常被引证或显露为连续体内这层目标的重要成分之处。把这个范畴摆在这里有实用意义，这可以提醒我们有情感成分在此出现了。它对于构成情感行为是重要的。但是不能想象它正好是在连续体内的这一点上出现和发生的，那样就会把我们试图建造的层次结构毁掉。

3.0 估价

这是唯一的用教师们表达目标时所常用的措词作为标题的范畴。再者，它是按照通常的意思来使用的，即所谓某一事物、现象或行为是有价值的。这个关于价值的抽象观念，一部分是个人自己的估价或评定的结果，但它更多地是个社会产物，已经被学生慢慢地内化或接受，从而被他用作为自己的关于价值的准则。

归入这个范畴水平的行为已有足够的一贯性和稳定性，以至带上了某种信念或某种态度的特征。学习者在适当的情境中始终一贯地显示这种行为，以致他被人看做为持有某种价值观念。在这个水平上，我们不考虑价值观念间的关系，而是考虑对于某一套特定的理想价值观念的内化过程。从另一个观点来看，归到这类里的目标是些原始素材，个人的道德意识由此发展到对行为的积极控制。

这个范畴也适用于名为"态度"(当然还有"价值")的许多目标。

用"估价"来标明的行为中有个重要的因素，那就是这种行为的动机，不是出于顺从或服从的愿望，而是个人对指引行为的内部价值的责任感。

3.1 接受某种价值观念

这个水平上，我们关心的是对某现象、行为、对象等等赋予价值。对于"信念"这个术语，我们把它界说为"默认某命题或学说依据充足，从而在情感上予以接受"；这样就能用"信念"一词来很恰当地描绘出人们可能想到的在此占支配地位的特征。各种信念有不同的确信程度。在"估价"这个最低水平上，我们考虑的只是最低程度的确定性，也就是说，相对于更高层次而言，这时有了更多的重新评价自己主张的思想准备。这个主张或多或少带点暂时性。

这种行为的突出特征之一，是对于被认为与所持信念或态度一致的某种对象、现象等等作出的反应具有一贯性。这种一贯性让别人把这个人看做是坚持某一信念或价值观念的。在我们正在描述的这个水平上，他既在反应方面始终一贯致使别人识别那种价值观念，又具有充分的责任感，因而愿意被人认为他是这样的人。

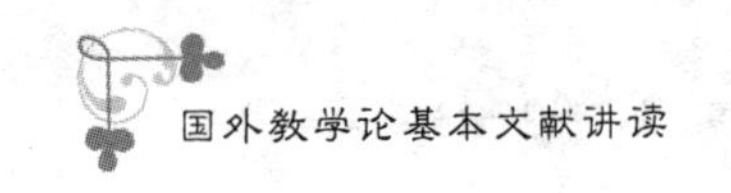

3.2 偏爱某种价值观念

设置这一分层是出于这种感觉，即有些在目标所表达的内化过程是介于对某一价值观念的单纯接受与承担义务或坚信之间的，而后者的通常含义系深深卷入到某一领域之中。这个水平的行为已不再仅仅是接受某一价值观念到愿意与之认同的地步，而是当事人对此价值观念具有相当充分的承诺感，从而追求它，寻找它，想望它。

3.3 承诺感

这个水平上的信念含有高度的确定性。"坚信"或"不带一点怀疑的确定性"这些概念，有助于表达出这里所期望的行为水平。有时这种信念可能已和信仰接界相连，这意思是说，它成了一种建立在自知为非理性基础之上但在情感上却牢牢地加以接受的信念。对于某一主张、集体或事业的忠诚也可以归入此类。

对于表现这样水平的行为的人，可被清楚地看成是持有这种价值观念的。他的行动以某种方式促进了他所重视的事物，扩大了他发展这种事物的可能性，深深地投入了促成这桩事情及其所表现的事物的活动。他力图说服别人并为他的事业寻找信仰者。这里有个需要得到满足的心理张力，行动是某种唤起了的需要或驱力所带来的结果，有真实的动机促成做出这种行为来的。

4.0 组织

当学习者逐次内化各种价值观念时，他会遇到不止一个与有关价值观念相对应的情境。因此就有必要：(1) 把诸价值观念组织成为一个系统；(2) 确定它们之间的相互关系；(3) 树立起那些起支配作用的和普遍存在的价值观念。这样的系统是逐步建立起来的，是随新价值观念的并入而发生变化的。本范畴的用意是对描述初建价值观念系统状态下的诸目标进行正式分类。……

4.1 价值的概念化

我们在前一范畴(3.0)"估价"中注意到，一贯性和稳定性是某种价值观念或信念的必不可少的特征。在这个水平(4.1)上，我们把抽象化和概念化的品质加上。这样使得当事人能够看明白，如何将这种价值观念同他已经持有的一些价值观念或即将持有的新价值观念联系起来。

概念化是抽象的，就此而言，它是符号式的。但是符号不一定是语词符号。概念化是否首次出现在情感连续体的这个环节上，是个议而未决的问题。……

4.2 价值观念系统的组织

适当地归入此类的一些目标，就是要求学习者把一堆复杂而可能种类不同的价值观念放到一起，并使之处于有秩序的相互关系之中的那些目标。照理想说，这个有秩序的关系将是和谐融洽、内部一致的。当然，制定这些目标之目的在于，试着让学生系统地提出人生哲学。实际上，所得到的整体也许是个不那么完全和谐的东西。说得更好一点，可以把这种关系描述为一种动态平衡，这种平衡部分依赖环境中任何时候都是特别重要的那些部分。在许多情况下，价

值观念的组织可能导致它们综合成为一种新的价值观念，或一个更高层次的价值复合体。

5.0 价值观念或价值复合体之性格化

在内化过程这个层次上，各种价值观念已经在个人价值观层次结构中各自占有地位。它们已经组成为某种内部一致的系统，长期控制着个人的行为，足以使他适应于按这种方式去行动。此外除非在个人受到威胁或挑战时，这种行为的出现也不会再唤起情绪或感情。

在这个水平上个人按自己所已经内化的价值观念在一贯地行动。我们所关心的是要指出两件事情：(1) 这种控制如此广泛地遍及个人的行为，以致他被说成是个可以用这些普遍性倾向来描绘和刻画的人；(2) 这些信念、概念和态度结合成了一个完整的哲学思想或世界观。这两方面组成了次级范畴。

5.1 一般性定向

一般性定向指的是在任何特殊时刻，给态度和价值系统以内部一致性的东西。它是属于很高水平的选择性反应。有时被说成是一群起决定作用的倾向，是对待诸种现象的一种既定倾向性，或是预定按某种方式行动的安排。它是对于高度一般化现象所作的反应。它是对一组互相联系的情境或对象的坚持一贯的反应。它往往可能是个不靠事先有意思索就能指引行动的无意识的定向。一般性定向可以设想成为非常接近于包含一组态度的概念，它们的共性是以行为的特征而非态度的类型或对象为基础。一般性定向是基本倾向性，能使个人对于他周围的世界加以简缩，找出秩序，并在其中前后一贯地、有效地行动。

5.2 性格特征

这个水平是内化过程的顶峰，包括所经历现象及其所涉及的行为范围中那些最广泛的目标。因此这里的目标都是关于个人的宇宙观、人生哲学、他的世界观——一种以全部已知和可知的事物为对象的价值观念系统。

归于本范畴的目标比一般性定向更进了一步，其更多的意义在于，这些目标涉及更大的概括性，并且重视在整组的态度、行为、信念或概念之中的内在一致性。虽说这是一种内在的一致性，它未必总能由用这一目标所指向的学生行为显示出来，但是由于我们是在把教师所制定的目标归入各范畴，这种一致性特色仍将永远是性格化目标的一个组成部分。

正如这个范畴的标题所暗示的那样，由于这些目标覆盖面广，以致它们趋向于把个人的性格特征几乎完全表明出来了。

（邱 渊 译）

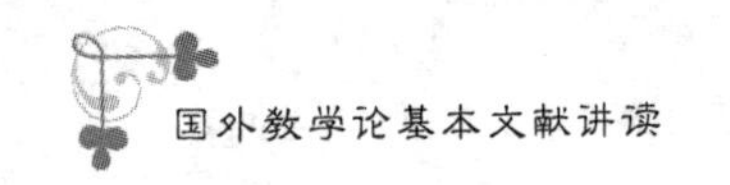

教育目标新分类[①]

安德森　克拉斯沃

作者简介

安德森(L. W. Anderson)，美国南卡罗来纳大学教授，当代著名课程理论与教育研究专家，出版过多部关于教育目标分类研究的著作。尤其是他与索斯尼克(L. A. Sosniak)共同出版的《布卢姆教育目标分类——40年回顾》一书，为我们了解教育目标分类研究的发展提供了重要的参考。

克拉斯沃(D. R. Krathwohl)，美国著名教育心理学家，曾任密歇根州立大学教育研究室主任和美国教育研究学会(AERA)主席，锡拉库扎大学(Syracuse University)荣誉退休教授，出版过多部教育与心理方面的著作，其中1956年作为第二作者与布卢姆一起出版闻名世界的教育目标分类学(认知领域)。

安德森和克拉斯沃等人于2001年由培生教育出版集团出版了《面向学习、教学与评估的目标分类：对布卢姆教育目标分类的修订》(*A Taxonomy for Learning, Teaching, and Assessing: A Revision of Bloom's Taxonomy of Educational Objectives*)一书，书中他们基于自己对教育心理学的研究成果，结合信息时代与学习社会对年轻一代素质的新要求，对布卢姆认知领域教学目标的分类进行了修订，提出了认知领域目标的新结构。他们的工作对教育目标分类研究的深化与发展作出了重要的贡献。

选文简介、点评

布卢姆主编、1956年问世的《教育目标分类学——认知领域》被认为是美国对全球教育产生重大影响的教育著作之一，它已被译成二十多种文字出版。安德森等人在对该书进行修改之后出版的《学习、教学和评估的分类学》在多方面实现了对原著的超越。

同原版相比，该书的最大变化是提供了一个两维目标分类表——一个是认知过程维度，另一个是知识维度。认知过程维度与旧版类似，仍分为六大类，但第一类的知识改为记忆，保留了理解、应用、分析和评价，增加了创造。六个大类目标分别为记忆、理解、应用、分析、评价、创造。这一维度的改变，主要是对

---

① L. W. 安德森，等. 学习、教学和评估的分类学[M]. 皮连生，主译. 上海：华东师范大学出版社，2008：3-21.

布卢姆教育目标分类的修正,所有类型全部体现为认知过程,旧版所使用的名词也都被替换为相应的动词形式。每一大类下再区分出若干个亚类,共有19个认知过程亚类。安德森又将旧版中的知识单独划出来作为一个新的维度。知识维度将知识分为事实性知识、概念性知识、程序性知识和元认知知识等。事实性知识是学习者在掌握某一学科或解决问题时必须知道的基本要素。概念性知识是指一个整体结构中基本要素之间的关系,表明某一个学科领域的知识是如何加以组织的、如何发生内在联系的、如何体现出系统一致的方式等。程序性知识是"如何做事的知识"。元认知知识是关于一般的认知知识和自我认知的知识。每一个知识类型再分成若干个亚类,共11个亚类。①

安德森吸收了20世纪50年代以来认知科学关于知识、技能与能力方面的研究成果,较好地回答了掌握知识、技能与发展学生的能力(此处为习得的智慧能力)的关系问题,在以下几个方面有所创新。

第一,新的知识观。该书所说的知识是广义的。广义的知识包括事实性知识、概念性知识、程序性知识和元认知知识。也就是说,广义知识中不仅要回答世界"是什么"或"为什么"问题的陈述性知识,而且要回答"怎么办"问题的程序性知识。后者也就是我们平时所说的技能,包括智慧技能和动作技能。

第二,新的智育目标观。新的框架包括了各门学科的全部智育目标。所以我们可以推论,智育目标就是广义知识掌握的不同水平。最低的智育目标是知识的记忆水平,最高的智育目标是知识的运用达到了创造水平。安德森认为:"尽管在我们的框架中我们不得不只讨论认知过程,而不讨论与之相应的知识类型,但是复杂的过程从来不会作为结果而教授。要成为'结果',它们必须与某种类型的知识相结合形成一个目标。"

第三,新的能力观。修订的认知目标分类学中未出现能力这个术语。据此我们可以推论,作为智育目标的能力就是学生所掌握的不同认知过程水平的知识。也就是说,可以教会的作为智育目标的能力不在知识掌握之外,而寓于知识掌握之中。传统教学论之所以在掌握知识技能之外,再提第三个目标,即能力目标,原因是传统教学论中的知识和技能概念是局限的,不能合理解释学生通过教学活动后所获得的智慧能力。

《学习、教学和评估的分类学》是教育史上心理学家、课程与教学论专家和测量与评估专家通力合作,用科学的观点和方法解决学科教学实践问题所迈出的重要一步。它对于指导我国当前的课程与教学改革具有重要的实践意义。②

(撰写人:陕西师范大学教育学院课程与教学系博士生导师陈晓端教授、洛阳师范学院副教授任宝贵博士)

---

① 黄莺,彭丽辉,杨心德. 知识分类在教学设计中的作用——论对布卢姆教育目标分类学的修订[J]. 教育评论,2008(5):165-168.

② 皮连生. 教育目标分类学是教学的金钥匙——评修订的布卢姆教育目标分类学[N]. 中国教育报,2008-11-03 (8).

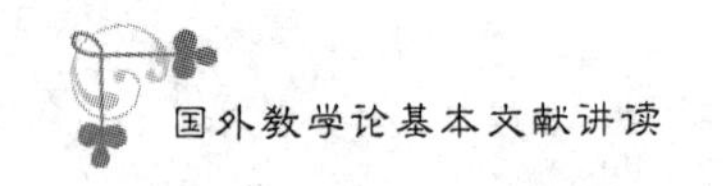

选文正文

第一章　绪　　论

在生活中，目标帮助我们集中注意和精力，并表明我们想要完成的任务。在教育中，目标表明了我们想要学生学习的结果。他们是“期望学生通过教育过程后获得改变的方式的明确表达”。在教学中目标尤其重要，这是因为教学是一种有目的的和合理的行为。教学是有目的的，因为我们总是为了某种目的，主要是为促进学生的学习而教。教学是合理的，因为教师可以通过评估来证明他们所教授给学生的东西是学生值得学的。

教学的合理性方面与教师为学生选择什么目标有关。教学的目的性方面与教学怎样帮助学生达成目标，也就是教师创造的学习环境和他们提供的活动、经验有关。学习环境、活动、经验应该与选择的目标相一致。

教师的目标可以是外显的或内隐的、清晰的或模糊的、可测量的或不可测量的。人们可以把它称呼为除目标以外的其他名称。以往它们被称为方向、宗旨、目的和指导结果。现在，人们更倾向于称之为内容标准或课程标准。不管人们怎样陈述或称谓它们，在实际的所有教学中都有目标。简单地说，当我们教学时，我们想要学生学有所得。我们想要学生习得的东西作为我们的教学结果，就是我们的目标。[①]

一、需要分类学

请考虑最近一个中学教师苦恼的感叹：“当我第一次听到有可能采用全州范围的标准时，感到很好奇。我原以为清楚地知道在每一学科的每一年级水平中期望学生学什么和他们能做什么是一件好事。但是当我看到这些标准的草稿时，我惊呆了。目标是如此之多。在六年级的英语语言艺术课上(我的专业领域)有 85 个标准。六年级的数学课有 100 多个标准，并且它们是如此模糊。我特别记得其中一个标准是：‘描述历史和文化影响与文化选择之间的联系。’什么联系？什么影响？什么选择？描述是什么意思？我自问道：‘这些东西怎样帮助我教得更好，怎样帮助学生学得更好？’”

当教师遇到大量他们认为非常模糊的目标时，他们可能怎么办？为了处理这些大量的目标，教师需要用某种方式来组织它们。为了解决模糊的问题，教师需要使目标更加准确。简而言之，这些教师需要一个有组织的框架来提高准确性，更重要的是促进理解。

---

① 本书中我们使用目标表示想要学生学习的结果，目标、课程标准和学习目的都表示想要的学生的学习。

框架怎样帮助教师理解目标的这种陈述呢？框架是由与某一现象（比如矿物、小说）有关的一组类目所组成。这些类目是容纳客体、经验、观点的一套“容器”。具有共同特点的客体、经验、观点被置于同一容器内。与分类过程有关的标准是由一组能区别不同类目的组织原理所决定的。一旦进行了分类，框架中每一类目的特征和其他类目的特征可以帮助教师更好地理解类目中的内容。

请考虑种系框架（其中有哺乳动物类、鸟类、节肢动物类等等），其组织原理（或分类准绳）包括身体特征（比如骨骼的存在和（或）位置、温血与冷血）和新生命的诞生和抚养（比如卵生与胎生、抚养缺失与抚养）。为了使用框架促进我们的理解，我们应该学习每一类目的定义性特征。比如，怎样才能算是哺乳动物呢？我们知道哺乳动物是呼吸空气、温血、哺乳后代，比起其他动物，它们对后代提供更多的保护和训练，并且有更大、更发达的大脑。如果我们听说蹄兔是哺乳动物，你就能根据蹄兔在框架中的位置来了解有关蹄兔的一些特征。如果我们得知长颈鹿也是哺乳动物，那么我们可以根据两者均置于框架的同一种类而知道蹄兔和长颈鹿具有共同的特征。

分类学是一种特殊的框架。分类学中的类目分布于一个连续统一体中。这个连续体（如颜色之后潜在的波频，元素周期表之后潜在的原子结构）成为框架主要的组织原理之一。在分类学中我们要把目标进行分类。目标的陈述包括一个动词和一个名词。动词一般描述预期的认知过程。名词一般描述期望学生掌握或建构的知识。请考虑如下的例子：“学生将学会区分（认知过程）政府的邦联制、联邦制和单一制（知识）。”

与原分类学单一维度不同，修订后的框架是两维的。正如前一段提到的，这两维就是认知过程和知识。我们把这两者的相互关系称作分类表（见表 1）。其认知过程维度包括六个类目：记忆、理解、运用、分析、评价和创造。决定认知过程维度的连续统一体被认为是认知的复杂性。也就是说，假定理解比记忆的认知程度更复杂，运用比理解的认知过程更复杂，以此类推。

表 1

知识维度	认知过程维度					
	1.记忆	2.理解	3.运用	4.分析	5.评价	6.创造
A 事实性知识						
B 概念性知识						
C 程序性知识						
D 反省认知知识						

知识的维度（表的竖行）包含了四个类目：事实性知识、概念性知识、程序性知识和反省认知知识。这些类目从具体（事实性知识）到抽象（反省认知知识）

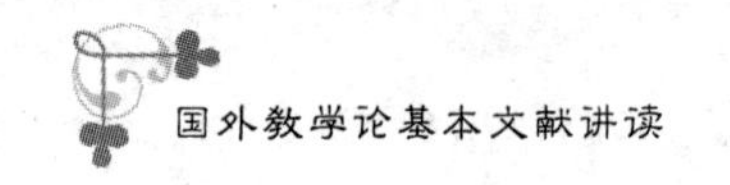

也是一个连续统一体。概念性和程序性知识在其抽象性上存在交迭，一些程序性知识可能比最抽象的概念性知识更具体。

我们开始看看分类学怎样帮助我们理解目标，请考虑先前提到的关于政府制度的目标。动词“区别”提供了期望的认知过程线索。在第五章会看到，“区别”与认知过程的分析这个类目相联系。名词短语“政府的邦联制、联邦制和单一制”提供了知识类型的线索。在第四章会看到，“制度”代表概念性知识。因此，根据分类学，这里的目标涉及了分析和概念性知识。

请考虑第二个例子，即数学例子：“学生将学会区分有理数和无理数”。区分和区别一样，都属于分析这一认知过程的亚类。有理数、无理数这些名词是数字类目，类目是一些概念，概念又是概念性知识的核心。因此，根据分类表，第二个目标也涉及了分析和概念性知识。

在分类表中，这两个目标均处于标明概念性知识的行和标明分析的列这两者交叉的单元格中。尽管学科不同，但这两个关于社会学科和数学的目标都被分在分类学表中的同一单元格。它们都是概念性知识，都要求学生从事分析过程。一旦我们理解了概念性知识和分析的含义，我们就能更清楚地了解这些目标。就像将动物置于种系框架中就能帮助我们更好地了解该动物一样，将目标置于我们的框架中就能增加对目标的理解。

二、运用我们逐步增加的理解

尽管我们运用分类表可能会更好地理解一个目标，但是这种逐步增加的理解怎样才能帮助我们呢？教师传统上经常被教育、教学、学习问题所困扰。这里有四个最重要的组织问题：

1. 在时间有限的学校和课堂里，学什么对学生是重要的？（学习问题）

2. 怎样计划和传递教学内容才能让大多数学生产生高水平的学习？（教学问题）

3. 怎样选择或设计评估工具和程序才能提供学生学习效果的准确信息？（评估问题）

4. 怎样确保目标、教学和评估三者之间保持一致？（一致性问题）

这四个组织问题贯穿全书并为怎样使用分类学框架提供了基础。在本章的下面四节，我们会更详细地描述这四个问题。

（一）分类表、目标和教学时间

最普遍和长久的课程问题之一是：什么是值得我们去学习的？这是第一个组织问题。抽象地说，问题的答案界定了什么是受过教育的人。更具体地说，答案界定了所教学科的意义。比如，数学是一些要去识记的、孤立的知识？还是一种要被理解的、有组织的和连贯的概念系统？阅读是由记忆一组声音符号的关系所组成的？还是由书面字词的意义所组成的？在科学、历史、艺术、音乐

和其他领域也可以提出类似的问题。

现在强调州水平的标准旨在对学习问题至少提供部分答案。但是正如我们的中学教师的评论表明，单有标准并不必然提供一个充分的和可靠的答案。“杂货清单”式的标准可能比令人有启发和有用的标准更让人模糊、沮丧。教师仍必须要回答什么是值得学习的这一问题。他们主要是通过课堂时间的分配和告诉学生实际的重点是什么来回答这个问题。

在过去的几个世纪里，随着我们可以收集和利用的知识和信息的增多，对这个基本课程问题的可能答案也越来越多。然而我们仍旧在与一百多年前相同的学校教育年限内实施教育。如果对什么值得学习这个问题难于作出解答，那么教师很有可能只是单纯地用完时间。比如当教师按以课本为基础的课程施教时，他们会在时间允许的范围内尽可能完成更多的章节。

透过分类表去看，教师能更清楚地看到可能的目标的排列和它们之间的关系。这样，当我们根据分类表分析所有或部分的课程时，我们就能对课程获得更加完整的理解。具有许多条目的横行、竖列、单元格便一目了然，那些完全没有条目的横行、竖列和单元格也同样明显。没有条目的整行或整列能警惕我们，在这里可能包括迄今为止没有考虑过的目标。

总之，分类框架虽然不能直接告诉教师什么是值得教的，但是可以帮助教师把标准转化为共同的语言，以便与他们个人希望达成的目标相比较，通过呈现多种可能性的考虑，分类学可以为指导课程建议提供某种观点。

（二）分类表和教学

一旦将目标置于分类表中的特定单元格内，我们就能系统地开始解决帮助学生达成目标这一问题。因此，第二个组织问题涉及教学。我们用两个目标作为例子来说明这一问题。

- 学生将学会区分政府的邦联制、联邦制和单一制。
- 学生将学会区分有理数和无理数。

我们将这两个目标置于认知过程的分析和概念性知识交叉的相应单元格中。也就是说，他们都是分析概念性知识的形式。这种处置怎样帮助我们计划教学呢？

类目和分类形成了概念性知识的基础。因此，与这些目标有关的教学必须帮助学生形成隐藏于目标中的类目和分类：在第一个目标中的是政府的邦联制、联邦制、单一制制度；在第二个目标中的是有理数和无理数。从多种研究中我们得知，例子能帮助学生形成类目和分类。因此，我们应该把例子结合到涉及概念性知识目标的教学计划中。

回头再看这两个目标，我们知道区分和区别都是与分析相联系的认知过程。实际上，区别涉及根据其关联性或重要性区分整体结构的部分。在第一个目标中整体结构是“政府制度”，部分是邦联制、联邦制和单一制。并且它们在

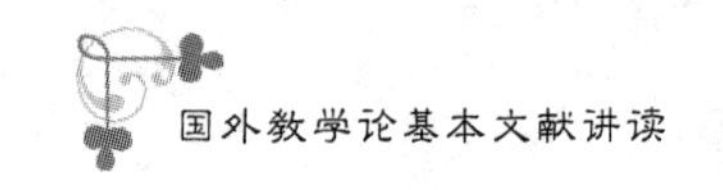

许多方面存在差异。问题是它们最相关和最重要的差异是什么。与之类似，在第二个目标中整体结构是“实数系统”。部分是有理数和无理数。问题也是在“整体”的背景下“部分”之间最相关或最重要的差异是什么？

当教学受到分析概念性知识这一目标指导时，不管其具体的目标是什么，我们可以期望教学活动是：

- 将学生的注意力集中在类目和分类上；
- 运用正例和反例帮助学生形成正确的类目；
- 帮助学生看到大的分类系统下的具体类目；
- 强调在大的系统背景下不同类目的相关的和重要的差异。

现在我们考虑第三个目标：“学生将学会美国和英国小说家主要著作的名称。”在我们的框架中，“学习名称”代表着记忆。“美国和英国小说家主要著作的名称”代表事实性知识。因此，这个目标就是记忆事实性知识。这个目标的教学设计与先前两个目标的教学设计有所不同。以记忆事实性知识为目标的教学计划可能引导我们期望教师：

- 定期地提醒学生记住具体的细节(如名字，而不是情节或人物)；
- 为学生提供帮助他们记住相关知识的策略(如复述)和技术(如记忆术)；
- 为学生提供机会来练习这些策略和技术。

在这里应该注意两点：首先，不同类型的目标要求不同的教学方法，即不同的学习活动、不同的课程材料和不同的教师与学生角色。其次，不管学科或课题有何不同，相似的目标类型可能要求相似的教学方法。例如罗米桌斯基(Romizowski，1981)的教学目标，列举一系列能促进学生成绩的教学特征。在我们的框架中，将特定的目标进行分类，能帮助教师系统地设计促进学生学习这一目标的有效方法。

(三) 分类表与评估

在前一段落提到的两点也可以运用于评估中，这也就给我们带来了第三个组织问题。目标的不同类型(即分类表中不同单元格内的目标)要求不同的评估方法。目标的相似类型(即分类表中的同一单元格内的目标)有可能涉及相似的评估方法。为了说明这些观点，我们继续分析这三个目标样例。

要评估学生关于政府制度目标的学习，我们可以给每个学生描述一个假想的国家的政府制度，并要求他们回答有关政府方面的问题。假想的国家是用来确保学生过去没有遇到过，因此他们不能单凭记忆来回答问题。三个样例的问题如下：

- 这是什么政府制度？(联邦制、邦联制、单一制)
- 你怎么知道它是你所说的这种类型的政府制度？
- 如果将一种国家的制度转变为其他两类制度，需要作出什么样的改变？即如果联邦制转变为邦联制或单一制需要作出什么样的改变？

要评估学生关于数字系统目标的学习，我们可以给每个学生列举六个数，这六个数要么是有理数要么是无理数，并要求学生回答有关这些数字的问题。这些选择的数字应该尽量与课本上或课堂上讨论的数字不同，三个样例问题如下：

- 所有这些数字属于什么数字系统，是有理数还是无理数？
- 你怎么知道它属于你所说的这类数字系统？
- 你怎样改变每一个数字使之成为另一类数字系统的例子？即如果是一个无理数，你要使之变为有理数；如果是一个有理数，你要使之变为无理数。

请注意这两组相似的问题。每一组问题都是以一个类目的一个例子或一些例子开始。这个例子或这些例子都与课本上或课堂上讨论的例子不同。这个条件是必需的，这样能确保评估的是学生的理解而不是记忆。每一组的三个问题实质上相同：例子属于什么类目？你怎么知道的？你怎样改变这个或这些例子使之属于另一个或另一些类目？因此，分析概念性知识这类形式的许多目标都可以使用这个蓝图来设计评估。

第三个样例目标就是学习美国和英国小说家主要著作的名称。在这里，我们希望评估工具中所包含的所有著作和小说家是那些课本或课堂讨论中所包含的。因为这里强调的是记忆，而不是理解。常用于评估这类目标的形式是匹配。比如说，小说的名称放在A列，美国和英国小说家放在B列。要求学生在B列中找出对应A列每一小说的小说家。请注意这种评估形式适合于许多记忆事实性知识的这类目标。

（四）一致性概念

一致性指的是目标、教学和评估之间的对应程度。这是第四个也是最后一个组织问题。在政府制度的例子中，目标是分析概念性知识。教学就是让学生注意三个具体类目，运用例子帮助他们形成正确的类目，帮助学生看到大分类系统下的三个具体类目，并强调大系统下各类目之间的相关和重要的差异。这样的教学与目标是非常一致的。同样，在评估时，就是给学生提供不熟悉政府的信息，并要求他们将政府分入三个类目中的一类，陈述分类理由，描述当该类政府变为其他两类政府时需要作出哪些必要的改变。这样的评估也是与目标非常一致的。

严重的不一致会造成问题。如果教学与评估不一致，那么即使高质量的教学也不可能在这些评估中影响学生的考试成绩。同样，如果评估与目标不一致，那么评估的结果将不会反映那些目标是否达成。

一般而言，一致性的程度是通过比较目标与评估、目标与教学、教学与评估来决定的。然而这种比较通常会导致表层的分析。分类表就提供了一个能促进比较的重要方法。分类学是一种试金石，它所谨慎定义的术语和组织使这三类比较更为准确。因此，我们可以准备一个特殊的分类表，使用不同标记标明

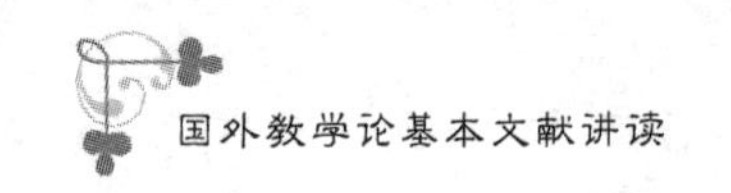

置于表单元格中的每一个目标、教学活动、评估。通过确定标明目标、教学活动、评估的三种标记是否全部出现在某个单元格内(高度一致),或一些单元格只包含着三种标记中的两种(中度一致),或许多的单元格只包含三种标记中的一种(低度一致),这样我们就能获得有关一致性的深层分析。这种分析是根据期望学生学习来强调一致性的。我们会在这本书的第八章到第十三章中的案例中阐述这种方法。

三、教师作为课程制定者与教师作为课程实施者:结束语

一百多年来,对所教内容的许多控制权已经由学校移到了议会——这种经常混乱的转变是勉强而为的。比以前掌权更多的州长仍旧试图实现一个世纪前的州长所努力实现的公共教育的希望和承诺(Manzo,1999)。

从这章的绪论可以清楚地知道,我们希望在"教师作为课程实施者"的背景下我们的工作被采用。也就是说,给予教师一些目标(如教科书里要的或逐渐增加的州或管区规定的标准)并希望他们传递教学,使得大部分学生达成那些目标。分类表应该帮助教师从事这一任务,并合理地完成任务。

然而,同时我们认为,一些课程理论家、教师培训人员和教师自己认为,教师应该是"课程的制定者"(Clandinin & Connelly,1992)。我们的框架在这种情况下也有用吗?我们相信它有用。然而对这些教师来说,我们的框架更有可能发挥启发作用而不是指导作用。例如,分类学可能暗示所考虑认知目标的范围和类型。随着越来越多的证据表明分类学的有用性,我们建议观察案例分析来看看分类学是怎样促进课程发展的。这些案例是行使课程制定者这一职责的教师所准备的。有的教师自行设计课程单元,有的教师则或多或少的在立法制度、国家标准、地区方针、课本采用的局限内设计单元。不管教师接受的自由程度如何,框架能给我们提供教师迄今还不明显的教学实践的理解水平。很显然框架的优势和范围还有待提高。

我们希望不管教师是课程的实施者还是制定者,分类学的修订版将会帮助教师在与课程潜在的目标相一致的前提下去理解课程、计划教学、设计评估,并最终改善教学质量。此外,我们的框架应该提供一种普遍的思考方式和方便讨论教学的普遍词汇,这样就能促进教师之间和教师、教师培训人员、课程协调者、评估专家、学校行政人员之间的交流。

第二章 目标的结构、具体性和争论问题

在承认目标的重要性之后,我们将在本章讨论目标的结构、具体性和对它的批评。我们认为,目标以多种形式出现,从高度具体的目标到一般性的目标,从明确陈述的目标到内隐的目标。我们也承认,围绕各种目标形式的优缺点存在许多争论。我们这里侧重探讨的目标是我们认为对于鉴别学校教学的认知

结果,对于指导教学活动的选择和评估方式最有用的目标。我们知道,目标的其他类型和形式也可能是以不同形式起作用的。

一、目标的结构

教育目标的最通用的模型是以泰勒的工作为基础的。泰勒提出:“陈述目标的最有用形式是按行为类别和内容两个维度陈述,行为类别指意欲通过教学发展的学生的行为类型;内容指被学生的行为加以运作的教材内容。”我们在第一章指出:一个目标的陈述包含一个动词和一个名词。我们进一步说:动词一般描述我们意欲实现的认知过程,名词一般描述预期学生要学习或建构的知识。在我们的阐述中,我们用“认知过程”替代泰勒的“行为”,用“知识”替代泰勒的“内容”。因为这些替代是有目的的,让我们进一步详细考察它们。

(一)内容与知识

在教育学文献中经常提及内容(content),但很少有人给它下定义。我们熟悉内容领域与学科内容(Doyle,1992)、内容知识与教学内容知识(Shulman,1987)等说法。《韦伯斯特词典》在线(www. m-w. com/home)给内容下了几个定义。与此处讨论最有关的定义是“在一个研究领域所涉及的问题、或事情、或实质(matter)”。这一定义表明:内容与传统上所说的“教材”(subject matter)(即内容领域)是等值的。该词典还列举了内容的一个同义词“实质”(substance)。当将内容运用于特殊教材时,内容就是其实质。

谁决定指定教材的实质呢?在传统上,这一任务就落到终生研究某个领域的学者身上。他们是数学家、自然科学家、历史学家等。随着时间的推移,他们对于自己学科领域的什么可能是所谓“历史上共享的知识”达成了一致,从而界定学科中的教材。这种“历史上共享的知识”不是静止不变的;随着新的观念和证据被学术团体接受,它们会发生变化。在这种情境下,内容就是“历史上共享的知识”。与此相应,我们运用知识这一术语反映了我们的如下信念:就知识接受学科内共享的一致性来说,学科总是变化的和演进的。

然而,在另一方面,“知识”与“教材内容”(subject matter content)又以另一种方式相联系。在一个学科领域作为知识的教材,和作为用于传递给学生知识的材料的教材,两者之间经常出现混淆。为了教育目的,教材内容必须以某种方式“打包”。打包的例子包括教科书、年级水平、学程安排以及逐渐增加的多媒体课件“包”,打包涉及选择和组织内容,使之以教育上的有效的方式呈现,而且要适合“学生的潜在能力和背景方面存在的差异”(Shulman,1987)。我们把作为学科内容的教材称为知识,把为促进学习而设计的打包的教材称为课程材料、教学材料或简称材料,这样的区分能大大地降低作为学科内容的教材与作为教学材料的教材之间的混淆。

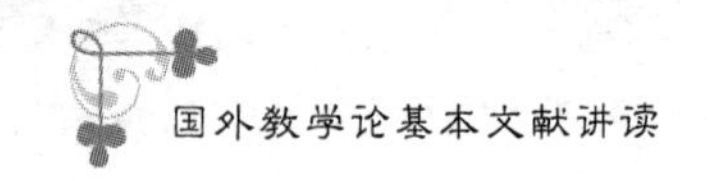

总之，有两点理由用“知识”替代“内容”。第一，强调这样的事实：题材内容是“历史上共享的知识”，它们是通过学科内当前共享的意见而达成一致的，而且会随着时间的推移而变化。第二点理由是要区分学术性学科的教材内容和包含该内容的材料。

（二）行为与认知过程

回顾泰勒对行为这个词的选择，至少有两点理由认为这一选择是不幸的。第一，因为行为主义是当时处于支配地位的心理学理论，许多人错误地将泰勒使用的行为与行为主义等同。从泰勒的观点看，行为变化乃是预期教学结果。具体规定学生的行为，其目的是要将一般的和抽象的学习目的转化为较具体和特殊的目标，从而使教师能指导教学和为学习提供证据。如果教师能够描述想要达到的行为，当学习出现时，行为就易于被确认。

相反的是，行为主义是预期的结果可以实现的手段。在行为主义思想体系中，教学原理包括工具性条件反应和刺激—反应联结的形成。将行为与行为主义混为一谈的批评者认为，泰勒的目标主要倾向于通过操作与控制进行教学，这是不足为怪的。

第二，在20世纪五六十年代受到流行的目标管理、任务分析和项目教学的影响，行为成了一个修饰目标的形容词。这些新的“行为目标”的具体和详细水平超越了泰勒原先关于目标的概念，包括了标明成功的学习已经出现的条件和作业的标准。请考虑20世纪五六十年代的如下典型的行为目标：

“**给予地图或线条图**，学生将能正确定义图上*8个表征的图标和符号中的6个*”。此处黑体字表示条件；斜体字表示行为标准。把泰勒的较为一般的目标陈述等同于行为目标的批评者认为泰勒的目标是狭窄的和不适当的，这一点也是可以理解的。

为了部分排除混淆，我们用“认知过程”这一术语替代行为。这一变化反映认知心理和认知科学已经成了心理学和教育学中的优势观点。运用认知研究中获得的知识，我们能更好地理解目标中的动词。为了说明这一点，请考虑下列动词：列举、写出、陈述、分类、解释和归属。

头三个动词——列举、写出和陈述是传统行为目标最常用的动词（例如“学生将能列举东欧共产主义兴起的三个理由”）。然而就这些动词的潜在认知过程来看，它们是含糊的。例如，学生怎样达到他们列举的理由？学生是记住了教师所提供的或教科书上所见到的一系列理由吗？或者学生通过分析包含在几本书中的材料从而发现他们列举的理由？在此情形下，列举这个动词可能与两个很不同的分类学的类目——记忆和分析相联系。

相反，第二组动词——分类、解释和归属——在我们的框架中有特殊意义。分类意指某事物是属于某一特殊类目。解释意指构建一个系统的因果模型。归属意指确定潜在于呈现材料中的观点、偏好、价值观和意图。这种逐渐增加

的具体性有助于我们侧重我们期望学生所要学习的东西(如“分类”),而不是期望他们显示他们的学习(如“列举”)。我们用“认知过程”替代“行为”不仅排除了与行为主义混淆的可能性,而且反映了我们努力将认知心理学中的研究引入我们的研究框架。

与此相应地,分类表的两个主要维度是四类知识和六个主要认知过程类目。

二、目标的具体性

目标的一般领域可以最好地表示为从相当一般到十分具体的连续体。克拉斯沃尔和佩尼(Payne,1971)按这一连续体鉴别了三种具体性水平:总体目标、教育目标和教学指导目标。后者通常被称为教学目标。当我们讨论这三种目标时,你应记住,它们代表连续体上的三个位置,所以对任何目标进行分类都涉及它最适合何种水平的判断。

(一) 总体目标

总体目标是需要大量时间与教学才能实现的复杂和多方面的目标。它是被概括地陈述的,并包括大量较具体的目标。这里有三个总体目标的例子。

- 所有学生都将开始学校学习的准备。
- 所有学生在显示胜任挑战性教材的能力后将离开四、八和十二年级。
- 所有学生将学会使用他们的心智,以便他们将为成为有责任心的公民、进一步学习和为在我们国民经济中的生产性工作中作好准备。

这些总体性目标摘自美国教育部制定的2000年要达到的目标(美国教育部,1994)。

总体目标或目的(goals)的功能在于为政策制定者、课程开发人员、教师和人民大众提供长远观点和奋斗口号,目的以粗线条的方式表明,什么东西是与好的教育有关的。因此总体目标乃是“当前达不到的某种东西;是为之而努力的某种东西,或要成为的某种东西。它是一种宗旨或意图,被陈述的目的在于激发想象和给人民提供他们要努力追求的某种东西”(Kappel,1960)。

(二) 教育目标

教师在其计划和教学中要使用总体目标,目标必须被分解为较为集中的和有限制的形式。总体目标的概括性对于“激发想象”是必要的,但是教师在计划课堂活动时难以运用,难以界定适当的评估程序和难以用有意义的方式评价学生的作业。对于这些任务来说,必须有更为具体的目标。

原《手册》的主要目的之一是将注意集中在较为具体的目标,而不是总体目标。这些就是所谓教育目标(educational objective)。下列目标摘自原《手册》,它们例示了教育目标的性质和逐渐增加的具体性。

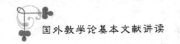

- “阅读乐谱的能力”
- “解释各种社会数据的能力”
- “区分事实与假设的技能”

与泰勒的教育目标描述相一致，这里的三个目标都描述学生的行为（如阅读、解释和区分）和被行为操作的某些内容（如乐谱、各种社会数据、事实与假设）。

在目标连续体上，教育目标处于中间位置。因此，同总体目标相比，它们较为具体，但同教师提供的指导日常课堂教学所需要的目标相比，它们又是较为一般的。

（三）教学目标

在布卢姆认知目标分类手册出版以后，教育界倾向于制定更具体的目标（Airasian，1994；Sosniak，1994）。这些教学目标的目的在于使教学和测验集中在相当具体领域的小范围的学习。教学目标的例子如下：

- 学生能区分常用的 4 种标点。
- 学生学会两个一位数的加法。
- 学生能够列举美国内战的三个原因。
- 学生能够将总体目标、教育目标和教学目标分类。

教学目标比教育目标有更大的具体性。

（四）目标水平概要

表 2 比较了三种水平的目标的范围、时间、功能和运用。从范围来看，总体目标范围最“宽泛”，教学目标的范围最“狭窄”。也就是说，总体目标不涉及具体细节，而教学目标涉及具体细节。总体目标需要一年以上的时间进行学习，而教学目标在几天之内就可以实现。总体目标提供一种远景，它经常作为支持教育计划的基础。另一方面，教学目标对计划日常课程是有用的。

教育目标居于这个连续体的中部。从范围来看，它们是居于中等的；从时间上来看，它们需要数周或数月才能实现；从运用来看，它们为计划包括数周或数月的教学单元提供了基础。我们的框架旨在促进有关教育目标的工作。

表 2　总体目标、教育目标和教学目标之间的关系

	目标水平		
	总体目标	教育目标	教学目标
范围	宽泛	中等	狭窄
学习所需时间	一年或一年以上	几周或几月	几小时或几天
目的或功能	提供远景	设计课程	准备课时计划
适用的例子	计划多年的课程（如初级阅读）	计划教学单元	计划日常的活动经验和练习

三、目标不是什么

至此,我们讨论了目标是什么。现在我们要讨论目标不是什么。有些教育人士有将结果和手段相混淆的倾向。目标描述结果——希望的结果,希望的变化。诸如阅读教科书、听老师讲课、从事实验和外出旅行等教学活动都是达到目标的手段。简言之,教学活动,如果被明智地选择和适当地运用,将导致陈述的目标实现。为了强调结果和手段即教学目标和教学活动之间的差异,在教学目标陈述中使用(或暗含)"能够"或"学会"这样的短语。例如,学生将学会运用写连贯的文段的标准,这是一个目标的陈述。写文段的行动是一项活动,它可能或不能导致目标实现。与此类似,"学生将学会解含有两个未知数的联立方程",这也是一个目标陈述。解联立方程的行动是一项活动。同样,通过解题行动,学生可能或者不可能学会解联立方程。

当目标未清晰陈述时,目标常常隐含在教学活动中。例如,为了确定与这种活动相联系的目标,我们可问老师:通过阅读《太阳也升起》,你希望学生学会什么?对这一问题的回答就是目标(例如,"我要求我的学生理解海明威作为一个作家的技能")。如果提供多重答案,那么可能有多重目标。

正如教学活动不是教学目标一样,测验或其他评估形式也不是目标。例如,"学生应能够通过州立中学熟练测验",这不是一个教育目标。要确定教育目标,我们必须寻找到,学生通过测验必须学会和掌握的知识和认知过程。总之,重要的是,不要将目标和教学活动或评估混淆。尽管它们都能帮助识别和明确学生预期的学习结果,但只有当教学活动或评估按预期学生的学习陈述以后,目标才会变得清晰。

四、目标词汇的变化

如同第一章提到的,目标(objective)不是描述期望的学生学习结果的唯一术语。描述期望的学生学习结果的词语是在不断变化的。今天的术语学是由当前强调通过以标准为基础的教育所驱动的。以标准为基础的运动的核心是规定不同学科和不同年级预期的学生学习结果的州际水平。一般来说,与标准相联系的州范围的评估计划旨在检测个别学生或整个学校达到标准的程度。

尽管在词汇方面最近有新变化,但与州的标准相联系使用的各种术语能很好地适合上述三种目标水平,即总体的、教育的和教学的目标水平。下面两项标准来自南加州初等数学课程。在初等数学中,学生将:

- 通过探究如计算、位值和估计等概念,建立强烈的数感。
- 发展分数、带分数、小数概念,运用模型建立分数与小数的联系并求出等值的分数。

虽然这种标准不像前述总体目标的例子那样过分一般化,但最好还是把它

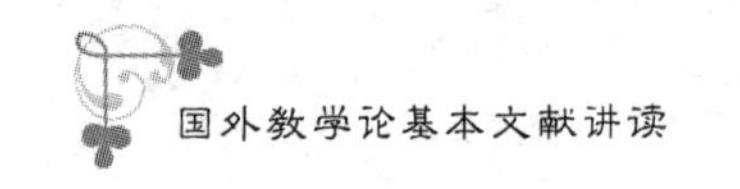

考虑为总体目标,因为它包括了广泛的课题(如数感)或多种多样的课题(如分数、带分数、小数)以及含糊的过程(如建立、探究、发展)。

为了评估这些目标的实现情况,有关部门给南加州的教师为每一条标准提供了被称为"指南"的较具体的目标。对于上述第一条标准,指南的样例包括:

- 学生将能用标准式、展开式和语词书写整数。
- 学生学会估计各种集合中的物体数目。

对于上述第二条标准,指南的样例包括:

- 学生将理解分数、带分数和小数的意义。
- 学生将能解释表示分数、带分数和小数以及它们之间关系的具体的或图画的模型。

这些指南与教育目标很相似,因为它们把总体目标缩小到单元水平,但还未达到课时水平。

目标不仅用于以标准为基础的课程,也用于州和学区范围内承担责任的计划,其中需要决定学生是否进补习班,是否授予中学文凭或升入高一年级。当测验结果对学生和教师产生重要后果时,诉讼成为一种可能的威胁。一份与清晰的、公开陈述的目标和标准相联系的责任承担计划提供了某种法律上的保护。

以教材标准形式出现的目标是由各种专业组织和协会制定的(如全美科学进步学会,1993;社会研究国家委员会,1994;英语教师全国委员会和国际阅读协会,1996;国家研究委员会,1996)。数学教师全国委员会(NCTM,1989)是第一个推荐所谓内容标准的协会。NCTM 的标准之一是:"在五至八年级,数学课程应包括代数概念和过程的探究。"请注意,这种"标准"描述的是课程应包括的东西(即内容)而不是学生应从中习得什么(即目标)。因此,这种内容标准不能满足我们的目标标准。然而,这种内容标准易于转化为教育目标。例如,"学生应理解变量、表达式和等式的概念";"学生应学会分析图表,以识别性质和关系";"学生应能应用代数方法解各种真实世界的和数学世界的问题"。

如上所述,大多数以标准为基础的课程既包括总体目标(即标准),它们提供了一般的预期,也包括教育目标,它们指导课程单元设计。由于对于课堂教学的细节来说,提出州或全国范围的意见是困难的,以标准为基础的方法把开发教学目标的任务留给课堂教师。为了从指南中开发教学目标,教师继续缩小认知过程和内容知识范围。例如,请考虑如下述的教育目标(或指南):"学生应理解分数、带分数和小数的意义。"与此相关的教学目标可能包括:"学生将学会把小数写成分数,把分数写成小数";"学生将能写出等值的分数";"学生将学会把带分数写成假分数和小数"。

当没有具体教学目标时,教师常常求助于评估工具来明确总体目标和教育目标的意义和教学重点。在这些情形下,评估任务事实上成了教育目标或教学目标。虽然这是一种历史悠久的做法,但这常常导致教师侧重于为测验而教。

五、与目标有关的争论问题

尽管在教育领域广泛使用目标,有些作者对于目标的适当性及其后果表示了关切(Furst,1981;Delandsheere,1977;Dunne,1988)。在这里我们要探讨其中的某些关切,提出与目标的具体性及其与教学的关系的特殊问题以及他们有关教育哲学和课程所宣称的价值自由问题。

(一) 具体性与包容性

即使在1956年的《手册》出版以前,关于目标应具体到何种程度的争论就已在进行之中。由于总体上的目标过于一般,难以实际应用于指导教学和评估,主要争论侧重于教育目标与教学目标。

如同总体目标一样,教育目标也由于过于一般、难以指导教学和评估而受到批评。它们没有为教师提供计划、促进和评估学生的学习所需要的具体方向(Mager,1962;Popham,1969)。这种批评有些道理。然而,如同先前所指出的,同较狭窄的教学目标相比,教育目标传递了较开放的和较丰富的期望学生学习的意义,这一点也是对的。《手册》的作者们认识到这一点,并有意识地拒绝了过分狭窄的目标,其所寻求的目标"应保持一定水平的概括性,也就是要使具体性带来的损失不至于太大"。教育目标为较具体的教学目标提供了一条通道,但作者们的目的在于走进树木之前,先识别森林。

同时,教育目标允许课堂教师解释与选择适合他们的学生需要与准备的教育目标的有关方面。这一优点是与当前强调教师的判断和权力一致的,批评目标过分具体、局限和"行为化"的人可能没有区分教育目标与教学目标。

虽然教学目标的具体化为教学和评估提供重点,但这样的具体化可能导致大量自动化的、狭窄的目标。问题在于这些具体目标能否联合形成超越个别目标之和的、较为宽泛的和综合的理解(Broudy,1970;Dunne,1988;Hirst,1974)。

与此有关的一个问题是,批评者争辩说,并非所有重要学习结果都能成为清晰的和可操作的目标,而且在《手册》中未充分反映内隐理解和开放的情境的作用。例如,在导致预期的共同学习结果的学习经验和意在导致个人的独特学习结果的学习经验之间存在差异,目标旨在描述前者。虽然学习确实是后一经验的结果,但要预先具体说明那种学习的性质实际上是不可能的。

关于有目的的学习结果和无目的的学习结果的讨论的教训是:并非所有重要学习结果都是可能,应该或必须作为预先的目标陈述出来。然而这种主张不应阻止陈述期望的学生学习结果的努力,尽管这些结果可能不是来自课堂学习的唯一结果。

(二) 目标的封闭性

上述种种批评的主题是目标的封闭性,即对所有学生规定相同的预期学习结果。艾斯纳(E. W. Eisner,1979)指出,不需要所有目标产生相同的学生学

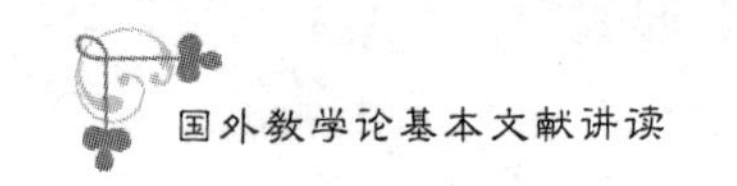

习。他提出的"表现性结果"被定义为"有意计划为个人的决心和经验提供丰富场所的课程活动的结果",某一表现性结果可能来自如参观博物馆、看喜剧或听经典音乐这样的经验或活动。

表现性结果来自没有预先期待的学习,但由于参与了活动或有某种经验,每一名学生将会有独特的变化。由于目的不在活动之前,而是从活动中独特产生的,从这一意义上看,这样的结果是引发的,而不是规定的。

表现性结果的活动导致学习,但预期学生从这种活动中习得什么不能预先陈述。而且,不同的学生将习得什么很可能是不同的。请注意,表现性结果可能较适合某些教材领域和较复杂的认知形式,而不适合其他教材领域和较简单的认知形式。它们为学习提供了方向,但未提供具体的目的地。

在某种程度上说,一切目标都是表现性的,因为并非所有学生从相同的教学中产生相同的学习,即便是所设想的目标相同也是如此。附带的学习是会始终存在的。当前强调行为表现评估或真实的评估,这就鼓励了允许学生对同一样评估任务或一组任务做出多种可接受的反应的评估方法。虽然这些较新的评估形式并未完全模仿表现性结果的实质,但它们明显有意这样而为之。我们仅仅指出,这些评估形式可能较适合于教育目标,而不太适合总体目标和教学目标。

(三) 目标表示什么:学习或者行为表现?

关于目标的许多批评的核心在于:目标实际上表示什么(Hirst,1974;Ginther,1972)。例如,目标越具体,其评估越容易,但是我们也很可能淡化目标的预期意义和它的评估之间的区别。简言之,被评估的行为表现用于推论在目标中被描述的预期的学生学习。相反,所谓行为表现目标,行为表现不是目标本身。而且,除了少数例外,用于评估某一目标的任务(问题、测验题、提问)只是能够运用的所有可能的任务中的一个样例。请看如下教学目标:"学生将学会三个两位重组的加法。"这一目标可以用许多题目评估,因为选择两位数组合起来的可能性是很多的(如 25+12+65;15+23+42;89+96+65)。教师不可避免地从可能的任务中选择一个样例并运用在这个样例上的学生行为表现来推测学生将在其他相似的但未评估的任务上的学习结果。目标越一般,可能评估的任务的范围越大。

现在请比较评估两位数加法目标所需要的相对狭窄的证据和评估下述教育目标的学习所需要的较宽泛的证据:"学生学会运用各种经济学理论。"第一个目标的具体性允许人们根据相对很少的评估任务作出有关学生学习的推论。相反,第二个目标太宽泛,因此需要考虑几乎无限可能的评估任务。因为任何一项评估只能抽取评估任务中的小部分样品,目标越一般,我们有关学生的行为表现有效地代表其范围广泛的学习的可信度越小。当目标强调一般知识类目或较复杂的认知过程时,这种考虑就再一次显现出来。

（四）目标的限制使用

批评者们指出，在不同教材领域，目标陈述的难度是很不同的（Stenhouse，1970—1971；Seddon，1978；Kelly，1989）。例如，陈述创造性写作、诗歌和艺术理解的目标可能是困难的。当有必要陈述目标时，在此领域的教师可能选择易于陈述的较低水平的目标，但它们不能实际代表教师所期望的、对学生的学习来说是重要的东西。另一方面，似乎需要学生的复杂学习的目标，从目标如何教授和评估来看，实际上并未实现复杂学习目的。对一个目标正确分类，既要知道或推测教师是如何教授的，也需要知道或推测学生是如何学习的。

在某些学科，陈述目标比较容易，但目标难以获得社会的广泛认可。尤其是在如社会学科、性教育、宗教等领域，价值和政治观点的差异导致难以在陈述目标的适当性方面达成一致。在这些情形下，相对于特殊的教育目标和教学目标来说，总体目标（如良好的公民）易于达成一致。

在某些领域其困难在于陈述目标，在另一些领域其困难在于达成意见一致。事实上，如果目标能陈述的话，这些只是某些学科中目标受限制的两个原因。然而如果承认了目标的重要性，这些难题应该被克服，而不是去避免它们。

六、结论

我们的框架是帮助教育工作者澄清和报告他们期望学生学到了什么，并以此作为评价教学结果的工具。我们称这些期望为“目标”（objectives）。为了促进人与人之间的交流，我们采用了陈述目标的标准格式：“学生将能够或者学会＋动词 名词”，在此动词指出认知过程，名词一般指出知识。虽然目标可能从非常宽泛到十分具体，但我们倾向于并提倡采用中等水平的目标，也就是教育目标。

我们有关目标的重点不包括一切可能的和重要的学习结果，部分原因是我们只集中讨论认知领域的结果，此外，我们并不否认在每个学校和课堂产生的偶然学习。然而这里出现的学习是未预期的，它在我们工作范围之外。同样，表现性经验产生了大量未预期的反应，这些本应主要依赖于学生自身。我们忽略偶然学习和表现性经验并不意味着它们在许多情景中不重要和无用。

总之，我们的重点在于以学生为本的、以学习为基础的、清晰的和有目的的认知结果的可评估的陈述。由于强调这一重点，我们遵循了原《手册》作者的领导方向。同他们一样，我们已经提出了一个新框架，我们预期它将在许多方面，被许多教育工作者采用，但不可能在一切方面和被所有教育工作者采用。

（皮连生　译）

教学目的与教学目标[①]

鲍里奇

作者简介

加里·D. 鲍里奇(Gary D. Borich),美国得克萨斯大学教育学院教授。鲍里奇的主要著作有《有效教学方法》、《旷世超群:让你的课堂每天都有价值》、《成为一名教师——同初登讲台的教师探讨》、《有效教学的观察技能》(第三版)、《课堂中的真实评价》、《教育测试和评价》、《教育心理学:一种现代的方法》。其中,《有效教学方法》基于25年的课堂教学研究,展现了一些有效的教学实例,采用了谈心式的方法描述有效教学方法。

选文简介、点评

这篇选文是美国教育学者鲍里奇所著《有效教学方法》一书中第三章的节选。此书第一章论述的是"有效教师",目的是帮助教师理解自身作用和自我意识,同时提出了有效教学的五种关键行为和一些辅助行为。第二章论述的是"理解你的学生",告诉教师从学生个体差异和社会环境中了解学生,努力帮助学生形成良好的自我意识。第三章论述的是"教学目的和教学目标",目的是帮助教师如何把教育对象、教学内容和教学手段的思考组织起来,并清晰地表达出来。之后的内容是单元和课时计划以及许多直接和间接的教学策略、课堂管理和对学习者的评估方法等。全书内容对学习、研究教学理论和了解教学实践有着非常重要的指导意义与参考价值。

该选文的主要内容包括以下四个方面。

首先,作者在文中举例说明了方针、目的和目标的区别。在作者看来,方针表达价值观,是指明方向的;目的是确定学习内容,具有激励作用;而目标则是目的的具体化,即向学生传达所要获得的行为,提出获得这些行为所需要的条件,以及达到的水平。

其次,作者在文中说明了美国2000年的教学目标。通过社会研究课程标准、科学教育标准、英语语言艺术教育标准等,作者概括出美国的教育目标是:应该训练学生,使他们能够在技术化世界中生活和工作;应有基本的阅读、写作

---

① [美]加里·D. 鲍里奇. 有效教学方法[M]. 第四版. 易东平,译. 南京:江苏教育出版社,2002:69-96.

和算术等方面的能力，具有高层次思考、形成概念和解决问题的技能；并能独立完成作业和独立工作等。

再次，作者论述了我们为什么需要行为目标，如何编写行为目标。这也是选文的重点部分。基于学习被定义为可观察的行为变化的理解，教师准备有益的教学目标要经过三个步骤：第一，确定学习结果，这里需要教师注意要选择表示行为的动词来表述，防止语言模糊而难以观察和测量。第二，界定学习条件，即陈述学习将在什么样的条件下发生，例如，使用哪些材料、哪些课文、哪些设备以及在哪段时间内等。第三，规定标准的水平，即该行为要达到的程度。此外，教师还需要简化目标，也就是不要把测量学习结果搞得太复杂。

最后，作者论述了作为教师应该讲授哪些类型的认知、情感和动作技能。作者通过具体“行为动词”的选择和使用，说明和表达了认知水平的复杂性，以及情感和动作技能的复杂性；通过科学、社会、语言等课程的教学目标实例，把布卢姆等研究者对教学目标三大分类——认知领域、情感领域和动作技能领域的具体层次和内容，很好地与学校教学结合起来，给教师全面思考和确定教学目标提供了范例。作者尤其强调，“真实行为”意味着与现实世界相关，较高级的认知技能经常比较低级的认知技能更真实，因为它们代表着更加完整的行为，这些行为对于课堂外的生活、工作和履行职责是必要的；在认知、情感、动作技能领域中的行为，教起来的难易程度和所使用资源的多少，取决于学生的学习需要，而不取决于行为本身的复杂程度；教学目标最终来源于一个民族所持有的教育价值观。

对于教学第一线的教师来说，学习与研读此文，能帮助教师理解教学目标与教育目的、课程标准的关系，并能结合自己的教学，学会确定和清晰表述具体的教学目标，使教学结果可以测量，这既有助于对教学进行评价，也有助于教师和学生调整其教学和学习，更能发挥教学目标的激励作用。

对于教育学专业的研究生而言，学习与研读此文，有助于了解美国学者在教学目标具体化方面的进展，尤其是作者具有学习心理学、测量学的基础，并结合长期中小学课堂实践，研究具体实际的教学问题和教学行为，这种理论基础和面向实践的研究方式，都值得我们学习和借鉴。

在学习该选文时也要注意两个问题。首先，对我们中国的学习者而言，需要有一个文化的比较和语言适应问题。该文是美国学者对其本国的教育目的和教学目标的陈述和说明，我们要知道中美文化上有差异，这些影响到目标的确定，尽管教学目标还有共通的可以借鉴和相互影响之处。其次，学习时，可以思考情感、价值观等不能外显的行为如何确定和表述的问题，以及展现性目标——学生在活动中表现出来的某种程度上首创性的反应，教师又将如何对其发生做出预期和准备等问题。

（撰写人：沈阳师范大学教育科学学院迟艳杰教授）

选文正文

一、方针、目的和目标

人们经常不加区别地交替使用方针、目的和目标这几个词。它们的意义虽然有联系但又有不同。方针是我们对于价值观的总体表达，给我们一种方向感。它们写得很粗略，这样才能被大量的个体所接受，比如纳税人、父母或者美国人民等。目的是从学习者的角度来说的，它明确说明学生将从你的教学中学到些什么，使学生能够集中精力，鼓足干劲，积极投入和致力于学习过程。

方针和目的回答“我为什么要教这个”，而不能令人满意地回答在所给的一天里你将教什么和怎样教。至于可以使用哪些策略来达到这些方针和目的，何时达到，或者能否满足它们，等等，方针和目的几乎什么也没说。要满意地回答这些问题，你需要准备课时目标，课时目标向学习者传达他们所要达到的特定行为，展示这些行为需要的条件，以及这些行为必须达到怎样的熟练水平等。表 1 显示了方针、目的和目标之间的关系。

表 1　方针、目的和目标之间的区别

方　针	目　的	目　标
表达价值观，给我们方向感。 例子： 1. 每个公民要做好在技术社会工作的准备。 2. 每个成人应具有基本的读写能力。 3. 在民主国家每个美国人投票时应该能够了解情况。	确定将要学习的内容——鼓动和激发。 例子： 1. 学生应该理解微机在家庭和工作中的运用。 2. 为了能够从事有报酬的工作，学生应该具备足够的阅读、写作水平。 3. 在选举中，学生应该知道如何选择候选人以及如何投票。	向学生传达需要获得哪些特定行为，展示这些行为需要哪些条件，以及这些行为必须达到怎样的熟练水平。 例子： 1. 学生应该利用微机在 15 分钟或更短时间内，制作出两页经过编辑、没有错误的手稿。 2. 在十二年级期末时，学生应该能够写出 500 个单词的散文，语法和标点错误不应超过 2 处。 3. 在八年级的政府单元结束时，学生应该参加模拟选举，选出候选人并解释这样选的原因。

有若干方法可以帮助你准备教育目标，其中一种出自泰勒(Tyler，1974)的著作。

二、泰勒的目标发展方法

教育目标这一想法可追溯到 20 世纪早期，那时泰勒第一个想到，需要为教师们制定目标导向的说明。他观察到，教师们关心教学内容(教什么)，远远胜过关心学生应该运用这些内容做些什么(例如，它能否在某些有意义的环境中运用)。

泰勒生成教育目标的方法对课程发展有重大影响。泰勒相信，随着社会变得越来越复杂，人们有越来越多的东西要学。但是，在一个技术日趋复杂的社会中，用于学习处于永恒膨胀状态的知识和技能的时间，实际上可能会减少。因此，教育家必须做出有根据的选择，确定哪些目标值得教授。

泰勒指出，在确定学生应该优先学习什么时要考虑五个因素。首先，目的必须包括：

1. 我们充分了解的所要教授的学科内容(精通学科内容)。
2. 社会关注点，它体现了整个社会和当地社区认为有价值的东西。
3. 学生的需要和兴趣，以及他们带到学校的能力和知识。

然后，必须提炼这些目的，从而与以下方面相匹配：

4. 学校的教育理念和社区优先发展的方面。
5. 教学理论和相关研究告诉我们所能教授的内容。

教育目的是很重要的，它们告诉学习者、父母和社区你为什么要教授那些计划好的课时，从而也就能鼓动和激发学生积极投入学习。教育目的：

- 为单元和课时计划提供指南。
- 向父母和社区交流教学的重要性。
- 鼓动学生更加投入和致力于学习过程。

泰勒建立教育目标的方法如图 1 所示。

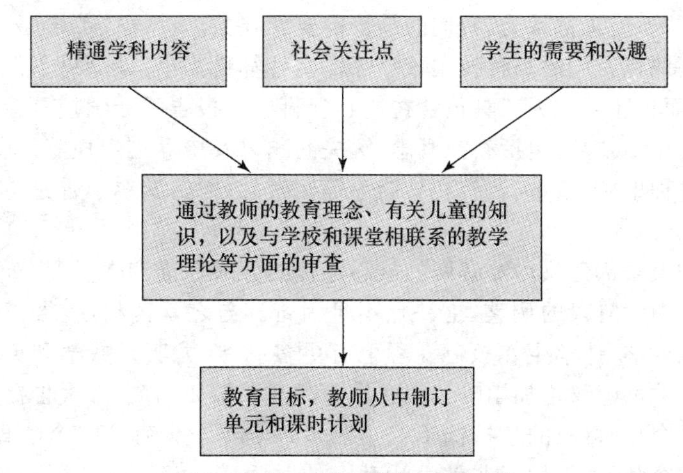

图 1　泰勒选择目标时考虑的内容

三、2000 年教育的社会目标

在过去的 20 年里，在关注学术性目标以及它们的测量方法方面，有了若干重大进展。除了我们在第二章已经看到的《2000 年国家教育方针》之外，专业团体和协会还参与制定了教育目标。为了判断学生在学科内容领域所达到的充分程度，需要有一套标准，一些专业团体和协会为了建立这样的标准，回顾了美国对中小学所进行的全面研究。他们的报告包括《学校数学评估标准》，全国数学教师委员会(1995)编；《科学知识基准》，美国科学发展协会(1993)编；《对优秀的期待标准：社会研究的课程标准》，全国社会研究委员会(1994)编；《国家科学教育标准》，全国研究委员会(1996)编；《英语语言艺术标准》，全国英语教师委员会(1996)编；等等。这些报告为各自所在的学科领域建立了新的框架。

这些新标准暗示着，各级水平的教学都首要关注记忆、操练和习题册上的练习。他们的报告呼吁人们致力于发展思维课程，着重教会学生在现实生活中如何批判性思考、推理以及解决问题。他们主张美国的学校采用这样一种思维课程，以及以操作为基础的考试体系，测量复杂的认知技能(Loucks-Horsley, et al.,1990; Parker,1991; Mitchell,1992; L. B. Resnick& Resnick,1991; Tombari & Borich,1999; Willough,1990)。

这些新的课程框架的出现，部分原因是社会各方面都声称对公立学校的教育质量不再抱幻想，包括学生、父母、纳税人、立法者、商业和军事领袖，以及一些教师团体等。人们不但对课程内容不再抱幻想，而且还延伸到教学质量和师范教育(基础教育委员会,1996)，在一些情况下他们还建议进行教师能力测验，提出教师资格的新要求等。社会的每一方面都提出自身对于教育的关注，但联合起来，关于美国教育存在什么问题，以及如何解决它们，人们得出了共识。

例如，若干报告都认为，我们的学校需要加强数学、科学、英语、外国语以及社会研究等课程。同时高科技领域呼吁提高计算机水平，计算机不但要作为单独的课程，而且还要作为工具包含在核心学科中。报告呼吁学校重新致力于教授高水平的思维技巧，包括教授概念、解决问题以及培养创造性等(这是相对于死记硬背各种事实、清单、名字和日期等等而言的，因为鹦鹉学舌是与解决问题相脱节的)。

所有的报告都建议增加必修的核心课程的分级标准和数量(相对于选修课程)，特别是中学阶段的调整，这一点不足为奇。与之紧密相连，报告还建议大学提高录取要求，让学生在核心课程上有更多练习，尤其是数学和英语。这些报告绝大多数都建议增加学时和家庭作业时间。例如，有一个报告提议每个学日至少有 7 个小时(有的学校低于 6 小时)，每学年至少有 200 个学日(许多学校只有 180 个学日)。用于非教学活动上的时间应该相应减少，行政干扰也一样应该减少。

这些报告在一个广阔的教育设置的视野中，提出了下列目标：

- 应该训练学生，使他们能够在技术化世界中生活和工作。
- 学生应该在阅读、写作和数学等方面具有最低限度的能力。
- 学生应该具有高层次思考、形成概念和解决问题的技能。
- 应该要求学生尽其所能，在每个学年都学习所有的核心学科。

- 应该训练学生独立工作，在没有直接指导的情况下完成作业。
- 学生应该改善到校情况.每一天和每一年能够在学校呆得更久。
- 应该给学生提供更多应用机会，向他们提出解决问题和高层次思考的要求。

这些目标的提出，是因为人们意识到，学校可能忽视了自身在教会学生如何思考方面的作用。传统上这是由核心课程来完成的(英语、数学、科学、外语以及社会研究)。然而，由于在这些领域中的高级投入变少了，也由于在纠正错误和选修活动中花费了额外的时间，用来教孩子如何思考的时间可能就不足了。这些报告建议，学校应该扭转这一趋势，要求学生学习更高级的核心内容领域。这样的教学将提出多方面的要求，包括复杂的思考技能、家庭作业、更高的评价和打分水平，以及对所学内容的行为评估等。人们认为掌握思维技巧很重要，比如解决问题、作出决定以及进行价值判断等，这是因为，人们不但在工作时需要它们，要想获得高等教育和培训机会也需要它们(L. B. Resnick & Resnick，1991)。

图 2 把方针、目的向目标的转化过程，阐释为对目标过滤和关注重点逐渐变窄的过程。在这一过程中，总的社会目标，比如“2000 年目标”等，逐渐经由学科内容和课程转化为具体的教学目标。

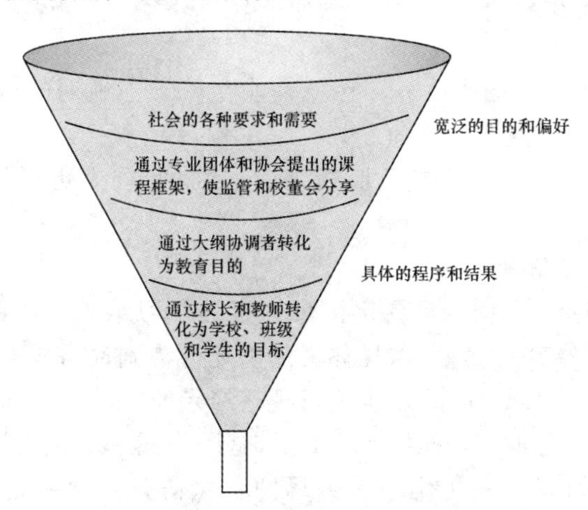

图 2 从社会目标过滤到教学目标的过程

四、教学目标的意图

教学目标在实践上有两个意图。第一个是详细列出能实现教学目的的特定课堂策略，从而使教学目的向课堂成就靠近。第二个是表达教学策略，表达的形式使你能够测量这些策略对学习者的影响程度。这两个用途的书面说明称为行为目标。

行为意味着什么?

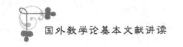

当行为这个词出现在目标之前时,学习被定义为可观察的行为变化。因此,要编写行为目标,就要求提出的行为是可观察和可测量的(通过测验、能力倾向调查和条款等)。在学习者头脑内发生的活动是不可观察的,因此也不可能成为行为目标的关注点。不能观察的活动,可能是学习发生的先导,比如心理意象的创造,或者以不完全语音形式背诵答案等,但它们不能构成学习已经发生的证据,因为它们不能直接观察。

此外,学习者的行为一定要在一段时期内是可观测的,特定的内容、教学策略以及教学材料都在这段时间内得到了运用。这就把行为目标限定在一个时间框架中,并与学校课程的逻辑划分保持一致,比如课时、章节、单元以及等级周期等。来自于行为目标的反馈,为监测教学策略的影响提供了资料。

五、行为目标概述

本章将告诉你如何尽可能轻松地准备有益的教学目标。简单地说,编写行为目标有三个步骤:

(1) 界定出具有可观察结果(学习结果)的特定教学目的。

(2) 陈述发生预期学习的条件(例如,使用哪些材料、哪些课文、哪些设备以及在哪段时间内等)。

(3) 明确规定标准的水平——也就是能在教学中预期的行为数量,这些教学是在明确规定的条件下进行的。

在考虑行为目标的实际书面形式之前,让我们首先更详细地看看这三个步骤。

(一) 确定学习结果

编写行为目标的第一步是界定出可观察的学习结果。要使教学目标是行为的,它必须可观察和可测量,这样你就能确定行为到底有没有出现,是部分出现还是没有出现(Yelon,1996)。确定可观察结果的关键在于选择描述语言。

在编写行为目标时,选词之所以重要,是因为同一个词会随着读者和听者的不同而有不同的意义。文化中无穷尽的双关语是对这一现象的幽默阐释:“well—rounded person”是指受过广泛的教育,还是指保养得很好?词语不仅能或精确或不精确地表达概念,还能或具体或含糊地表达概念。正是语言的含糊运用使我们在编写行为目标上遇到了最大麻烦。

在行为目标中,必须以直接、具体和可观察的方式来表达学习结果,它的行为描述方式与流行报刊、电视甚至部分教科书都不同。如果你以这些日常的信息源作为编写课堂上所需的行为用语的指南,你会发现它们不易观察,或许压根不能测量。例如,我们经常听到期待目标的以下这些用语:

心理健康的公民

全面发展的个体

自我实现的学龄儿童

有知识的成人

有文化的大众

但是,心理健康、全面发展、自我实现以及有知识和有文化到底是什么意思呢?如果你让大量的人来给这些术语下定义,你会得到相当多的回答。对于如何实现各个期望的行为,以及如何观察行为的实现情况,这些多样的回答之间会有很大分歧,原因就在于这些词语是含糊的,可以有许多解释。设想一下,如果你在第一个分级周期的目标仅仅只是让全班了解内容,或者让他们成为高成就者,这样模糊的说法将会在课堂上造成多大的混乱!约翰尼的父母会这样理解,而贝蒂的父母则会那样理解。希望他们不会带着不同的理解同时出席父母—教师晚会!另外,你的高成就者可能是指一个方面,而校长的高成就者则可能是指另一个方面。

关键在于,教师要负责促进考虑中的行为,而模糊的行为语言很快会成为他们的问题。如果以精确的语言来编写行为结果,就能使观察和测量变得具体,并且不会有争议,从而就避免了上述问题。

要使结果具体而且无争议,可以从许多表示动作的动词中选择表达行为的词语,这些表示动作的动词具有被人们广为接受的意义,它们还能使人们更简单地界定表现行为的操作。例如,不要用"期待学生在某门学科中有知识或者有文化",而是期待他们:

区分……

界定……的结果

解决……的问题

比较和对比……

这些表示动作的动词描述了学习者必须执行的、具体而且可观察的行为,从而描述了有知识和有文化的具体含义。尽管我们还没有指出学习者必须能够以怎样的水平来执行这些行为,但我们已经向着具体操作性前进了一步,更加接近那些能够确定教学目标是否已经达到的证据了。

尽管行为目标必须包括能够明确规定学习结果的表示动作的动词,但是并不是所有的表示动作的动词都适合用来规定学习结果。一部分表示动作的动词比较适合规定学习活动。不幸的是,人们经常把学习活动和学习结果混为一谈。例如,下列例子中,哪些表示学习结果,哪些表示学习活动?

1. 儿童应该识别出写有类似发音的单词的图片。

2. 儿童应该对诗歌作出评价。

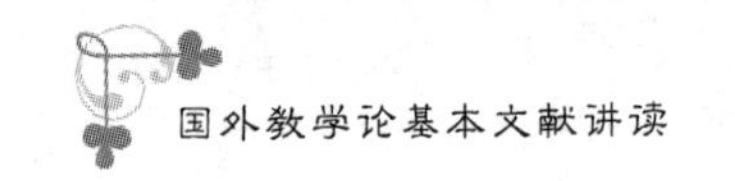

3. 儿童应该能做一位数减法。

4. 学生应该展示对标点的运用。

5. 学生应该练习乘法表。

6. 学生应该唱“星条旗”歌。

在前四个目标中,表示动作的动词识别、评价、做和展示都指结果——教学单元的终端产品。然而,第五个例子中的表示动作的动词练习仅仅是学习活动,它自身并不是结果,只能导向学习结果。第六个目标更有歧义,唱是结果还是活动?这是很难说的,除非有更多的信息。如果目标是让一个怯场的学生当众唱歌,那么它是一个学习结果。然而,如果唱歌是为后面的表演所做的练习,它就是学习活动。学习活动是重要的,但与它们所要达到的特定学习结果,或者说终端产品之间,只能说有一定的联系。如果心中没有清晰的学习结果,就没有办法确定哪些学习活动促进我们所期待的学习结果。

下列例子区分了分别用于学习结果和学习活动的动词:

学习结果(目的)	学习活动(手段)
界定	学习
回忆	观察
排列	听
写出	读

确定行为目标时必须把终端产品包括在内,因为你在选择教学程序以及评估是否达到了期待结果时,要用到它们作为判断的标准。

(二)界定条件

编写行为目标的第二步是确定学习将会在什么样的特定条件下发生。如果仅仅通过运用个别的材料、设备、工具或者其他的资源就能达到可观察的学习结果,那么就把这些条件陈述在目标中。如下面含有一些陈述条件的教学目标的例子:

以约翰·斯坦贝克和马克·吐温的短篇小说为例,区分美国文学中的自然主义和现实主义。

通过发给全班的战略资源图,确定南方因国内战争而造成的经济状况。

使用电子计算器解题,包括带符号的两位小数的加法。

使用欧洲14世纪到18世纪哥特式和巴洛克式大教堂的图片,比较和对比它们的建筑风格。

如果条件很明显,就不需要明确规定。例如不必明确规定“使用书写工具和纸张写出一个小故事”。如果条件以特定的方式限定学习,它排除了一些领域的学习,而包含了另一些领域的学习,那么,陈述条件对于达到目标就很关键,你就必须把它包括在教学目标的陈述内。例如,设想一下,如果要测验学生

的某一行为，但是在前面的答题条件的条款中，目标只指出了行为，却没有指出条件，那将会怎样？如果要求学生区分自然主义和现实主义，却没有提到代表这些风格的特定作家的具体作品的例子，那么学生可能作出比较空泛、缺少结构的回答。如果告诉学生条件，他们就会集中学习所要求的精确的行为（例如，在具体的例子上运用学到的定义，而不是记忆一项定义）。

同时还要注意，如果不通过陈述条件使教学集中在一点上，学生所设想的条件可能会与你的打算有所不同。在没有具体例子的情况下，一些学生在准备时可能会研究两种写作风格在哲学上的差异，而另一些学生则可能关注，能否把知识运用到文学实例中去。因为考试是以目标为基础的，因此考试会对一部分学生有利，而对另一部分学生则不公平，这取决于在没有陈述条件的情况下他们所做的不同假设。

请注意在前面的例子中，学习可能呈现不同的意义，因为学生在学习或者练习时，或使用或不使用地图、电子计算器以及从 14 世纪到 18 世纪的大教堂的图片等。在你陈述条件，把它作为目标的一部分的时候，教与学变得更有结构，学习资源变得更加有条理。而且，正像我们已经看到的那样，如果目标明确规定了学习条件，就会使考试更加公平。

行为目标中对条件的陈述，可以是单项，也可以是多项。为了能集中学习，在一个目标中可能会有两个甚至三个条件陈述，有时这样做还是必要的。尽管在目标上附加太多条件可能会使学习局限在不太相关的细节上，但是为了提高期待行为的清晰度，为了更好地组织和准备教学资源，多项条件经常是重要的附件。这里有一些多项条件的例子，用斜体字表示：

- 使用摄氏温度计，测量 2 升水在 25 厘米深处的温度。
- 使用*圆规*、*直尺和量角器*，画出三个不同大小的圆锥截面和三个不同类型的三角形。
- 使用 4 *克碳酸钠*和 4 *克碳酸氢钠*，指出它们在水中的不同反应。
- 在 15 分钟内使用提供的*参考书*，写出电功率、电压、电流强度和电阻的公式。
- 使用具有单词处理功能的*微机*，在 20 分钟或更短时间内，纠正两页手稿上的拼写和标点错误。

不要附加太多的条件，使学习局限在鸡毛蒜皮的细节上，这是很重要的。还有一点也很重要，要选择现实的条件——体现学习者在课堂内外可能发现的现实生活中的条件。在陈述条件的背后，尤其是多重条件的背后，有一个理念，不是使行为复杂化，而是使它更自然，更贴近于在现实生活和后面的学习中执行该行为最可能的条件。要一直检查明确规定的条件，看它们是不是那些在课堂外或者在后面的学习中执行该行为最可能的条件。

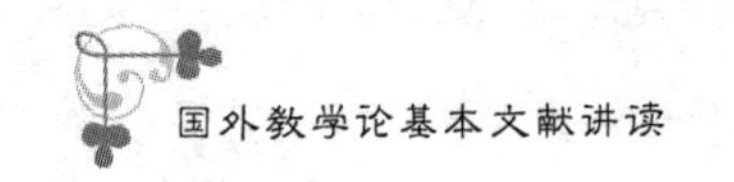

（三）陈述标准的水平

编写一项行为目标的第三步，是陈述达到目标所需的表现水平。对结果和条件的明确规定揭示了观察行为所必需的程序。然而，光做到这点还不够，还漏掉了一个重要因素，即标准的水平。也就是说，该行为要达到怎样的程度，才能认为已经达到了目标？教学目标标准的水平是指，使人满意地认为目标已经实现了的期待的成就水平或者熟练水平。

涉及什么样的表现水平是在以后的背景中所需要的充分表现的行为，这个制定标准水平是编写目标中最易被误解的一个方面。误解的根源在于人们没有意识到，标准或者熟练水平是一个价值判断。人们经常错误地假定，存在单一正确的熟练水平，而且一经建立，就必须永远保持它的初始形式。首先，应该把标准的水平看做是根据经验所做的猜测。它们应该大致指出所需的熟练水平，也就是说，在下一个年级，在另外一个教学环境，或者在现实生活中执行该行为所需要的熟练水平。同时还应该周期性上下调整标准水平，使它们与学生执行这些行为的能力水平相协调。

人们制定标准的水平经常是为了确定一个基准点，考核是否达到了目标，但却没有认识到这一水平可能与后面的学习任务或者教学环境并没有关系。为了避免这一点，要永远把标准的水平看成是可调整的，并且它还取决于你对学生能力水平的评价；学生的能力水平是指学生后来在课堂外充分运用这些行为的程度。

标准的水平以多种规模和形式出现。例如，可以用下列方式来陈述它们：

考试中做对题目的数量

连续正确题目的数量（或者连续的无误行为）

所包含的关键特征（在论文题目中或者在试卷中）

在规定的时间限制内的完成情况（在行为速度比较重要的地方）

以一定的精确水平完成

让我们回忆一下"以约翰·斯坦贝克和马克·吐温的短篇小说为例，区分美国文学中的自然主义和现实主义"这个目标。陈述标准了吗？记住，标准的水平确定了满足目标所需的行为水平。教师怎么知道学生对该目标的书面答复是否表达了最低水平的区分呢？仅仅根据所给信息作出判断是困难而武断的。现在我们给这一目标加上标准：

● 从约翰·斯坦贝克和马克·吐温的短篇小说中各选四段，说明他们写作风格的差异，从而区分自然主义和现实主义。

现在评估目标就有了一个基准。这一目标要求学生在不同的环境中运用学到的信息，这需要相当的技巧，并允许在可接受的回答范围内有一定灵活性。这一类型的目标有时称作表现性目标（Eisner，1969，1998），因为它允许有多样的正确答案，或者允许学生以多样的、没有唯一正确答案的形式来表现自己。

目标所允许的回答中，表现性的多或少永远是一个程度问题。换句话说，目标可以有较严格或较不严格的标准水平。

思考一下另一个例子：

● 学生应该使用电子计算器来解决问题，包括带符号的两位小数的加法。

这个目标是否陈述了标准水平呢？没有。它没有一个毫不含糊的基准可以让人们确定，是否玛丽达到了目标而鲍比没有达到。现在加上一个标准水平：

● 学生应该使用电子计算器正确地解决10道问题中的8个，其中包括带符号的两位小数的加法。

现在这一目标精确界定了必须观察到的最低限度的熟练水平，只有达到这一水平才能说期待的行为已经获得了。与第一个目标不同，在它要求的回答中，几乎不允许有灵活性。请注意，在回答数字问题时，可能的回答要远远少于文字问题；前者的结构化程度更加高，在可能的回答方面也要更加严格。还请注意，这一更加结构化的可接受的回答方法，与这特殊目标的特点协调得很好，而结构性较弱的方法则与文学的例子协调得很好。

这两个目标都说明，目标的表现性是由你所制定的可接受的标准的方式决定的。同时，最适合的表现性水平，经常是目标本身决定的——可能有多少个正确答案。作为教师，你需要控制：

1. 学习结果
2. 条件
3. 标准的水平
   a. 熟练水平
   b. 表现性水平

这里有一些前文提到的目标，其标准的水平附在括号内（在包括了标准的地方用斜体字表示）：

● 使用摄氏温度计，在25厘米深处测量2升水的温度（精确在1度以内）。

● 使用圆规、直尺和量角器，画出三个*不同大小*的圆锥截面和三个不同类型的三角形。

● 使用4克碳酸钠和4克碳酸氢钠，指出它们与水的不同反应（测试水的碱性，并以ppm为单位报告结果）。

● 在15分钟内使用提供的参考书，找出（并正确写出）电功率、电压、电流强度和电阻的公式。

● 使用具有文字处理功能的微机，*在20分钟*内（以100%的精确度）纠正两页手稿上的拼写和标点错误。

这些例子说明了编写得良好的行为目标。你已经看到怎样明确规定学习结果，陈述学习条件，以及如何建立标准的水平。它们是编写良好的行为目标的三个最重要的部分。但是在准备目标方面还有一点要知道：简化目标。

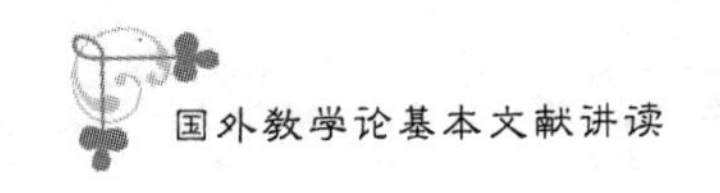

（四）简化目标

教师们经常犯一个错误，把测量学习结果搞得太复杂，往往采取间接的或者不必要的复杂测量方法。如果你想知道约翰尼能否写出自己的名字，那就叫他写好了——但不必蒙上他的眼睛！要抵制使问题不易处理的诱惑，考虑一下这些例子：

● 学生应该给《汤姆·索亚》中的每个角色画像，从而展示他/她记忆角色的能力。

● 通过画电视和电话的电路图，对它们进行区分。

● 为了表明你知道如何使用百科全书的索引，请列出《英国大百科全书》中哪些页码上有所给的主题。

在第一个例子中，通过画像肯定可以确定学生能否回忆《汤姆·索亚》中的人物，但是仅仅为了测量记忆，有没有更简单（更省时）的方法呢？如果目标只是确定记忆，列举就足够了。对于第二个例子，不妨给学生呈现两个图解，一个是电话的，一个是电视的，只让他们指出（口头或者书面）谁是谁，岂不更好？

第三个例子达到了目的，要求的任务是以简单、有效的方式测量某个人能否使用百科全书的索引。

在本章你将开始独立编写教学目标，在你编写的每个目标中，一定要包括这三个关键因素：(1) 可观察的学习结果；(2) 条件；(3) 标准的水平。

六、认知、情感和动作技能等领域

你可能已经注意到，本章前些时候呈现的一些教学目标的例子，分别体现了非常不同的行为类型。例如，试比较这些目标所要求的行为：

● 从约翰·斯坦贝克和马克·吐温的短篇小说中各选四段，说明他们写作风格的差异，从而区分自然主义和现实主义。

● 使用摄氏温度计，在25厘米深处测量2升水的温度，精确在1度以内。

常识告诉我们，要达到这些要求的行为，需要不同类型的准备和学习。在前一个目标中，学习和练习的重点会放在分析上——界定自然主义和现实主义的关键的方面，解释其关系，注意它们的相似和区别之处，还要注意把这些想法运用到自然主义者和现实主义者实际的作品实例中去。这是一个复杂的过程，而在第二个目标中，人们为了获得该行为，又会怎样学习呢？不妨对照一下这两者。在第二个例子中的学习和练习，可能只包括学会精确地观察摄氏温度计的刻度上的刻痕间距。练习可能只限于训练眼睛去数刻度间的空格，然后再配上合适的数字来代表摄氏温度。

还要注意要达到这些不同的目标，在需要的学习时间和准备时间上存在着差异：第二个目标可能在几分钟内就能学会，而另一个则可能耗费几小时、几天，甚至好几周。这些不同的目标只是课堂上可能出现的行为结果的两个例子。

教学目标不仅可能对认知复杂性提出水平差异极大的要求，还可能对情感和动作技能的复杂性提出要求。

下面一部分介绍复杂水平不同的行为，针对这些行为可以准备一些行为目标。为方便起见，我们把这些行为安排在下列几种行为中：

- 认知（智慧能力和技巧的发展）
- 情感（态度、信念和价值观的发展）
- 动作技能（身体动作和行为的协调）

（一）认知领域

布卢姆、恩格尔哈特、希尔、弗斯特和克拉斯沃尔（1984）根据认知复杂性设计了一种目标分类法。他们描述了认知复杂性的六个级别，从知识水平（最不复杂）到评价水平（最复杂）。如图 3 所示，布卢姆等人把这些水平描述为等级式的，较高水平的目标包含并依赖于较低水平的认知技能。这样，评价水平的目标比起知识水平的目标，所要求的心理操作就更复杂一些——更高水平的认知技能。

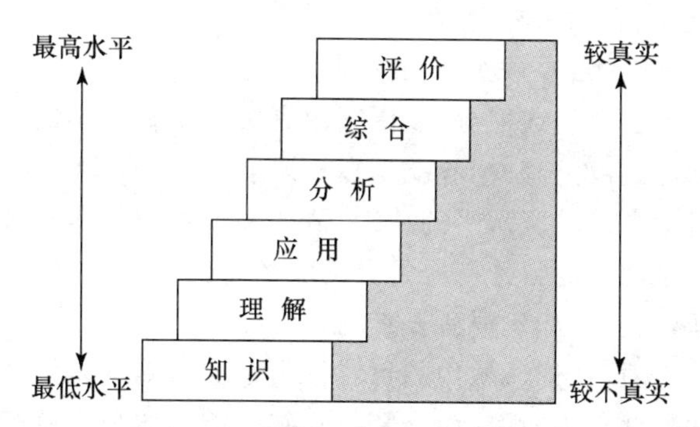

图 3 教育目标分类：认知领域(Bloom et al. ,1984)

同时，还要注意，较高水平的目标比较低水平的目标更真实。让我们考虑一下真实是什么意思。

在本章中你已经看到孩子们在学校中所学到的多种多样的技能和行为。它们中的一部分，要求学习者通过记忆来获取信息，比如词汇、乘法表、历史事件的日期或者重要人物的名字等；另一部分，则要求学习者学习在某些时候要用到的动作序列或者程序，比如使用绘画材料，进行数学计算，或者练习书法等。另外，你还看到一些目标实例，要求学生获得概念、规则和概括等，以便让学生能够理解所读的内容，进行分析并写文章等。

正如我们将在第十二章看到的，这些技能中有一部分最适合用纸笔测验来评估。但是，要求独立判断、批判性思考和作决定的技能最适合用行为评估来测量。行为测验测量技能或行为的方式，与人们在课堂外运用它们的方式一样。

对学习的课堂评估，特别是除小学低年级以外的课堂评估，几乎都依赖于纸笔测验，这种测验只是显示而不是直接测验孩子们学到了什么(Gullickson & Ellwein,1985)。例如，你可以测量学生对科学方法的理解，不是让学生计划、执行并评估实验(直接测量)，而是让他们列出实验步骤，写出假设和理论的区别，或者从一列选项中选择控制组的正确定义(间接评估)。或者，你可以测量孩子们对金钱的理解，不是去观察他们购买食物、付款和找回准确的零头(间接评估)，而是让他们回忆一美元有多少分，或者让他们写出，如果拿 10 美元去买 6.75 美元的 T 恤衫，能找回多少零钱(间接评估)。

对成就和学习的间接评估有明显的优点，尤其是效率方面。直接测量课堂里的一切学习将会非常耗时。但是，间接评估产生了一个问题：你怎么知道测验能告诉你，学习者到底能否应用你所教的技能和行为呢？真实测验直接测量师生真正关心的技能和行为。换句话说，它们要求学习者就像在课堂外那样，执行教学中模仿、训练和练习的内容。如果向学习者演示如何调节显微镜的焦距，训练他们并让他们做练习，那么，真实测验就会要求学习者调节显微镜的焦距，而不是在示意图上给显微镜的各个部分贴标签。另一方面，如果学习者只需要知道显微镜的各个组成部分，以便阅读有关发明显微镜的故事——而不是使用它——那么，给各部分贴标签就是真实评估。

有些教学目标要求较高水平的认知、情感和动作技能——最密切地体现第三章所讨论的思维课程的目标——是更真实的行为，因为它们更能体现学习者在这个世界中居住、工作和玩耍所要求的行为类型。

现在让我们看看，认知领域中的每一行为是如何随着认知技能的真实性而变化的。在叙述这些行为时，后面会紧跟着叙述能够体现这些行为的表示动作的动词的例子。

1.1　知识

知识水平的目标要求学习者记忆或者回忆一些信息，诸如事实、术语、解决问题的策略以及规则等。以下这些动词描述的是知识水平的学习结果：

定义　排列　回忆

叙述　匹配　朗诵

界定　命名　选择

标明　概括　陈述

以下知识目标的例子使用了这些动词：

- 学生应该在星期五以前，准确无误地回忆四种主要的食物种类。
- 学生应该通过记忆，匹配美国将军和他们所参加的最著名的战役，准确率应该达到 80%。

1.2　理解

在理解这个水平上的目标要求某种程度的领会，期待学生能够变换表达形式，翻译或者重述读到的内容，以及在信息的各个部分之间发现联系或者关系（解释），或者从信息中得出结论或发现结果（推理）。以下这些动词描述的是理解水平的学习结果：

转换　估计　推理
辩护　解释　释义
辨别　延伸　预测
判断　概括　总结

以下理解目标的例子使用了这些动词：

● 在学期末以前，学生应该概括出一个故事的主要情节，所用的英语在语法上应该是正确的。

● 学生应该通过读物中的实例，区分现实主义者和自然主义者。

1.3　应用

在应用水平上编写的目标，要求学生在不同于学习时的环境下，运用先前获得的信息。应用目标与理解目标的区别在于，它要求在一个不同的，而且经常是应用的背景下呈现问题。这样，学生要解决问题，既不能依赖最初学习的内容，也不能依赖最初学习时的环境。以下这些动词描述的是应用水平的学习结果：

改变　修改　叙述
计算　操作　解决
演示　组织　转换
发展　准备　使用

以下应用目标的例子使用了这些动词：

● 星期一学生应该当着全班的面，演示能量守恒定律在生活中的应用。

● 对于所给的、课堂上没有讲到的分数，学生应该以85％的准确率在纸上做乘法。

1.4　分析

在分析水平上编写的目标要求学生界定出逻辑错误（比如，指出矛盾或错误的推理）或者区分事实、意见、设想、假说和结论等。在分析水平上，期待学生找出思想之间的关系，比较并对比。以下这些动词描述的是分析水平的学习结果：

分解　区分　指出
演绎　说明　叙述
图解　推理　分离
区别　概括　细分

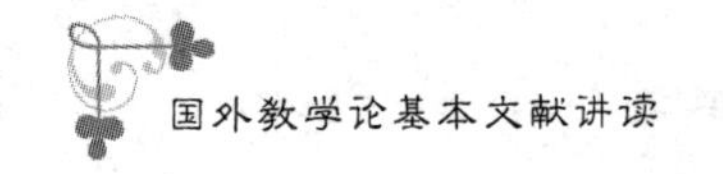

以下分析目标的例子使用了这些动词：

● 对于所给的总统竞选演讲，学生应该指出那些不是攻击政治纲领，而是进行人身攻击的观点。

● 对于所给的荒唐陈述（例如，某人得过两次流感，第一次夺去了他的生命，第二次却很快就好了），学生应该指出矛盾。

1.5 综合

综合水平的目标要求创造出一些独特的、原创性的东西。在综合水平上，期待学生以独特的方式解决某一不熟悉的问题，或者把各个部分组合起来形成一个独特而新颖的解决方法。以下这些动词描述的是综合水平的学习结果：

分类　创造　制定

编写　设计　预测

创作　发明　产生

以下综合目标的例子使用了这些动词：

● 对于所给的小故事，学生应该写出不同的但是又似乎有道理的结局。

● 对于所给的要解决的问题，学生应该在纸上设计出解决该问题的科学实验。

1.6 评价

评价水平上的目标要求学生对于具有特定目的的方法、想法、人或者产品的价值进行判断，并做出决定。在评价水平上，期待学生陈述判断的依据（比如，他们为形成结论所采用的外部标准或原则）。以下这些动词描述的是评价水平的学习结果：

评价　批判　证明

比较　辩护　支持

对比　判断　证实

以下评价目标的例子使用了这些动词：

● 对于所给的以前没有读过的段落，学生应该根据课堂上讨论过的五个标准来判断它的价值。

● 对于所给的一国经济体制的描述，学生应该基于民主原则为它辩护。

（二）情感领域

克拉斯沃尔、布卢姆和马西亚（1964）设计了另一种目标分类方法。这一方法描述了五种水平的情感行为，从接受水平到个性化水平（参看图 4）。就像认知领域一样，这些不同的水平被认为是有等级的——假定较高水平的目标包含并依赖于较低水平的情感技能。沿着这个等级越往上，个体就会越用心，越投入，越依靠自己，逐渐让自己的情感、态度和价值观不再受别人的支配。

对于情感领域的每一级水平——接受、反应、价值化、组织和个性化——在下列各部分中都配有相应的表示动作的动词来体现它们。

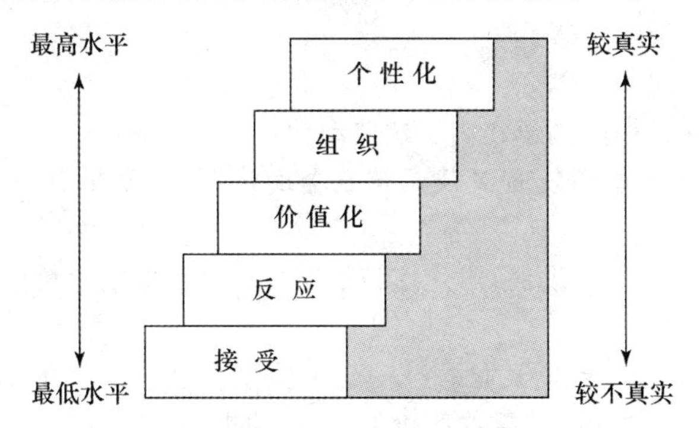

图 4 教育目标分类：情感领域(Kratwohl et al. ,1964)

2.1 接受

接受水平的目标要求学生觉察或积极注意某些现象和刺激。这一水平期待学生去听或去注意。以下这些动词描述的是接受水平的学习结果：

注意　识别　看

觉察　听到　注视

控制　听　　分担

以下接受目标的例子使用了这些动词：

- 学生应该在课堂上追随别人的榜样，从而注意到从小组讨论到大组演讲的转变。
- 学生应该能够倾听一部完整的莫扎特协奏曲，在这个过程中不离开自己的座位。

2.2 反应

反应水平的目标要求学生注意某些刺激或者作出反应，从而遵从所给的期待。反应目标期待学生在教师提出要求或者指导他做某事的时候，能够服从、参与或主动答复。以下动词描述了反应水平的学习结果：

鼓掌　遵从　讨论

跟随　服从　参与

扮演　练习　志愿

以下反应目标的例子使用了这些动词：

- 在提出要求后，学生应该不用讨论就能按书中所给的指示去做。
- 学生应该在教师要求下练习一种乐器。

2.3 价值化

价值化水平的目标要求学生展示体现自己信念或态度的行为；在没有人强迫或者要求他/她遵从时，他/她就保持着这种信念或态度。以下动词描述了价

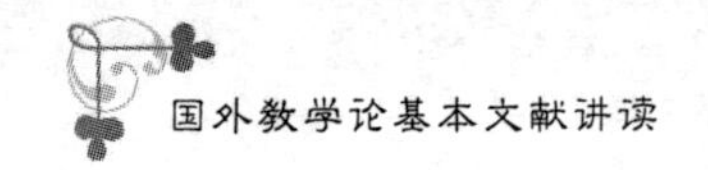

值化水平的学习结果：

行动　争论　说服
辩论　展示　表达
帮助　组织　偏好

以下价值化目标的例子使用了这些动词：

● 每当国家大事引发有关裁减核武器的议题时，学生就应表达出自己的观点。

● 每当讨论社会问题时，学生应该展示自己对于取消色情业的观点。

2.4　组织

组织水平的目标要求学生承担一套价值观。这一水平的情感领域包括：(1) 解释为什么你认为某些事物有价值，而别的事物没有；(2) 在自己认为有价值和无价值的事物中作出恰当选择。这里期待学生把喜好和偏爱组织成一个价值体系，然后确定哪些喜好和偏爱是最重要的。以下动词描述了组织水平的学习结果：

抽象　平衡　比较
决定　限定　制定
选择　系统化　理论化

以下组织目标的例子使用了这些动词：

● 学生应该能够比较死刑的替代形式，并确定哪些形式符合他/她的信念。

● 学生应该能够明确阐述他/她支持公民权利立法的理由，并能够识别出那些不支持他/她的信条的立法。

2.5　个性化

个性化水平的目标要求学生所展现的所有行为都应与他/她的价值观相一致。在这一水平上，学生不仅获得了所有前面的各个水平上的行为，而且还把他/她的价值观融合成一个体系，体现出一个完整而普遍性的人生哲学，这一人生哲学不允许与性格不符的表达。对这一水平的行为的评估涉及学生在多大程度上发展了前后一致的人生哲学(例如，在所有情况下展示出对人类价值和尊严的尊重)。以下动词描述了个性化水平的学习结果：

避免　展示　内化
处理　要求　抗拒
解决　设计　修改

以下个性化目标的例子使用了这些动词：

● 学生应该对残疾学生表现出乐于帮助和关心的态度，在课堂内外帮助残疾学生解决行动不方便的问题。

● 无论何时，只要替代选项不够清晰，学生就应该陈述和检验假设，从而表现出科学的态度。

（三）动作技能领域

哈罗（Harrow，1972）和摩尔（Moore，1992）设计了目标分类的第三种方法。哈罗的分类方法描述了五种水平的动作技能，从模仿水平（最不复杂也最不真实）到自动化水平（最复杂也最真实）。图5说明了动作技能领域的等级排列情况。这些行为主要强调了包括各种水平的身体技巧在内的神经肌肉技能。沿着分类法从最不复杂向最复杂和最真实的方向，行为逐渐由粗糙变得精细。

每一水平——模仿、控制、精确、连接和自动化——都有不同的特征，在下列部分中会有一些能够体现它们的表示动作的动词来描述它们。

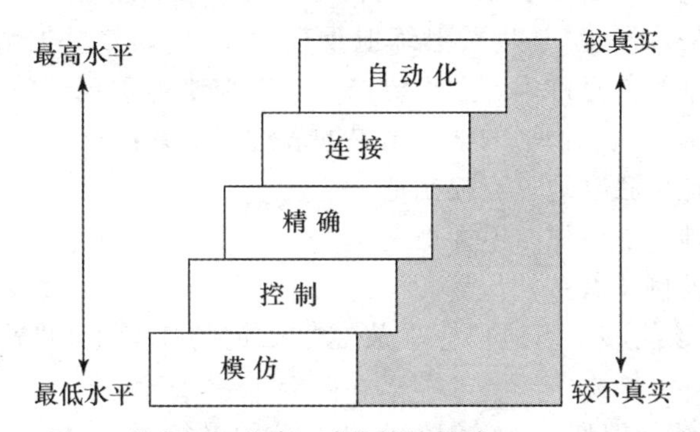

图5 教育目标分类：动作技能领域（Harrow，1972）

3.1 模仿

模仿水平的目标要求，先向学生展现可观察的动作，然后让学生当众模仿，比如，指导员在标本托盘上放一个载片，从而向学生演示如何使用显微镜。这一水平的动作经常缺少神经肌肉的协调（例如，载片可能碰到托盘的边，或者被不恰当地安装在透镜下面）。这样，这种行为一般来说是粗糙而不完善的。在这一水平上，期待学生观察并能够重复（尽管还不完善）演示过的行为。以下动词描述了模仿水平的学习结果：

放齐	平衡	采用
抓住	握住	放置
重复	支撑（在）	走（向这里）

以下模仿目标的例子使用了这些动词：

- 先向学生展示如何安全地把一烧杯水加热至沸腾，然后要求学生重复该动作。
- 先向学生展示如何徒手画平行四边形，然后要求学生照着画。

3.2 控制

控制水平的目标要求学生执行由书面或口头指导所选择的行动，但不像前一水平（模仿）那样借助于视觉上的榜样或直接的观察。这里期待学生通过阅

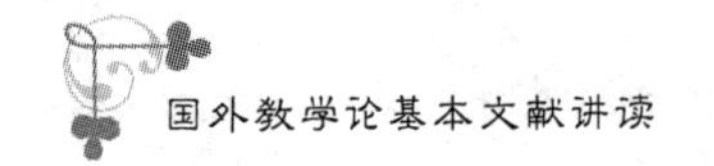

读或者倾听指导来完成动作，尽管行为可能还很粗糙，缺乏神经肌肉的协调。描述控制水平的学习结果的动词和模仿水平的相同，只不过它们是通过口头或书面指导来完成的。控制目标的例子有：

● 根据教科书上提供的图画，用所展示的格式给你未来的雇主打一封致敬信。

● 根据你面前讲义上的指导，练习调节显微镜的焦距，直到可以看到标本的轮廓。

3.3 精确

精确水平的目标要求学生执行动作时独立于视觉上的榜样或者书面的系列指导。在这一水平上，学生要熟练地重现动作，使动作更加精确。动作要精确、合乎比例、平衡而且准确。这里要求学生有控制地重现动作，并把错误减少到最低限度。描述这一水平的学习结果的表达词语有：

精确地　独立地　有控制地

无误地　熟练地　平衡地

精确目标的例子有：

● 学生应该能够精确地把标本放在显微镜的托盘上，并熟练地使用高倍焦距。

● 学生应该能够使一支轻钢笔保持充分的平衡，指向电脑屏幕，并界定出拼写错误的单词。

3.4 连接

连接水平的目标要求学生协调一系列相关动作，建立适宜的序列，精确地、有控制地执行动作，同时还要保证速度并把握时机。描述这一水平的学习结果的词语包括：

自信　协调　和谐

完整　均衡　流畅

快速　稳定　时宜

连接目标的例子有：

● 学生应该在 10 分钟内写出字母表上的所有字母，大写字母和小写字母之间要有恰当的比例。

● 学生应该能够在 90 秒钟内在便携式电子计算器上快速、流畅、精确地完成 10 个简单的数字题目。

3.5 自动化

自动化水平的目标要求学生高度熟练地执行所教技能或行为。在这一水平上，行为在执行时耗费的能量最少，并成为常规、自动化和自发。这里期待学生自然而不费力地、一次又一次地重复动作。描述这一水平的学习结果的词语包括：

自动地	不费力地	自然地
专业地	例行地	自发地
轻松地	完美地	平稳地

自动化目标的例子有：

● 在学期末，每当教师提出要求时，学生应该能够例行地写出字母表上的所有字母，以及100以内的所有数字。

● 在第一个学期后，每当作业任务提出要求时，学生应该不借助于模板就能够正确地画出等腰、等边和直角三角形。

七、对行为目标的一些误解

在开始编写目标之前，你应该意识到一些误解，它们是围绕着与认知、情感和动作技能领域相联系的行为产生的。人们希望提供一个能用在许多不同内容领域的实用的工具，因此就把行为分成许多不同的水平，这样就造成了一些误解，这是可以理解的。下面是在应用行为目标时要注意的一些警告。

（一）是否人们更期待某些行为？

对认知、情感和动作技能领域的研究经常导致一个误解，比起复杂的行为，人们不大看重比如回忆事实和日期这样的简单行为，复杂行为一般要求人进行分析、综合和作决定等认知操作。但是，在认知领域中，按照从简单到复杂的顺序来安排行为，并不说明人们更看重哪一个，因为必须要先学习许多低水平的行为，然后才能尝试较高水平的行为。

一些教师准备的目标几乎都是认知复杂性水平最高的，而且他们还引以为豪，他们没有意识到，要想让学生在课题中较复杂的行为中获得中高水平的成功率，总是需要一些复杂水平较低的目标。如果没有教授与任务相关的先前知识或技能，而这些知识与技能对于获得较复杂的行为又是必不可少的，那么，学生在学习较复杂的行为时就会出现很高的错误率，对学习过程的参与也会不太积极。

我们研究过的行为分类的最重要的用途之一，就是提供一个复杂水平不同的行为的菜单。就像好的饮食一样，要取得好效果，多样性和恰当的比例很关键。

（二）什么是真实行为？

另一个误解涉及真实这个词的含义。真实意味着与现实世界相关。如果学习者在现实世界中需要列出总统的名字——工作中、家中或者训练计划中——那么，要真实地测量该行为，就可以让学习者重复总统的名字，或许还可以按照他们就职的顺序来重复。这样，你对这一目标的测量将是真实的，因为你在课堂上所要求的行为展示方式，和它在课堂外的执行方式将完全一样。然而，很少有哪些职业、课程或学习方案会要求学习者背诵总统的名字。

知识(认知领域)、接受(情感领域)和模仿(动作技能领域)在课堂外的世界中往往是不够的。尽管它们对于获得较复杂的行为是必要的,但自身却很少有什么重要性。而代表较高认知技能的行为在被教给的同时,在课堂外经常发挥重要作用。评价(认知领域)、个性化(情感领域)和自动化(动作技能领域)是这些行为的例子。决定投票给哪个候选人,承担一个有知识的公民应尽的责任,以及有能力清晰地填写无记名选票等都是真实的行为,因为它们在日常生活中是必要的。因此,较高级的认知技能经常比较低级的认知技能更真实,因为它们代表着在课堂外的世界中生活、工作和履行义务所必需的更加完整的行为。这就是为什么要在课堂上教授较高级的认知技能的最好理由之一。

前面为较高级的认知、情感和动作技能所提出的行为和动词选项,绝不会把真实行为所涉及的所有方面都包括在内。你可能想扩展每一个定义,使它们更好地适用于具体的教学,比如在特定的内容领域和年级水平中教授分析、综合和评价行为。或者你使用的课程对这些行为的定义可能会有所不同。关键在于,你必须首先界定出,学习者应该怎样做才能展示出你要教给他们的技能,通过这种方法你可以弄清每一真实行为所涉及的内容。为帮助你做到这一点,你将会在附录 C 中发现一个高层次思考和问题解决一览表(Tombari & Borich,1999),它们可以帮助你选择和优先安排你想教授和评估的一些真实行为。

(三) 较不复杂的行为是否比较容易教授?

还有一个误解,人们认为简单的行为比起较复杂的行为要容易教一些。这是一个被普遍认同的观点,因为直觉和常识告诉我们应该是这样的。毕竟,复杂性——尤其是认知复杂性——经常是与更大的困难、更多的学习时间和更广泛的教学资源相联系的。

尽管比较简单的行为有时候可能比较容易教,但有时候也可能相反。例如,要记忆化学元素周期表的一部分,就需要详细的学习卡片和帮助记忆的方法,而要教授周期表的应用方法,只需要简单的视觉演示。在这个例子中,所谓较不复杂的行为却需要更多的时间和更多的教学资源。同时,某个行为教起来是否较难或较易,总是取决于学生的学习需要。

这些例子指出,如果不自觉地假定,较低水平和简单的行为比起较高水平和较复杂的行为,所需要的必然是比较少的准备、比较少的教学资源和教学时间,那么就很容易导致判断失误。教授某一行为的难易程度,并不与这一行为在分类法中的水平同义(比如,较高或较低)。这些名称是对学生提出的心理——或认知——操作方面的要求,而不是对教师促进该行为的教学活动提出的复杂水平的要求。

（四）认知、情感和动作技能等行为彼此排斥吗？

最后，人们把行为分别归纳在认知、情感和动作技能几个领域，这并不意味着，列在某一领域的行为会与列在其他领域的行为相互排斥。例如，我们在思考的时候，不可能对思考的对象没有一点感觉；或者，在我们感觉或反应的时候，没有一点认知活动。同时，许多思考涉及需要动作技能和能力的身体运动和行为。例如，做实验时不仅需要思考，还需要把一些东西从一个试管倒入另一个试管，需要安全地点燃灯头，还需要正确地调节显微镜等。清晰的书写需要神经肌肉的协调，需要把握时机并加以控制。

如果目标每次所包含的行为只来自三个领域中的一个领域，那将会很方便。但是心中要有数的是，要使该行为发生，可能还需要来自其他领域的一个或多个行为。这就是在准备目标时要同时考虑三个领域中的目标的最有力的理由之一：这样做证明你注意到了认知、情感和动作技能等行为之间密切而必要的联系。下面的项目提醒你在使用和编写行为目标时要警惕：

● 在认知、情感和动作技能领域中列出的行为并不意味着，一些行为比另一些行为更为人们所期待。

● 真实这个词意味着“与现实世界相关”。较高级的认知技能经常比较低级的认知技能更真实，因为它们代表着更加完整的行为，这些行为对于课堂外的生活、工作和履行职责是必要的。

● 在认知、情感和动作技能领域中较不复杂的行为，比起较复杂的行为，并不意味着教师就需要更少的准备、使用更少的教学资源和教学时间。

● 尽管目标所包含的行为，通常只来自三个领域中的一个，但为了让这一行为发生，还可能需要来自其他领域的一个或多个行为。

（易东平　译）

教科书的编写与使用①

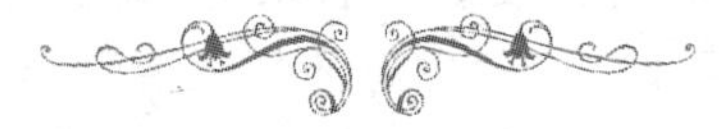

阿兰·肖邦

作者简介

阿兰·肖邦(Allain Choppin),法国巴黎国立教育研究所教授,法国教学论研究领域具有代表性的学者。他多年来发表过一系列关于教学问题的研究论文,其中《法国的教科书:编写、使用和培训》一文,对我们了解法国教科书的编写历史及其现状有重要的参考意义。

选文简介、点评

研究表明,“教学内容必须借助一定的载体才能得以外化和呈现,教学内容的载体主要有课程计划、课程标准和教科书”②。在这三者之中,直接进入课堂教学、作为师生交往学习的显性媒介的是教科书。谁来编写教科书?怎样有效地使用教科书?使用者应该具备怎样的素养?这些问题值得教育者去思考和追问。法国巴黎国立教育研究所教授阿兰·肖邦的《法国的教科书:编写、使用和培训》一文可以给我们提供一些有益的启示。

文中,作者指出,法国的教科书政策是建立在生产自由、选择自由、使用自由这三种自由的原则之上。教科书的生产者是出版商,但其编写者是在职的教师,教师一般在暑假和休闲时期接受出版商的委托编写教材。因此,法国教科书的发展利于和“基层的”期望紧密联系在一起。教科书的使用者是教师,教师以集体进行的方式自由选择教科书,他们从出版的大量的教科书中采用最符合其实践的最适合其教育环境的教科书,并按照自己的教学选择和教学背景来灵活使用教科书。正是由于法国教师在教科书的编写、选择和使用上有如此重要的作用,重视师资培训、在师资培训中让教师掌握使用教科书的技能和策略就显得尤为重要。要使教师能够更好地选择和利用教科书,就应该让教师了解教科书的历史、生产条件等因素,学会自己编制一些概念性的工具,如对某一本教

---

① [法]阿兰·肖邦.法国的教科书:编写、使用和培训[J].汪凌,译.全球教育展望,2003(6):8-12.说明:原文题目为《法国的教科书:编写、使用和培训》。肖邦先生于2002年4月应邀来华东师范大学课程系讲学。他当时就此主题做了报告,回国后带病进行了整理。这是他整理以后的文章。本文因篇幅问题,删除了部分注解。——编者注

② 裴娣娜.教学论[M].北京:教育科学出版社,2007:170-171.

科书的使用方法、评估工具等，还应该培训教师具有引导学生有规律地、经常地、理性而中肯地使用手里的教科书的能力。该文指出，是使用者赋予了教科书生命。文中，作者在介绍法国教科书的编写、使用和培训的过程中，还介绍了许多与法国教科书相关的信息。比如，法国的学校教育体制的历史变化、法国教科书的供应方式、教科书引入课堂的法律规定(即国家对学校教育文化的意识形态内容的控制类型)、法国历史上相继实行的三种教科书制度(国家教科书出版制度、教科书检查制度、不介入制度)、教科书行使的四种主要功能(参照性功能、工具性功能、文化和意识形态功能、资料性功能)及其各功能分配的发展情况、法国有关教科书的论战的核心转变(从意识形态转向教学)、教科书内部组织形式的变化(从线性结构发展到网络状结构)等。这些内容对进一步丰富我们对法国教科书的认识和理解是很有意义的。

建议在学习与研读这篇论文时，可以参照下面两方面进行。

第一，走出文章，进行回味和思考。“读书之法，在循序而渐进，熟读而精思”，思考是和读书相伴的一种精神活动，它使读书从“知道”走向“内化”。教科书是间接知识的载体，其设计与编写质量直接影响着教学的效果，那么编写者在对教科书的内容进行选择和设计的时候，应该考虑哪些因素？在呈现方式上应该注意什么？教师如何在教学实践中选择并有效地使用它？教师应该具备怎样的教材观？教师的教科书素养怎样得以提高？其他国家的教科书制度是怎样的？我在文中得到了什么启示？我还有其他思考吗？善于追问是有利于思考的，在追问的基础上去进一步研读、探寻答案的过程就是深度阅读所应该经历的过程。

第二，联系现实，进行对比阅读。我国的教科书由谁编写？教师如何使用？对教师如何培训？长期以来，我国的教科书属于国定制，由教育部授权人民教育出版社编辑、印制后，由新华书店送到教师手中，教师不参与编写，也无权选择，教科书具有权威性。2001年新课程改革实施后，实行教科书“审定制”，倡导“一纲多本”，扩大了编写者的范围，也将教科书的选择权下放给学校和教师，但就目前的实际情况看，现有的教科书编写队伍并不是自由的，教师对教科书的选择权仍然非常有限，其原因是多方面的。更值得思考的是，政策允许了，教师有编写和选择教科书的可能了，教师具备承担编写和选择教科书的能力素养吗？在使用中，教师的选择权在哪里？教师能选择吗？会选择吗？教科书培训应该侧重于如何去教还是如何去选？教师要具有编写教科书、自由选择、创造性使用的能力，其实这是对教师要求的高标准，只有有能力支配自由的人才能最大程度地发挥自由赋予的价值，教师对教科书的支配期望和支配效果对教师的专业化和责任化提出了新的挑战和更高的要求。我们应该如何应对这些挑战？对比阅读深入思考，也许域外的做法会为我们提供一些新的视角和思路。

(撰写人：陕西师范大学教育学院课程与教学系博士生导师陈晓端教授，博士生李莉)

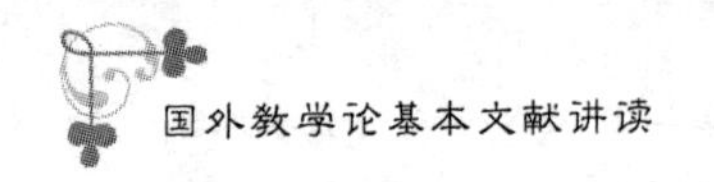

选文正文

也许我们做一番历史回顾不是毫无用处的。一直到20世纪中期法国仍然存在与社会分层相对应的两种平行的学校教育序列(les filières),即一种是面向精英们的教育(所谓的"中等"教育),另一种是面向平民的教育(所谓的"初等"教育),这一不恰当的用词可能会让人们认为"初等教育"是先于"中等教育"进行的,但当时的情况绝非如此。从20世纪20年代就开始(进行)的统一教育体制的(行动)直到20世纪70年代才实现包含三个连续学级的体制。今天原则上所有的法国青年都可以接受这三个水平的教育:

——初等教育(6岁至11岁);

——初中(11岁至15岁);

——普通和技术教育高中以及职业高中。

虽然今天法律规定义务教育的年限为6到16岁,但是大多数的学生从3岁甚至更早就进入母育学校学习了,并一直在教育体制中待到18岁,而且常常超过这一年龄。高中生们准备业士考试,获得(能够)进入综合大学或进行高等教育学习的文凭。

每个学生都会有各门学科的教科书,但是不同的年级有不同的保证教科书供应的方式:在小学,法律规定课堂用书由家长负担,但是事实上地方行政机构(市镇)长期以来替代家长购买教科书,并借给学生在学年中使用;在初中,从1977年开始购买教科书(的任务)就落在国家身上,然后同样借给学生;而在高中,教科书则由家长购置,(学生)拥有所有权,但是近年来,一些当地企业(开始)为购买教科书提供经费。①

如何将教科书引入课堂也是法律规定的对象,而法国的有关法规是世界上最自由的法规之一。我们确实要注意的是,每一个国家都有一种具体的法规来控制其国家学校教育文化的意识形态内容或教学质量。如果说我们在世界上找不出一模一样的法规的话,那么我们可以从中区分出三大类:

- 一些国家推行某种国家教科书出版制度:教育权力机构负责教科书的编写、物质实现和传播,教科书常常是单一的,教师必须使用;
- 在另一些国家,教科书由私人企业生产,行政部门对之进行检查,准许或不准许其在课堂上使用;
- 还有些国家,无论国家一开始是否确定教育内容(教育大纲),它都不介入教科书出版企业之间的竞争。

法国(在历史上)相继实行了三种(教科书)制度:在大革命时期它推行国家教科书出版制度,后来在19世纪的大部分时间里采用过好几种不同的(教科书)检查程序。而自从1880年以来,可以说除了在德国占领时期(1940—1944)

---

① 虽然法国的23个学区中只有5个采取了这些措施,但是涉及43%的高中。

重新恢复过预先检查制度之外，法国的教科书政策没有什么变化。

这一教科书政策建立在三种自由的原则之上：

● 生产的自由：任何出版商都可以出版教科书，只要这些教科书和国民教育部编定的教育大纲相一致就可以了。因此教科书的供应是丰富而多样的，因为一种教科书只是对官方教育大纲的一种可能的解释和阅读。但是教育部长最后保留禁止(使用)“可能有违宪法、道德或法律”的教科书之可能性。近一个世纪以来，这一措施只用过一次，这显示出(法国教科书)体制完善的自我调节能力。

● 选择的自由：自1881年以来，法国的教师们可以在私营出版社生产的大量的图书中自由选择他们的教科书。这一选择是集体进行的，但是至高无上的。每年同一所学校的教师聚集在一起确定学生使用何种教科书(他们为小学的所有学科或为自己在中学所教授的学科选定教科书)。

● 使用的自由：每一位教师按照自己的教学选择和教学背景来使用教科书——他可以比较忠实地遵从教科书(的内容、结构)，也可以只是偶尔参考一下，或者如果他喜欢的话，也可以根本不使用它。早在1883年，于勒·费里(Jules Ferry)部长就对小学教师们说道：“重要的不是书本的行动，而是你们的行动。从某种程度上来说，书本不应该介入您的学生和您之间。书本是为您而作的，而不是相反。”我们看到从这一时期开始，放在教育部署(1e dispositif éducatif)中心的不是书本，而是教师。这种(中心的)转移是可能(实现)的，因为法国很早就重视教师的教育培训了。正是教师的职业化(专业化)和责任化使他们自120多年以来可以没有任何限制地选择自己的工作用具。

选择和使用教科书的是教师，而接受出版商的委托在暑假和休闲时期编写教科书的也是他们。因此，(教科书的)作者是在职的教师，同时他们像其他同事们一样继续“上课”。正因为如此，从19世纪80年代以来，教科书的发展和“基层的”期望紧紧联系在一起：教师们从出版的大量的教科书中采用最符合他们实践的、最适合他们教育环境的书本。

教科书可以行使四种主要功能，随着社会、文化环境、时代、学科和教育水平的不同，各种职能所占比重有所不同。

(1) 参照性功能(une fonction referentielle)(也称课程或大纲功能)(dite encore curriculaire ou programmatique)。教育大纲出现以后，教科书只是对它的忠实表达，抑或在像法国这样推行私营企业之间自由竞争的国家，教科书只是一种对大纲的可能的解释。但是，在任何情况下，教科书都构成了对教育内容的优先支持，构成了某一既定社会群体认为必须传递给年轻一代的知识、技术或技能的保管者。

(2) 工具性功能(une fonction instrumentale)。教科书会使用一些学习方法，提出练习或学习活动，而按照教育背景的不同，这些方法、练习和活动的目

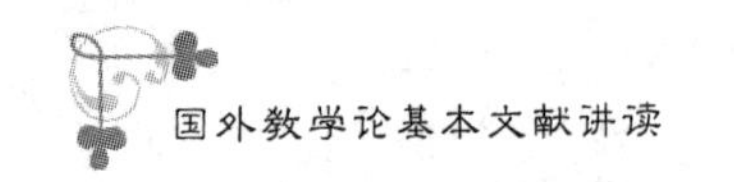

标可能迥然有别：有的是为了促进对知识的记忆，还有的是为了有利于学科能力或横向能力的获得、让学生掌握技能和分析方法或解决方法等等。

(3) 意识形态和文化功能(une fonction ideologiqueet culturelle)。这是教科书最古老的职能。从18世纪末以来，随着联邦帝国(Eeats—nations)的形成和在这一背景中主要教育体制的发展，在西方国家以及殖民地国家(拉丁美洲、非洲等)或受其影响的一些国家(明治时期的日本、19世纪末的中国或朝鲜等)，教科书作为领导阶级的语言、文化和价值观的一种主要载体得以确认。教科书是一种建构重要身份的工具，人们感到它如同钱币或国旗一样，是国家主权的一种象征。由此教科书构成了一种主要的政治砝码。教科书的这一功能注重让青年一代获得文化(甚至在一些极权国家对他们进行思想灌输)。此功能可能以明晰的方式，甚至以过分简单和粗暴的方式，或者还可以以不言明的、偷偷摸摸的、拐弯抹角的而不无有效的方式获得实现。

(4) 资料性功能(une fonction documentaire)。人们认为如果没有指明阅读教科书的方向的话，那么教科书提供了一整套的文本或图像资料，对这些资料的观察和比较能够培养学生的批判精神。(教科书的)这种功能在西方学校教育文化中刚刚出现。它来自于盎格鲁-萨克森的教学传统和儿童心理学家的研究，不过它还远未普及。我们只是在注重儿童个人尝试和重在促进其自主性的教学背景中才会看到教科书的这一职能。

历史分析表明，教科书各类功能的分配在法国和其他西方国家的发展是相当鲜明的。从时间上来说，意识形态和文化功能是第一个出现的：西方最传统的教科书源自于宗教文化，其主要目标，或者说唯一的目标就是向年轻一代灌输一种道德、政治和宗教价值体系。而且他们常常采用一种从教义问答继承来的结构，也就是说他们把问题(由教师提出)和答案(儿童应该牢记于心)交替呈现。在19世纪，随着严格紧密的教育大纲的制定和全部或部分教育大纲的世俗化，参照性功能的重要性大大增加了：它左右着教科书的内在组织，教科书按照刻板的章节来组织，每一章节首先对知识作等级性呈示，然后提出可能的练习。工具性功能的发展稍晚一些，它和19世纪末西方国家出现的对教学问题的深刻思考有关；在法国，教科书这一功能的显现尤其开始于19世纪80年代(当时教科书的选择权已经交给教师了)，当时出现了教学机器(练习、问卷等)过度膨胀的发展。资料性功能的发展意味着教师的培训水平特别高，这是一种新近出现的现象，但是近三十年来却极大地改变了西方很多国家尤其是法国的教科书的结构和使用，我们在下文中将对此进行阐述。

在20世纪20年代以前，法国有关教科书的论战主要是意识形态上的：教科书是学校教育冲突的主要战场之一，从1880年到1914年间国家和天主教在这一方面相互对立。此后，由于儿童心理学家所进行的研究，论战转移到教学方面。

一直到20世纪六七十年代,诋毁教科书者的理由从来没有什么变化,(他们认为)教科书可能只是写给教师的,而非写给学生的;不论学生的学业水平如何,教科书可能把一种统一的进度和节奏强加给教师,因此也强加给学生。而教科书的拥护者们则强调教科书是机会平等的保证,教科书可以让教师有时间进行其他的任务,相对来说不那么繁忙辛苦,等等。在这一阶段后期出现了另一种性质的批评:一些成功的教科书不断重新再版(如1877年至1960年间,Berlin出版社的阅读课本《双重游法国》再版达432次之多),而教科书所描述的社会和学生成长于其中的社会之间的差距却越来越大。

可是从19世纪末到20世纪60年代初,教科书没有发生什么明显的变化:再版的教科书只是做了一些调整,这些调整反映出(教科书)选择程序上的连续性、教学大纲的稳定性和一般所用的教学方法(还不总是如此)。这一时期唯一引人注目的事情是:从20世纪30年代初开始,肖像插图在教科书中所占的分量增加了,这同时具有教学选择和商业动机的性质。

在20世纪60年代,教育民主化使越来越多的、有差异的学生进入初中,然后进入高中;同时(法国政府)也招聘了大量匆匆忙忙接受培训的教师,对于这些教师而言,教科书常常代表着唯一的(工作)向导。当时的学校课本采用线性结构,言辞僵化,这可能促使教师将之当做指令,不加分别地利用。于是毫无判断地(过分奴性地——行政部门的用语)使用课本受到人们激烈的抨击。教育学家C.弗雷奈(Célestin Freinet)的夫人埃丽丝(Elise Freinet)在1969年这样写道:"教科书是一种令人愚钝的方法。它们有时候卑劣地充作官方大纲。"

后来各学科、各年级的教科书或多或少有了一些显著的发展:其内部组织不再必须遵循一种线性的、必要的、不变的推进结构;一些教科书分为自成一体的各个章节,使教师能够按照其他逻辑对之进行重新建构;更普遍的(现象)是,肖像插图的比重大大增加,四色套版方法得以普及,这赋予图像新的功能,不过也使教科书变得更为丰富和冗长。

(教科书)最显著的变化产生于20世纪70年代末,这一变化起源于一个悖论。一方面,从1977年开始,国家负担初中学生的全部教科书费用,政府确定了一项总的财政专款。从单纯的经济逻辑上来说,这一点从教科书很明显地变轻变薄反映出来。另一方面,学生异质化的增强和社会后来为学校确定的任务的增加都需要同样一种工具能够适应日益独特而多样的教育情境。

这一变化触及到教科书本身的性质,人们指责它"实际上替代了教师,而不只是为教师带来一种教学工具"。当教师相对于教科书的优先地位得到重新确认的时候,人们对知识的关注从教科书转向了教师(这在各个学科和各个年级都有或多或少的表现),不久也转到了"课外读物"上。可能在家长们看来,这些如今在超级市场里可以买到的东西就是教师的替代物。这些新的、尺寸恰当的教科书应该同时确保所有的功能:有助于学业获得评估、有利于获取教学方法、提供丰富而多样的资料、展开个体化学业进程等。“教科书应该让教师自由选择适合不同类型学习的教学方法”。

这一变化也触及到教科书的结构。确实(教科书)用法的多样性意味着某种复杂性,而目前大多数教科书采用的结构中交叠着几种层次。如果翻阅一本教科书,我们很多人会注意到它主要由一些跨页(de doubles pages)或多或少有规则地连续衔接而成。后来跨页构成了教科书的基本单位。它(主要)包括一系列课文、照片、图表、图解等。而正是教科书的空间布置、排版(字体样式、粗细、笔划、风格和颜色等)和具体说明索引(包括符号、图画文字或颜色代号等)赋予每一个因素(课文或说明)一种具体而不变的功能,这一功能在每一本教科书中反复出现。后来教科书的结构是网状的,在一本教科书中,排版和拼版都具有教学论言语的性质。

在这样的背景中,教师成为教科书的主要启动者:他要按照确定的(教学)目标和面对的学生自己把或让学生把这些支离破碎的因素和谐地编织在一起,在多种可能性中确定一条(教学)线路,在需要和恰当的时候增加一些必要的内容因素和其他支持。这样,教科书通过牺牲内容来实现工具化,它越来越不像参照的工具或单单让学生读的书了:它倾向于成为教师的“工具箱”(一些人士毫不犹豫地使用这样的字眼)。

教科书不仅是教师的教学辅助品,它也应该在学生独立完成不同学业的时候为他们提供帮助。(教科书中)有两种因素主要发挥这一功能:其一,目录让学生能够方便地找到课本的各个专栏(预备活动、摘要、评估练习等),而且不同的颜色和排版分别将这些专栏呈现出来;其二,索引可以让学生定位和接近分散在课本中的概念,它构成了一种让学生理解和自主使用新技术的绝妙的预备教育。

教科书“应该避免把学生和教师封闭在一种过于强制性的方法步骤里”,如今它就像一种多重的、灵活而有弹性的工具,对它的使用意味着(甚至要求)要掌握新的能力。从索引进入(的方法)类似于信息化资料查询中所使用的策略和程序,而课本中出现的各种参照符号可以有多种(形式和性质的)联系,使用者被邀请按照超文本或超媒介(hypertextuel ou hypermediatique)环境中的所作所为来激活这些符号。以前人们是读教科书(线性结构和时序性视角);昨天人们还是在教科书中阅读(乔木状结构和等级性视角);而今天人们要在教科书中游历(网状结构和超文本视角)。

我们看到如今关于教科书的讨论不可能省略对新的信息和沟通技术的贡献及使用加以思考。由此人们似乎倾向于对教科书和应用于教育的各种信息与沟通技术进行角色再分配,后者已经深刻改变了出版的策略和过程。当然做出预测不是一个历史学家的事情,但是很多人认为在某些条件下,更为开放和丰富的教育信息和沟通技术可能担负资料、评估和模拟的功能,而如今这些功

能是由课本来发挥的。教科书重新成为一本书后可能会恢复一部分参考功能，而课外读物实际上已经抢去了这部分功能；教科书可能会确保知识的结构化功能，在一个知识分裂常常诱发“经常更换频道”行为的世界里，这种结构化是必不可少的。不可辩驳的是，在长期受到保守教育家们的批评之后，在1968年被很多注重口述性（教学）和小组学习的教师丢弃之后，在或多或少被活动教学法开除和受到（人们）无节制使用复印件的竞争之后，近十多年来教科书在西方再次得到人们的关注，有关学术文章和会议的增加证明教科书的地位获得了恢复。在法国发行量很大的教学杂志《教学手册》(les Cahiers pédagogiques)曾经在1975年3月号上疾呼：“教科书：危险！”而在1998年12月号上却对其22年前的判断进行了修正，它承认教科书所具有的全部教学意义。

如果说教科书名誉的恢复在对选择和使用教科书常常感到束手无策的教师和教学实践中尚未反映出的话，那么这在很大程度上是由于培训不足造成的。这正是在总督导的报告中所强调的，总督导在1998年的报告中第一次关注教科书问题：“大多数教师从来没有受过指导，来按照学生需要对教科书进行思考和使用。在职前培训中，未来的教师们有时候学习在课堂上利用一些因素（资料、图像等），但是他们从来没有受过指导，对自己的角色加以思考。”当教师们在某一培训中涉及教科书的时候，实际上几乎绝对是在一种学科的框架中进行的，学科框架优先于教学法维度。于是人们甚至在没有察觉的时候便放弃了一整套的参数，这些参数是所有学科所共有的（按照不同的比重），我们应该经常结合学生们对这些参数的利用情况来加以了解。报告者得出结论：“对教科书和其角色的重新定义从一开始就意味着是一种师资培训。”

几年以来，和教育体制的各种伙伴尤其是和出版商的接触，促使我对如何帮助教师选择和利用教科书（不论是否他们自己选择的）的手段进行了思考。

首先（我们）应该明确指出法国不存在关于教科书的行政评估，而且教师可能对这样的评估十分敌视；或许通过一些“准许的”途径（教学杂志、因特网地址、比较有经验的同事等）获得见解可能比较明智，但是我们应该意识到这些见解只制约提出者本人，它们一定是不考虑具体背景的。而且不可能也不希望建立一个“客观”而简单的“标准”表来引导人们自然而然地选择教科书。另外，大多数这些所谓的“客观标准”可能为人们提供一些赞成或反对的理由，进而保留或放弃其所描述的教科书：某本教科书可能因为页数少而受到某位教师的青睐（作者直入主题），而另一位教师则认为它过于简明扼要。确实每个人都能够证实适用于某班某一教师的教科书不一定适合另一个班级另一位教师（而且也不一定适合同一班级的另一位教师）。同样的，各种研究机构或教师联合会制定的“分析表格”(les grilles d'analyse)常常会产生相反的结果：或者这些表格的复杂性使之无法使用，或者他们将使用者封闭在一份问卷当中，如果说问卷让

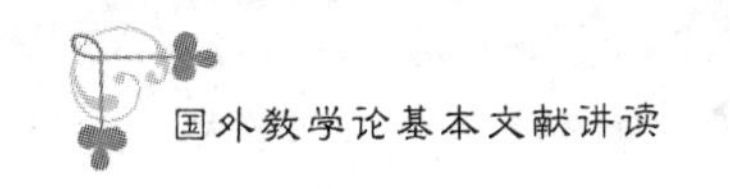

使用者疑虑顿消，但却夺去了他们自主思考（的快乐），确切地说在我们看来这似乎有违其当初的目的。

培训的第一个目标其实是让教师在接受关于教科书、教科书的历史、生产条件等因素之后自己编制一些概念性的工具，使之能够更好地选择和利用教科书。随着他获得经验的增加，这些工具自然是日臻完善的。如果说这些工具从教师和同事们在培训的交流和讨论中得到完善，它们也是个人思考的结果。

为了促进这一目标的实现，人们已经提出应该引领教师明确自己的期望，形成一定数量的“开放性问题”（即他不能仅仅满足于用“是”或“否”来回答的问题）。归根结底，更重要的是他提出的问题而不是他给出的回答。

第二个目标，无疑也是最重要的目标，是教师能够让学生自主地面对教科书，“逐步引导学生有规律地、经常地、理性而中肯地使用手里的教科书”。这种“将逐步帮助学生独自获得知识”的学习是《教育指导法》中所发布原则的主线，1989 年的《教育指导法》把学生放在教育体制的中心，它特别指出“学校应该让学生获得某种知识，并通过自己的活动建构其人格”。这自然以教师完美地掌握教科书的运作为前提。

为了达到这一目标，最为有效的手段之一是把教师置于和学生一样的情境之中。比如建议教师把不属于自己所教学科和年级的教科书加以解析：这样做是为了造成教师和教科书之间的某种距离，限制他采取一种不同的视点。几年以来我一直在巴黎师资培训大学及学院（IUFM）进行试验性培训，培训结果无数次证实，一名教师在他掌握的、熟悉的某一学科环境中能够完全自如地解析出教科书的内隐因素，而他在面对另一学科教科书的时候会和学生一样遭遇到严重的困难；当不再被教学内容搅得头昏脑胀的时候，他可以对（教科书）的机能障碍明察秋毫，能够关注平常所忽视的另一些方面（他从中有所斩获），关注对教科书工具性和（可用）能力的分析，这些能力随后可以迁移到这位教师所教学科的课本之中。

在这类培训中所进行的活动按照其目标可以分为三类：

- 有一些活动试图通过对一本教科书的观察或几本教科书的比较，一方面揭示出教科书设计者所供物的特征和多样性，另一方面显现出使用者的各种期望（应该明确提出）。
- 还有一些活动是为了让教师编制（或重建）一整套复杂体系，其中包括对某一本教科书的使用方法、评估工具等。
- 最后，有一些活动是让培训生把一种工具应用在一本或几本教科书上，这种工具或者是他在学习的时候所学的（因此应用旨在获得被认为先验有效的工具），或者自己建构的（因此应用在于对工具进行批评，来使之得以完善和卓有成效），这正是我们所追求的目标。

对已经在职的教师来说，这种培训是通过编制培训工具或自我培训工具来进行的。1996 年，我密切参与了一本小册子的编写工作，教育出版商和国民教育部为了让初中教师认识到教科书选择所具有的重要性，同时出版了这本小册子：其中它为教师们提供了一个“发动机试验平台”，也就是一整套为了阐明教师们自己的选择标准而能够加以讨论的问题。同样，我还参与编制了关于教科书选择和使用的自我培训软盘，出版商们可能不久会推出来为不同年级的教师所使用。

于是我们看到关于教科书的使用（选择）而进行的任何思考都涉及一个比较宽阔的背景：它尤其反映了人们认为教科书所为之服务的学习目标和教师在课堂上的真实实践之间的关系。虽说为了提高教科书的学术质量和教学质量而进行研究是必不可少的（很多国家都做过这样的工作），但是这可能还不够。教科书只是一些工具，只是其他工具中的一部分：如果没有人对之加以使用，它什么都不是，使用者赋予它生命。在师资的职前和继续教育中不要忽视教科书问题的意义就在于此。

（汪　凌　译）

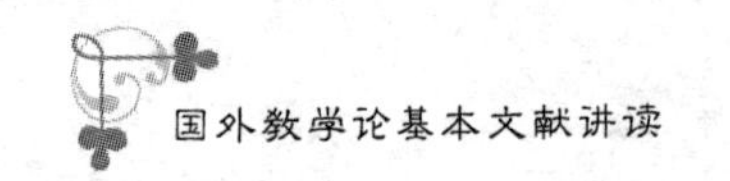

选择教材的必要条件[①]

竹中辉夫

作者简介

竹中辉夫，日本著名教育实践家，曾任小学教师和小学校长，国立和歌山大学教育学部非常勤讲师(即客座讲师)。他不仅拥有丰富的教育实践经验，而且对许多教育问题还有自己的理论思考。他撰写的《选择教材的必要条件》(又译《选择教材的视点》)一文，在日本课程与教学研究界有着重要的影响。在文中，他从“推进儿童的探究与思考”、“保障教材的连锁性”、“使儿童的解释发生质的深化”三个视点出发，深刻地阐述了选择教材时必须考虑的七个必要条件。

选文简介、点评

改革开放以来，在逐渐摆脱了苏联教育教学模式的影响后，如何根据我国社会历史条件与教育教学的具体情况，选编适合中小学教学需要的教材，一直是学界和社会思考的热点问题之一，与之相伴的研究成果也颇为丰富。综观当前已有成果，不难看出学界对此论题的关注大多侧重于微观层面，即关于教材编写的功能转移、技术提高、内容更新、价值转化等，同时有向纵横两方面不断掘进的趋势。毋庸置疑，不断细化和深入对教材编写本身的思考与探究，必然可以对当下及未来的教材编写起到积极的促进作用。但是，面对多样化的教材，如何从中选择有价值的教材是一项系统工程，如果没有行之有效的、具有普遍适用性的选择依据和标准，那么选择主体的差异和客观条件的不同都会影响优秀教材发挥效用。对于这一问题，国内的关注还相对较少。日本学者竹中辉夫就选择教材的必要条件进行了有益的研究，也为我们提供了有益的参考。

在《选择教材的必要条件》一文中，竹中辉夫首先对教材的概念进行了厘定。在我国的学校课程与教学中，教材通常就是指由权威专家学者编写的、统一出版社出版的、教育行政部门和个别具有自主权的学校选定的教科书。通过竹中辉夫的介绍可以看出，这种情形同样存在于日本。因此，讨论对象的高度趋同有利于我们从中吸取有效经验。他认为如上述所产生的所谓教材，充其量“只能被称为学习用具或教具”。因此，他以教材是否具备教育价值为标准，重

① [日]竹中辉夫.选择教材的必要条件[J].乔军，许芳，译.全球教育展望，2004(12)：29-33.

新界定了教材的所指与范围。所谓教育价值,在他认为有特定的所指,即积极、有效地促发儿童人格的养成。以之为据,在教学过程中能够产生此种作用的载体才可称其为教材,否则只能是教具。以此为视角,他对教材进行了事实型、解释型、解释方法型三种类型的划分。

其次,在教材类型划分的基础上,竹中辉夫提出选择教材的三条具体标准,分别为推进儿童的探究与思考、教材的连锁性、儿童解释力的深化。关于第一条,他认为不仅是选择教材的标准,而且是教学的本质所在。教学的出发点就是根据受众的实际能力和潜在需求,寻找合适的方式,不断调动和激发他们的主观能动性,教材选择也理应围绕此重心展开。关于第二条,他认为教材本身的内容即所包含的事实和解释并非是无源之水、无本之木,实质上是社会历史的反应和表达,与日常生活具有天然的亲缘性。所以无论如何,教材的内容都只是异彩纷呈的现实生活的一种特殊映射。无论解释主体如何转移,对固定内容的解释都不能脱离教材之外的关照,同时解释本身也不能囿于有限的规制,相反要在开放视域的范导下,对其尽可能展开合理的发挥与勾连。在前两条顺利实施的前提下,第三条儿童解释力的深化才会获得强有力的保障。因为第一条会使儿童逐步积累、扩充知识的储备,第二条可以为儿童思考和探究的整体推进提供丰富的刺激和可能。唯有如此,才可以最大限度地使得儿童在整合已有经验的基础上,拓展他们的思维、激发他们的兴趣,最终促进他们的解释逐步产生质的深化。

最后,在明晰教材选择标准的前提下,竹中辉夫从可操作层面给出具体的实施建议。就如何利用教材推进儿童的探究与思考而言,竹中辉夫通过例证指出,"教材对于重新建构儿童现有的经验和知识体系能起多大作用"和"教材能够引发儿童提出和探究什么样的问题"是判别教材是否有效的重要参考要素。就教材的连锁性而言,竹中辉夫认为三个因素必须重视,即教材的所指、理解教材的条件以及教材蕴涵新视点的可能性大小。只有综合考量这三个要素,所选教材才不至于流于干瘪和苍白。就促进儿童解释力发生质的深化而言,竹中辉夫视儿童学习行为为多重交互过程,强调教材必须能够提供给儿童充裕的、可资通过多种方式进行互动的科学研究因素(对事实的解释)。同时,为了促使儿童探究活动不断动态地前进,他指出教材必须具备搭载、接引儿童走向事物核心的因素。只有满足这两方面的要求,儿童解释力才能够持续深化。

综上所述,竹中辉夫以对教材概念的厘定为起点,强调教材的核心作用是促进儿童的人格养成。与此相应,他认为选择教材必须以推进儿童的探究和思考、具有连锁性、儿童解释力可以不断深化这三方面内容为基本原则。他进一步通过举例说明等方式详细阐发其理由和根据,并且指出每条原则的实践途径。他通过翔实分析,深入地对选择教材的必要条件展开细致地讨论,对我们当下思考中小学教材的选编问题具有积极的启示与借鉴意义。

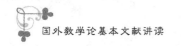

教材作为学程与教程的共同依据，必须体现教法和学法的一致性，其深度和广度必须体现课程标准和学生的可接受性的一致性。多样化的教学改革必然要求有多样化的教材，而教材的选择必须以儿童的需要和发展为着眼点，注重教材与学习主体之间的内在关系，在充分关注教材的智力价值的同时，关注其发展价值、情感价值，即意味着教材的选择应兼顾理智与情感并重、知识体系与人格养成并重的新标准。

（撰写人：陕西师范大学教育学院课程与教学系博士生导师陈晓端教授，博士生马志颖）

选文正文

序

日本的学校曾经统一使用文部省指定的所谓国定教科书，教师不得不遵循国家制定的教学细则实施教学。因此，教师根本没有自由去探讨教学时该用什么作为教材、怎么选择教材之类的问题。受这种背景的影响，不少教师至今仍习惯于依赖文部省制定的《学习指导要领》和由其审定的教科书。甚至有些教师把《学习指导要领》和教科书奉为金科玉律，对其超出一般程度地顺从。

在日本，教育一直被视为是由上一代向下一代传授文化遗产（文化中的文化）的事业。在潜意识中始终认为，教材就是来自于文化遗产之中，就应该由各个领域的专家及教育界的权威来甄选，普通教师是根本没有能力来参与这项工作的。

受这种观念的影响，日本教师不太去探究"何谓教材"、"以何标准来选择教材"等问题，而且也几乎没有学校将此当做重要的课题进行正面研讨。

但是，对于教师来说，选择教材却是极其重要的工作。笔者从当前现状出发，针对教材选择问题阐述一己之见。

一、何谓教材

在探讨教材选择问题的时候，离不开对"教材是什么"这一教材本体论的思考。

至今仍然有不少人把教材解释为被物质化的教育内容，比如标本、模型、地图、作业册等等。"教材基准"、"教材专卖书店"等词汇之所以一直在被使用，就是这个原因。但是，正如长坂端午和小川太郎所指出的那样，这些东西只能被称为学习用具或教具。

教材应该指含有教育价值的材料。比如，在课堂上教师使用教科书中的文章或者计算题指导学生学习时，这种文章和计算题中所包含的具有教育价值的

材料就是教材。还有,当教师把学生们的画拿出来让他们互相品评,或者利用学生和教师做的图表引导他们思考的时候,这些图画、图表中所包含的有教育价值的材料也可被称为教材。

所以,教材应该被定义为含有教育价值的材料。以此定义为基础,笔者将其分为三种类型。

(一) 各种事实(事态)

这里所说的事实,就如我在后文中所要阐述的那样,必须是能够动摇儿童思想的东西,是儿童在探究自然、社会、艺术等的过程中必然会遇到的事实(事态)。

(二) 对事实的解释

比如,数学中的概念和定律、科研成果和学术研究的产物,或者是在文学作品中所表现出来的作者的主张,等等,都可以说是对各种事实的解释。另外,教师和儿童对某一事实的解释也可以被当做教材。

(三) 得出解释的方法

比如,在自然课上为了得出某种解释而采用的实验方法,在语文课上将某一文章分段进行分析的方法,等等。

二、选择教材的依据

儿童的周围存在着无数的事实、解释和方法。并且,以后还会不断地产生更多新事实、新解释和新方法。那么在这无数的事实、解释和方法当中,应该依据什么来选择合适的教材呢?

一般来讲,许多人首先会想到根据当今社会的需要和课题来选择教材。对照当今社会的需要和课题来判断“孰轻孰重”,这样进行选择固然非常重要。但是,遗憾的是,仅从这样的视角出发来选择的教材偏离了教育在人格养成这一层面上的任务。

教材要成为名副其实的、在人格养成上发挥作用的东西,就必须做到真正被每一个儿童接纳,并且能够深入到他们的内心世界。即使是根据社会的需求和课题选择出来的教材,如果得不到儿童认可的话,就会像对牛弹琴一样,变得毫无意义。社会的需要和课题只有通过儿童发自内部的成长、出自内心的变化才能得以实现。所以,忽略儿童这方面的因素来选择教材就像在沙滩上盖高楼一样,没有稳固的根基。

但是,通常我们在选择教材时,往往会倾向于优先考虑来自社会的需求,将其放在第一位,却轻视来自儿童的需要。关于这一点,由于篇幅的关系,这里不作详细的展开。确实在很多关于教材的争论中,常常看不到儿童这一因素的存在。笔者认为,教材选择归根到底要以儿童(被教育者)为原点,儿童的需要才应是第一位的。

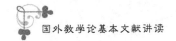

笔者认为教材的选择应该依据以下三个方面的条件，只有满足了这三个方面的条件，教材才能作为真正的教材发挥应有的作用。当然，在课堂上，这三个方面并不是各自为政、互不相关的。它们是在密不可分的关系中，发挥着教材的作用。

（一）推进儿童的探究与思考

儿童不断地在直接或间接地与外界事物和现象的接触中，推进对自然、社会和艺术等的探索与思考。可以说教育的核心任务就是促进儿童的这种探索与思考。

因此，有责任心和爱心的教师就是要将心血倾注于提高学生的学习欲望，使他们的探索和思考始终充满活力和新意。有一位教师说过："当学生们燃起了强烈的求知欲和好奇心时，教学就已经成功了一半。"这只是一句很平常的话，但却直指教学的核心。

选择教材的时候，这一核心也不能轻视。教师如果想使学生的探索和思考从现有水平发展至更有意义的层次，那么就要在选择和编排教材的时候，了解学生到底"需要什么"、"为何需要"。教材只有呼应了学生自己的探究时，才能发挥它的作用，实现它的价值。

（二）从教材的连锁性出发

每份教材所包含的事实和解释都不是孤立存在的。这些事实和解释无论在何时，都与教材以外的各种事实和解释相结合或者相对立，关系极其密切。

由此可见，所谓选用一个教材，就是将该教材中包含的事实和解释与跟它们有关联的未知的事实和解释或者已知的事实和解释之间的连锁关系提取出来呈现给学生。

因此，可以认为正是通过某一教材的选用，儿童才有可能以教材为媒介去接近各种未知的事实和解释，并统整和发展既有的经验和知识。

笔者想把教材的这种特性称为教材的连锁性（或扩展性），并认为在选择教材时，应该从教材的连锁性出发。当所选的教材和儿童的探究相呼应时，这种连锁性就会被发挥出来，从而更进一步扩展儿童的视野，深化他们的思维。

（三）使儿童的解释发生质的深化

儿童自发的探究往往是盲目的。教师若不对此进行及时、悉心指导的话，就会使儿童的探究流于无意义的反复。以儿童的自主探究为核心而开展教学的教师就常常会遇到这种问题。

教师必须循序渐进地推进儿童的探究和思考使其发生质的深化。换言之，就是帮助儿童把对各种事物、现象的解释，在经过内心的反复斗争后上升为更接近事物的本质与核心的认识。

研究怎样才能让儿童更接近事物的本质与核心，怎样才能让他们由枝节末端去接近主干，这是选择教材时必不可少的工作。

三、为了推进儿童的探究与思考

下面让我们来对“如何选择教材”这一研究作更具体的考察。

笔者认为只有帮助儿童拓展对自然、社会、艺术等方面的探究才是教育的中心工作。从这个立场出发，笔者列出下述教材选择的必要条件。

第一，必须考虑“所选的教材对于重新建构儿童现有的经验和知识体系能起到多大作用”。

笔者在此想以舞鹤市S小学二年级学生在参观了消防队后所写的作文为例，来说明这个问题。

“消防队员轮流在消防台上观察。那上面又有风向针又有风力针呢！为什么要有这些东西呢，我可弄明白了！因为那种时候要是遇上了火灾可就危险了！

发生火灾时要打电话给电力公司，让他们掐断电源，让煤气公司停掉煤气，还要通知自来水公司多放些水……这些事情，我以前从没想过。消防队员在火灾发生时，顺着滑竿一下子就能出动了。他们为了赶快去救火真是费了不少心思。

警察在抓坏人的时候很危险，但是消防队员们在火灾现场灭火时也很危险！消防队的叔叔还问了我们家里的情况，那是担心我们家里发生火灾呢！”

这是一篇看起来平平常常的作文。但是只要用心体会一下，就会发现这个学生在进行自主地探索和思考，而且将自己的思索结果叙述得井井有条。

在这个学生的作文背后，可以看到非常有条理的逻辑思维：强风→用来观测强风的风向针和风力针→火灾的发生→与电力公司、煤气公司、自来水公司等的联络→消防队员的快速出动→危险的灭火工作→为避免火灾发生而做的各种工作→消防队所进行的防火宣传。而且难能可贵的是，他能够联想到过去所学的关于警察的相关知识，说明消防是一项有生命危险的工作。

如果这个学生所要表达的东西只是到此为止，那么笔者也不会在本文里特意为此花费笔墨。作文里还有这么一段话耐人寻味：

“记得一年级时，有一次妈妈在田里除杂草。这时不知从哪儿传来了噼噼啪啪的声音，我一看原来发生了山林火灾。那里直到现在还有那次火灾后留下的痕迹。当时村子里的人们都赶去灭火了。火灾一旦发生就得赶紧扑灭，可是从城里派消防车到小仓要花很多时间，所以村里就成立了一个消防团，一旦发生火灾就能够马上去灭火。”

“村里暂时还没有像城里那样的消火栓，不过有灭火用的蓄水池，上次有个男的往蓄水池里扔石头，受到了指责。消防团的叔叔为了惩罚那个人，让他去河里捞鱼再放到蓄水池里。现在蓄水池里养着鱼，我想那是为了不让水变脏吧。”（下略）

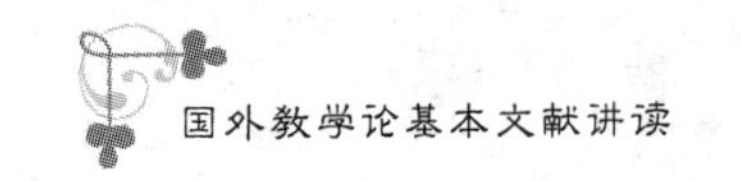

读到这里,笔者的心被深深打动了。这个学生以过去的经验、知识为立足点,用它们来和新的经验及知识进行交锋与对抗,进而努力把这些东西都联系起来,重新建构既有的经验和知识。

所以,教材的选择应该着眼于儿童对新旧知识的联系和建构之上。要反复推敲所选的教材能够调动儿童多少既有的经验和知识,并且能够在多大程度上动摇他们各自的经验和知识的保存方式(知识的排序方式),从而进一步促使他们能够更深、更广、更准确地思考问题,实现认识的新飞跃。

第二,必须考虑“所选的教材能够引发儿童提出和探究什么样的问题”。

当教师所提示的教材能和儿童想要探索和思考的东西相呼应时,就容易展开生动活泼的、有效的教学活动。许多教学记录都证明了这一点。儿童在与教材碰撞中会产生各种问题,在解决问题的过程中,常常会发现在自己的思维中存在着各种各样的矛盾(缺陷、破绽、分裂、盲点等)。而这些东西会进一步驱使他们继续探究。很多教师对此都深有同感。有责任心和爱心的教师在教学的初级阶段,常会预先从多种视角来对某一事实和知识(对事实的解释)进行调查(评价),推测儿童对这一教材可能做出的反应和疑问。其实这些都是着眼于所提示的教材到底会使儿童产生什么样的疑问这一点来进行的。

这些事实告诉我们:教材要成为真正好的教材,就必须具备激发儿童质疑冲动的足够条件。

但是,有人错以为疑问是来自儿童内部的个人产物。不可否认,疑问在任何时候都是因儿童而产生的,但它并不是由儿童自然产生的。疑问是因儿童的内心世界与外部世界中的事实和解释发生接触、碰撞才产生的。可以说,正是这种接触、碰撞才形成疑问的母体。疑问就是在儿童和教材两方面的条件相呼应的基础上产生的,如果所选的教材不能引发儿童质疑的冲动,那么只能遗憾地说,疑问本身也就不可能产生。

如前所述那种儿童对经验和知识的再建构,实际上也是通过质疑才成为可能。

四、从教材的连锁性出发

第三,必须思考“用这份教材可以表达什么”。

如前所述,选择了一个教材,也就意味着要揭示出这个教材里所包含的事实、解释及其背后种种未知或既知事物的关联性。

因此,可以说,选择某个教材,换一个角度来讲,就是从各种各样的事实、解释的连锁体(总体)中,截取一个断面。

比如,小学五年级的社会科教科书例举了某县一家农户的情况作为说明日本农业的特色的例子;列举某市发生的一起真实的公害事件,让儿童认识公害这一现象;在小学六年级的历史部分,教科书列举了不同时期具有代表性的历

史人物和故事。这些都只是从有关日本的农业、公害问题以及与历史相关的众多事实和解释的连锁体(总体)之中所截取的某一侧面而已。

教师在选择教材的时候,总会截取这样一些侧面,让教材的每个部分都能表达些什么。与此同时,教师也期待儿童能以此为据点和媒介,伸展探索各种事实和解释的触角。

以上所介绍的选择教材的方法,并非是从最近才开始受到重视的。战前、战后,在选择各门学科或各个领域的“典型教材”、“范例教材”时,也都采用过这种方法。从教材的连锁性来看,这样的教材选择方法才是理所当然的、最合理的方法。

而且,这样的方法不仅局限在选择教材上。比如,有许多教师在组织参观工厂、车站等地方的时候,会仔细考虑到底让儿童参观哪个部分,并事先亲临现场考察、挑选合适的部分;在上语文课前,教师们经常要讨论选择一篇文章中的哪个段落作为重点和高潮让学生阅读;还有,当教师决定在课堂上选择哪个学生的作文或绘画作品作为范例之前,会预先从各个角度来审视儿童的作品;在上自然课前,教师常常煞费苦心地挑选值得让学生去观察的事实。

教师选择某个教材,是希望通过这个教材来表明什么,换言之就是,为了让这个教材能代言什么而要考虑应该选取怎样的事实和解释的某一个断面。把握这一点是教材选择的必要条件。

第四,必须探明“理解这份教材需要哪些必要的先行经验和知识”。

当儿童的探究活动不断深入的时候,他们对于事实的解释会不断地发展。而教材本身也就是在不断发展更新的过程中产生的。这两者是密切相关的。

但是,在实际教学中常常会出现这种情况:教师在课堂上提示某个教材时,由于儿童预先积累的既有经验和知识不够充分,导致教学受挫,教材预期的效果得不到充分挥发。相信老师们都有过这种经历。因此,为了使将要提示给学生的教材所包含的特性和要素得到有效的发挥,就必须认真的考虑和分析应该让儿童积累哪些先行的经验和知识。

这种时候千万不能忽视教材的连锁性。此前笔者也曾再三强调过,蕴涵在某个教材里的事实、解释是与其他事实、解释相关联的。所以想要把握、理解蕴涵在某个教材里的事实和解释,可以用其他的事实和解释来作为接近的媒介。就像条条大路通罗马一样,以各种各样的事实和解释为媒介,从多种多样的角度出发,就可接近蕴涵在某个教材里的事实和解释。

为学习某个教材而必需预备的先行经验和知识并非只是一种事实和解释。而教师有时会在不经意中忽略了这一点。接近某一教材所包含的事实和解释的途径是多种多样的,所以我们有必要从多方面考察这个教材与先行经验和知识之间的关系。而且,它们之间的关系不能单凭教师的逻辑来理解。更确切地说,站在儿童的立场上(立足于儿童的逻辑)来考虑才是最有效的。

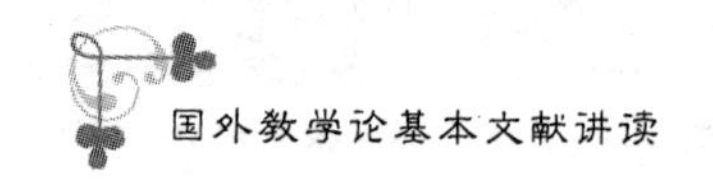

第五，应反复推敲“该教材蕴涵着多少可生成新视点的契机”。

在课堂上，学生常常会发现新的视点（也可以说是新问题），有时连老师都未曾想到过。这是因为，当学生从某个视点出发与教材碰撞而碰壁时，他们会想方设法寻找解答疑问的方法，在这个过程中他们会发现迄今为止没有注意到的各种事实和解释之间的联系。学生的探究和思考会以此为契机得到更加深入的发展。

一味地追求将教材中所揭示的事实和解释灌输给学生的教师，他们或许没有这方面的体验，当然也不会意识到教材中蕴涵着诱发儿童产生新视点的因素。与此相反，那些注重儿童自主探索的教师则会有很多这方面的体验。如果缺乏有着强烈求知欲的儿童与教材之间发生的猛烈撞击，孕育新视点的契机就决不可能产生。

如前所述，教材中蕴涵着接近事实和解释的各种途径，同时也蕴涵着孕育新视点（新问题）、生成新教材的契机。这种契机也可以看做是一个教材生成出另一个新教材的必然性，也可以说它是联系儿童和教材的纽带。所以在选择教材时，对某一份教材中到底蕴涵着多少可以生成新视点的契机进行探讨是极其重要的。

五、为了使儿童的解释发生质的深化

第六，必须明确“所要选择的教材中是否包含着能让儿童与科学研究成果进行交锋和对抗的要素”。

儿童会在教学的各个环节中，质疑或者引用科学研究的成果。这是儿童渴望让自己的探究得到质的提升的表现。他们在不断地寻求对事实更准确的解释和可行的问题解决方法。我们选择教材时必须考虑如何应对学生的这种要求。

之所以必须在教材中包含或多或少的科学研究成果等内容，也是为了满足儿童的这一需求。

有许多人认为，将科学研究成果教授给儿童就是教育的核心工作，科学成果的“优秀解说者”就可以成为“优秀的教授者”。当然笔者不否认这些在教育中的必要性。不过，这只是一种片面认识。当教师把儿童对科学成果的探究与教师传授科学成果简单地、片面地联系起来的时候，教育就变成非生产性的了。

我们可以把儿童探究、学习科学成果的行为理解为他们将自己对事实的解释与其他的解释进行交锋、对抗的过程。儿童常常把自己的看法和想法倾诉给同伴，也期望能听到同伴的想法和解释。在自己的解释与他人的解释发生交锋、对抗的过程中，他们的解释同时得到新的发展，思想变得更加成熟。这种交锋、对抗也发生在儿童与家长、与教师之间。为此，对于教师来说，课堂就是产生这种对抗的场所，应该有意识地激化这种对抗。

虽然让儿童获得科学知识的重要性不言而喻，但是在这个教育行为过程中，科学成果应该作为传授的对象还是应该作为与儿童的认识（解释）产生碰撞

和对抗的对象来把握，这不仅会影响对教材的把握，还会使教学目标、教学方法、学习过程和评价等产生很大的差异。笔者把科学成果视为对各种事实的解释，是立足于后者之上的。

有的教师误以为科学成果就是科学研究的终点。某个科学成果在某个特定的时间里，也许达到了顶点，但它同时又是仍未完成的假设。将其视为科学研究的终点的教师与将其视为过渡性的产物的教师，在引用作为教材的科学成果时，他们的方式表面看似差别不大，但实际上却相去甚远。盲目地把科学成果作为绝对的真理灌输给儿童是我们所不希望的。

也有人主张不管怎样，先把最基础的知识(科学成果)传授给儿童，如果没有基础知识，就不可能进行科学创造。但是，对于什么是“科学的基础”，每个人有不同的理解。不用说对此还没有定论，就算它已经有了明确的定义，也不能想象单靠科学知识的传授就能产生真正让这些科学成果发挥有效作用的行为。

在科学研究上有所贡献的人都曾经为“自己应该探究什么”而困惑过，并且他们会让自己的探究和现有的科学成果进行碰撞和对抗。以这种碰撞为前提，已有的科学成果必然会出现在他们探究的过程中，并且被吸收。正是这样，所获取的科学成果才能真正发挥它的作用。笔者认为正是这种获得科学成果的方法应该受到重视。笔者把教育的核心置于“探究的发展”上，强调与已有的科学成果进行碰撞和对抗，就是因为希望各位重视这种“科学成果的获取方法”。

根据上述思想，教师在将科学成果作为教材应用于教学活动时，需要学会一种使科学成果自然地组合于学生自主探究的线路之中的教材选择方法。

第七，要研究“在所选择的教材是否包含着能够不断逼近事物核心的要素”。

如前所述，儿童的探究不能流于无意义的反复，也就是不能总在原地打转，必须一步一步地逼近事物的核心、抓住事物的本质。

最近，小学社会科教科书中关于公害的叙述内容在国会上成为争议的话题，并受到社会的关注。因此，对教科书的修改和对学习指导要领一部分内容的修订也已经被提到日程上来了。教科书中关于公害问题的叙述不够准确是问题的起因。但是，不能否认许多教科书关于公害问题的阐述反而阻碍了学生对公害这一事实的探究和思考。

教师总是期待着儿童的探究能够一步一步地逼近事物的核心，抓住事物的本质。而且儿童也努力在错综复杂的事实关系中以自己的方式分辨事物的枝叶、基干与核心。儿童所潜藏的这种无限的发展可能性常常使我们受到很大震撼。

综上所述，在选择教材时，我们必须反复斟酌的是，对于儿童来说，所选择的教材是否包含着足以激发他们去逼近事物核心的要素。

(乔　军　许　芳　译　沈晓敏　校)

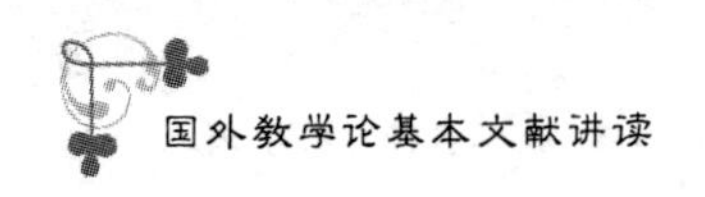

专题拓展阅读文献

1. [南非] Crain Soudien. 拓展我们的教育质量观:重新发现教育目的[J]. 王远达,译. 比较教育研究,2012(3).

2. [爱沙尼亚]Veronika Kalmus. 学生与课本如何相互作用:通过教育媒介来研究社会化的方法论问题[J]. 周险峰,译. 华东师范大学学报:教育科学版,2005(1).

3. [美] 阿伦·奥恩斯坦,等. 当代课程问题[M]. 余强,主译. 杭州:浙江教育出版社,2004.

4. [印度]迪希姆库. 对创造性教学目标的分类[J]. 夏惠贤,译. 外国中小学教育,1992(3).

5. [美]David K. Cohen, Stephen W. Raudenbush, Deborah L. Ball. 资源、教学与研究 [J]. 彭胜来,译. 华东师范大学学报:教育科学版,2001(4).

6. [日]西之园晴夫. 学科教学中教材教具的功能[J]. 钟启泉,译. 外国教育资料,1992(2).

7. [日]中野和光. 教材编制与教学过程[J]. 钟言,译. 外国教育资料,1991(1).

8. [苏]克里沃斯基. 教育学教科书应该是怎样的? [J]. 辛海,译. 外国教育资料,1989(3).

9. [瑞士]夏尔·于梅尔. 未被人了解的教科书[J]. 可明,译. 全球教育展望,1985(1).

10. 艾伦·C. 奥恩斯坦,等. 课程:基础、原理和问题[M]. 柯森,译. 南京:江苏教育出版社,2002.

第三编

教学原理与教学策略

初看起来，教学是教师向学生传授知识的简单过程……事实上教学是非常复杂的过程。

——达尼洛夫

教学过程最优化是在全面考虑教学规律、原则、现代教学的形式和方法、教学系统的特征及内外部条件的基础上，为了使过程从既定标准看来发挥最有效的（即最优的）作用而组织的控制。

——巴班斯基

专题导论

本专题共选文献六篇，涉及三个国家的学者关于教学原理、教学规律、教学模式、教学方法以及教学行为等问题的讨论与分析。文献类型包括著作节选和独立论文两种。下面将按照选文排列顺序对其内容作概要介绍与评析。

第一篇选文是梅里尔的《首要教学原理》一文。文中，梅里尔指出，那些称得上教学原理的客体，必须能够被本文作者所评阅的绝大多数教学设计理论所吸纳；必须能够促成有效果的、有效率的和高参与度的学习；必须得到研究工作的证实；必须具有一般性以便能够应用于各种不同的传递手段或者教学架构；必须是设计取向的。他就此确定了教学的五项原理(也称五星教学)。这五项教学原理分别是：示证新知原理、应用新知原理、面向完整任务原理、激活旧知原理以及融会贯通原理。梅里尔提出的教学的首要原理观点是非常独特的，在以往的教学论研究中很少看到类似的思想。

第二篇选文节选自乔伊斯和韦尔《教学模式》一书中的第二章“教学模式的来源——建构知识的多重方法”。文中，作者根据教学模式是指向人类自身还是指向人类的学习，将它们分为四种类型：信息加工型、社会型、个人型和行为系统型。信息加工型模式强调的是通过获得及组织资料，认识问题并找出解决的方法，形成概念及表述它们的语言来提高人的内在动力从而理解世界的方法。具体包括：归纳思维、概念获得、图文归纳模式、科学探究、探究训练、记忆术、集思广益、先行组织者。作者还认为，当我们许多人在一起共同工作，就能产生一种集体力量，即整合的能量。社会型教学模式就是利用这种原理来构建学习群体的。具体包括：学习中的合作者、积极的相互配合、有组织的探究、团体调查、角色扮演、法理学探究。个人型教学模式是从个人发展角度提出的学习模式，试图通过教育改革，更好地认识自己并为教育负责，通过教育学会超越自己当前发展状况而使自己更坚强、更敏锐、更有创造力，进而追求更高质量的生活。具体包括：非指导性教学模式、增强自尊等。行为系统型模式的理论基础是社会学习理论，集中于可观察的行为、已明确的任务以及教给学生进步的方法。具体包括：掌握学习、直接教学、模拟学习、社会学习、程序教学。

作者告诉我们，每一种模式都可作为设计学习项目而使用的教学艺术整体中的一部分。在一项学习任务中，可以将不同的模式综合起来运用，因此，模式选择对于完成学习任务是非常重要的。最后，作者指出，研究表明，没有一种模式在所有的教学目标中都优于其他，或者可以成为达到特定教育目标的唯一途径。这就告诫我们，恰当地选择教学模式是教师面临的重要任务。

第三篇选文是威斯顿和格兰顿的《教学方法的分类及各类方法的特征》一文。文中，作者指出，教学方法可以被看做是教师与学生交流的媒介或手段。它至少可以分为四种类型：(1) 教师中心的方法；(2) 相互作用的方法；(3) 个体化的方法；(4) 实践的方法。在采用教师中心的方法进行教学时，教师最基本的责任是向全体学生传授知识。师生的语言交流是单向的，即从教师到学生。最常用的教师中心的方法包括讲授、提问以及论证。相互作用的方法充分利用了学生之间及学生与教师之间的信息交流。最常用的相互作用的方法就是班级讨论。个体化的学习方法的依据是：学生的学习速度是不同的，有规划地、及时地提供反馈能促进学习过程。在个体化的教学中，学生根据自己的速度学习先前已准备好的材料，信息呈现的快慢和多少根据学生进步情况而定。实践的方法是指在班主任和指导教师的协助下，面对一个班的学生进行实际教学。实践的方法可能是教师中心的，也可能是相互作用的，还可能是个别化的。

作者认为，在同一内容中，对于不同学生来说，或者在某些目标领域内，对于不同学习水平来说，一种方法的确可能比另一种方法更适宜。教学方法的选择需要考虑多种变量，教育者不要片面地认为哪一种方法是最好的，哪一种方法是最差的。可见，恰当地选择与灵活地运用教学方法是每位教师日常教学工作的基本教学行为。

第四篇选文是巴班斯基的《多种教学方法的合理结合》一文。文中，巴班斯基指出，教学方法是教师和学生之间一种相互联系的活动的途径和方式。这种活动旨在达到教学过程中教育、教养和发展学生的目的。任何一种这样的活动都要求组织、刺激和检查。据此，巴班斯基把教学方法分为三大类：组织学习认识活动的方法；刺激学习认识活动的方法；检查学习认识活动的效果的方法。在所采用的各种方法之间应当保持有机的相互联系，这种相互联系和相互渗透反映了教学方法概念的辩证法，反映了这些方法是相互转化的，而不是其中的每一种方法孤立存在的。教学往往要求采用不是一个，而是一系列的相互关联的、有一定综合性的方法。关于教学方法的最优综合的概念总是具体的。必须记住每一种方法的辩证的矛盾性，以及它较之其他方法来说，在解决某一些任务方面的优越性。

巴班斯基认为，把各种教学方法结合起来，可以顾全到教材各部分内容的特点，使受教育者更好地发挥自己在学习认识活动中的能力和才干，并为自己找出最合理地掌握知识的途径。运用多种教学方法为全面发展学生的认识能力创造了条件。当然，多样化应当遵守一定的分寸，不要使教学变成活动种类变幻多端的万花筒，以免分散学生的注意力。不应当单纯追求教学方法的多样性，而是要针对每一具体环境挑选出最适宜的结合方法。为此，首先必须弄清楚选择各种方法的情景本身，为选出适应于每一堂具体的课或者某一单元中的几堂课的教学方法提出全面的、深入的理论根据。

第五篇选文节选自鲍里奇的《有效教学方法》一书，主要是关于有效教学的五种关键行为。文中，鲍里奇基于自己长期对课堂教学实践的研究以及对有效教学文献的研究，为人们指出了有效教学的五种关键行为及其相关的表现。这五种行为分别是：清晰地授课、多样化教学、任务导向、学生投入和学生成功率。

第六篇文献节选自西尔佛等人的《人人都能学好：整合学习方式与多元智能》一书，主要讨论的是关于多元智能理论与课堂教学策略的问题。文中，作者首先对加德纳的智力理论进行了介绍，然后举例说明了具有不同智能倾向的人在其优势智能方面所表现出来的特点与发展潜能，最后基于加德纳的多元智能理论讨论了课堂教学中如何运用多元智能理论，并提出了基于多元智能和为了多元智能的教学与学习策略。

学习与研读本专题的六篇文献，不仅有助于我们认识教学过程的规律与本质，明确教学规律与教学原则的关系，而且有助于我们认识恰当选择与综合运用教学方法的理论意义与实践价值。

首要教学原理①

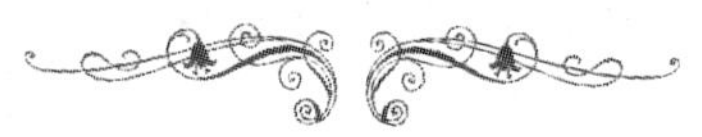

戴维·梅里尔

作者简介

戴维·梅里尔(M. David Merrill)是一位教学效能咨询师,美国佛罗里达州立大学访问教授,杨百翰大学夏威夷分校访问教授,犹他州立大学荣誉退休教授。他于1964年在伊利诺伊大学获得哲学博士学位,先后在乔治·皮博迪学院、杨百翰大学普罗沃分校、斯坦福大学、南加州大学和犹他州立大学任教。他是国际公认的一流教学设计专家和教育技术专家,曾获得美国教育传播与技术学会(Association for Educational Communication and Technology,简称AECT)颁发的"生活时代成就奖"。主要学术贡献为TICCIT(Time-shared Interactive Computer-Controlled Information Television)著述系统(20世纪70年代),成分呈现论与精细加工论(20世纪80年代),教学交易论、自动化教学设计、基于知识对象的教学设计(20世纪90年代)以及最近若干年致力于研究的首要教学原理。代表性著作是《教学设计理论》(1994)。

选文简介、点评

若想罗列出五位当代国际著名的教学设计理论家,梅里尔将当之无愧名列其中;若要细数当代国际最重要的新教学设计模式,首要教学原理(或者称之为"五星教学模式")也会名列前茅。

"首要教学原理"虽然是梅里尔教授2002年以来才着力推出的,但实际上这是在他积40年研究脉络与精华而提炼的研究成果。首要教学原理重在探讨教学如何才能更好地促进学习,探讨即使在运用多媒体技术和网络课程时,也决不能忘记"教"的成分。梅里尔坚信"呈现信息不等于教学"。不管是什么样的教学产品,都必须达到3E(more effective, efficient and engaging learning)的性能,即致力于实现学生学习效果好、效率高和参与学习的热忱及主动性。

---

① 原文来源:M. David Merrill. First Principles of Instruction. In C. M. Reigeluth and A. A. Carr-Chellman, Instructional Design Theories and Models, Vol. III. Building a Common Knowledge Base. New York: Routledge Publishers, 2009: 41-56.

译文来源:盛群力,等. 走进五星教学[M]. 济南:山东教育出版社,2010:252-263.

为什么首要教学原理会受到重视并且值得予以重视？这要从教学理论与设计的发展趋势上去加以把握。从杜威提出建立一门理论与实践之间的“桥梁学科”设想时起，教学理论与设计就随着学习理论与媒体技术的不断进步而蓬勃发展，时至今日，已经形成了两个基本趋向。

第一个趋向是从传统的“教学三要素”走向“教学三要素与设计三要素的叠加”。曾几何时，我们将有效教学看成是教师、学生与教材三者之间的动态平衡。但是从泰勒提出的课程与教学四项基本原理开始，人们逐渐将教学目标、教学策略与教学评价的一致性看成是教学成功的关键。首要教学原理十分强调紧扣目标施教与紧扣目标操练，强调了教学目标（知识分类）与教学方式（讲解、提问、展示与操练）之间的匹配。所以，如果说教师、学生与教材三要素是设计有效教学“平台”的话，那么，教学目标、教学策略与教学评价之间的一致性则是实施有效教学的“内核”，两者兼顾才能产生“叠加”效应。首要教学原理在这方面作出了独特的诠释。

第二个趋势是从“有序设计”走向“有序设计和整体设计的结合”。有序教学设计（systematic instructional design）是教学设计长期关注的重点。“有序”旨在发挥教学设计过程环环相扣、层层相依的特色；整体教学设计（systemic instructional design）是教学设计一直以来想突破的难点。“整体”强调的是教学设计要统揽全局、着眼系统的特色。一般来说，从加涅开始确立的教学设计理论是醉心于“有序”教学设计的，而现在热门的建构主义教学设计理论则寻求“整体”教学设计。那么，能不能兼顾两者的优势，将授受主义和建构主义融为一体，使得主观主义教学与客观主义教学相得益彰呢？首要教学原理就是在这方面作出努力的杰出代表。它汲取了从赫尔巴特到建构主义学习环境等十余种教学理论的精华，既注重学会解决问题，又讲究扎实指导、扶放得当、学教统一，努力摆脱单纯的发现探究或者先学后教的偏颇。

首要教学原理可以被看成是有序教学与整体教学结合的一个典范（当然，它绝不是孤军奋战，其他与其相通的还有“四元教学设计模式”和“理解为先设计模式”等）。它倡导将具体的教学任务（教事实、概念、程序或原理等）置于循序渐进的实际问题解决情境中，即先向学习者呈现问题，然后针对各项具体任务展开教学，接着再展示如何将学到的具体知识运用到解决问题或完成整体任务中去。只有达到了这样的要求，才是符合学习过程（由“结构—指导—辅导—反思”构成的循环圈）和学习者心理发展要求的优质高效的教学。

这些都说明，从一些基本的教学原理中概括提炼出核心的成分，不仅关涉认知能力，同时也注重培育情感品质，是当前教学理论与设计研究的重要特征，这就是我们为什么要特别推崇首要教学原理的缘由。

（撰写人：浙江大学教育学院博士生导师盛群力教授）

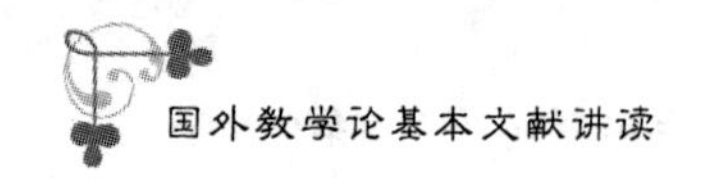

选文正文

本文作者曾比较系统地评阅了若干教学设计理论、模式和研究，从中抽象提炼出一组相互关联的教学设计原理(Merrill, 2002)。在后续的论文中(Merrill, 2007)，本文作者还引证了一些其他作者所确认的或者被其他研究工作所支持的相似原理。

从本项研究的视角看，一项原理应被看成是一组关系。这组关系在适当的条件下总是成立的，不管实施这一原理的方法或者模式具体是什么。原理本身不是一种教学模式或者教学方法，而是可以构成任何一种教学模式或者教学方法的一组关系。这些原理可以用不同的教学模式和教学方法以多种形式加以实施。不过，特定的教学模式或者教学方法的效果、效率和学习者参与程度如何，正是反映这些原理有没有真正得以贯彻落实的一个标志。

为了能够体现上述思想，那些称得上教学原理的客体，必须能够被本文作者所评阅的绝大多数教学设计理论所吸纳；必须能够促成有效果的、有效率的和高参与度的学习；必须得到研究工作的证实；必须具有一般性以便能够应用于各种不同的传递手段或者教学架构(Clark, 2003)。教学架构(instructional architecture)这一说法指的是基本的教学方式(instructional approach)，包括了直接教学法、辅导教学法、体验教学法和探究教学法四种(direct methods, tutorial methods, experiential methods, and exploratory methods)。另外，教学原理还必须是设计取向的，也就是说，这些原理能够直接指导着教学活动应该如何开展才能促进学习，而不是指在学习活动中学习者自身应用的原理。

我们就此确定了五项原理。这五项教学原理，可以用下面简要的话来表述：

(1) 示证新知原理(demonstration principle)：只有当学习者关注示证时才能促进学习。

(2) 应用新知原理(application principle)：只有当学习者应用新知识时才能促进学习。

(3) 面向完整任务原理(task-centered principle)：只有当学习者主动参与到面向完整任务的教学中才能促进学习。

(4) 激活旧知原理(activation principle)：只有当学习者激活原有知识或经验时才能促进学习。

(5) 融会贯通原理(integration principle)：只有当学习者将学到的新知识与技能整合到日常生活中才能促进学习。

本文将详细说明这五项原理及其相互联系。若要把握文中的有关观点，还请读者参照本文作者先前发表的两篇相关论文(Merrill, 2002; Merrill, 2007)。

示证新知原理

（1）当学习者关注教师示证与所教的内容类型相一致的新知识与技能时，能够促进学习。

（2）当学习者接受了有关具体事例的一般信息或者组织结构方面的指导时，能够增强示证新知的效果。

（3）当学习者所接受的媒体与所教内容之间有直接联系时，能够增强示证新知的效果。

（4）当学习者之间开展同伴讨论与同伴示证时，能够增强示证新知的效果。

紧扣目标施教

首要教学原理最适宜于教概括化的知识与技能。所谓概括化的知识与技能(generalizable knowledge and skills)是指能应用于两种以上不同具体情境的知识与技能。只是记住某个具体的事物或具体部位的名称，不属于概括化知识与技能。示证新知原理最适宜于教三种类型的概括化知识与技能：概念、程序和原理。概念(concept，哪一种)重在对事物进行分类；程序(procedure，如何做)告诉人们如何做某一件事情；原理(principle，发生了什么)能够帮助人们预测发生什么事情之后的后果或者找出执行过程中所缺少的条件。概括化的技能是通过“信息呈现”(information)和“细节刻画”(portrayal)两种方式加以表征的。信息呈现具有一般性、较强包容力和可应用于各种具体情况等特点；细节刻画具有表示具体的、特定的情境，只应用于一种案例或者情境等特点。信息呈现往往采用讲解(tell)和提问(ask)的手段加以呈现；细节刻画往往采用展示(show)和操练(do)的手段加以明示。示证新知原理强调了运用具体案例（即“细节刻画”）的价值。当前不少教学中存在的共同问题是没有提供有效的示证新知。有效的教学既离不开呈现信息，也离不开明示细节。表1列出了与概括化技能相一致的信息呈现和细节刻画的具体要求。如果要想达到3E的效果(effective，efficient，and engaging learning)，就应该使得讲解示范与所教知识技能的具体类别相一致，使得讲解示范中的信息呈现和细节刻画相一致。

表1　与学习结果类型相一致的信息呈现和细节刻画（梅里尔，2009）

	信息呈现		细节刻画	
	呈现（讲解）	回忆（提问）	示证（展示）	应用（操练）
哪一类（概念）	讲解定义	回忆定义	展示若干具体事例	对新事例进行分类
如何做（程序）	讲解步骤与序列	回忆步骤与序列	在若干不同的情境中展示该程序	在各种新的情境中执行该程序
发生了什么（原理）	讲解在过程中所涉及的条件与后果	回忆在该过程中所涉及的条件与后果	在若干不同的情境中展示该过程	通过在新的情境中查明欠缺的条件来预测结果

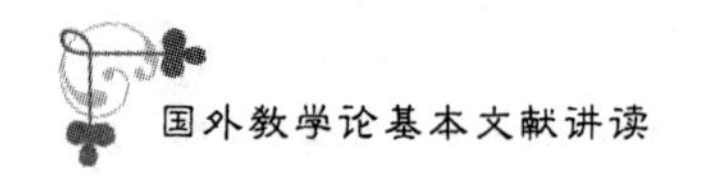

提供学习指导

提供学习指导有助于学习者对信息呈现和细节刻画中的关键点聚焦注意力。下面就是对此所作的具体说明(Merrill，1997)，起到了增强示证新知效果的学习指导用楷体字表示。

理解概念。当学习者必须在两个以上的事物中做出区分时，就涉及概念的分类。概念的讲解/示证要求开展下列教学活动：

(1) 向学习者讲解概念的类别或者可选择的程序的名称。

(2) 向学习者示证每一个概念类别的事例。

(3) 向学习者提供每一个概念类别的定义(所谓定义是能够确定类别成员区分特征的条目)。

(4) 要强调每一个类别的区分特征。

(5) 向学习者呈现每一个类别的其他事例(对这些事例进行细节刻画必须说明区分特征)。

(6) 要关注对每一个事例的每一个区分特征进行细节刻画。

(7) 既要示证概念分类在非区分特征方面是相似的事例，也要示证概念分类在非区分特征方面是不同的各种事例。

(8) 要示证概念分类中如何逐渐增加事例的区分难度。

掌握程序。掌握程序发生于学习者必须执行一系列步骤时。程序的讲解/示证要求开展下列教学活动：

(1) 向学习者示证该完整任务的具体事例。

(2) 示证完成该完整任务所要求的每一个步骤。

(3) 在执行每一个步骤时应该清晰地定位和陈述每一个步骤的名称。

(4) 示证每一个步骤完成之后得到的后果。

(5) 将学习者的注意力集中在后果的具体细节上，尤其是当后果比较隐蔽难以直接观察到时。

(6) 对各个步骤中涉及的程序及其后果进行总结。

弄懂原理。原理或者过程学习发生于学习者理解在某种现象下的事物如何起作用或者过程如何发生。原理或者过程的讲解/示证要求开展下列教学活动：

(1) 在一个真实的或模拟的具体情境中示证某个过程。

(2) 示证时要讲解过程中每一个事件的名称以及对必要的条件作出细节说明。

(3) 将学习者的注意力聚焦在每一个事件的后果以及整个过程的后果之上。

(4) 随着发生该过程的情境复杂程度的增加，要重复示证新知。

善用媒体促进

梅耶和克拉克等人(Mayer，2001；Clark and Mayer，2003)近年来确定了一组有效运用教育媒体的原则。运用这些原则能够改进示证新知的成效。其要义主要是以下五条：

(1) 在文字与图形一起呈现时，图形本身起着一种信息功能，它不应该仅仅被看成是装饰点缀的东西。

(2) 文字和图形应该尽量一起呈现，互相靠近。

(3) 用声音呈现语词而不要将教材内容直接呈现在屏幕上。

(4) 如果在视听设备中同时用文字和言语的方式呈现文本，可能会干扰学习。

(5) 在教材中增加了学习者感兴趣但却是多余的内容，可能会妨碍学习。

开展同伴讨论

当学习者积极参与到互动学习中而不是被动地倾听或者观看教师的讲解时，才能够增强示证新知的效果。如果要求学习者找到一个讲解过的概念的新实例，有助于他们深入加工信息，达到透彻理解；如果要求学习者之间互相交流新实例，那么实际上就增加了教学的容量。同伴讨论能够为学习者提供机会，互相之间印证核实学习的掌握程度。例如，某一个实例适合概念本身吗？具体执行某一个程序是不是到位呢？某一个条件下产生的后果是不是符合某一个过程本身的逻辑呢？如此等等。

应用新知原理

(1) 当学习者积极参与应用与所教的内容类型相一致的新知时，能够促进学习。

(2) 当学习者接受了内部的或者矫正性反馈时，能够增强应用新知的效果。

(3) 当给予学习者辅导同时在后续的任务中逐渐撤除这种辅导时，能够增强应用新知的效果。

(4) 当学习者之间开展同伴合作时，能够增强应用新知的效果。

本文采用"操练"(practice)一词，这是指学习者回忆信息时所需要的教学互动方式。比如回忆概念的定义，回忆和排序某一程序的不同步骤，回忆某一个过程的条件与后果。所谓"应用"(application)一词，是指学习者运用在掌握某一过程中学到的技能的教学互动方式。运用知识和技能意味着能对新的事例做出分类，能够执行新的程序，能预测某一结果和在新的具体情境中找出欠缺的条件。诚如上文所提及，首要教学原理最适宜于教授概括化的知识与技能。概括化的知识与技能是指学习者能用其解决某个新问题或完成一个新任务，这些问题或任务是同示证新知时讲解的事例有关联，但不完全雷同。概括化技能的三种类型分别是"是什么类型"、"应如何去做"和"发生了什么"。

紧扣目标操练

表1已经指出了紧扣目标操练三种概括化知识与技能——哪一类、如何做和发生了什么的要求。对"哪一类"的知识与技能进行操练，要求学习者对新事例作出命名、分类和排序等并将其归入某一类别。对"如何做"的知识与技能进行操练，要让学习者在一个新的或模拟的情境中执行任务的每一个步骤。对

“发生了什么”的知识与技能进行操练，应要求学习者猜想在一个新的具体情境中提供一组给定条件的后果，也可以要求学习者找出某一个过程中发生未曾预料的结果的欠缺条件是什么。

运用教学反馈

对“哪一类”的知识与技能进行内部反馈，使得学习者知道做出分类的后果是什么。此时开展矫正性反馈的做法是将学习者的注意力集中在确定类别成员的区分特征上。

对“如何做”的知识与技能进行内部反馈，能使学习者了解行动的后果。此时开展矫正性反馈则有助于了解学业表现的质量或者行动的进程如何。

对“发生了什么”的知识与技能进行内部反馈，能使学习者了解行动的结果是否与其预测相一致。内部反馈也可以来自于改进了欠缺的条件之后，预期的结果是否会发生。此时矫正性反馈将聚焦于学习者对结果的关注，帮助他们了解期待的结果与原来的预测是否一致。

促成实际表现

对“哪一类”的知识与技能作出实际表现来说，当要求学习者通过指出概念类别中有没有呈现区分特征时，能够改进应用的效果。对“如何做”的知识与技能作出实际表现来说，当要求学习者完成逐渐增加难度的任务，能够改进应用的效果。对“发生了什么”的知识与技能作出实际表现来说，学习者在一个具体的情境中完成逐渐增加难度的任务时，要求学习者做出猜测或改进欠缺的条件，能够改进应用的效果。

提供学习指导

当学习者在表现学习成效时得到比较及时与充分的帮助或者辅导，并且随着掌握程度的提高逐渐撤除这些帮助时，能够提高应用的效果。

强化同伴合作

当学习者在应用新知的时候彼此合作、互相帮助，这样就能提高应用新知的效果。合作本身要求更加积极主动地投入到学习中去。有效地运用同伴合作的学习方式，要求学习者先独立思考与钻研，然后再彼此交换意见、澄清说明和明确解决办法，以达成某种程度的一致。

面向完整任务原理

(1) 当学习者积极参与面向完整任务的教学策略时，能够促进学习；

(2) 当学习者经历了体现完整任务不同难度的序列之后，能够增强面向完整任务的效果。

“面向完整任务教学”与“基于问题的教学”两种策略的差异

“基于问题的教学策略”(problem-based instructional strategies)虽然有各种不同的形式，但其比较典型的做法是先向一组学习者提供一个求解的复杂问题，再确定能用于解决这一问题的资源，要求学习者通过寻找资源和解决问题

来掌握必要的技能，互相协同努力，彼此取长补短。不少研究者认为，以往几十年的实践证明：这种开放式的解决问题方法效果不佳，即使针对教给预期的技能来说往往也收效不大（Kirschner，Sweller，et al.，2006）。"面向完整任务教学策略"（task-centered instructional strategy）同"基于问题的教学策略"并不是一回事。前者是"直导教学"的一种具体形式，但是将其置于真实的、联系生活的问题或任务之中。范梅里安博尔（van Merriënboer，J. J. G.，1997）曾比较详细地讨论了聚焦任务的教学策略。

另外，"基于主题的教学策略"（topic-based instructional strategy）一般来说是采用层级方式来教一项任务中的各种具体知识与技能，先教一组知识与技能，再教另一组知识与技能，一章接着一章，一直到掌握全部的技能为止。最后才向学习者布置一项任务，作为其学以致用的标志。主题教学常常是采用这样的教学为特征的："现在同你讲学习这个有什么用，你也不会懂的，学完之后你就知道其重要性了！"

图1示意了面向完整任务教学的具体做法。图中每一个T都表示着一个完整的复杂任务。T的大小差异，表示随着任务的进展，任务的复杂性也在增加。面向完整任务教学要求做到：(1) 不是脱离了具体的任务情境来教主题，而是要求教师一开始就要向学习者直接示证一个简单的完整任务。(2) 向学习者提供必要的教学指导，包括讲解/示证和应用完成任务所需要的知识与技能。这种教学指导并不意味着要教除了完成任务之外所有必须知道的全部东西，而是指应该只教学习者完成任务必须知道的知识与技能。(3) 要时时关注整个任务，同时向学习者展示如何应用相应的知识与技能来完成任务或者解决问题。(4) 向学习者提出一项新的、稍稍复杂一些的任务，请他们运用刚刚学到的知识与技能来完成这一新任务。(5) 这一新任务可能比旧任务稍稍复杂一些，有一

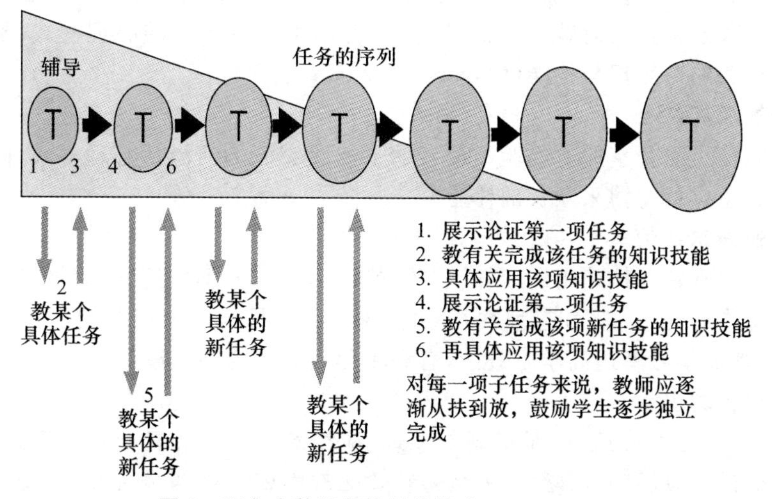

图1 面向完整任务的教学策略(梅里尔，2009)

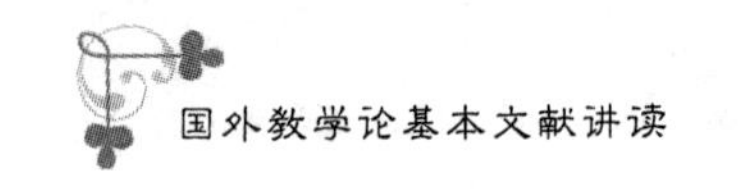

点点变式成分，此时就要再补充讲解相应的知识与技能。(6) 在此基础上，要向学习者展示或者请他们思考在完成这一任务时是如何做到将新旧知识与技能融会贯通起来并综合运用的。

教学的循环圈将随着新任务的递进不断重复，教师从扶到放，学习者自主学习能力会越来越强，最终学习者能够逐渐独立完成该难度序列中的其他学习任务。如果对任务的序列进行精心选择和排序，那么，当学习者能够满意地表现出独立完成一个或者几个完整任务，不再需要提供辅导或者额外的讲解时，那么就证明他已经掌握教学目标所预设的知识与技能了。

最基本的面向完整任务策略是针对完成一个任务而言，但是实际上，真正有效的面向完整任务策略是指随着任务难度逐渐加大，教师的指导与帮助反而将逐渐减少。

激活旧知原理

(1) 当学习者通过回忆、说明或者展示相关的原有知识或者经验从而达到激活了相关认知结构时，能够促进学习。

(2) 当学习者能够与同伴分享原有经验时，能够增强激活的效果。

(3) 当学习者回忆或者获得新知识的某一组织结构时，能够增强激活的效果。

激活原有经验

联想记忆对于完成复杂的学习任务而言效果并不理想。复杂的学习任务要求学习者运用一定的心理模式将多种知识技能组织成一个相互联系的整体。如果教师在这方面有所疏忽的话，那么就会造成学习者激活不恰当的心理模式，会因为完成任务整合知识与技能而加重心理努力。不恰当的心理模式通常会导致概念理解错误，从而导致在完成新任务时发生偏差。引导学习者回忆以往的旧经验及检查其对新任务的针对性，有助于激活恰当的心理模式，从而促进掌握相关的新知识与技能(Mayer，1992)。

分享原有经验

在同伴之间分享原有经验不仅有助于彼此交流如何激活心理模式，同时也是一种集思广益与博采众长的体验。

明晰知识结构

学习者常常在构建组织新知识与技能的框架方面不太擅长，如果在这方面缺乏教师指导的话，学习起来往往会事倍功半。明确新知识与技能内在的结构，能够帮助学习者提高学习效能，有利于形成恰当的心理模式。

教学循环圈

总之，激活旧知原理、示证新知原理、应用新知原理和融会贯通原理，构成了教学的四阶段循环圈(参见图 2)。有效的教学就是这四个阶段的不断循环，以此掌握知识与技能，完成完整任务。

首要教学原理所揭示的教学循环圈表明了两个层次的关系：首先是表层的关系，即本文所探讨的学习活动应该包括有效的教学指导。其次是深层的关系，由结构—指导—辅导—反思所构成。

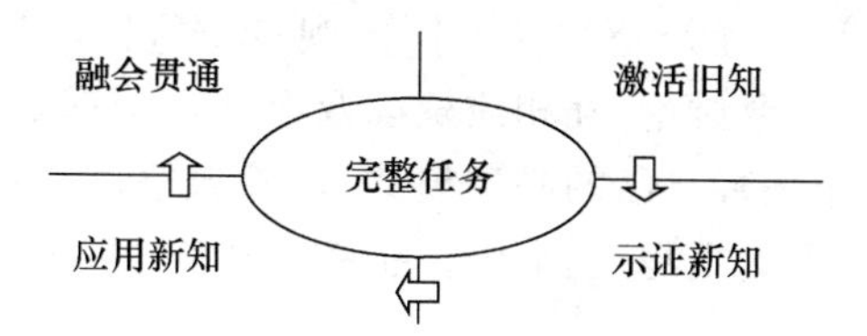

图2 教学的四阶段循环圈

（梅里尔，2009）

一般来说，研究已经表明，如果学习者能够清晰地把握知识的具体结构，那就有助于总结提炼，也有助于在将来更好地回忆和应用（Marzano，Pickering，et al.，2001）。

罗森海因（Rosenshine，1997）曾提出精心形成知识结构至关重要，例如，可以请学习者组织信息，总结和比较新旧知识，这些都是有助于增强学习者认知结构的活动方式。

在激活相关旧知阶段，要求教师在教学活动中依据学习者已知的东西提供某种组织结构（structure）。这种知识结构将被用来在教学的后续阶段中促进学习者获得新知识。在示证新知阶段不仅要指导（guidance）学习者将一般信息呈现同细节刻画联系起来，而且要将新材料同激活相关旧知阶段所提供的知识结构联系起来。在应用新知阶段，教师应该提供辅导（coaching），帮助学习者运用知识结构来吸收消化刚刚掌握的知识与技能从而完成新任务。在融会贯通阶段，应该鼓励学习者反思（reflection）已经学到了什么，再次考察新旧知识的联系及其同原有知识结构的联系。

值得指出的是，目前有许多课程的教学没有很好地包括激活旧知阶段或融会贯通阶段，所以也就没有包括联系新旧知识与技能或新旧知识结构的指导与辅导。由结构—指导—辅导—反思所构成的深层学习循环圈，值得我们进一步深入研究。

融会贯通原理

（1）当学习者通过反思、质疑和辩护等过程将新学到的知识与技能整合到日常生活中去时，能够促进学习。

（2）当学习者之间开展同伴评价时，能够增强融会贯通的效果。

（3）当学习者创造、发明或者探索了运用新知识与技能的个性化方式时，能够增强融会贯通的效果。

（4）当学习者公开展示新学到的知识与技能时，能够增强融会贯通的效果。

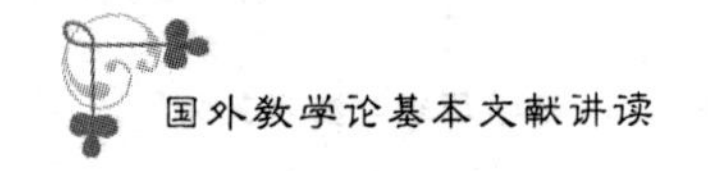

反思完善提高

“好好想一想”，这是一些有经验的教师经常会说的一句劝告。但是仅仅这样还远远不够。俗话说得好：教别人等于教自己。教师应该提供机会让学习者互相讨论所学的东西，质疑乃至辩护不同的观点。这样，实际上学习者本身就起到了教师的作用。细致讨论、互相质疑以及合理辩护都要求学习者做出深刻反思，从而达到有助于完善自己的心理模式，消除误解、误识以及增强灵活运用新知识技能的目的。深刻反思提高了学习者在日常生活中巩固和运用新知识与技能的可能性。

鼓励同伴评价

评价其他同伴的学业的表现要求学习者再次反思自己已经学到了什么，与同伴学习的结果相比较处于什么样的水平。他们还必须回顾相关的信息，看看正在讨论的细节刻画是否与其相一致。如果是在几个人的小组中开展评价，还会涉及同伴讨论，是否要对自己的观点进行辩护，是否要对别人的应用进行质疑，等等。

灵活创造运用

当教学只是关注记忆信息时，信息就仅仅储存在联想记忆中。除了一些特殊的事件影响之外，一般来说，联想记忆的遗忘曲线是非常陡峭的，很多信息在不长的时间内就会难以回忆。另一方面，能用来完成实际任务的经过整合的知识与技能是作为心理模式用语义记忆的方式储存起来的，如果这种心理模式是经历了完整任务的序列逐渐形成的，那么，遗忘的概率就会大大降低，即使学习者在很长时间没有应用这种技能，恢复起来也很方便。

当学习者及时地将新学到的知识技能应用到日常生活中来解决问题，那么，所学到的东西就会更加牢固可靠。有效的融会贯通掌握就是寻找将课堂上学到的知识扩展到生活世界中去的路径。

公开交流分享

像图表、动画和其他呈现方式经常被教师用来增强学习者动机，但是这些手段运用不当的话也会造成学习者分心，难以起到长时间维持注意力的作用。实际上，这些手段反而会起到干扰学习的作用。也许，激励学习的最有效手段是学习本身，是学习者能够看到自己在学习中取得了进步。每一个学习者都是乐意学习的。当学习者觉得自己真正掌握了知识技能，即有能力去解决实际生活中的问题或者完成一项实际任务。那么，他们通常是急切地想向老师、同学或者亲朋好友展示这些本领。当学习者了解到他们将有机会展示新学到的本领时，出色地表现自己的愿望会明显增强。

教学策略效能等级

尽管首要教学原理似乎人人耳熟能详，但如果对现有的教学产品做一番考察的话，会发现许多都是与首要教学原理背道而驰的。我们假设教学策略是有效能、有等级差异的,这些差异同完成复杂任务的业绩直接相关。大家很熟悉的记诵型教学,这种教学效果最差,其教学策略的效能水平为零。

我们假定,如果依次实施了首要教学原理的各个成分,掌握复杂的、现实生活中的任务水平会随之提高(Merrill, 2006a, 2006b)。增加了"紧扣目标施教"这一成分,教学策略的效能水平为1;增加了"紧扣目标操练"这一成分,教学策略的效能水平为2;增加了"面向完整任务"这一成分,教学策略的效能水平为3。另外,激活旧知、灵活运用、公开交流以及实施由结构—指导—辅导—反思所构成的深层学习循环圈,也都会起到一定的增量作用。不过,要支持教学策略效能的假设,还需要更多的实证研究。

结语

对首要教学原理的探寻自从《教学设计的理论与模式》第二卷出版时就开始了(Reigeluth,1999)。本文作者曾经指出,尽管在该书中包括了各种各样的教学设计的理论与模式,但是实际上,这些理论的基本原理是相通的。赖格卢特对这样的说法表示质疑,希望本文作者能够确认究竟是不是有这样的基本原理。本文就是对此所作出的一种回应。

以上对首要教学原理的说明可能还是不够完整的,对许多教学理论所作出的评阅还没有包括在本文中。不过,迄今为止我们还没有发现任何与首要教学原理截然相对的理论。有一些开发项目研究的证据表明:如果教学设计整合了这些原理,最终的教学将更富成效。有关一项大公司的研究也发现,主导型教学产品与整合了首要教学原理的新产品相比较,后者效果更好。

由于在教学中尽早地让学习者尝试应用所学到的新知识与技能,这就提供了重要的激励措施。当学习者看到自己已经掌握了一项新技能时,学习本身就成了最大的激励手段。仅仅是记住概念、术语、原理和事实,能够在多项选择题的考试中熟练应付,这无法给人以激励。相反,能够做以前不能做的事情,这才是真本事呢!学习者在参与到实施首要教学原理的解决问题的活动中,表现出了最大的满意与兴趣,学业表现超过了那些比较传统的课堂教学。

就像所有的论文在结束时都会坦言:"仍需要更多的研究予以支持。"确实如此,我们认为还需要在不同的情景中、不同的学习对象中、不同的文化背景和学科领域中做更多的研究以确认首要教学原理的效用。我们希望:首要教学原理能够成为构建教学模式、教学方法和教学理论共通知识库的起点并且推动教学设计未来的研究。

(盛群力 译)

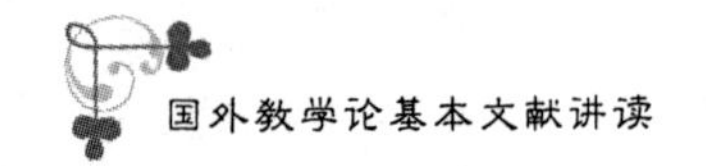

教学模式的来源
——建构知识的多重方法[①]

乔伊斯　韦尔

作者简介

布鲁斯·乔伊斯(Bruce R. Joyce),美国哥伦比亚大学师范学院荣誉退休教授,著名教师教育与教学论专家,以研究教师教育理论与教学模式而闻名世界。1972年首次出版《教学模式》(*Models of Teaching*)一书,后来与他人合作修订不断再版,2009年已经出到了第八版。目前该书已经成为全世界许多国家的教育者研究教学模式乃至整个课堂教学领域不可或缺的重要教材和参考资料。

玛莎·韦尔(Marsha Weil),美国著名教学论研究者,主要研究教师教育的教学与学习,是《教学模式》一书的主要作者,同时她还基于《教学模式》一书的研究成果,出版了多部关于教学模式应用的指南性著作,比如,《社会型教学模式——拓展你的教学技能》(*Social Models of Teaching: Expanding Your Teaching Repertoire*)和《个人型教学模式——拓展你的教学技能》(*Personal Models of Teaching: Expanding Your Teaching Repertoire*)等。

选文简介、点评

"模式"(model)一般是指被研究对象在理论上的逻辑框架,是经验与理论之间的一种可操作性的知识系统。最早将模式一词引入教学领域并加以系统研究的人,当推美国著名教育学者乔伊斯和韦尔。乔伊斯和韦尔认为一种教学模式就是一种学习环境,包括使用这种模式时教师的行为。这种模式有多种用途,从安排上课、创设课程到设计教学与选择资料。

《教学模式的来源——建构知识的多重方法》这篇文章选自乔伊斯和韦尔所著《教学模式》一书第二章,在全书中处于概述部分。该书介绍了一些学校教育中必须掌握的教学模式,讨论它们的理论基础,提供已经验证过它们的实验研究并解释其用途。在总述以后,该书分章节对从每一种类型中挑选出来的模

---

① 选文出处:教学模式(影印版)Models of Teaching (Seventh Edition) Bruce Joyce, Marsha Weil, Emily Calhoun.

式，进行分类研究和阐述。这些模式可以支持多数学习目标的实现，而且至少有一些模式适用于每一类别的学生。在选文中，作者依据教学模式是指向人类自身还是指向人类的学习，将教学模式分为四种类型，即信息加工型、社会型、个人型和行为系统型。在这四种类型下又列举出具体的21种教学模式。作者带领我们浏览了挑选出来的这21种教学模式，从模式的创立者和修订者、模式的特点、模式的适用范围等方面进行了总括性的介绍，在全书中起到了提纲挈领的作用。

教学模式是教学理论和教学实践的中介，它为理论找到检验和运用的途径和方式，同时为实践提供有利的指导并把实践得来的经验广泛推广。乔伊斯和韦尔对西方教学模式作了全面的描述，文中所提的教学模式既灵活多样又切实可行，有很强的针对性，每一种教学模式都是针对学生相关方面的素养设立，分工细致，培养目标广泛，可操作性强，它使我们看到了教学过程的无限丰富性。尤其值得关注的是，作者认为，教师选择某种教学模式，实际上是在为学生创设相应的学习环境。它启发我们，要根据学生的学习需要来选择教学模式。教学模式的来源是学生建构知识的多重方法，因此，要获得的知识类型不同，学习的类型和快慢不同，教学模式也就会不同。此外，教学模式的选择应该考虑其应用效果的有效性，教学模式是一个严格而又灵活的工具，教师应该掌握大量的教学模式，在教学中恰当选择、有效结合，教师在教学模式的选择使用中不断提高自己的教学艺术，学生也会在每一种教学模式中所蕴涵的学习模式的掌握中不断增强其学习能力。

从20世纪80年代以来，我国也陆续提出了许多教学模式。这些教学模式有的是本国教学经验的理论化和系统化，有的是国外教学模式的中国化，也有的是以上两种情况的结合。与西方教学模式相比，我国教学模式名目繁多、形式多样而功能却比较单一，主要是关于怎样使学生掌握书本知识的理论化、系统化的方法体系和固定化的课堂教学程序。以知识教学为主的实然的教学目的以及思维方式的整体性使得我国的教学模式的建构针对性不强，可操作性较差。通过比较可以看出，从教学的目标看，我国的教学模式注重学生知识的掌握和认知的发展，像归纳思维、概念获得、探究训练、先行组织者、掌握学习等模式在我国的教学模式上常会提到。以培养学生社会性品质为目标的教学模式在我国的关注度不高，像团体调查、角色扮演、法理学探究等模式少有研究，在实际教学中也不常用到。西方以学生的情感意志和心理健康为目标的教学模式具有完整的程序和清晰明了的步骤，这是我们所欠缺的。

教学是教师的教和学生的学所组成的一种人类特有的复杂的培养活动。教学是一门科学，它总是受一定教学理论的指导，因此是有规律可循的，而其规律常以各具特色的具体教学活动方案表现出来，当活动方案经过多次教学实践的检验和提炼，形成了相对稳定的、系统化和理论化了的教学结构，就成为了教学模式。它为我们提供了可供研讨、运用的操作方式。教学又是一门艺术，它不可能依靠某一种教学模式实现它的全部功能，避免教学模式运用的程式化倾向，对教学模式的深入把握和巧妙选择是教师教学智慧的显现，属于教师教学艺术整体中的一部分。而教师要想掌握并能够在教学过程中熟练地运用教学模式，其关键是要将教学模式作为探究的工具去进行实践。

（撰写人：陕西师范大学教育学院课程与教学系博士生导师张立昌教授）

选文正文

学习环境和教学模式
（Learning Environments and Models of Teaching）

教学的经典定义是设计环境。学生在与环境的相互作用过程中学会学习。一种教学模式就是一种学习环境，包括使用这种模式时教师的行为。这种模式有多种用途，从安排上课、创设课程到设计包括多媒体程序在内的教学资料。

多年来，我们进行了持续的研究以求找到有效的教学方法。我们深入学校和课堂研究教与学。除了中小学，我们也研究了其他行业中的教学工作，如：精神病医生，从事工业、军事及体育训练的人的工作。我们发现了大量的教学模式，有些用途广泛，而另一些则有特殊的功效。这些教学模式包括能使学生即刻见效的简单、直接的程序和使学生从耐心、熟练的教授者那里逐步获得的复杂的学习策略。

在本书中，我们挑选了一些在学校教育中必须掌握的教学模式。也就是说，运用这些模式可以实现学校的大多数目标——而这些目标目前却没有几所学校能够达到。将这些模式结合起来运用，可以进行学校策划，课程、单元甚至一节课的设计。在这些模式中，虽然不是全部但大多数都是以哲学和心理学为取向来研究教与学的。这些模式的一个内在的理论基础就是它们的创造者所提供的原理可以为我们说明他们设计该模式所要达到的目标。这些模式经过了长期的实践检验，因此可以方便有效地用于课堂及其他教育情景中。此外，这些模式具有广泛的可适性，可以适应不同学生的学习风格和许多课程领域的需求。

事实证明这些模式非常有效。这一点不仅仅只有实践经验证明，同时也有许多正规的研究验证这些模式的理论和实用效果。不同的模式有不同的相关研究，有些模式仅需少量的研究证明，而另外一些则需要长期的研究验证。当讨论到每一个模式时，我们将提供重要的参考资料，以帮助学习者更多地了解这个模式。

我们根据这些教学模式是指向人类本身还是指向人类的学习，将其分为以下四种类型：

- 信息加工型
- 社会型
- 个人型
- 行为系统型

本书第二部分至第五部分将逐一介绍从每种类型中挑选出来的模式。在第六部分，我们考察了几种模式的综合应用性：通过减少性别、种族及社会经济的不平等来提高教育中的平等；课程创新；为后进生创造环境；促进不同学习风格的学生进入更高层次的学习。我们先浏览下这些挑选出来的模式。

信息加工型(The Information-processing Family)

信息加工型模式强调增强人的内在动力，通过获取组织信息，发现问题，找到解决办法，从而形成概念和语言去认识世界。一些模式给学习者提供了信息和概念，一些则强调概念的形成及假设性试验，另一些则能提出创造性思维，也有一些模式用来提高人的一般智力。许多信息加工型模式可用于研究个人与社会，从而达到二者的双重教育目标。

第三部分讨论了八种信息加工型模式。表1列出了该模式的创立者和修订者。

表1 信息加工型模式

教学模式	创立者(修订者)
归纳思维	塔巴(Hilda Taba)
(分类)	(乔伊斯 Bruce Joyce)
概念获得	布鲁纳(Jerome Bruner)
	(莱特 Fred Lighthall)
	(坦尼森 Tennyson 和科克奇瑞拉 Cocchiarella)
	(乔伊斯 Bruce Joyce)
图一文归纳模式	卡尔康(Emily Calhoun)
科学探究	施瓦布(Joseph Schwab)
探究训练	萨奇曼(Richard Suchman)
	(琼斯 Howard Jones)
记忆术(帮助记忆)	普瑞斯里(Michael Pressley)
	勒温(Joel Levin)
	安得森(Richard Anderson)
举偶组合(集思广益)	戈登(Bill Gordon)
先行组织者	奥苏贝尔(David Ausubel)
	(劳顿 Lawton 和万斯卡 Wanska)

归纳思维(Inductive Thinking)(第3章)

分析信息并产生概念的能力通常被认为是基本的思维技能。此处提及的模式是在塔巴(Hilda Taba,1966)及其他许多人(Schwab,1965;Tennyson & Cocchiarella,1986)研究基础上修订而成的。他们研究过如何教会学生在几组数据中去发现、组织信息,提出并验证相关假设。该模式已广泛用于各学科领域(不仅限于科学领域),涉及各个年龄段的学生。语音和结构性分析取决于概念学习,语法规则也概莫能外。文学领域的结构是以分类为基础的。对社区、国家和历史的研究也需要概念学习。虽然概念学习在思维发展中不起决定性作用,但信息组织对各个学科领域非常重要,因此,归纳思维是一种非常重要的学习、教授学校课程的模式。该模式在乔伊斯等人的研究基础上修订而成,旨在加快、增强学生的学习能力。

概念获得(Concept Attainment)(第4章)

该模式是在布鲁纳(Bruner)、古德那(Goodnow)和奥斯丁(Austin)思维研究基础上创立的,与归纳思维模式密切相关。两模式都旨在教授并帮助学生有效地学习概念。概念获得为各个发展阶段的学生提供一系列题目,为展现组织信息提供了一个有效的方法。

图—文归纳模式(The Picture-word Inductive Model)(第5章)

图—文归纳模式由卡尔康创立,旨在研究学生如何获得书面文字能力,尤其是阅读和写作能力,但同时也研究听说词汇的形成。图—文归纳模式与归纳思维及概念获得等模式共同促进学生对字、词、句、段的学习。此模式是学习一些有效课程的核心。通过这些课程的学习,幼儿园和小学学生学会阅读,年龄稍大些学习初级读写的学生则参加为小学高年级学生、初中生和高中生设计的“安全网”项目。

科学探究(Scientific Inquiry)(第6章)

在众多旨在吸引学生加入科学探究的模式中,我们以施瓦布(1965)领导的生物科学课程研究小组(Biological Sciences Curriculum Study,简称BSCS)的研究工作为例。该研究伊始,就将学生引导到科学过程中,帮助收集分析资料、验证假设和理论并思考知识建构的本质。此模式可用来引导儿童进入科学殿堂(Metz,1995),有效促进学习机会均等,从本质上缩小性别差异(Parker & Offer,1987),极大降低社会经济差异。BSCS一直致力于课程设计并为年幼儿童开发新课程。网上有大量以探究为导向的科学课程信息。尤其是艾森豪威尔网,其信息丰富多彩。通过该网可与美国国家航空和宇宙航行局(NASA)的网络终端进行空间模拟。

探究训练(Inquiry Training)(第6章)

探究训练模式由萨奇曼(1962)首次提出,旨在教授学生因果推理,使其回答问题时更加流利、准确、形成概念和假设并加以验证。尽管该模式设计之初只在自然科学领域中运用，但现已用于社会科学及与人和社会有关的训练计划之中。之所以在此介绍该模式，是因为它能教会学生如何推断，如何形成并验证假设。

记忆术(辅助记忆)Mnemonics (Memory Assists)(第7章)

记忆术(辅助记忆)是用来记忆和同化信息的策略。教师可用该模式展示材料(按此模式教学可使学生更容易地吸收信息)，也可教会学生在个体或合作形式下提高研究信息和概念能力的方法。此模式经历了不同学科、不同年龄段及不同性格学生的验证。该方法由普瑞斯里、勒温和迪兰尼(Delaney，1982)等首次提出，由罗拉尼(Lorayne，1974)和卢卡斯(Lucas，2000)等付诸实践。由于人们有时把记忆术与对模糊、晦涩的术语和琐碎信息的重复、死记硬背相混淆，记忆术有时被认为只能用于处理最低端信息。这种观点是错误的。记忆术可用来帮助人们掌握有趣的概念并从中享受乐趣。

举偶组合(Synectics)(第8章)

该模式首先用于工业背景的"创造群体"，后来由戈登(William Gordon，1961a)改编应用到中小学教育中。这种模式旨在帮助人们在解决问题、写作等活动中打破常规并从更宽广的领域中获得新的视角。在课堂上，通过一系列的工作坊将该模式介绍给学生，使他们能独立或合作地使用该方法。虽然该模式主要用于直接引发创造性思维，但同时也增强了学生的合作水平、研究技能，并使学生合作关系更加融洽。

先行组织者(Advance Organizers)(第9章)

先行组织者模式由奥苏贝尔(1963)首次提出，在过去的四十多年中，已成为信息加工型中被研究最多的模式之一。它旨在通过讲授、阅读和其他途径对材料的展示，向学生提供认知结构。该模式广泛用于各个教学领域、各个年龄段的学生，且容易与其他模式相结合，如与课程展示与引导性教学相结合。

社会型：构建学习群体

(The Social Family: Building the Learning Community)

多人共同工作时，就会产生一种我们称之为协同作用的集体力量。社会型教学模式就是利用这种原理来构建学习群体的。"课堂管理"实际上就是在教室中形成合作关系。积极建立校园文化的过程就是综合有效互动方法，也是支持积极学习活动规范的形成过程。表2列出了几种社会型模式及其创立者和修订者。

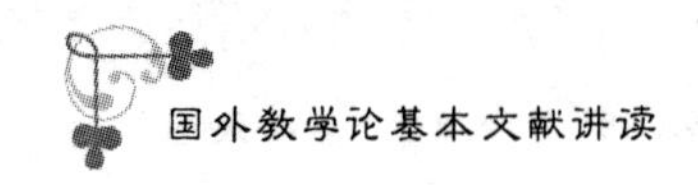

表 2　社会型模式

教学模式	创立者(修订者)
学习中的合作学习	D. 约翰逊(David Johnson)
积极的相互配合	R. 约翰逊(Roger Johnson)
	卡尔顿(Margarita Calderon)
	科恩(Elizabeth Cohen)
有组织的探究	斯拉文(Robert Slavin)
	(阿伦森 Aronson)
团体调查	杜威(John Dewey)
	泰伦(Herbert Thelen)
	(沙朗 Shlomo Sharan)
	(乔伊斯 Bruce Joyce)
角色扮演	F. 沙夫特(Fannie Shaftel)
法理学探究	欧里文(Donald Oliver)
	沙文(James Shaver)

合作学习(Partners in Learning)(第 10 章)

近年来,有关合作学习的研究取得了很大进展,在帮助学生实现高效合作的学习策略方面也取得了很大进步。分别由罗杰和 D. 约翰逊、斯拉文以及沙朗领导的三个研究小组贡献显著,并且整个合作学习团体在互换信息与技术、指导分析实验方面表现积极。最终研究出了组织学生共同学习的众多有效方法。这些方法既包括组织学生两人一组学习的简单任务,也包括组织全班甚至全校学生形成学习团体,实现自我教育的复杂任务。

合作学习过程不仅有利于各个年龄段学生学习所有课程,增强其自尊心、提高其社交技能、增进同学团结,还有利于学生通过学术训练的查询模式,在信息和技能获取方面明确学术学习目的。

第 10 章首先介绍了较为简单的合作学习方式,特别是能与其他教学模式相结合的方式。本章最后介绍了最复杂的团体调查模式,即将学术研究与民主社会生活准备结合起来的模式。

团体调查(Group Investigation)

杜威(1916)倡导民主社会中的教育应直接指导民主进程这一观点[该观点后经众多教师进一步补充完善,由泰伦(1960)形成权威定义]。此观点认为,对学生的教育应主要通过对重要社会问题及学术问题的合作性探讨来进行。该模式提供了一个社会组织,在此范围内许多其他模式均可得到恰当运用。团体调查法已运用到各个年龄段的学生学习各个学科,甚至已成为整个学校教育的最基本的社会型教学模式(Chamberlin & Chamberlin,1943;Joyce,Calhoun & Hopkins,1999)。该模式旨在引导学生确定问题、探究问题的各个方面,共同研究以掌握信息、观点及技能，同时发展学生的社会能力。在此模式中，教师组织并管理团体进程，帮助学生发现、组织信息，从而确保活动及学习过程中充满活力。沙朗和乔伊斯、卡尔康(1988)在最新研究成果基础上对该模式进行了补充和修订。

角色扮演(Role Playing)(第11章)

角色扮演引导学生理解社会性行为，理解自己的社交角色并找到有效解决问题的方法。该模式由F.沙夫特和G.沙夫特(1982)提出，旨在帮助学生研究社会价值观并反思自己，同时帮助学生搜集、组织社会问题信息，增强其同情心，提高其社交技能。此外，该模式还要求学生能够"模拟"人际冲突，学会站在别人的立场上观察社会行为。如果使用得当，角色扮演可用于各个年龄段的学生。

法理学探究(Jurisprudential Inquiry)(第11章)

随着学生的不断成长，他们可以研究社区、国家、民族以及国际层面社会问题。法理学探究模式的目的就在于此。此模式将法律教育的案例研究方法引入到教学过程中(Oliver & Shaver,1995)，尤其适用于中学生对社会的研究。学生研究一些与制定公共政策有关的社会问题案例(如公平与公正，贫穷与权力等案例)。该模式在引导学生辨别公共政策问题的同时，还要求学生辨别能够解决问题的观点及这些观点背后隐含的价值观。虽然该模式是为社会性研究而创立的，但可用于各种公共政策问题领域及与此相关的大多数课程领域中(如科学道德、商业、运动等)。

个人型(The Personal Family)

归根结底，人的现实性是存在于人意识之中。通过自己的阅历及社会地位逐渐形成了独特的性格和观察周围世界的不同视角。共识是共同生活、工作和组建家庭的个体之间协商的产物。

这些从个人自我角度提出的个性学习模式，试图通过教育改革使人们更好地了解自己，为自我教育负责并学会超越自己，在追寻高品质生活时，使自己变得更坚强、更敏锐、更具创造力。

这些模式注重个体观点，旨在促进个人形成较强的独立性，从而增强人们自我意识并对自己的命运负责。表3列出了这些模式及其创立者。

表3 个人型模式

教学模式	创立者(修订者)
非指导性教学	罗杰斯(Carl Rogers)
增强自尊	马斯洛(Abraham Maslow) (乔伊斯 Bruce Joyce)

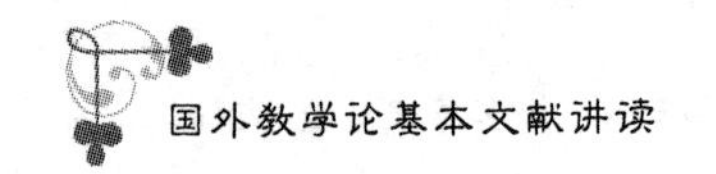

非指导性教学模式(Nondirective Teaching)(第12章)

近三十多年来,心理学家、咨询专家罗杰斯(1961,1982)一直被公认为是将教师视为心理咨询师这一模式的代表人物。该模式源于心理咨询理论,强调师生间的伙伴关系。教师要尽力帮助学生理解如何担当自我教育的主角——如何确认目标并寻求途径达到目标。教师要使学生了解自己已取得的进步并帮助他们解决问题。当学生尝试解决问题时,非指导性教学的教师必须积极建立与学生的伙伴关系,并提供必要的帮助。

该模式用途广泛。首先,在最普通(最常见)层面上,该模式可作为整个教育计划运行的最基本模式(Neill,1960);其次,该模式还可以与其他模式结合使用以确保师生间的交流,营造良好教育氛围;再次,该模式可在学生意欲独立思考和合作研究时使用;最后,该模式可用于定期对学生进行心理咨询,分析学生的想法及情感,帮助他们理解自己的问题所在。虽然该模式主要用于提高学生自我认识及自立能力,但也可促进一系列的学业目标的实现(Aspy & Roebuck,1973;Chamberlin & Chamberlin,1943)。

增强自尊(Enhancing Self-esteem)(第13章)

近四十多年来,马斯洛卓有成效的工作成果一直用于指导关于建立自尊及自我实现能力的研究项目中。我们一直在探索能够指导我们行为的原则,以便与学生合作时尽可能确保学生个人形象最大化发挥。随着教学模式研究的不断深入,近期有关对教师研究的改变为研究学生学习风格及学习过程提供了一种新的方法(Joyce & Showers,2002)。教育中的个人、社会及学业目标是相互联系的。个人型教学模式是教学艺术的基本部分,直接满足了学生自尊、自我认识的需要及支持、尊重其他学生的需求。

行为控制/系统型(The Behavioral Systems Family)

行为系统论是一常见的理论基础——常被称作社会学习理论,也以行为修饰、行为矫正和控制而著称——指导着行为系统中各种模式的设计。该理论认为人类是一种能够根据信息进行自我调节并能够成功完成任务的沟通系统。例如:试想一个人要在黑暗中爬一段不熟悉的楼梯,刚开始的几步是试探性的。抬得太高,大脑接收到反馈,脚就会由高到低慢慢下移,直到挨至地面;抬得太低,脚就会踢着楼梯。脚的高低会根据试探结果进行调整,直到在楼梯上走得相对舒服。

心理学家们(尤其是斯金纳,1953)通过分析人对任务及反馈的反应,获悉人是如何组织任务和反馈结构以使自我调节能力更好发挥作用。此研究结果包括减少恐惧感,学会阅读和计算,发展社会技能和体育技能,用放松缓解焦虑,学会把必要的智力、社会及身体技能结合起来用于驾驶飞机或宇宙飞船。由于此模式注重可观察的行为、明确的任务及学生的交流进展方法,因此该教育模式研究基础坚实。行为策略适合于各个年龄段的学习者及广泛的教育目标。表 4 列出了该模式及其创立者和修订者。

表 4 行为系统型模式

教学模式	创立者(修订者)
掌握学习	布鲁姆(Benjamin Bloom)
	布洛克(James Block)
直接教学	古德(Tom Good)
	布罗芬(Jere Brophy)
	贝瑞特(Carl Bereiter)
	英格曼(Ziggy Engleman)
	贝克尔(Wes Becker)
模拟学习	史密斯(Carl Smith)
	史密斯(Mary Smith)
社会学习	班杜拉(Albert Bandura)
	索瑞森(Carl Thoresen)
	贝克尔(Wes Becker)
程序教学 (任务成绩强化)	斯金纳(B. F. Skinner)

掌握学习与程序教学(Mastery Learning and Programmed Instruction)(第 14 章)

行为系统模式在学科教学中最常用的是掌握学习(Bloom,1971)。首先,将要学习的材料由简到繁分成若干单元,然后通过合适的媒介(阅读材料、磁带、活动等)逐步呈现给学生。学生按照单元循序渐进学习,每单元学完后进行测验以帮助学生更好地了解所学内容。如果没有掌握应学内容,学生可以重学或学习一些类似内容,直至完全掌握。

根据这一模式编制的教学系统适用于各个学科领域中不同年龄段的学生学习各种基本技能及复杂内容。该教学系统经过恰当修改,既可用于有天赋、有才能的学生,也可用于有情绪问题的学生、运动员及宇航员。

直接教学(Direct Instruction)(第 15 章)

根据社会学习理论及对教师教学效果差异的研究,可以构建一个直接用于教学的范例。对教学目标的直接说明,与该教学目标直接相关的各种活动,对教学过程的控制,对所获成就和策略反馈等都与促进学习的指导方针相联系。

模拟学习:训练及自我训练(Learning from Simulations: Training and Self-training)(第 16 章)

行为控制论者提出了两种训练方法:一种是理论—实践模式,一种是模拟。前者综合了有关技能形成中的演示、练习、反馈、指导信息直至掌握该技能。以学生掌握算术技能为例,先对其进行讲解和演示,通过练习得到反馈,随后在同

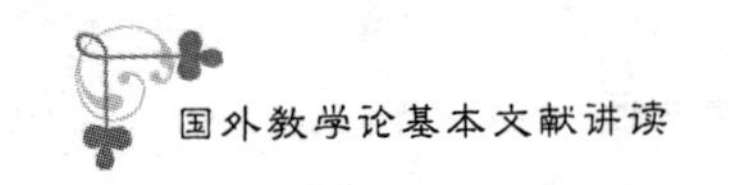

学或教师的指导下由学生来运用此算术技能。该方法也常用于体育训练。

模拟是通过对真实生活情境的描述来创立的。需要创建一种接近真实生活的环境作为教学情景。模拟有时非常复杂(比如：航天飞行模拟器及国际关系的模拟等)。学生要达到模拟目标(例如：驾驶飞机起飞、改造城区等)，就必须处理好这些现实因素，直至达到目标。

使用教学模式：一个严格但又灵活的工具(Using the Teaching Repertoire: A Firm Yet Delicate Hand)

尽管教学模式的发展使教师获得了个人满足感，尽管教给学生学习策略使得教学工作更为容易，但这些教学模式创造者的初衷是促进学生的学习，提高工作效率。

在考虑何时、如何综合使用教学模式(这些综合学习策略应优先用于特定单元、课程和学生团体)时，应考虑可能要推广的学习类型及节奏。我们要研究每种模式在其发展历程中的效果大小及类型，这样，如能恰当使用这些模式，就能预测其产生的成果。

研究这四种类型的教学模式时，脑海中可能会浮现这样的疑问，即设计每种模式是用来完成什么任务？在特定情境下，一种模式是否比另一种更有效？

有时很容易做出决策，因为某种模式就像是为某种目的量身定做的。例如，法理学探究模式就是为教授中学生分析公共问题而设的。它既不适用于年龄稍小的儿童，也不适用于研究复杂的国内、国际政治经济问题。然而，把分析公共问题作为主要目的的高中课程可运用这种模式，实际上该模式可以用来设计全部或部分课程。这种模式能达到其他教学目标(学生在研究问题时学习信息和概念，此模式可促进其合作技巧)，但这些目标是培养学生，而非该模式的主要目的。

当几种模式都可达到同一教学目标时，对教学模式的选择就比较复杂了。例如，可以通过归纳探究或围绕先行组织者，或两种模式结合使用获得阅读和讲座信息。在尚未研究这四种类型的模式之前，设计课程和活动是不能全面确定协调模式与目的之间关系的。在研究每种模式时我们应当牢记：设计学习计划时，该模式最终将成为教学艺术的一部分。

学习研究基础时，我们应学会判断，与其他一些可行的过程相比，教授学生所用的教学模式能获得多大效果。每种教学模式提供给学生的认知和社会使命旨在创造能产生特定学习类型的能量。每种模式的效果即学习类型，这种类型是通过将一种模式与这种模式或类似模式在未被使用的状况下相比而决定的。例如，我们会问“与单独学习相比，学生们共同学习时，哪种情况学习效率提高了？”请注意这是一个比较的问题，显然学生在任何一种情况下都能学习。选择模式时面临的问题是哪种模式在一定课程、单元或情境中效果更好。同时，我们还需牢记学习类型很多，有些可以通过合作提高学习，有些则不能。

将某一模式用于学习计划中很重要,同时使用这些模式也很重要。以教授学生们学习一门新语言为例。学习新语言的一项早期工作是学习最基础词汇,单词联系法在该阶段非常有效,与一般学习方法相比,此方法在很多情况下能帮助学生掌握两倍的单词量(Pressley,Levin & Delaney,1982),因此联系法是学习初期的最佳选择。学生们需要在阅读、写作和会话中获得技能,而这些技能又是通过不断扩大词汇量而提高的。此后再运用其他能产生实际综合效果的模式。

更复杂的是,我们不得不承认,学生们并非毫无差异。能有效帮助某个学生学习的模式并不一定适用于其他学生。幸运的是,还没有发现一种对一类学生帮助很大的教育方法会对其他学生造成严重伤害。但在设计教育环境时应充分考虑积极效果中的差异。因此,我们应特别注意学生的"学习史",他们取得学习进步的方法,他们的自我形象、认知和性格发展以及其社会技能和态度。

随着学习策略的不断增加,无论是作为群体还是个体,学生们都会发生改变。随着其成为一个强有力的学习群体,他们也能有效完成越来越多的学习类型。因此,对学生们的帮助便是提高其学习能力。

评价一个研究时,应考虑每种模式的综合教育效果及设计的特殊的与"模式相关"的效果。例如,归纳模式创立之初最直接的目标是教会学生科学方法。研究表明,这些模式效果非常好,传统的"粉笔加讲课"方法对传授学生科学方法来说效果不尽如人意(Bredderman,1983;ElNemr,1979;Gabel,1994)。科学探究法在增加学生学习的信息量,鼓励他们形成概念并改善对科学的态度方面也很重要。有趣的是这些模式不但达到了教育的基本目标,而且还产生了包括学生们在学习能力上的提高的教育效益。

虽然一些模式产生的效果不大,但令人满意的是,这些模式随着时间的推移能产生持续影响。先行组织者模式(旨在提高从讲座、电影和阅读等途径获得信息)指出,如果恰当使用"组织者",就可达到其效果(Joyce & Showers,1995)。作为教育的一部分,学生们在讲课和阅读,包括写作安排、电影和其他媒体接受的信息长达上千个小时。作为教育工具,这些如此强大以至于从组织者那里获得最一般的知识也会引发学习的显著进步。

当多种模式结合起来解决多层面教育问题时,或许最有趣。例如,运用基于发展心理学和归纳教学模式知识的社会学习理论技巧,斯波尔丁(Robert L. Spaulding)为经济困难、社会地位低下、不善交际和后进儿童设计了一项方案。该方案成功改善了学生的社交能力和合作学习行为;引导学生对自己学业更加负责,从本质上提高学生基本技能、增加知识,甚至提高了学生在智力测试方面的表现(Spaulding,1970)。

斯波尔丁的研究表明在一个教育项目中结合多种模式以逐步增强其效果,实现多重教育目标是很重要的。高效的教育需要个人、社会和学术学习的结

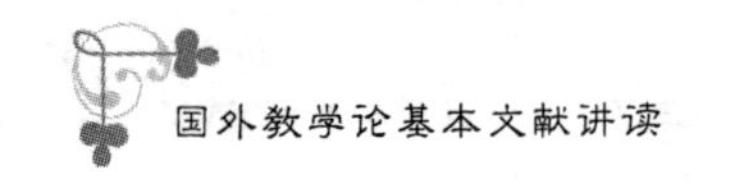

合，这种结合又可通过使用多种模式来实现。在第5章中，由于将图文并茂归纳模式与其他模式相结合，学生的阅读、写作能力得到了显著提高。

虽然许多模式都旨在促进某一具体类型的学习，但这并不意味着会抑制其他目的。例如，由于归纳教学模式旨在教授学生如何形成概念、检验假设，因此人们有时认为它会影响信息的覆盖范围。但测验表明该模式也是帮助学生学习信息的一种有效方法。另外，通过该模式获得的信息比通过学校普遍使用的背诵和反复练习的方法获得信息的记忆时间更长（见第21章）。

有时，为特殊学习内容设计的方法稍加修改也适用于其他学习领域。例如，归纳法旨在学习科学和社会科学内容，但它同样适用于学习文学和社会价值观。由于某种模式可有效用于所有学习领域的观点是错误的，归纳模式则可说明这一点。如果将其用于所有教学目的，就不会达到最佳效果。创造力难能可贵，创造精神应渗透生活中的点点滴滴，举偶组合（见第8章）能促进人的创造力，但并非所有学习都需要创造性活动。记忆很重要，但把一切教育建立在记忆之上就大错特错了。

一些学习模式在具体应用中会产生显著效果。单词联系法作为一种辅助记忆模式，在一系列的实验中提高了2～3倍的学习效率。从本质上来讲，这意味着学生们学习等量的材料，用单词联系法的效率是普通记忆单词方法的2～3倍（Pressley，Levin & Delaney，1982）。但我们并不能因此就将单词联系法用于所有目标教学中。当以快速获得信息作为教学目标时，可以使用该方法，但这并非是解决所有教育问题的唯一选择。另一方面，我们也不能低估其用途。在科学概念等级教学中此方法就非常有效（Levin & Levin，1990），能够达到最重要、最复杂的教学目标。同时该模式还培养了学生的学术自信心，更快速更自信的学习往往能帮助他们更好地认识自我。

因此研究检验过的可替代教学模式时，发现没有一种模式在所有教学目标中总是优于其他教学模式，或是该模式是达到特定目标的唯一选择。然而，我们的确找到了能够与多重教育目标（完整教育体系的一部分）相联系的有效选择。这就要求优秀教师（或设计者）掌握大量的教学模式以便在其整个教学生涯中不断补充完善已有的教学模式。

为从个人职业和探究中获得满足，教师应设定这样一个目标：不仅熟练运用一两种基本教学模式来完成教学目标，还应掌握更多模式以开发教师自身和学生的潜能。

我们希望看到，孩子们（及年龄更大一些的学生）能够接触多种多样的教学模式并从中获益。随着教师教学技能的提高，学生们也应当增加其学习技能。本书的创作目的就在于此。

（贺　莺　译）

教学方法的分类及各类方法的特征[①]

威斯顿 格兰顿

作者简介

辛吉娅·威斯顿(Cynthia B. Weston)早年在美国华盛顿大学获得教育博士学位(EdD),现为加拿大麦吉尔大学教育与心理咨询系教授、学校教学与学习服务中心主任。主要研究领域为:大学教学的改进、反思性教学、教学设计、新技术在教学中的应用以及形成性评价。

格兰顿(P. A. Cranton),加拿大麦吉尔大学学习与发展中心教授。主要研究领域为:高等教育的方案评价、大学的课程评价与教学评价以及作为大学教师的教学学术问题。

选文简介、点评

该文立足于教学活动的主体以及主体活动相互作用的形式,把教学方法分为四种类型:教师中心方法、相互作用方法、个体化方法和实践方法。对于每种教学方法,分别介绍并举例说明其课堂操作的具体形式和步骤,分析了各类方法的适用条件及其在教学过程中使用时应该注意的问题。

目前,关于教学方法的分类有许多种,反映了不同的教学过程观。该文关于教学方法的分类既涉及教学主体又涉及活动,几乎涵盖了已有的各类教学方法。此教学方法体系把教学置于师生之间、生生之间以及人—机之间和人—社会之间的复合式互动的背景中,强调了教师与学生都是教学活动的主体,教学活动应该是一个师生、生生间进行动态信息交流和反馈的过程,这里的信息不仅仅是知识、生活经验和行为规范,更重要的是情感、态度、价值观等方面,通过广泛的信息交流和反馈,实现师生互动,相互沟通,相互影响,相互补充。

基于该文作者对教学方法的分类以及对各种类型方法在实际中的应用提示,对照我们的教学实践,不难发现:一些方法显现于教师的日常教学中,教师能够理解其作用,如讲授、提问、全班讨论、小组讨论、计算机教学、实验室学习、

---

① 原文来源:Cynthia B. Weston, P. A. Cranton. Selecting Instructional Strategies[J]. The Journal of Higher Education,1986(3):259-265.

译文来源:[美]辛吉娅·威斯顿,P. A. 格兰顿. 教学方法的分类及各类方法的特征[J]. 陈晓端,译. 外国教育研究,1993(3):14-17.

练习、角色扮演等；一些教学方法可能只是隐性的，并没有被教师意识到。比如在教师中心方法中的论证方法，一般我们提到以教师为中心的方法经常会想到讲授和提问，而事实上，论证法区别于前两者，它是以教师为中心的高水平认知领域学习过程，对于学生心智技能的应用有着重要的指导作用。还有一些教学方法是教师已经意识到其对教学的促进作用，但却很少应用或者不愿意用的。比如同伴教学、单元教学、现场和临床教学等，这些方法对于培养学生学习兴趣、独立学习能力以及理论联系实践能力都有很好的促进作用，但是现实中由于班额过大、教学任务过重等原因，教师会觉得这些方法应用起来不太方便。

教无定法，教学方法非常丰富，对教学方法进行分类的目的是使教师更好地把握教学方法的特性，更好地选用教学方法，提高教学效率。每种方法在教学中各有优势，需要针对教学的具体内容以及教学对象灵活选择，做到"因课而异、因人而异"，不同的课程内容都有其适当的教学方法，切不可生搬硬套。比如英语学习比较枯燥，可以采用现场教学、模拟教学、角色扮演等方法来模拟情景，活跃课堂氛围，提高学生的学习兴趣和学习效率；数学内容比较抽象，特别是学生刚接触到新定义和定理，就需要教师适当的讲解促进学生理解；为了让学生觉得学习数学是有意义的，在数学学习中也可采用模拟实践、现场教学的方式开展数学应用，加强学生的理论联系实际能力。因人而异是指教学方法的选用要根据教学对象的文化基础来确定。一方面学生的文化基础差异会带来学生学习水平参差不齐，要让所有的学生都获得发展，必须因材施教，对不同层次的学生采用不同的方法，例如单元教学适合于学习程度较高的学生来使用，而同伴教学和小组设计就需要教师搭配程度不同的学生，这样方显现出该教学方法的优势。另一方面，教学方法的选择也要受教师主体倾向性的影响，每个教师的教学风格和文化基础都有差异，他们的教学观、学生观致使他们所适用的教学方式也会有差异，一些善于开展活动和探究的教师，在开展模拟和游戏、现场教学时富有激情并且能够很好的把握课堂；一些基础知识扎实、经验比较丰富的教师能够通过讲授或提问深深地吸引学生；一些语言丰富、善于激励和引导的教师，他们在使用小组讨论法、全班讨论、小组设计、同伴教学等方法时能够灵活驾驭课堂，提高学生活动效率。

教在于不教，教师教学主要是为了学生的学习，教学中要教给学生学习方法，这就是个体化方法的体现。个体化方法赋予学生的主动空间更多，它仅给学生提供了一个活动框架，其主要任务完成由学生自己支配，在此过程中，教师是学生的引导者、合作者，给予学生足够的活动时间和空间，学生可充分发挥其主观能动性，消化和应用之前教学中理解的知识和能力，这个过程给了他们自主学习的机会，让他们学会学习。

通过阅读这篇文章，我们会对什么是教学方法、教学方法有哪些、各自都具有什么特征等有一定的了解与认识，但如何在具体教学实践中科学运用教学方法不仅是一线教师最为关注的问题，也是课程与教学论专业的学生必须要思考的问题。为了更加深入地了解与认识教学方法的科学运用，我们还应通过阅读相关教学方法的界定、分类及科学应用等文献，全方位认识教学方法。

（撰写人：陕西师范大学教育学院课程与教学系博士后尚晓青）

选文正文

教学方法可以被看做是教师与学生交流的媒介或手段。它至少可以分为四种类型：① 教师中心的方法；② 相互作用的方法；③ 个体化的方法；④ 实践的方法。

教师中心的方法

在采用教师中心的方法进行教学时，教师最基本的责任是向全体学生传授知识。师生的语言交流是单向的，即从教师到学生。在这类方法中，人们最熟悉的方法就是讲授，也就是一个教师直接给一个学生团体讲课，在认知领域的低水平（知识和领域）的教学中，讲授是一种恰当的和有效的方法，尤其是大班教学。但在教学过程中，学生的学习是被动的，而不是主动的。

第二种教师中心的教学方法是提问，即教师向个别学生或全班学生提出一系列问题，请学生自愿回答。在提的同时通常还辅以讲授或其他方法。提问对于多数认知和情感领域的教学都是有用的。

还有一种教师中心的方法就是论证。论证可用于各种不同的内容。教师通过论证可以说明一个概念及这种概念的应用，还可以说明一种心智技能的应用。此法最适合认识领域的高水平学习。在认识领域高水平的学习中，教师可以用粉笔在黑板上解决数学的问题或者写计算机程序，学生则通过观察掌握论证过程。

相互作用的方法

相互作用的方法充分利用了学生之间及学生与教师之间的信息交流。一般来说，学习过程是在学生的积极参与下进行的，相互交流或讨论是保证学生参与学习过程的有效方法。

最常用的相互作用方法就是班级讨论。其过程是：给学生一个论题或提出一个问题，让他们根据自己的看法互相讨论或者进行适当的辩论。这种方法对于认知领域较高水平的学习（分析、综合和评价）和所有情感领域的学习特别有效。但使用讨论也有明显的条件限制，比如，班级的大小就是其中之一。在一个关于班级讨论的早期研究总结中，研究者就对讲授法提出了批评，而且，麦基奇（Mckeachie）的报告说，所有关于高水平认知学习与态度和动机的比较研究却一致认为班级讨论是比较好的一种方法。

在班级较大、学生兴趣不一，或者学生们认为与少数人相互交流更为舒畅时，教师就可以用小组讨论代替全班讨论。其做法是：选择好特殊的问题、论点或有意义的主题，将全班分成几个小组，每组3—7人，然后进行讨论。在认识领域的高水平学习和情感领域的所有学习中，小组讨论的确能提高学生的学习积极性。对于情感领域的学生常常有疑问的地方，采用此法更为有效。因为通过讨论可以使大家的意见趋于一致。

当学生的兴趣相同，且证明学生通过与同伴的相互作用对于他们完成一个设计有利时，可采用小组设计方法。无论是由教师指定，还是学生自己选择，学生通过研究一个专门的课题，总会产生一定的结果。教师只是作为学习过程的管理者或咨询者。这种方法在高水平的学习领域同样有效，且有鼓励学生参与学习过程的优点。

同伴教学是一种更有组织的相互作用的方法。在能力水平或与目前课堂内容有关的经验呈两极分布的现象时，运用此法更为有效。在同伴教学中，已经达到了目标的学生可以作为教师去教一个、两个甚至三个还没有达到教学目标的学生。运用同伴教学法可以使所有学生都能积极地投入到学习过程中。如果计划得好，此法可用于多种类型的学习。

个体化的方法

个体化的方法的依据是：学生的学习速度是不同的，有规划地、及时地提供反馈能促进学习过程。在个体化的教学中，学生根据自己的速度学习先前已准备好的材料，信息呈现的快慢和多少根据学生进步情况而定。

在程序教学中，教育者将一个目标或一系列目标的内容分成小的、连续的步子，先呈现给学生信息，然后学生按照所给信息回答一个问题，根据回答，学生翻开特定的一页（即进行衍支过程），在这一页上要么告诉回答是正确的，要么进一步呈现信息。教学通常是由一本书和一个书面材料（booklet）来表现的，且覆盖几个目标。这种方法的整体构架限制了它，使它只适用于认知领域的低水平学习（知识、理解、应用）。

单元教学包括各种各样的授课计划。通常情况下，教学的中心是围绕一个书面材料，这个书面材料可能包括阅读（也可能指学生的课外阅读）和提供“活动”或有关阅读的练习，也包括视听材料。在单元教学中，反馈信息可由教师提供，也可由标准答案提供。单元教学适用于多种类型的学习，尤其是对于某一领域的早期学习更适宜。然而，需要说明的是，单元教学的编制不但是费时间的，而且需要教学设计专家。

计算机教学也有多种形式。早期的计算机辅助教学（CAI）类似程序教学。研究和实践证明这种方法的确能引起学生的学习动机，但对于改进学习来说并不是非常有利的。然而，随着微型计算机的出现，以及它的造价的不断降低和功能的逐渐增加，计算机在许多教师设计的教学方案中日益显示出它的有效性。原来在程序教学中使用的衍支过程（branching），通过计算机的应用则能更好地由人来控制，而且还可以根据学生不同的学习方式和能力，较容易地设计一个有不同内容的教学计划。计算机在教学中的普遍使用,使得学生对大量学科的学习可根据自己的计划进行。

实践的方法

在高等教育中,许多学科的教学(像保健专业等)并不是在教室里进行的,而是在现场。比如,学生护士学习医务管理,就是在临床与病人打交道的过程中进行的。师范生培养的一个重要环节就是实习生教学(student teaching),即在班主任和指导教师的协助下面对一个班的学生进行实际教学。这种类型的教学方法可以被称作实践的方法。

如果进一步讨论,我们还可以把实践的方法理解为:它们可能是教师中心的(比如在体育课中,教师与学生一起练习),也可能是互相作用的(比如,小队比赛和游戏),还可能是个别化的(比如,实验设计)。在一个真实的或带有刺激性的场所,学生参与实际工作是实践的方法与上述几类方法区别的唯一特征。

现场或临床教学通常是在实际场所进行的。比如,医院、学校、社会事务所或体育比赛现场。教学的特点受在场参与者(病人、教学人员、委托人、比赛者)影响。当学生在现场开始工作时,现场教学也就开始了,教学开始后,教师根据情况分配给学生一个或多个任务,并督导学生完成这些任务。如果教师不去现场,就要求学生完成工作后写一份总结报告。在技能和情感领域的教学中,现场教学和临床教学是最理想的促进学生学习的方法。

在实验教学中,学生仍然是在实际中工作的,只是他们的工作程序受教师的严格控制。实验法既能用于高水平的学习领域,也能用于低水平的情感领域和技能领域的学习。当所教的技能无法在实际中应用或者是为了实践的方便和安全时,此法尤为恰当。

角色扮演通常可用于学生正在学习人际关系技能的情境。当然在其他领域,诸如高水平的认知领域也能有效的使用。在角色扮演中,学生进入一个特殊的情境,实践应该掌握的技能。比如,学习社会工作就可采用此法练习学生与委托人之间的相互交往。

模拟和游戏可用于全部三个领域的学习(认识、情感、技能)。模拟实际上代表着现实情境,它通常要求学生实践对此情境的规则和原则的应用。运用时要尽量创设一个安全又与实际相近的环境。比如,在医学教学中,可让学生实践诊断技能,并让他们根据自己的诊断对模拟病人进行评定。在教师训练中,学生可通过微型教学的模拟情境来进行特殊的实践。游戏的运用方法与模拟相似,但它所提供的是更为抽象的现实情境的缩影。

练习也是一种实践的方法,尤其在技能领域的教学中,练习是一种更为特效的方法。因为无论是复杂的心智技能,还是复杂的运动技能都是需要多次重复的。

最后,我们用一个表对上述教学方法进行概括总结。

从表1不难看出，在同一内容中，对于不同学生来说，或者在某些目标领域内，对于不同学习水平的人来说，一种方法的确可能比另一种方法更适宜。教学方法的选择需要考虑多种变量，教育者不要片面地认为哪一种方法是最好的，哪一种方法是最差的。

表1　教学方法概要表

教师中心的方法	相互作用的方法	个体化的方法	实践的方法
1. 讲授 学生是被动的；对低水平学习和大班有效 2. 提问 检查学生学习；鼓励学生参与学习；可能引起焦虑 3. 论证 学生是被动的；能说明概念和技能的应用	1. 全班讨论 班级应小一些；鼓励学生参与学习；可能浪费时间 2. 小组讨论 班级应小些；学生参与学习活动；对高水平学习有效 3. 同伴教学 需认真计划和指导；可利用学生优点；鼓励学生参与学习活动 4. 小组设计 需认真计划；对高水平学习有效；鼓励学生参与学习活动	1. 程序教学 对低水平的学习最有效；结构严谨有反馈；学生可按自己的速度学习 2. 单元教学 总计划灵活；学生可按自己的速度学习；可能浪费时间 3. 独立设计 最适宜较高水平的学习；学生是主动的；可能浪费时间 4. 计算机教学 需要时间和金钱；非常灵活；学生可根据自己的速度学习；学习活动多样	1. 现场和临床教学 学习活动在现场进行；学生积极参与学习管理；评价较困难 2. 实验室学习 学生积极参与学习；需要认真计划和评价 3. 角色扮演 对情感和技能领域的学习有效；学生是主动的，需要提供“安全”经验 4. 模拟和游戏 可提供特殊技能的实践，学生是积极的；一些学生可能会产生焦虑 5. 练习 提供积极的实践机会；最适合低水平的学习；有时不能引起学生学习动机

（陈晓端　译）

多种教学方法的合理结合[①]

巴班斯基

作者简介

巴班斯基(1927—1987),苏联教育科学院正式院士、副院长,苏联著名教育学家。巴班斯基教学论思想的特点就在于以教学教育过程的最优化原理为核心,构成了一个科学理论研究和设计技术研究相结合的较完整的教学论体系。其主要著作有《论教学过程最优化》、《教学教育过程最优化》、《中学教学方法的选择》。

选文简介、点评

教学方法是联系教师、学生与课程内容的中介和桥梁。教学方法选择与运用的恰当性直接影响着教学的有效性。正因为如此,一直以来,教育研究领域对教学方法的研究就没有停止过。什么是教学方法?教学方法应该如何分类?如何有效地选择与运用教学方法?这些基本问题更是许多著名教学论专家关注的问题。苏联著名教育学家、教学最优化研究专家巴班斯基在他撰写的《多种教学方法的合理结合》一文中,把教学方法划分为三大类,即组织学习认识活动的方法、刺激学习认识活动的方法、检查学习认识活动的效果的方法。其中每一大类方法又可以根据逻辑关系划分为多种不同的方法,每种方法都有其优点和不足,只有被运用到适当的教学情景中,才能发挥它的积极作用。他认为,各种教学方法并不是孤立存在的,而是有着相互联系和相互渗透的辩证关系,这种关系就决定了教学方法的多样性以及将它们合理结合的必要性。

文中,在对教学方法进行分类以及对多样运用的意义进行论述的基础上,巴班斯基进一步指出,教学方法的选择要避免盲目、凭直觉,教师只有依靠科学的方法指南并在经验分析的基础上才能选出适当的、有理论根据的方法。此外,教师还必须深入了解每种教学方法的功能,这样才能在适当的场合运用适当的方法,因为每种方法既有着辩证的矛盾性,也有着特殊的优越性。也就是

① [苏联]尤·巴班斯基. 多种教学方法的合理结合[J]. 邓鲁萍,译. 全球教育展望,1980(2):59-62.

说，某种方法对某种情况是最优的方法，在另一种情况下，它可能就不是最优的方法。如口述法可以在短时间内传授大量的知识材料，有助于发展学生的抽象思维，但如果单纯、片面使用口述法不仅会增加知识掌握的困难度，同时会影响学生技能、技巧的发展。再如直观方法虽然有助于培养学生的直观形象思维，但过分使用也会影响学生抽象思维和逻辑思维的发展。要保证教学过程最优化，就必须使各种教学方法合理结合，使教学方法呈现多样化。值得注意的是，多样化要有“度”的把握，不能片面追求多样而分散了学生的注意力。此外，方法的结合并不是随意的，要实现最优组合，就必须根据教学任务、教学内容、教学情景、学生的可能性以及教师运用各种方法的可能性等多种因素进行综合分析。

教学方法是巴班斯基教学过程最优化理论的重要组成部分。巴班斯基认为教学过程最优化的一个重要措施就是教学方法和手段的配合能在规定时间内最有效地解决所面临的教学任务。巴班斯基的教学最优化理论体系主要建立在系统分析、辩证唯物主义关于真理具体性学说以及科学管理学说的基础上。他从改进教学论研究的方法论入手，对教学过程的各个环节进行整体研究，指出教学过程最优化就是在教学过程中，教师在全面考虑教学规律、原则，教学任务、内容、方法、形式和教学系统的特征以及教学系统的内外部条件的基础上，选择教学过程的最佳方案，组织对教学过程的控制，从而在规定的时间内，使学生在教养、教育和发展三方面获得最大可能的效果。巴班斯基把教师、学生、教学条件（包括物质、卫生、道德心理条件）、教学过程（包括教学任务、内容、方法和手段、速度、分析教学结果等）看做是一个完整的教学系统，从教学整体观的角度关照整个教学活动。巴班斯基十分强调教学过程在教学系统中的作用，认为整个教学系统就是围绕着教学过程来运行的，系统中的其他组成部分都要围绕着教学过程发挥作用。

巴班斯基关于“多种教学方法的合理结合”的论述，不仅充分体现了辩证法的思想，也凸显了“最优化”的法则。学习该文有助于教师以“最优化”的标准来论证自己选择和运用的各种方法，以辩证的态度看待每一种教学方法，从而根据不同情景将多种教学方法最优组合、合理运用，同时也有助于本科生或研究生进一步了解教学方法体系形成和发展的历程，理解巴班斯基看待教学方法时所强调的整体性观点、相互联系的观点和动态观点，体会“最优化”的特定内涵，并用理性的态度评价巴班斯基的研究理论。

（撰写人：陕西师范大学教育学院课程与教学系博士生导师张立昌教授）

选文正文

众所周知，教学方法，这是教师和学生之间一种相互联系的活动的途径和方式。这种活动旨在达到教学过程中教育、教养和发展学生的目的。任何一种这样的活动都要求组织、刺激和检查。因此，教学方法可分为三大类：

组织学习认识活动的方法；

刺激学习认识活动的方法；

检查学习认识活动的效果的方法。

组织学习认识活动的方法可分为口述法（叙述、讲课和谈话等）、直观法（演示、图解等）和实践法（练习、实验室实验和劳动操作等）三种。所有上述组织学习认识活动的方法又可分为归纳法和演绎法，这就是指按照何种逻辑来揭示教材——从个别到一般或从一般到个别。

组织学习认识活动的方法还可以分为探索问题法和复现法，这是指学生是怎样掌握新教材的——通过独立思考需要解决问题的情景（探索法），或者积极地识记教师所传授的知识（复现法）。

最后，根据教育的作用和管理的程度，以及学生在学习中的独立性的程度，又可分为教师指导下的学习方法和学生独立学习的方法。所有这些方法，如果使用得当，就可以起到指导和刺激学生，使学生的认识活动积极化的作用。此外，在教学实践中还使用一些专门的旨在保持和发展学生对学习的兴趣，提高他们对学习的责任感等方面的方法。例如，在刺激学习和形成学习动机的方法中就有认识性游戏法、学习讨论法、创造取得学习成绩的情境法、提出学习要求法和表扬法等。在检查和自我检查的方法中有口头检查、书面检查和实验室检查、个别检查和全体检查、课题检查和课时检查等。

必须指出，在所采用的各种方法之间应当保持有机的相互联系。这种相互联系和相互渗透反映了教学方法概念的辩证法，反映了这些方法是相互转化的，而不是其中的每一种方法孤立存在的。企图把丰富而多样的方法归结为有限的几条，这本身就是脱离实际的。它必然导致人为地去寻找并不存在的教学法上的“百宝箱”。像这种教学论上的炼丹术当然是与苏维埃教育学不相容的。因此，教师面对教学方法的多样性，把它们合理地、适当地结合起来的可能性认识得越丰富，那么为一个单元中的几堂课和每一堂个别的课所选出来的一套方法就越成功、生动和有效。形象地说，用多种颜色来调色，将会使教学过程的这幅图画显得更加美丽。

这种或那种教学方法的生命力在于它们的不断完善。例如，给学生传授知识信息的一套方法，近些年来就有了很大改变，并且由于教学技术手段的采用而增添了新的力量。磁带录音、录像、电影、电视、计算机辅助系统、自动练习器等，大大提高了教师在传授知识信息方面的可能性。教育学的研究发现了更加有效地将归纳教学法和演绎教学法结合起来的途径，以新的态度处理教学内容

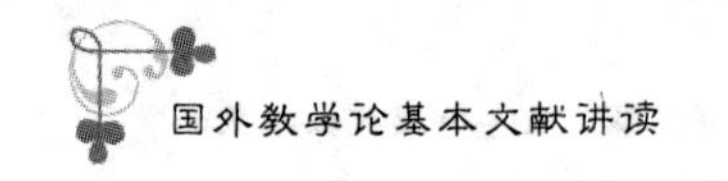

和方法的结构，从而为低年级学生掌握理论知识开辟了广阔的前景，也探讨了更广泛地使用探索教学法的途径。

在课堂上设置和解决问题情景方面，研究了在程序教学体系中怎样更加有效地控制学生的认识活动和把程序教学与其他类型的教学结合起来的可能。制定了刺激学习和形成学习动机、培养对知识的需要和学习责任感的各种方法。教师的检查方法和学生自我检查的方法通过下列途径而得到改善：实行考查制度、采用技术考查手段（包括程序化考试机器）、运用书面作业、实验室的考查作业和实验性考察作业等。

在完善所有教学方法的同时，自然会在学校生活的某一时期特别重视发展那些能最成功地解决当代生活提出的要求的方法。苏共二十五大对现行学校提出了这样的任务：进一步培养学生独立获得知识、补充知识的能力，形成他们在大量的科学信息和政治信息中的定向能力。因此，发展学生在掌握知识过程中的独立工作方法和探索问题的教学方法就具有特别重要的意义。但是，在某一时期里突出主要的环节，并不是排斥其他方法，而是要求全面地对待教学方法的选择，要求在教学过程中将这些方法最有效地结合起来。

完善各种教学方法的过程应该同时在许多方面进行。对教学过程最优化来说，最重要的是使教师和学生的相互联系的活动得到最充分的多方面的体现，反映出现代教学论所积累的教学方法和教学手段的丰富成果，并且开辟推广新的方法的前景。

首先应当指出，教学方法的选择是由不同水平的教师来进行的。其中的一部分教师，从旧的工作格式出发，认为某一组方法最好；而另一部分教师则喜欢变换采用多样的方法，但他们是凭直觉这样做的，因而常常是用一种尝试、错误了再改正的方法。教师只有依靠科学的方法指南、现有的先进经验和对自己以往经验的分析，并且经过慎重的思考以后，才能选出适宜的、有理论根据的方法。

教学往往要求采用不是一个，而是一系列的相互关联的、有一定综合性的方法。关于教学方法的最优综合的概念总是具体的。就是说，它在一些情况下可能显得成功、有效；而在另一些情况下，对另一个题目、另一种教学形式来说，则可能是完全不适用的。因此，教师必须很好地了解每一种教学方法的功能。

这里，必须记住每一种方法的辩证的矛盾性，以及它较之其他方法来说，在解决某一些任务方面的优越性。例如，口述方法可以在最短期间内传授最大量的知识材料，可以向学生提出问题，指出解决问题的途径。它们有助于发展学生的抽象思维。但是，单纯使用口述方法会使材料的掌握产生困难，特别是对那些具有直观形象记忆和运动记忆的学生，以及属于直观形象思维类型的学生来说更是如此。口述方法对促进学生的技能、技巧的发展来说也是欠缺的。

直观方法也是如此，它可以提高教学效果，尤其适用于那些比较明显地表示了用直观形象思维来感知教材的学生。但是，过分地使用这种方法，会阻碍学生抽象思维、想象力、思考力和语言能力的发展，阻碍他们连贯地、有逻辑地表达思想。

实践教学方法的良好作用是无可争辩的，尤其是在形成劳动的技能和技巧、巩固理论和实践的联系方面，它的作用更加巨大。但同时，这些方法也不能解决所有的教学任务，因为它不能保证系统地、深刻地掌握理论知识和发展逻辑语言和抽象思维等。

复现教学法和探索问题教学法也有自己最适宜的使用范围。

当教材的内容主要是资料性的，也就是说，当必须传授一些事实的知识，而后使学生直接记忆和直接地再现时，复现教学法就显得特别有效。而如果学生由于以往的教学水平所限，还没有训练到足以解决复杂的解答问题式的思维任务，并且应当逐步引导他们达到使用探索问题教学法的这种学习水平时，那么在这种情况下，使用复现教学法也是适宜的。

当教材的内容被分成逻辑上完整的一个个步骤时，当必须保证对学生学习活动进行直接的控制和迅速地获得所有学生掌握知识的每一步骤和每一要素的水平的信息时，就需要采用程序教学。不过，在程序教学的条件下使用复现教学法要比使用讲解—图示法花费更多的时间。程序教学在某种程度上限制了教师解决课堂上教育任务的可能性，也降低了教师的人格对学生的影响。所有这些，都不能使程序教学在教学过程中占有更多的地位，即不能超越在一定场合下适当使用它的合理限度。

复现教学法也存在许多弱点。它在一定程度上有碍于发展学生的思维，尤其是思维的独立性和灵活性，也不利于培养学生探索活动的能力。过分地使用这种方法，会导致形式上的掌握知识，有时会导致单纯地死背教材。单单使用复现法不能有效地发展这样一些个性品质，如：主动精神、对事物的创造性态度和独立性等。所有这些，都要求除了复现法以外，同时采用一些保证学生积极的探索活动的教学方法。

探索问题法的采用，主要是为了发展思维能力，以及创造性的学习认识活动的能力，这种活动可以导致更加深刻、牢固和可靠地掌握知识并运用知识。

当教材的内容旨在形成某一科学领域的概念、规律和理论时，当需要揭示各种现象之间的因果关系和其他联系时，以及进行分析和概括时，探索教学法就显得特别有效。当教师培养学生从事解决问题情景的活动时，也可以使用探索教学法。

不过，探索教学法也有许多弱点，这些弱点使它不能成为学校教学的唯一方法。与复现法比较起来，探索教学法的弱点是：它在学习教材时所花的时间要比用讲解—图示法所花的时间多得多；在培养一些不复杂的，但又是必需的，

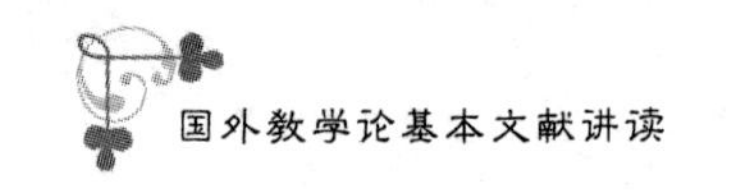

特别是劳动性质的实际技能和技巧时，探索法的作用是不大的，而在这种情况下，演示和模仿要比学生本身的探索活动具有更大的意义；另外，在学习这样一些类型的题目，如教师的讲解极为需要，而独立的探索活动对大多数学生来说是适应不了的情况下，运用探索教学法也是不适宜的。

当然，可以找出各种途径来减轻探索问题教学法的这些不足，也可以采用探索情景的各种变式。但是，总的来说，我们应当认真地、周到地把探索方法与上述的其他方法结合起来。

实践证明，把各种方法结合起来运用，在许多情况下都是必要的。因为在同一个课题的内容中，教材的某些因素可以服从于设计解决问题的情景，而另一些因素则不允许这样做，或者因为这些因素太复杂，学生缺乏独立解决问题的必要基础，或者相反，因为它们是基础性的、太简单，大多是资料性质的缘故。因此，教师在讲解中可以掺进一些要求学生进行探索活动的成分，或者相反，教师在学生独立探索知识的过程中，当他们单靠自己“发现”难以了解有关问题时，教师可以进行一些直接的传授。

但这并不是说，在任何时候都必须把探索教学法和复现教学法结合起来。也有这样一些教学任务，这样一些教材内容的特点和这样一种学生的准备程度，它们允许而且应该单独地使用复现教学法或者探索教学法，换言之，就是使用纯粹的复现教学法或者探索教学法。

对归纳法还是演绎法的选择要作具体分析。众所周知，近些年来所进行的教学内容的改革，大大加强了演绎法在传授知识中的作用。某些作者专门研究了教学中的理论概括在解决发展学生的理论思维，而不是经验思维的任务时所具有的巨大优越性。但这并不意味着必须从教学过程中排除归纳法。应当找到在具体条件下把这两种教学方法加以理想的运用和结合的途径，因为马克思主义关于归纳过程和演绎过程在认识论中的辩证统一的论断是人所共知的。

把学生独立工作的方法与教师指导下的工作方法有机地结合起来也是非常重要的。如果低估学生的独立工作(不仅是探索性质的，而且包括一般的、执行性的)，那么就会对培养作为学生个性特征的独立性和独立活动的能力起到十分不利的影响，就不能有效地进行把知识转变为信念的过程，而这一过程则是要求独立地运用知识的。但是，也不是在任何情况下都要机械地追求增加学生的独立性。这里也还是需要对这一教学方法较之其他方法的长处和弱点作些专门的分析。

学生的独立工作有助于培养实际的技能和技巧，有助于发展个人的意志品质和克服工作中困难的本领，有助于形成对自己活动的信念。独立工作是学生在学校学习之后将要从事活动的理想。因此，在原则上应当致力于不断提高独立工作在教学过程中的作用和地位，并逐步地使它的性质与将来生产岗位和社会上劳动活动的性质，以及个人继续接受教育和教养过程中的活动性质相接

近。这里，在运用这一活动形式时，似乎是没有限制的。但实际上，它不可能自发的、不结合教学和教师的积极指引而顺利实现。因为，学生必须形成一些有关独立工作方法的知识。如果对学生缺乏必要的工作训练，而让他们去独立完成任务，那么就常常会导致徒劳地浪费教学时间。

这里谈一谈家庭作业量也是非常必要的。我们不允许让学生的家庭作业负担过重，因为这是违反学校卫生学的要求的。为此，教师应当根据教材特点、学生的知识水平和其他一些条件来提出有一定根据的家庭作业量。

我们对各种教学方法功能的研究，又一次使我们得出了这样的结论：必须在现实的教学过程中将这些方法合理地结合起来。这里应当注意的是，多样化的方法把所有类型的感性知觉——包括听、观察以及运动感知——都吸收到了掌握知识的过程中，这样，从广义的直观性原则来说，就使感知变得更加有效。在多样化地采用各种方法的情况下，可以保证具有各种记忆和思维活动类型的学生都能积极地感知教材。多样化的方法，由于它的新颖效果而使受教育者的认识活动积极化，激起和发展了学生的认识兴趣，防止了在单调地使用某一种方法时这种兴趣的降低。

把各种教学方法结合起来，可以顾全到教材各部分内容的特点，使受教育者更好地发挥自己在学习认识活动中的能力和才干，并为自己找出最合理地掌握知识的途径。运用多种教学方法为全面发展学生的认识能力创造了条件。当然，多样化应当遵守一定的分寸，不要使教学不致变成活动种类变幻多端的万花筒，以免分散学生的注意力。不应当单纯追求教学方法的多样性，而是要针对每一具体环境挑选出最适宜的结合方法。为此，首先必须弄清楚选择各种方法的情景本身，为选出适应于每一堂具体的课或者某一单元中的几堂课的教学方法提出全面的、深入的理论根据。

（邓鲁萍　译）

促进有效教学的关键行为[①]

鲍里奇

作者简介

加里·D.鲍里奇(Gary D. Borich),美国得克萨斯大学教育学院教授。鲍里奇的主要著作有《有效教学方法》、《旷世超群:让你的课堂每天都有价值》、《成为一名教师——同初登讲台的教师探讨》、《有效教学的观察技能》(第三版)、《课堂中的真实评价》、《教育测试和评价》、《教育心理学:一种现代的方法》。其中,《有效教学方法》基于25年的课堂教学研究,展现了一些有效的教学实例,采用了谈心式的方法描述有效教学方法。

选文简介、点评

什么是有效教学?有效的教学行为应该是怎样的?如何才能成为有效教师?对于这些问题的回答不仅有助于教师判断自身教学行为的有效性,更有利于教师通过付出有效教学行为促进学生最大限度地投入到学习过程之中。目前,教师的有效教学行为研究已成为课堂教学研究的重要问题,而国内外关于有效教学行为的研究主要遵循两条思路:一是教学行为有效性标准的研究;二是教师角色行为的研究。尽管两种研究思路出发点不同,但它们的终极追求都是教学的效果。

美国著名教育学者鲍里奇遵循第一种研究思路,从课堂评估和标准化测验的结果中得出与教学效能最大相关的十种教学行为,其中五种为有效教学的关键行为,另外五种为辅助行为。这五种关键行为主要包括清晰授课、多样化教学、任务导向、引导学生投入学习过程、确保学生成功率。鲍里奇在研究过程中不仅对每种教学行为都给出了描述性解释,还详细阐述了教学行为的表现形式和具体教学策略。首先,清晰授课是指教师所呈现内容的清晰程度。清晰授课是提高教学效率的必要条件,是有效教学的基础。其次,多样化教学是指多样地或灵活地呈现课时内容。教师可以通过提问或者通过对学习材料、设备、教室空间的组织和运用来形成多样的视觉效果从而丰富教学。第三,任务导向是指把多少课堂时间用于教授教学任务规定的学术性学科。这里的时间多少主

---

① [美]加里·D.鲍里奇.有效教学方法[M].第四版.易东平,译.南京:江苏教育出版社,2002:8-24.

要是关注学生获得学习机会多少和学习到的材料的多少，而不是在程序事物上用时多少。如此教师在课堂教学活动中就要对教学任务和计划作出清晰的、有效的设计。第四，引导学生投入学习过程是与任务导向相关的行为，这一行为致力于增加学生学习学术性科目的时间。实验表明学生的投入率越高，学业成绩就越好。这种投入率主要是指学生实际投入学习材料的时间，即学生真正参与教学过程的多少。第五，确保学生成功率是指学生理解和准确完成练习的比率，根据学习材料的难度水平分为高成功率、中等成功率和低成功率。有效教师要组织和安排能产生中高水平成功率的教学，并向学生提出超越给定的信息的挑战。鲍里奇认为这五种行为对于有效教学至关重要，是有效教师的骨骼。然而有效教学并不能仅仅通过这五种行为来实施和鉴定，还需要使用很多辅助行为，如利用提问、探询、教师情感等。此外，鲍里奇还指出教学是复杂的，是在具体的情境中进行的，因此不能简单地、孤立地理解有效教学，因为影响教学的因素不仅在于教师的人格、态度、经验和能力倾向，还要考虑教学情境、学习者和学习内容的特殊性。同时，鲍里奇进一步强调有效教师并不是简单掌握所有关键行为和辅助行为，而是要在不同程度上混合各种个别行为，形成有机统一的操作模式。教师要真正走向教学世界还要经过自身状态、掌握阶段和巩固与探索等三个发展阶段。

鲍里奇对有效教学的五种关键行为的阐释，并不是书斋式的应然理论，而是基于观察和实践的研究成果，作者为我们描述了评判有效教学行为的标准框架。同时，与传统研究模式相反，鲍里奇对教学行为的研究并没有脱离相应的教学情境和教学内容。通过作者对五种行为表现和具体策略的论述，不仅可以诊断教师教学行为的有效性，而且还为教师提供了详细的、切实可行的策略建议和行为指导。

在学习与研读此文时，要注意五种关键行为和辅助行为不能混同于有效教学的全部行为，还要体会五种行为之间的内在逻辑关系。更重要的是，在学习过程中要深刻认识到作者所描述的有效教学是面向具体的学习者而开展的，这也是判断有效教师的内在基准。

（撰写人：陕西师范大学教育学院课程与教学系博士生导师陈晓端教授，咸阳师范学院教师毛红芳）

选文正文

一、促成有效教学的五种关键行为

课堂评估和和标准化测验得出，大约有十种与学生理想行为相关的教师行为，其中五种可以从过去 60 年的调查研究中找到证据(Brophy，1989；Brophy & Good，1986；Dunkin & Biddle，1974；Rosenshine，1971；Teddlie & Stringfield,1993;Wal-herg,1986)。另外五种行为已经有一些证据,而且看起来与有效教学有着合乎逻辑的联系。我们将前五种称为关键行为,因为它们对有效教学至关重要。后五种行为我们称之为辅助行为,可以与关键行为结合使用,使它们更好地发挥作用。有效教学至关重要的五种行为是:

(1) 清晰授课;

(2) 多样化教学;

(3) 任务导向;

(4) 引导学生投入学习过程;

(5) 确保学生成功率。

(一) 清晰授课

这一关键行为是指教师向全班呈现内容时清晰程度如何。如以下例子所示:

有效教师

- 使要点易于理解
- 清晰地解释概念,使学生能按逻辑的顺序逐步理解
- 口齿清楚不含糊,没有分散学生注意力的特殊习惯

欠有效教师

● 语言含糊、有歧义或不明确,比如“很可能是”,“意味着有……的倾向”,“可能会发生”。

● 使用过于复杂的句子,例如“有很多重要原因引发了第二次世界大战,但其中一些比另外一些更重要,让我们从其中的部分原因讲起,这些原因被认为是重要的,但其实并非如此”。

● 给学生的指导常常让学生不能理解,需要进一步澄清。

对教师授课清晰度的研究取得了一些成果,其中一点显示出,在授课清晰程度上教师之间差别很大。并不是所有教师都能清晰而直接地与学生交流,他们常常跑题,他们的讲话或者超出学生的理解水平,或者其讲话的方式削弱了内容呈现的清晰度(G. Brown & Wragg, 1993; J. T. Dillon, 1988a; Wilen, 1991)。

如果能很清晰的教学,呈现材料就可以少花时间,而且学生第一次就可以正确地回答你的问题,你也就有更多时间用于教学。清晰的教学是一个复合行为,它与许多其他的认知行为相关联,诸如内容组织、教师对课文的熟悉以及授课策略选择等(讨论、朗诵、问答或者小组形式等)。然而,研究表明,教师之间在认知清晰性和口头呈现的清晰性上有很大的差异(Marx & Walsh,1988)。表1总结了一些清晰授课及其教学策略的表现,你将在本书中学习这些内容,特别是在第五章(直接教学)、第六章(间接教学)和第七章(提问策略)中。

(二) 多样化教学

这一关键行为是指多样地或灵活地呈现课时内容(Brophy & Good,1986;

Ro-hrkemoer & Corno,1988)。丰富教学的最有效方法之一是提问题,正如你将在第七章看到的,你可以问许多不同类型的问题,如果把它们与课时节奏和序列结合起来,就可以产生出富有意义的多样化教学(Chuska,1995;Wilen,1991)。因此教师需要掌握提问的艺术,能够区分出问题的类型,包括事实问题或过程问题,聚集性问题或发散性问题。这些问题将在第七章介绍,并在第八章进一步展开。

表 1　清晰教学的表现

清晰教学(有效教师……)	教学策略示例
1. 告诉学生课时目标(比如叙述哪些行为将会作为课时成果,出现在考试或今后的作业中)。	在理想的复杂水平上准备本节课的行为目标(比如知识、理解等)。向学习者指出此行为将以什么方式运用。
2. 为学习者提供先行组织者(把当堂内容放在过去和/或将来课时的背景下)。	查阅或准备一个单元计划,弄清本节课需要哪些先前的学习内容,并弄清将来课时所需要的先前学习内容在本节课体现了多少。开始上课时,告诉学生,他们将要学习的内容是较大的知识单元中的一部分。
3. 在上课开始时,检查与学习任务相关的先前学习内容(比如,弄清学生对于必备事实或概念的理解水平,如有必要就对它们重新教授)。	在上课开始时提问,或者规律地检查作业。弄清学生是否已经掌握了与任务相关的先前知识。
4. 缓慢而明确地发出指令(比如在需要时重复指令,或者把指令划分成若干小指令)。	以逐步进行的方式组织较长作业任务的程序,既发讲义又口头表述。
5. 知道学生的能力水平,教学适应学生的当前水平或略高于当前水平(比如知道学生的注意力保持期)。	根据标准化测验及以往的作业和爱好来确定学生的能力水平,并相应地重新确定教学目标。
6. 用举例、图解和示范等方法来解释和澄清(比如,利用视觉来辅助解释和强化重点)。	重述要点,其叙述方式不同于初次教授时的方式(比如视觉对听觉)。
7. 在每一节课的结束时进行回顾总结。	使用关键抽象、重复、象征帮助学生有效储存和日后回忆内容。

多样化教学的另一方面可能最明显:对学习材料、设备、展开方式以及教室空间等的运用。教室里物质的质地、多样的视觉效果都能增加教学的多样性,随之,这会影响到学生在单元末考试中的成绩、行为评估以及学生在学习过程中的参与情况。例如,研究发现,如果课堂里老师安排活动和所提供材料更加多样,学生的捣乱行为就会少一些(Emmer, Evertson, Clements, & Worksham,1997; Evertson,1997)。另外一些研究表明,多样化教学与学生的注意力相关(Lysakowski & Walberg,1981)。

第五章(直接教学)、第六章(间接教学)和第九章(合作学习)将会介绍一些多样化教学的方法。表 2 总结了一些多样化教学的表现,以及上述几章会讲到的一些教学策略。

表 2　多样化教学的表现

多样化教学(有效教师……)	教学策略示例
1. 使用吸引注意的技巧(比如用挑战性问题、视觉刺激或举例来开始一节课)。 2. 通过变化目光接触、语音和手势来展示热情和活力(比如改变音高或音量,在转向新活动时四处走动)。 3. 变化呈现方式(比如讲演、提问、提供独立练习时间等[每天的])。 4. 混合使用奖励和强化物(比如额外的学分、口头表扬、独立练习等[每周的、每月的])。 5. 把学生的想法和参与纳入教学的某些方面(比如使用间接指导或发散性问题等[每周的、每月的])。 6. 变化提问类型(比如发散性的、聚合性的问题[每周的]和试探性的问题,比如澄清、探询、调整[每天的])。	以某种活动来开始一节课,活动的方式不同于上一节课或上一个活动(比如由听改为看)。 以有规律的时间间隔变化位置(比如每 10 分钟),改变语速或音量来表示内容或活动发生了变化。 提前建立日常活动的程序,使看、听、做周期性循环。 建立奖励和口头表扬用语清单,从中随机选择,并在表扬的同时解释为何进行表扬。 偶尔使用学生的意见来开始教学。 使问题与课时目标的行为和复杂性相匹配,根据单元计划来变化课时目标的复杂水平。

(三) 任务导向

任务导向是指把多少课堂时间用于教授教学任务规定的学术性学科。教师用于教授特定课题的时间越多,学生的学习机会就越多。与任务相关的问题,教师必须予以回答的有:(1) 我讲课、提问用了多少时间?鼓励学生咨询或独立思考又用了多少时间?(2) 我组织教学并使学生做好学习准备用了多少时间?(3) 我评估学生行为用了多少时间?

这些问题关注的是教师呈现和评估了多少材料,以及学生学到了多少材料,而不是在程序性事物上用了多少时间。所有的教师都需要使学生做好学习准备,让他们享受学习。然而,绝大多数的研究者都认为,如果教师把大多数时间用于教授切题的内容,而不是先把时间用在那些只是有可能需要的过程和材料上,然后才让学生获得教学内容,那么,相比之下,在他的课堂上学生就能取得更高的成就。接下来,如果课堂上师生的互动集中于思维内容,使学生获得学习机会,那么这个课堂上的学生的成功率就可能更高(Berliner & Biddle,1995;Porter,1993)。

同时,以任务为导向的教师非常熟悉一些题目,这些题目很可能会出现在行为评估和学年末成绩测验中。这并不意味着他们在"为考而教",确切地说,他们的课堂教学与教学目标、课程要求是相匹配的,而对学生进步的评估也正是在这些教学目标、课程要求的指导下编写的。

这些论题将在第三章和第四章论述,第三章将帮你准备编写课时计划,第四章则告诉你如何在课堂上执行计划。表 3 总结了一些任务导向的教学的表现和教学策略,它们将在上述章节里得到阐述。

表 3 任务导向的教学的表现

以任务为导向(有效教师……)	教学策略示例
1. 制订的单元和课时计划,能反映课程指南或所选课文的最重要特征(例如每个单元和课时目标都能在课程指南或所选课文中找到依据)。	对照单元计划和课程指南,调整每一课时,考察它们之间的相关性。与其他教师讨论课文和课程指南最重要的部分。
2. 有效率地处理行政事务性干扰(例如参观者、通告、捐钱、材料和物资分配等),方法是提前预见这些干扰并安排一些任务,把别的任务推迟到非教学时间。	要作出限制,每一小时的教学时间,不能超过 5～10 分钟用于非教学任务,把所有其他任务推到课时前或者课时后。
3. 以最小的扰乱课堂的代价,制止或阻止不当行为(比如事先制定学术和工作条例,从而"保护"对教学时间不受侵扰)。	针对最常见的不当行为制定规则,并把规则贴在显眼的地方。在课堂上只确认出违规者和违规行为,延迟处理。
4. 为教学目标选择最合适的教学模式(比如对于知识和理解目标主要使用直接教学,而对于咨询和解决问题的目标主要使用间接教学)。	使用单元计划、课程指南或所选课文时,把要教的内容划分为:(1) 事实、规则和动作序列;(2) 概念、模式和抽象概念。一般说来,对前一类内容安排使用直接教学法,对后者使用间接教学法。
5. 用明确限定的事件逐步准备单元成果(比如每月一次或每周一次的总结、反馈和考试期等)。	制定进度表,以清晰明确的事件来开始和终结重要的课堂活动(比如小测验和重要测验,总结和反馈期等)。

(四) 引导学生投入学习过程

引导学生投入学习过程这一关键行为,致力于增加学生学习学术性科目的时间。这是研究教师行为的最新成果之一,它与教师的任务导向和内容覆盖面相关。教师的任务导向应该为学生提供最多的机会,去学习那些将要评估的材料。

例如,表 4 显示了一组二级阅读成绩,这组成绩是在用于教师的任务导向的时间——或者说花在学术性科目上的时间——连续增加五周后取得的。在平均只有 25 个学日的时间里,把用于这一教学的时间从每天 4 分钟增加到每天 12 分钟,产生了积极的效果,在标准化成绩测验中,学生的分数上升了 27 个百分位数(从 39%上升到 66%)。记录这些数据的研究者指出,尽管增加这么多教学时间看起来可能有些罕见,但小学课堂上的教师们的确做到了这一点。

表 4 学习时间和学生成就:以二级阅读为例

初次测试的阅读分数(十月)		高成功率的学生投入阅读的时间		估计的阅读分数(十二月)	
原始分数(百分制)	百分比数	五周内的总时间(分钟)	平均每天的时间(分钟)	原始分数(百分制)	百分比数
36	50	100	4	37	39
36	50	573	23	43	50
36	50	1300	52	52	66

注:在第一次和第二次测试之间平均有 25 个学日。

资料来源:查尔斯・W. 费希尔等人,《小学教与学:新教师评估研究之总结》,《新教师评估研究报告 7-1》(圣・弗朗西斯科,《CA:远西研究与开发实验室》,1978)。

学生实际投入学习材料的时间，称为投入率，与你教授某个论题的时间不同。它是指用于学习的时间百分比，在这段时间里是学生真的在学习，忙于教学材料并从教师提供的活动中受益。有时尽管教师可能在任务导向地教学，也可能为学生提供了最多的内容，但学生可能并没有投入学习，这意味着他们并没有积极地思考、操作或使用教师提供的内容。

这种不投入可能涉及对或隐或显的情感、精神上的漠然。学生们走出座位、谈话或者向休息室跑的时候，很显然就没有投入学习。学生们的不投入方式还可能更加隐蔽，比如看起来精神集中但实际上却在走神。教学生活中令人不快的一个事实是：在上课的任何时候有可能有四分之一的学生在走神。要纠正这种类型的不投入可能很困难，它要改变任务本身的结构以及对学习者的认知要求（N. Bennet & Desforges，1988；Brophy，1996；Doyle，1983）。第五章到第九章将介绍一些教学策略，用来安排引发学生投入学习活动。

几位作者（Evertson，1995；Tauber，1990）已经提出了一些有用的建议，可以用来增加学习时间，更重要的是增加学生的投入时间。他们的著作为教师们提供了如下几个提高学生投入的建议（这些著作已由艾玛等人进行了更新）：

（1）制定规则让学生满足个人的和程序性的需要，不必每次都得到你的许可。

（2）四处走动监督学生课堂作业，并同学生交流表明你注意到了他们的进步。

（3）确保独立作业是有趣的、值得干的，并且要足够简单，让每个学生无需你的指导就能够完成。

（4）在黑板上写出当日的进度表，从而使费时活动尽可能减少，比如发指令和组织教学。

（5）充分利用一些资料和活动，它们或者适合于或者略高于学生的现有理解水平。

（6）避免时间安排的错误，阻止不当行为的发生或恶化，以免影响其他同学。

有人发现这些教学常规对于小组活动和独立课堂作业也是有帮助的（L. Ander-son，Stevens，Prawat & Nickerson，1988）。第八章和第九章将探讨提高学生投入率的方法，包括以上这些方法和其他更具体的一些方法。表 5 总结了学生投入的一些表现和教师的教学策略，它们将在上述章节中展开。

表5 引导学生投入学习过程的表现

有效引导学生投入学习过程(有效教师……)	教学策略示例
1. 在教学刺激之后立即诱发理想行为(比如:提供练习题或练习册上的问题,通过它们使学生的理想行为得到操练)。	在每组教学刺激之后安排练习或问题。
2. 在一种非评价性的气氛中提供反馈机会(比如第一次可以让学生不受约束地集体回答,或者悄悄地回答)。	在有指导练习时期开始时,要求学生悄悄地回答,或者非评价性地(如小组)反馈。
3. 必要时使用个人活动和小组活动(比如成就契约、程序性课文、游戏和模仿、作为引起学习动机的学习中心等)。	为可能需要的学生准备个性化教学材料(比如纠正性练习或课文)。
4. 使用有意义的口头表扬,引导学生积极投入学习过程并保持积极性。	通过有意义的口头表扬和鼓励,维持热烈的、促进学生进步的课堂气氛(比如解释答案为什么正确)。
5. 监督课堂作业,在独立练习期间频繁地检查进展情况。	在学生做课堂作业时,花在单个学生身上的时间限制在每人30秒左右,提供与教学上相关的答案。

(五)确保学生成功率

学生学习的成功率,是指学生理解和准确完成练习的比率。

呈现材料的难度水平已经成为任务导向和学生投入研究的一个关键方面。在这些研究中,难度水平由学生的成功率来衡量,也就是学生理解和准确完成练习的比率,有如下三种难度水平:

- 高成功率:学生理解任务,只是偶尔因粗心而犯错。
- 中等成功率:学生不完全理解任务,犯一些实质性的错误。
- 低成功率:学生压根不理解任务。

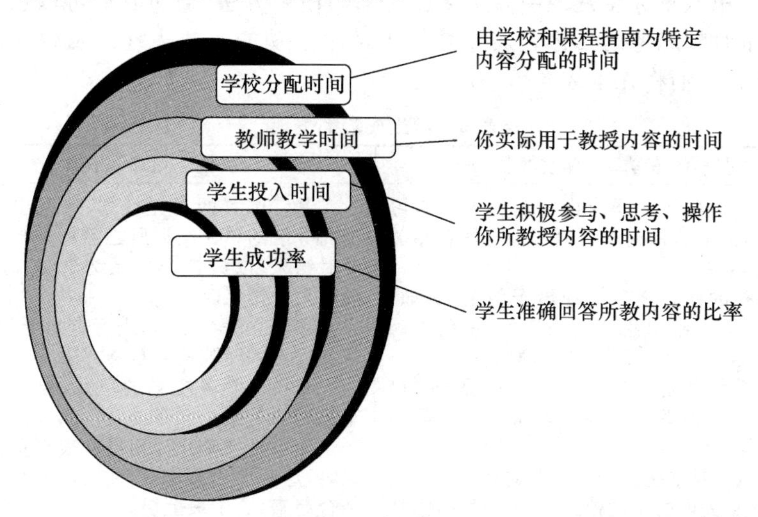

图1 时间水平

调查结果(Berliner,1979)表明,教师的任务导向(教学时间)和学生投入率与学生成功率密切相关,如图1所示。中高水平成功率的教学能提高学生的成就，这是因为教师讲到了较多的处于学生当前理解水平的内容。这一结果最初是在讲解式或传授式教学的研究中发现的，这种教学能最轻松地传授基本的学术性技能，学生通过练习和重复即可学会(Rosenshine，1986)。更新的研究已经扩展到思维技巧的教学(Be-yer，1995)和基于课题的学习(Blumenfeld，et al.，1991)。研究还表明，产生较低错误率(高成功率)的教学，有助于提高学生的自尊心，增强学生对学科内容和学校的积极态度(Slavin，1991b)。

在典型的课堂中，普通学生把大约一半时间花在那些能带来高成功率的任务上。但研究还发现，一些学生在高成功率的任务上所花时间超出平均水平，结果他们的成就更高，记忆力更好，对学校的态度也更积极。这些调查结果暗示人们，学生应该把60%—70%的时间花在某些任务上，对于所教材料他们几乎能完全理解，只是偶尔犯错。

中高水平的成功率将使学生掌握课时内容，同时还提供了通过实践来应用所学知识的基础，比如批判性思考和独立思考等。在策略方面，这对于自我导向学习和学会学习(第八章)作出了独特的贡献。这些策略鼓励学习者主动建构理解和意义，还鼓励学习者推理和解决问题，以及批判性思考所学内容等。通过变化给定任务的复杂性和多样性，在各种形式的课堂讨论和对话中，这些策略能使个人的思维模式凸显出来(Duffy & Roehler，1989；Rohrkemper & Corno，1988)。这种学习方法称为建构，我们将在第六章和第八章了解更多。

很多教师在这个学习阶段花的时间不够充分，而这个阶段对于学生达到解决问题和批判性思考的目标特别关键。有效教师的一个关键行为就是，组织和安排能产生中高水平成功率的教学，并向学生提出超越给定的信息的挑战。在第六章和第八章你将发现中高水平成功率的使用方法，通过它们可以达到解决问题和批判性思考的目标。表6总结了学生成功的一些表现以及教师的一些教学策略，它们将在上述章节中展开。

表6　学生成功的表现

中高水平的成功率(有效教师……)	教学策略示例
1. 所建立的单元和课时内容反映先前学习内容(比如，安排课时序列时考虑与任务相关的先前信息)。	制订倒置的单元计划，鉴别出为达到最高等级的单元结果所必需的最低等级的课时结果，以最符合单元结果实现的逻辑顺序来安排课时。
2. 在最初的回答之后立即给予纠正(比如，当第一次有人给出粗略的回答后，示范正确回答，并告诉学生如何达到正确回答)。	在独立练习之前，进行有指导的练习，并在练习的间隙提供自查方法。
3. 把教学刺激划分为小块(比如，设立一口大小的课时，使学习者在当前水平上轻易消化学习内容)。	安排跨学科主题的单元，强调那些易于记忆的关系和联系。
4. 应该以容易掌握的步骤安排向新材料过渡(比如，根据先前的主题模式改变教学刺激，使每一节课看起来都像是先前课时的延伸)。	向下延伸单元计划层次表至更具体的课时，这些课时以单一的单元主题和结果结合起来，置于最上层。
5. 变换刺激的呈现节奏，并持续不断地为教学高潮或者关键事件做准备。	使用复习、反馈和考试时期，形成紧张、增减和期待的间隔。

（六）五种关键行为的总结

这五种关键行为——清晰授课，多样化教学，任务导向，引导学生投入学习过程，以及确保学生成功率——对于有效教学至关重要。无疑，课堂研究者将会发现其他的有效教学行为，并会更透彻地理解上述行为，然而为更好地定义有效教学和培训教师打下基础，这样的研究在历史上还是第一次。这五种关键行为是有效教师的骨骼，本书余下部分还将为他构造出心脏、大脑和身体来。

前面你已经知道，对于"什么是有效教师"是没有简单答案的，不是吗？要使教学有效，必须精心安排许多行为，形成某种行为模式。仅仅通过五种行为来鉴别教学，使教学看起来很简单，但事实上并非如此。正如后面部分将要揭示的，要成功地在课堂上实施这五种关键行为，必须同时使用许多辅助行为。

二、与有效教学有关的一些辅助行为

为了充实我们给有效教师所作的画像，你还需要采取帮助你在课堂上实施五种关键行为的别的行为。这些行为可以视为执行五种关键行为的辅助行为。辅助行为的调查结果，尽管大有希望，但比不上鉴别出五种关键行为的那些调查结果，它们说服力不强，缺乏一贯性。研究结果没有明确地告诉我们应该怎样使用这五种行为。这就是为什么要使它们发挥作用，就需要把它们运用在其他行为形成的背景中的原因，它们是催化剂，但不是反应物。以下是辅助行为的一部分：

（1）利用学生的思想和力量；

（2）组织结构；

（3）提问；

（4）探询；

（5）教师情感。

（一）利用学生的思想和力量

利用学生的思想和力量包括认可、修改、应用、比较和总结学生的回答，从而促成课时目标，并鼓励学生参加。注意任意一个这样的活动（Suggested by Flanders，1970）是如何用来实现一个或多个关键行为的：

- 认可：通过重复他/她使用的名词和逻辑连词，运用学生的想法（用来提高授课清晰度）。

- 修改：使用学生的想法，重述它，要么用你自己的话，要么用其他同学的话来表达某个概念（用来丰富教学）。

- 应用：使用学生的想法来教授一个推论，或者用它进一步分析一个问题（鼓励学生投入学习过程）。

- 比较：采用某个学生的想法，并在这个想法和这个学生先前表达的或其他学生表达过的想法之间寻找联系（鼓励学生投入学习过程）。

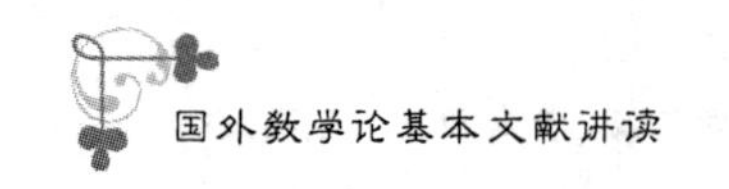

● 总结：用个别学生或学生群体的说法，作为对所教概念的概述和回顾（用来加强任务导向）。

根据更新的研究，对学生想法和力量的运用已经延伸到推理、解决问题和独立思考等方面。这一点是通过教师调解对话来达到的。这种对话帮助学习者用自己的想法、经历和思维模式重构所学内容。教师调解对话要求学习者不仅对课文材料作出反应，而且内化它的意义，用自己独特的想法解释、延伸和评论材料。通过这种方式可以鼓励学习者相互交流他们的思维过程，帮助他们建构自己对内容的理解，形成自己的意义（Steffe & Gale，1995）。我们将在第六章和第八章呈现建构主义教学和教师调解对话的策略。

使用学生想法和力量还能促进学生对学习过程的投入。这样，它成为实现这一关键行为的常用催化剂（Emmer，et al.，1997）。

以下这个简单的教学对话就是使用学生想法促进学生的课堂参与的一个例子：

教师：汤姆，勾股定律的公式是什么？

汤姆：$c^2=a^2+b^2$

这时老师不是简单地说一句“好”，然后转向下一个问题，而是继续问。

教师：让我们在黑板上展示它。这是一个三角形，现在让我们像汤姆说的那样做。他说把高 a 的平方，加上底 b 的平方，我们就应该得到斜边 c 的平方。卡尔，你能上来演示一下怎么用汤姆给我们的公式得出 c 的长度吗？

卡尔：好，如果 a 等于 3，b 等于 4，我将这样解这个题，把两者的平方加起来，再求平方根，这就得到 c。

教师：那么，我们把 3 平方，把 4 平方，然后加起来，再取平方根，这就得到了 5，也就是斜边的长度。

使用学生想法的五种方法中，以上对话使用了其中的哪一种呢？第一，通过用图把汤姆的回答板书在黑板上，教师应用了汤姆的回答，并把它作为证据用在下一步推理中。第二，通过口头重复汤姆的话，教师当着全班的面认可了汤姆贡献的价值。第三，通过让一个学生证明汤姆回答的正确性，总结了这一概念。所有这些都是从汤姆一句简单的（也是唯一的）“$c^2=a^2+b^2$”开始的。

研究表明，使用学生的想法和贡献，尤其是在自然发生的课堂对话背景下运用，比起简单地用“好”来认可学生的回答，与学生投入有更强烈和更稳定的相关（Good & Brophy，1997）。我们用来认可和奖赏学生的标准短语用得太滥了，以至于它们并不能传达出你要给出的奖赏。

使用学生想法看起来简单，实际上它需要技巧和计划。即便你并没有预先准备好怎么答复，你也应该准备抓住机遇，把学生的想法纳入课时。

（二）组织结构

教师用来组织将要呈现的内容，或者总结已经呈现的内容的语言，可以称为组织结构。组织结构如果用在教学活动或问题之前，它则相当于教学上的脚

手架。在学生独自所能达到的水平和借助教师帮助所能达到的水平之间，存在着一定差距，而组织可以帮助学生缩短差距，理解和运用所教材料。如果在教学活动和问题结束时应用，组织可以强化所学内容，并在这一内容和已教内容之间建立恰当的联系。两种类型的组织都与学生成就相关，都是执行一种关键行为的有效催化剂(Rogof,1990;Rosershine & Meister,1992)。

典型情况下，前组织和后组织采用以下形式：

教师：(上课开始时)好，我们已经学过尖嘴鱼是怎样通过改变它们的颜色和动作来与环境相融合的。现在我们要学尖嘴鱼是怎样觅食的。其中最重要的，我们要学习尖嘴鱼是怎样生长，又怎样使其他鱼类在大海深处旺盛生长，就好比我们是怎样使那些作为我们食物的鱼大量繁殖那样。

教师：(上课结束时)那么，我们已经发现，尖嘴鱼保护自己的方法是改变颜色与海底的植物融为一体，另外还前后摇摆愚弄敌人。我们或许从这里得出结论，尖嘴鱼是在躲避而不是在捕捉它的天敌，它们贴近海底，在不会被发现的地方觅食。大家能不能想一下，尖嘴鱼这种聪明的策略什么时候会失效，从而让自己成为海底深处其他鱼类的食物？(改编自：Palincsar & Brown,1989)

这个序列阐明了能够用来组织的一些方法。一种方法是发出信号，表示方向或内容上将会变化。清晰的信号能提醒学生注意即将发生的变化，如果没有这样的信号，学生将会不加区别地混淆新旧内容。诸如“我们已经学过尖嘴鱼是怎样改变颜色和动作……我们将要学的是……”这样的信号能帮助学生自然过渡，并提供了一个使新内容更富有意义的视野。

另一种组织方法是使用强调，你能在前面的对话中发现强调的重点吗？通过“最重要的”这一短语，教师提醒学生注意在活动结束时出现的知识和理解。这为后面的内容提供了组织者，称为“先行组织者”。在这个例子中，学生得到暗示，要考虑除了颜色和动作，还有哪些因素使尖嘴鱼生长并使其他鱼生长旺盛。这使最后一个问题更富有意义(“大家能不能想一下，尖嘴鱼这种聪明的策略什么时候会失效，从而让自己成为海底深处其他鱼类的食物?”)学生已经得到暗示，教师可能会问这样的一个问题，还会要求概括那些讨论过的概念。诸如：“这很重要”，“稍后我们会回到这一点”，“记住这一点”等用语称为口头记号，它们可以用来强调要点。

除了使用口头记号和先行组织者，有效教师把课时组织成一个活动结构。活动结构是一组相互联系的任务，它们在认知复杂性上有所变化，在一定程度上能把它们置于学习者的控制之下。为了改变对学习者的要求，并赋以课时一定的节奏和动力，可能用多种方式(例如合作地、竞争地、独立地)建立活动结构(Marx & Walsh,1988;Rogoff,1990)。对有效教师而言，这是一种重要的方法，可以引导学生投入学习过程，并使学生从简单的回忆事实上升到较高的回答水平，从而进行推理、批判思维和解决问题。

(三) 提问

提问是一种重要的辅助行为。很少有别的课题研究得像教师提问这个课

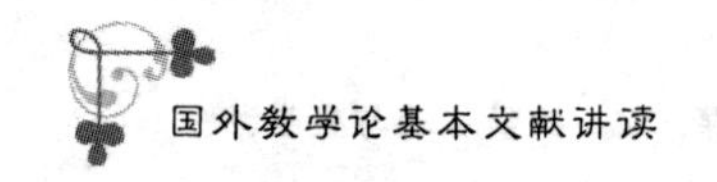

题这么多(G. Brown & Wragg,1998; Risner, Skeel & Nicholson, 1992; Wilen, 1991)。对提问的最重要的研究成果之一,是区分了内容问题和过程问题,我们将在下面看到它们。

1. 内容问题

教师提出内容问题,让学生直接处理所教内容。比如教师提出一个问题,看学生能否回忆并理解特定材料等。问题的正确答案教师事先就知道。答案也直接在课堂上或书本上出现过,或者同时在课堂和书本上出现过。这个问题不需要解释,也没有别的意义,即使有也很少。

研究者用了各种各样的词汇来描述内容问题,比如下面这些:

内容问题的类型:

● 直接的:问题不需要解释,没有别的意义。例如:"在刚刚读过的故事中,'古老'这个词是什么意思?"

● 低层次的:问题只需要回忆准备好的事实,而不必概括或推理。例如:"轧棉机在机械方面的什么突破,使它比所有先前同类型的机械都要优越?"

● 聚合的:从不同资料源得到同一个答案。例如:"我们呼吸的空气中,有哪些化学元素?"

● 闭合的:问题没有别的可选答案或解释。例如:"微机中 CPU 的功能是什么?"

● 事实的:问题只要求回忆零散的、完全被公认的知识。例如:"42 除以 6 得几?"

有人估计,在教师的提问中,多达 80%的问题是直接涉及特定内容的,答案已经隐约可见,并不含糊(Gall,1984;Risner,et al.,1992)。可能更重要的一点是,有同样高的百分比的考试项目(和行为目标)处于回忆、知识或事实这一水平上(Tombari & Borich,1999)。因此,考试项目、行为目标以及绝大多数的教学似乎强调那些已知的事实,就像课程指南、练习册和课文所强调的那样。

作为教师,提问艺术将成为你最重要的技巧之一。你传达给学生时运用的技巧的多样性,很大程度上决定于你运用问题的灵活性。问题自身不是目的,而绝大多数情况下是一种手段,通过它们来影响学生操作,或者让学生思考呈现过的材料使他们投入学习过程。

2. 过程问题

从前面的讨论中,你可以明白不是所有的问题都是内容问题。为了促进不同的心理操作,提问有不同的目的。教学目标包括解决问题、提供指导、激发好奇、鼓励创造性以及培养学生分析、综合和判断的能力等,所有这些都应在提问策略中反映出来。为达到这些目标,内容本身不是目的,而只是达到较高层次目标的一种手段。

研究者用了各种各样的词汇来描述过程问题,比如下面这些:

过程问题的类型:

● 间接的：问题有多种可能的解释和替代意义。例如："你以哪些方式使用过'古代'这个词？"

● 高层次的：问题所要求的心理过程比简单的回忆事实要复杂(比如概括和推理)。例如："在美国北部，轧棉机的发明对生产态度产生什么影响？"

● 发散的：从不同的资料源可以得到不同的正确答案。例如："我们如何知道目前污染的各种形式？要净化我们呼吸的空气，必须先做哪些事情，其中之一是什么？"

● 开放的：并不期待，或者甚至不可能有唯一的答案。例如："电脑技术最新进展对你的生活有什么影响？"

● 概念的：问题要求抽象、概括和推理等处理。例如："你能通过自己选择的例子，告诉大家除法和减法有哪些相似之处吗？"

你能看出这组过程问题和前面那组内容问题有什么区别吗？要注意，过程问题鼓励更多的思考和更多的解决问题的活动，要求学习者使用个人的知识储备来积极建构他/她自己的解释和意义，而不是通过原样复述来达到理解。正像我们前面看到的，这种教与学的观点代表着一场教育运动，称为建构主义。建构主义教学策略强调学习者的直接经验和课堂对话，并把它们作为教学工具，而对于讲演和灌输则不重视(Steffe & Gale,1995)。

过程问题和我们下一个辅助行为——探询问题，都是课堂中建构思考和活动的重要辅助手段。在后面的章节中，尤其是在第六章和第八章中，对于课堂中直接经验和建构策略的作用会有更多论述。

(四) 探询

另一个辅助行为是探询。探询指教师用来鼓励学生详细阐述自己或别人答案的陈述。探询既可以采用泛泛发问的形式，也可以包括其他表达方式，诱导学生澄清答案，探询某一回答的额外信息，调整学生的回答使它沿着更有利的方向发展(Gage,1976)。教师经常用探询把讨论提升到更高的思维水平上。

总的来说，如果诱导、探询和调整(如有必要)循环进行，学生就会取得最大的成就。这能把讨论有计划地导向更高的复杂水平，寻找相互联系，概括和解决问题(J. Dillor,1995)。用这种方式，你可以在刚刚开始上课时提一个简单的事实问题，然后，通过诱导学生澄清答案，探询新信息或调整方向等，你就可以上升到更高水平对学生发问。

典型的循环可以以下列方式发生：

教师：鲍比，什么是科学实验？

鲍比：哦，就是你测试某个东西。

教师：但是，你测试什么呢？(诱导)

鲍比：嗯，就是你相信的，并且想发现它到底是不是真的一个东西。

教师：你这样说是什么意思呢？(探询)

玛丽：他的意思是你在预言。

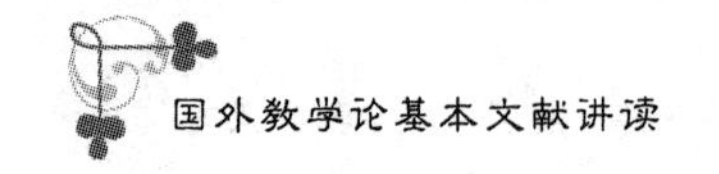

教师：给‘预言’换个词吧。（调整）

汤姆：假设。你作了个假设，然后到实验室去看它能不能实现。

在对话的剩余部分，你能发现教师的诱导、探询和调整等行为吧？

教师：好，也就是说科学家预言或假设，然后又做了一个实验来看它能不能实现。那么还有吗？

比里：完了！

教师（停了10秒钟没作评论，然后……）：实验室跟现实世界像不像？

戴维：科学家努力让它像现实世界，但它要小得多，就像我们书上画的温室。

教师：那么，如果要让实验室里的结果变得有用，科学家必须怎么办呢？（没有人回答，所以教师继续）如果我的实验中发生了某些重要的变化，我难道不会争辩说它也能在现实世界里发生吗？

鲍比：你的意思是不是说，如果它在一个特定的场合下是真实的，那它在一个更一般的场合里也会是真实的？

贝蒂·乔：那是在概括。

教师：很好。我们看到科学调查通常是以概括来结束的。让我们来总结一下，科学的调查研究要有哪三个东西呢？

全班：预测、实验和概括。

教师：同学们，干得真漂亮！

请注意，教师授课中的所有成分都是由班上的学生提供的。教师从没有为学生定义假设、实验和概括等概念，是学生自己定义了这些概念，教师只偶尔用“好”或“很好”告诉学生他们说对了。教师的作用被限定在诱导、澄清、探询额外信息和调整方向上。

这种由诱导、探询和调整构成的循环，目的在于促进学生咨询或独立发现课时内容。一般来说，通过咨询来教学，学生学到的材料，比正规的讲演式教学学到的材料，记忆量要大一些（Paul，1990）。

（五）教师情感

任何一个人，如果曾经听过一节没有生气的、静止的、语言也不丰富的课，他会体验到情感行为合乎情理的价值。然而，与前面讨论过的行为不同，情感既不能用教学行为记录本来捕捉，也不能用课堂互动的测量仪器来捕捉。因此，关注面很窄的研究仪器经常会漏掉教师重要的情感行为，但是如果从一个整体的视角来看，情感行为将会很明显。

虽然仪器会漏掉，但学生会看得很清楚。学生能洞察教师行为背后隐藏的情感，并且相应地作出反应，如果一个教师对所教学科感到兴奋，并且通过面部表情、声调的抑扬顿挫、手势以及整体的动作来展示这种兴奋，那么他比起那些没有展示这些行为的教师，更能吸引学生的注意。不管教师能否清醒地意识到自己的这些行为,它们都是客观存在的。

学生从这些行为的迹象中得到线索,相应地降低或提高对课堂教学的投入。热情是教师情感的一个重要方面,它是指教师在课堂呈现过程中的活力、能力、投入、兴奋和兴趣。我们都知道热情能够感染别人,但它是如何感染别人的呢?热情以多种方式传达给学生,最常见的是语调的抑扬变化、手势、目光接触和活力。研究发现,教师的热情与学生的成就相关(Bettencourt, Gillett, Gall, & Hull,1983;Cabello & Terrell,1994)。人们还相信,热情对于学生的投入学习很重要。

显然,没有人能长时间地保持高涨的热情状态,让情感永不枯竭。这也不是热情的含义。适度的热情非常微妙,而这也许就是它如此难以研究的原因。适度的热情涉及语调抑扬、手势、目光接触和运动的巧妙平衡。它只以适度的方式运用这些行为中的每一个。这些行为组合在一起,给学生一个统一的信号,这个信号代表着活力、投入和兴趣等。有效教师正是适度而合时宜地运用了这些行为,才传达出所需要的信息。

对时间的安排,以及把这些富有激情的教学行为组合成一个稳定模式的能力,使你能够与学生进行无声的行为对话,这种对话与你的口头语言同等重要。如果你想让你的热情的举动诚实而真挚地表达出你的真实情感,那么就让学生知道你乐于用你的热情和鼓励去帮助他们,这是必不可少的。

三、教学的复杂性

掌握教学的艺术,其困难和复杂性产生于各种各样需要人们制定决策的复杂情境,因为教学正在这种情境中进行。这里暴露出有效教学早期定义的一个主要问题,那些定义要么描述理想化的教师类型,要么描述教师的人格、态度、经验、成就和能力倾向等,却没有考虑到不同的教学环境需要不同的教学行为。对有效教学孤立地下定义将会犯简单化、不精确的毛病,因为这一定义对于不同的学习者、课程、年级水平和学习材料,不能作出灵敏的反应。课堂背景下关键行为和辅助行为的适当混合,可能用来定义有效教学。在后面的章节中,你将学到如何根据年级水平、科目、学习者和课程来相应地调整这一混合体,适当的强调每个关键行为和每个辅助行为。现在让我们看看一些行为在几个不同的教学环境中的重要性。

四、针对各种学习者和各种内容进行有效教学

研究者已经发现,一些行为对于特定类型的学生和教学内容具有特别的重要性。调查结果中,有两大领域具有最稳定的结果,它们是:

1. 积极影响社会经济地位较低和较高学习者的教学行为。
2. 影响阅读和数学成就的教学行为。

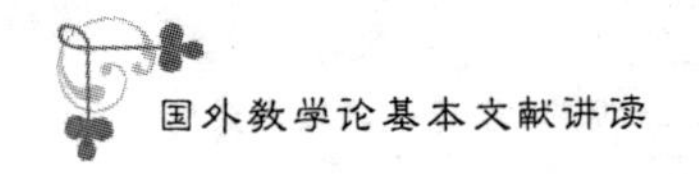

有效教学如何随着学习者不同的社会经济水平、文化和种族而有所不同?

社会经济地位(SES)这个短语可能意味着许多不同的事物,但一般来说,它是收入和受教育水平的近似指标。对课堂研究者来说,学生的社会经济地位由他们父母的收入和受教育状况直接决定,或者由学生所上学校的性质间接决定。

一些学校处于贫困地区,那里社区总的收入和受教育水平比较低,而另一些学校所在社区则富裕得多。很多贫困地区的学校,根据学生父母的平均收入,有资格获得联邦政府的特别财政援助。研究者认为这"一类(指落后)"学校里的学生大多数来自社会经济地位较低的家庭,可能比较贫困,并且/或者有遭受学业失败的危险。

因为处于较低和较高社会经济地位的学生和学校是一种现实,可能还会存在一段时间,课堂研究者们已经鉴别出一些教师行为,它们能最有效地提高这两类学生的成就。鲍尔斯与弗林德斯(Bowers & Flinders,1991)、古德与布罗菲(Good & Brophy,1997)、希尔(Hill,1989)以及肯尼迪(Kennedy,1991)提出了如何教这两大学生群体的建议。表7总结了一些强调对这两个群体进行教学的重要行为。

表7　针对处于较低和较高社会经济地位的学生的重要教学行为

帮助较低社会经济地位的学生群体获得成功	
教师情感	告诉学生他们可以取得你的帮助,从而创造一个温暖、鼓励人的课堂气氛。
学生回答	不管第一个回答多么粗糙,给予鼓励,然后转向下一个学生。
内容组织	以小块形式呈现材料,并在呈现下一块之前,提供机会练习已经学到的一块。 在新的一部分教学开始之前,告诉学生如何把小块材料组合在一起加以运用。
课堂教学	在教授模式和抽象概念之前,强调知识和应用。首先呈现最具体的学习内容。 以规律的间隔监督每个学生的进步情况,使用进步示意图来辅助记录学生进步。 立即帮助需要帮助的学生,如有必要,使用同龄或跨龄导师。 通过保持活动的结构和流动尽可能减少混乱,事先组织和安排好过渡。
个性化	除了标准的课程以外,补充专门的材料,满足个别学生的需要。使用媒体、学习资源以及学生的个人经历来提高兴趣和注意力。
帮助较高社会经济地位的学生群体获得成功	
纠正	要求学生进一步努力推理,从而论证出正确的答案。
思考和作决定	提出需要联想、概括和推理的问题。鼓励学生以同等水平发问。 在课程之外补充有挑战性的材料,其中一部分略高于学生当前达到的水平。 布置作业并/或延伸课题,要求学生利用课堂外获得的资料源来独立判断,发现和解决问题。
课堂互动	鼓励学生之间的互动和师生之间的互动,让学生在互动中负责评估自己的学习。
口头活动	积极引导学生参与超出课文和练习册内容的口头问答。

资料来源:基于鲍尔斯和弗林德斯(1991),古德和布罗菲(1997),希尔(1989)和肯尼迪(1991)。

要注意，在表7中，虽然每个行为同时适用于较低和较高社会经济地位的学生，但在较低社会经济地位的学生的课堂，教师情感就格外重要。还要注意，这些教学行为中有一些在前面的讨论中没有或很少提到，因为那些讨论只适用于一般的学生。有四个针对较低社会经济地位的学生的课堂的行为(学生回答，过度教/学，课堂互动和个性化)，可以视为以高成功率引导学生投入的特殊方法。这为有学业失败的危险、处于较低社会经济地位的学生的教学提出了一个特别的挑战。

另外，对于一些社会经济地位较低的学生，他们的自我意识可能比较差，如果你再频繁地纠正他们的错误，而不提供支持或鼓励，那么他们可能会把这当成是对个人的批评。因此，反馈可能会被处境不良的学生理解成批评，所以，在这种情况下，反馈需要在一个支持和鼓励性的背景下进行，这一点与社会经济地位较高的学习者所需要的教育环境不同(Cabelllo & Terrell，1994)。

因为对社会经济地位的研究大多数是在小学课堂里进行的，所以迄今为止，还不太清楚这些教学行为在多大程度上适用于中学课堂。然而，在这些学校环境中，较低和较高社会经济地位的学生的许多特征看起来是相似的。因此在一个以较低或较高社会经济地位的学生为主的课堂里，你能否成功执教，可能决定于你是否能够变化表7中各种行为的强调程度。

有效教学如何随内容领域而变化?

另一组调查结果与区分阅读教学和数学教学的行为相关(Brophy & Evertson，1976a；Good & Grouws，1979；Reynolds，1989)。尽管不是所有的教师都会教阅读或数学，但在一定程度上，这组调查结果能推广到其他在形式和结构上比较相似的内容中。

例如，社会研究、历史和语言的教学都有很高的阅读分量，与阅读教学有一些相同的解决问题的特征。普通科学、生物、物理和化学与数学相似，因为在这几门学科中，概念、原则和法则等都发挥着显著的作用。同时，视觉的形式和符号标记对于理解科学科目至少和文字同样重要。因此，可以谨慎地概括出某些教学行为，它们对于阅读和基础数学的教学以及对于各自相似的科目的教学是重要的。

表8概括了一些重要的发现。要注意，表中列出了这些行为所包含的两种不同方法。对于基础数学的教学，正式的、直接的方法看起来最有效。这种方式包括紧密结合书本、练习册和应用导向的活动，从而保持一种结构。它还尽可能减少非结构化的作业，从而尽可能扩大知识覆盖面，因为非结构化的作业会减少学生投入学习的时间。另一方面，阅读教学允许更多互动和更间接的方法，运用更多的课堂讨论和经验导向的问答。

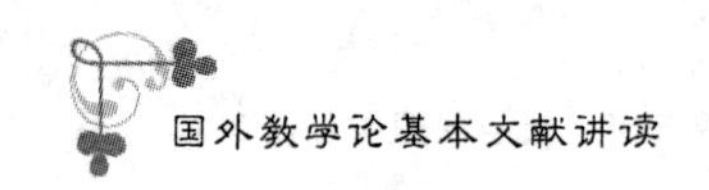

表 8 针对阅读教学和数学教学的重要教学行为

阅读教学的调查结果	
教学活动	用足够的时间讨论、解释和提问，从而激发学习者的认知加工，提高回答水平。
互动技巧	提示并要求每个学生尝试回答问题。
问题	提出激发思考的问题，要求学生对已读过的内容进行预测、质疑、总结和澄清。
基础数学教学的调查结果	
教学材料	使用应用导向和经验导向的活动和媒体，培养对任务的坚持。
教学内容	使用累进难度水平的活动安排、讲义和问题组等，使教学应用的覆盖面尽可能大。
教学组织	强调全班教学或小组教学。限制无指导的或独立的作业，特别是当它可能会影响学习者的工作和坚持的时候。

资料来源：基于雷诺兹(1989)，古德与格鲁斯(1979)，布罗菲和艾沃特森(1976a)。

然而，这些方法并不相互排斥。研究表明，总的来说，在一段时间里，在基础数学教学中使用更直接的方法，要比单纯使用咨询的方法，能让学生获得更大的进步。对阅读来说，反过来看也对：在一段时期里，鼓励使用课堂对话和学生想法的探索式、互动式的方法能让学生获得更大的进步。这些不同的方法体现的是强调水平，而不是排他性的策略。显然，教授基础数学有时需要咨询的方法，正像教授阅读有时需要讲演或讲授的方法一样。更重要的是教师灵活运用的能力，这要比这些方法，或者体现这些方法的行为更重要。不管正在教什么内容，有效教师会感觉到什么时候有必要转换强调的重点。

五、有关重要的教师有效率指标的回顾

如果把这一章概括为改善教学的简单建议，结果将会得到简化的有效教师的定义。然而，如果你想了解教学有效性的表现，这些建议已经显示出提高学生成就的重要性，下面这些条款将对提高学生成绩有所帮助。它们是有效教学的一般表现，由当前的研究文献所支持。后面的章节使用这些表现来介绍特定的教学常规，帮助你在自己的课堂里创造同样的行为。

有效教师：

- 个人对学生的学习承担责任，并积极期待每个学习者。
- 让课时难度和学生的能力水平相匹配，根据需要变化难度，从而达到中高水平的成功率。
- 给学生提供机会练习学到的概念，并及时获得自己成就的反馈。
- 尽可能增加教学时间，从而拓宽内容覆盖面，并给学生最多的学习机会。
- 通过提问、组织和探询来指导和管理学生的学习。
- 使用多样的教学材料和口头与视觉辅助，促进对学生想法的运用和学生对学习过程的投入。

- 每次提问后诱导学生回答，然后再转向另一个学生或者另一个问题。
- 小步骤呈现材料，并提供练习机会。
- 鼓励学生反复考虑并详细阐述正确答案。
- 引导学生参与口头回答。
- 运用自然发生的课堂对话，引导学生对所学内容进行陈述、延伸和评论。
- 把学习的责任逐步转到学生身上——鼓励独立思考、解决问题和作决定等。
- 为学生提供所教内容的组织和学习心理策略。

这时你可能认为，有效教师不过就是掌握了所有关键教学行为和辅助教学行为的人。但是教学所需要的，远不止有关如何执行个别行为的知识。教师与艺术家相类似，艺术家把颜色和质地融合成一幅画，产生出一致的印象，而有效教师则必须在不同程度上混合各种个别行为，从而提高学生的成就。这需要精心安排关键行为和辅助行为，把它们组合成富有意义的模式和节奏，在课堂上达到教学目标。

真正的有效教师知道如何执行个别行为，他心中有更高的目的。更高的目的要求以某种方式安排各个行为，从而使积累和产生的效果，比任何单独的或一组的行为所能达到的效果都要强烈。这就是为什么教学需要时间、序列和节奏等意识的原因，这些意识不能用任何行为条款来传达。这些行为的内在关系在特定课堂背景下适当地强调了每种行为，这对于有效教师非常重要。课程、学习目标、教学材料以及学习者等组合在一起，为恰当的行为连接提供了决策的环境。

六、向真正的教学世界的过渡

作为未来的教师，你有一个重要的问题，要顺利地进入真正的教学世界，你需要哪种类型的知识和经验？后面的章节将传达出你需要的知识类型，帮你迅速攀登造就有效教师的知识和经验的阶梯。但是，在了解那些将帮助你进步的工具和技巧之前，在你生涯的这个时段，你需要确定你对教学的什么地方感兴趣。附录 A 包含一份“教师兴趣一览表”，有 45 个选项，是用来评定兴趣阶段的自我报告工具，根据兴趣阶段可以最有效地鉴别教师。你可以使用“教师兴趣一览表”，确定你自己所处的教学兴趣水平，并利用提供的指导，确定哪些兴趣最能把你鉴别出来。然后再回到本章，进一步阅读，更多地了解教师成长与进步的这个有趣的方面。

现在暂停阅读下文，完成附录 A 中的教师兴趣的清单。

现在你已经为你最重要的教学兴趣评定了等级，让我们看看它对你的教学意味着什么。你向真正的教学世界的过渡将步入教师发展的第一阶段，有时称为生存阶段(Borich，1993；Burden，1986；Fuller，1969；Ryan，1992)。教学第

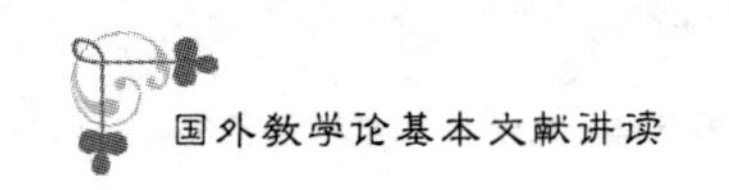

一阶段的显著特征是，你的教学兴趣和计划将集中在你自己的状态上，而不是教学任务或者你的学习者。布洛夫(Bulough，1989)把这一阶段描述为“职业生涯之战”。在这个阶段，你的兴趣很典型地集中在以下方面：

- 我的学生会喜欢我吗？
- 他们会听我的吗？
- 学生父母和别的教师会怎样看待我？
- 如果有人观察，我会干得好吗？

典型情况下，在这段时间，行为管理成为你制订计划的一个主要努力方向。对绝大多数的教师来说，生存——或自我——兴趣在教学的头几个月里开始逐渐降低，但没有固定、明显的结束时间。当教师过渡到一组新的兴趣和计划重点，就标志着这一阶段结束了。新的一组重点集中在如何最好地授课上。已有各种各样的标签用来描述第二阶段，诸如教学的掌握阶段(Ryan，1992)，巩固与探索阶段(Burden，1986)，尝试与犯错阶段(Sacks & Harrington，1982)。富勒(1969)把这一阶段描述为一个以关心教学任务为标志的阶段。

在这一阶段，你开始感到自信，能够管理课堂的日常事物，能应对学生多样的行为问题；能安排课时而不是仅仅关注课堂管理；你的计划转向改善教学技巧以及更好地掌握所教内容。

典型情况下，在这一阶段你将会对下列方面感兴趣：

- 我能在哪儿找到较好的教学材料？
- 我有足够的时间授完内容吗？
- 我能在哪儿为学习中心找到一些主意？
- 教授写作技巧的最好方法是什么？

标志教师计划的第三级水平，也就是最高水平的兴趣，较少指向课堂管理和授课，较多指向教学对学习者的影响。这一计划阶段有时称为影响阶段，这时你会很自然地视学习者为一个个体，并关注每个学生是否都发挥了他/她学习的潜力。这时，你首要的兴趣将会如下：

- 我如何能提高学习者的成就感？
- 我如何满足学习者的社会情感需要？
- 要激发那些积极性不高的学生，什么方法最好？
- 他们需要些什么技巧，才能为下个年级的学习做最好的准备？

富勒(1969)预测，自我兴趣、任务兴趣和影响兴趣，是绝大多数教师自然经历的三个阶段，体现了教师的发展和成长模式，在教师的生涯中会延续数月甚至数年。尽管一些教师经历这些阶段要比其他教师快得多，而且强度也有差异，但富勒表明，可以预期几乎所有的教师都会从一个阶段过渡到另一个阶段，那些最有效也最有经验的教师高度重视学生(影响)，他们的兴趣以学生为中心。

富勒的兴趣理论还有若干其他有趣的意味。教师可能会返回到较早的兴趣阶段——由于要教一个新的年级或一门新科目，不得不从关心学生回到关心任务，或者由于要教不同的或不熟悉的学生，不得不从关心任务回到关心自身。可以预期第二次在某阶段花的时间会比第一次要短。最后，这三个兴趣阶段不一定彼此排斥。教师的兴趣可能主要在某个领域中，但同时在其他领域也可能有较弱的兴趣。记录你在刚才的“教师兴趣一览表”中的分数，并把它与你在学完本教程后的分数相比较，从而发现你的兴趣可能在哪个方向上已经有了变化。

结语

本章呈现了成为有效教师所需要的一些关键行为和辅助行为。它们并不能完整地叙述有效教师是怎样的人，或者有效教师应做些什么，但它们为开始理解有效教师提供了一个重要基础——也可能是最有效的基础。它们将构成有效教师的脊柱和骨骼，在后面的章节中，我们将装配这个复杂人体的其余部分，组合成所谓的有效教师。

附录A 教师兴趣一览表

指南：这个细表展示了教师在职业生涯不同时期所关心的事务。因为每个教师皆有自己的关心事项，所以在这个问题上不存在对错问题。

下面陈述了一些你可能关心的事项。阅读每项陈述，并自问：当我想到教学时，我是否关心这件事？

- 如果你不关心，或该陈述不适用，在方格中填入1。
- 如果你有一点关心，或该陈述不适用，在方格中填入2。
- 如果你中等程度关心，或该陈述不适用，在方格中填入3。
- 如果你很关心，或该陈述不适用，在方格中填入4。
- 如果你完全沉浸于该事项，或该陈述不适用，在方格中填入5。

① 不关心 ② 一点关心 ③ 中等程度关心 ④ 很关心 ⑤ 完全沉浸

□ 1. 对教师的文书帮助不充分。
□ 2. 学生是否尊敬我。
□ 3. 太多额外的任务和责任。
□ 4. 当被观察时，我教得自如。
□ 5. 帮助学生学习价值观。
□ 6. 没有足够的时间休息备课。
□ 7. 从专业教师那里没有获得足够的帮助。
□ 8. 有效地安排我的时间。
□ 9. 失去同事的尊敬。
□ 10. 没有足够的时间评分和测验。
□ 11. 课程的僵化。
□ 12. 对教师设置的太多标准和规则。
□ 13. 充分准备课时计划的能力。
□ 14. 让其他教师知道我没有充分备课。
□ 15. 增加学生的成功感。
□ 16. 僵化的教学程式。
□ 17. 诊断学生的学习问题。
□ 18. 如果我的课堂太闹，学生会怎样认为。
□ 19. 每位学生是否发挥了最大的潜力。
□ 20. 获得对我的教学的良好评价。
□ 21. 班级里学生太多。
□ 22. 尊重学生的交往和情感需要。

□ 23. 激发没有学习动机的学生。
□ 24. 失去学生的尊敬。
□ 25. 学校缺乏公众的支持。
□ 26. 维持班级适当程度的控制能力。
□ 27. 没有充足时间计划。
□ 28. 让学生行动起来。
□ 29. 理解为何某些学生进度慢。
□ 30. 在我的课堂上凡是我应负有责任的难堪事件。
□ 31. 不能对付捣乱鬼。
□ 32. 同事们可能认为我工作没有做到位。
□ 33. 同淘气学生共事的能力。
□ 34. 理解健康和营养问题影响学生的学习。
□ 35. 在家长面前显得能力过人。
□ 36. 满足不同类型学生的需要。
□ 37. 找到了确保学生掌握学科爱聊的替代性方法。
□ 38. 理解能影响学生行为的心理和文化差异。
□ 39. 使自己适应不同学生的需要。
□ 40. 较大数量的管理事故。
□ 41. 指导学生智力上和情感上的成长。
□ 42. 每天对付太多学生。
□ 43. 学生是否能够应用他们所学的内容。
□ 44. 当别的教师在场时能有效地教学。
□ 45. 理解什么因素能发动学生学习。

（易东平　译）

多元智能理论及其在教学中的应用①

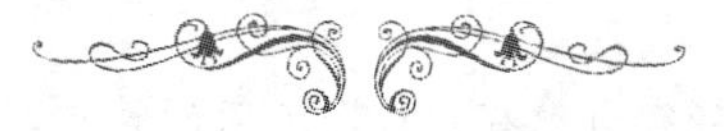

西尔佛 皮里尼 斯特朗

作者简介

哈维·西尔佛(Harvey F. Silver),美国西尔佛斯特朗协会与深思教育出版社负责人,教育类畅销书作者之一,并以开发“深思课堂”项目而闻名。曾任佐治亚州批判性思维项目和肯塔基深思教育教师领导项目首席咨询顾问,组织过许多次的学区教育工作坊与研讨班。

马修·皮里尼(Matthew J. Perini),美国西尔佛斯特朗协会出版部主任,主要研究学习方式、多元智能学习与教学以及有效教学实践等,已出版多部基于关于多元智能的学习方式和有效的教学策略研究的著作。

理查德·斯特朗(Richard W. Strong,1946—2008),美国著名教育专家,真实性评价的倡导者,曾担任督导与课程开发学会(Association for Supervision and Curriculum Development,简称 ASCD)等多家专业组织的高级顾问,2007年曾获纽约州年度教育奖。

选文简介、点评

多元智能理论,也称多元智力理论(the theory of multiple intelligence),是美国哈佛大学教育学教授加德纳(Howard Gardner)于 1983 年在他的著作《智力的结构》(*Frames of Mind*)中提出并在其后的研究中完善的。在加德纳提出多元智能理论之前,专家们对智能及其结构或构成因素已有种种解释,但加德纳的多元智能理论问世后,立刻引起了美国乃至世界心理学界和教育学界的极大关注,并很快对中小学的课堂教学实践领域产生了积极的影响。那么,什么是多元智能?它对课堂教学改革到底有什么启示呢?在《每个孩子都可以学好:整合学习方式与多元智力》一书的第一章中,美国学者西尔佛等人为我们提供了关于多元智能理论及其他对实践影响的系统解读。

文中,西尔佛等告诉我们,加德纳在对传统的关于智力的理论和学说进行研究后指出,传统的智力概念是建立在智商(IQ)测验基础之上的,它有很大的局限性。因为,按照传统的关于智力的界定,人们更多地认为:① 人的认知是一元的;② 个体的智力是单一的、可数量化的。与此相反,加德纳将智力看成

① Harvey F. Silver, etc. So Each May Learn: Integrating Learning Styles and Multiple Intelligence[M]. ASCD products, 2000: 5-20.(题目为本书编者所加)

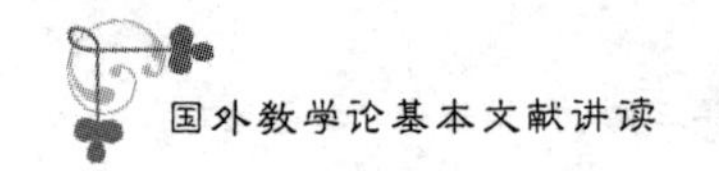

是：① 人们解决现实生活中所遇到的问题的能力；② 人们提出新的、需要解决的问题的能力；③ 人们创造某种文化产品价值的能力。

按照加德纳的多元智能理论，人的智能应该包括下面八种不同的类型：言语智能、逻辑数学智能、空间智能、音乐智能、身体运动智能、人际交往智能、内省智能、自然学家智能。

上述八种智力，每一种智力都有它与众不同的特点，但对于每个人来说并非是固定不变的。正如加德纳教授所强调的，我们所有人都可能拥有这些类型的智力，都会在不同的情景和背景中使用这些智力，而且会在使用中发展它们。当然，对于多数人来说，他们会在某一个或某几个领域显示出他们与众不同的智力水平。

在对多元智力理论进行解读的基础上，西尔佛教授等人为我们提供了多元智力理论在教学中的应用建议。比如，在进行主题教学时，可以运用多元智力理论来设计教学内容和教学活动。用一个图形或“课程轮”(Curriculum Wheel)就可以将多元智力与课程内容整合在一起，这样不仅可以运用和发展学生的多种智力，而且有利于加强课程内容之间的联系。比如，当一个教师教“濒临灭绝的物种”这一主题时，他就可以根据多元智力设计一个“课程轮”进行教学。具体做法是将这一主题的内容分为八个方面，每个方面的内容联系一种智力，使学生在学习这一主题时应用与发展多种智力。八个方面的设计是：(1) 让学生在课堂上进行“濒临灭绝的物种”这一主题的讨论，然后再查阅资料办一期关于这一主题的小报(言语智力)；(2) 让学生分析一个濒临灭绝的物种的案例，确定造成这一现象的原因，进一步分析与比较两种动物：老虎与熊猫；(3) 组织学生观看《自然生存》录像，在野外考察中进行动物绘画(空间智力)；(4) 让学生在课堂上进行角色扮演或组织学生到野生环境中去旅游(身体运动智力)；(5) 让学生思考“为什么自然环境对你的生存是重要的?”与“你对某种濒临灭绝的物种有何感受?”(内省智力)；(6) 让学生在课堂上唱关于“濒临灭绝的物种”的歌曲(音乐智力)；(7) 让学生分成小组完成主题小报并按小组设计保护动物的方案(人际关系智力)；(8) 让学生对当地的生态环境进行实际地考察或组织学生到原始森林中去考察(自然智力)。

加德纳的多元智力理论在教学实践中的意义，可以概括为两个大的方面：一是课堂教学应该关注学生多元智力的发展，即为了发展学生的多元智力而教；二是教师应该按照多元智力去设计与组织教学活动，即通过多元智力而教。前者可以被看做是加德纳关于教学目标定位的新理念，后者则可以被看做是在这种观念指导下教师应该追求与选择的教学策略。

研究表明，多元智力理论之所以能受到人们如此的重视，不仅是因为它为人们从广泛的意义上深入地理解智力提供了新的思路和方法，更在于为广大的课堂教师改变传统的讲授、教科书、书面作业和公式运算等方法提供了新的理念，大大地开拓了教师们运用教学策略和有效使用多样化教学方法的视野。

学习与研读此文，不仅可以帮助我们明确认识多元智力理论本身的内涵，而且还可以帮助我们了解基于多元智力理论的当代课堂目标的多元化与方法策略运用的多样性取向。

(撰写人：陕西师范大学教育学院课程与教学系陈晓端教授)

选文正文

什么是智力？智力是一项长期占据人类大脑思维的活动。古希腊哲学家柏拉图认为，人类是无知的。人类所获得的知识只是真理无关紧要的那一部分。事实上，柏拉图曾称，他之所以被认为是聪明的，是因为他意识到了自己的无知。根据柏拉图的观点，人类从来不能完全地理解真理。他们只能通过对几何学和逻辑学的研究，才对真理有了初步的理解。柏拉图思想的继承人亚里士多德则不赞同其老师的观点。亚里士多德认为，信息收集的行为不是追寻不可抵达的理想世界而是人类灵魂的一次冒险。在人类灵魂中，思维是一个完整的整体。关于"哲学智慧"，亚里士多德认为，人类拥有两种伟大的精神能力：快速理解原因和情形的能力与做出好的道德选择的能力。

当然，古希腊的各种观点只是关于智力内涵的所有争论中的一小部分。佛教哲学谈到人类思维的三种品质——智慧、道德以及沉思——这三种品质引导人类正确的观察、思考及行动。诸如圣人奥古斯丁(Aurelius Augustinus)和托马斯·阿奎那(Thomas Aquinas)等基督哲学家则倾向于弱化智力和学习的重要性，认为这两者次于信仰和虔诚。之后，文艺复兴运动时期的许多思想家，如尼科洛·马基雅维里(Machiavelli)、达·芬奇(Da Vinci)和托马斯·莫尔(Sir Thomas More)，将人类推理能力和创造力带到了显著的位置，并描述它们是控制甚至重塑社会的重要力量。文艺复兴运动以来，几乎每一次哲学和文化运动都探讨过人类思维的作用以及人类独特思维能力的意义。直到今天，我们依然在寻求这个不断发展变化的问题的答案。

尽管已经有了这段关于人类智力的含义变化的历史，但20世纪智力定义的变化之大是前所未有的。这些变化伴随着我们对人脑及认知过程的不断了解而出现。包括鲁文·福伊尔斯坦(Feuerstein)、保罗·麦克莱恩(Paul Maclean)以及罗杰·斯佩里(Dr. Roger Sperry)在内的研究者通过研究认知变性、三位一体的大脑和大脑半球，揭示了对认知新的认识。瑞士心理学家皮亚杰关于人类如何建构知识的理论已成为研究大脑先天学习能力的重要基础。此外，20世纪还出现了对智力的心理测量指标，如智商测试。尽管我们对人类认知的认识变得更加科学和精细了，但最初的问题依然存在：人类的智力是什么？

一、关于智力的定义

如果你试图在字典中找到智力的本质，你可能会得到类似这样的定义：

> "智力，是获得并应用知识的能力，是思考和推理的才能，是思维的高级力量。"

这样的定义到底意义何在？是否足够说明何为智力？是否能够表明人们具有多少能力、才能和力量？是否足以解释为何某些能力被认为是智力？是否

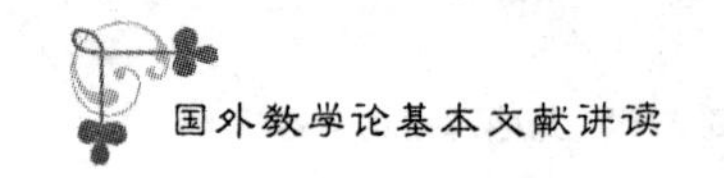

能够说明不同文化如何评价智力以及为何如此评价智力？根据这个定义，智力对于计算机程序员和剧作家是否意味着同一事物？很可惜，这个定义提供的关于智力的实践性信息太少了。因此，我们不得不再次发问：智力是什么？

通过考察一些以杰出的方式运用自身智力的人物，我们或许就能明白智力的真实含义。分析表1中所列的人物，思考表中人物的聪明之处以及为何被界定为聪明人士。

表1　著名的聪明人士

杰克·罗宾逊(Jackie Robinson)	马丁·路德·金(Martin Luther King,Jr.)
玛雅·安吉罗(Maya Angelou)	比利·霍利迪(Billie Holiday)
威廉·莎士比亚(William Shakespeare)	玛丽·居里(Marie Curie)
格鲁吉亚·奥基夫(Georgia O'Keeffe)	圣雄甘地(Mahatma Gandhi)
奥普拉·温弗瑞(Oprah Winfrey)	卡尔·荣格(Carl Jung)
阿尔伯特·爱因斯坦(Albert Einstein)	吉姆·索普(Jim Thorpe)
路易斯·阿姆斯特朗(Louis Armstrong)	巴勃罗·毕加索(Pablo Picasso)
查尔斯·达尔文(Charles Darwin)	乔治·华盛顿(George Washington)

二、加德纳关于智力定义的新观点

加德纳在开始其人类智力研究时进行了类似上述的活动，带来了智力进化史的新进步。为了囊括多种多样的人类能力，加德纳扩展了智力行为的参数。由于研究方法的改变，智力的定义发生了深刻的变化。他在“关于多元智力理论的专题报告”(1987)中说道：

> 我做了一个思维试验，我想象能够深入不同的文化中并试图确定每种文化中已经形成的角色或最终的状态——这种能力在某种文化中被高度赞扬，并且也是这种文化赖以生存的重要特质。对于宗教领袖、巫师、先知、母亲、父亲、舞者、外科医生、雕刻家、木匠、商人等人的考察也是这个试验的一部分。我试图挑战自我，提出一个认知概念，这能够更好地解释人类有机体怎样才能够在多种多样的能力中变得有竞争力。

加德纳的方法有别于智商测试或其他智力测量手段。与寻找一元、量化的智力测量方法不同，加德纳的方法是探索在特定文化中评价个体以及个体用各种能力创造不同产品或服务于其文化的方式(见表2)。他解释说：“在开发这一理论时，我没有从一个已有试题的测验开始……我对预测学校里的成功或失败不感兴趣，我最初认为存在着不同的思维的直觉引导我尽可能彻底地抽取各种认知状态的例子，然后去寻找一种可以帮助我们解释这些不同的能力是如何发展的模式。”(加德纳，1987)

表2 智力定义的演变

旧观点	新观点
智力是固定不变的	智力是可以开发的
智力是可以通过数字来测量的	智力并不能通过数字来测量,而是在完成一种活动或解决一个问题的过程中表现出来的
智力是一元的	智力可以通过多种途径展示出来——多元智力
智力是可以孤立测量的	智力可以在实际生活情境中被测量
智力可以被用来区分学生的优劣并预测他们是否能够成功	智力可以用来理解人的能力以及学生能够获得的不同的能力

三、加德纳的多元智能理论(八种智能)

加德纳的研究在他的奠基性著作《智力的结构》(1983)一书中取得了成果。在该书中,他使"智力"一词成为了复数概念,打破了传统的智商理论。传统智商理论遵循两个基本原则:第一,人类的认知是一元的;第二,一元的、量化的智力足以描述个体。

与这种简化主义的智力观相反,加德纳认为智力是:第一,解决实际生活中遇到的问题的能力;第二,提出新问题并解决新问题的能力;第三,在特定的文化背景中制造产品或提供服务的能力。

加德纳将传统的智力定义分成了七种类型,之后(1995,1999)又在他的理论中增加了第八种智能(the eighth intelligence)。下文将分别介绍这八种智能,并为各智能列举了表1中相应的著名人士。

1. 言语智能(Verbal-Linguistic Intelligence)

言语智能即以诸如辩论、劝说、讲故事、写诗、写散文和指导等为目的而表现出的熟练操作文字的能力。具有较高语言智能的人通常喜欢斟酌文字以及运用各种修辞,如双关、隐喻、明喻等。这类人往往能连续不断地阅读几小时。此外,他们的听能也很发达,在听、说、读、写中能得到最佳学习效果。(例如,玛雅·安吉罗,威廉·莎士比亚。)

2. 逻辑数学智能(Logical-Mathematical Intelligence)

逻辑数学智能是从事硬科学和所有类型数学科学工作及活动的人必须具备的基础能力。喜欢运用逻辑数学智能的人大多重视推理。他们通常善于发现事物发展的因果关系,建立模式,然后通过控制性实验得出结论。一般而言,逻辑数学智能人群喜欢对概念和问题进行思考,并通过测试来验证其想法。(例如,阿尔伯特·爱因斯坦,玛丽·居里。)

3. 空间智能(Spatial Intelligence)

空间智能指很强的感知、创造和再造图画及图像的能力。摄影师、艺术家、工程师、建筑师和雕刻家都具有良好的空间智能。空间智能良好的人对于视觉

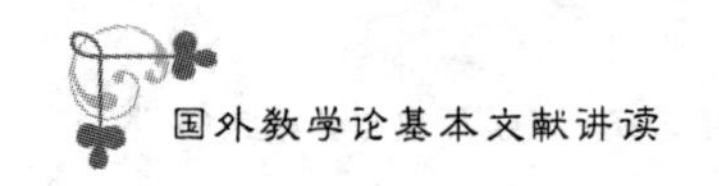

细节非常敏感。他们通常能从图表和图画中获得想法，并能够将文字和印象都转化为思维图像。空间智能人群用图像思考，具有很强的位置感和方向感。（例如，格鲁吉亚·奥基夫，巴勃罗·毕加索。）

4. 音乐智能(Musical Intelligence)

音乐智能是指人们创造优美旋律以及理解、欣赏、评价音乐的能力。能够做到音调正确、保持节奏、分析曲式或创造音乐的人都表现出音乐智能。音乐智能人群对于日常生活中所听到的各种非语言声音和韵律均会表现出与众不同的敏感性。（例如，路易斯·阿姆斯特朗，比利·霍利迪。）

5. 身体运动智能(Bodily-Kinesthetic Intelligence)

身体运动智能是指人体的体力及肢体控制能力。身体运动智能人群通常能够相对容易地操作物体及控制肢体运动。他们触觉发达，喜欢体能挑战。这类人群能够在行动、运动和操作中获得最佳学习效果。（例如，杰克·罗宾逊，吉姆·索普。）

6. 人际交往智能(Interpersonal Intelligence)

人的社会性决定了个人的人际交往智能。人际交往智能人群通常能够与他人和谐相处，能够很快地觉察并掌握他人的情绪、态度和愿望。这种类型的人常常表现出友好和性格外向的特点。多数具有良好人际交往智能的人都知道如何衡量和辨别他人性格，与之融洽相处。一般而言，此类人通常都是杰出的团队成员和管理者，在需要与他人交际的环境中能获得最佳学习效果。（例如，奥普拉·温弗瑞，马丁·路德·金。）

7. 内省智能(Intrapersonal Intelligence)

内省智能是指人的自我认识能力和对自己的情绪状态进行适当调节的能力。具有良好内省智能的人喜欢独立工作，因为他们充分相信自己对事物的理解，并依此指导自己的行动。他们了解自己的内在情感，能够形成对自己的正确认识，并制定现实性目标。（例如，荣格，圣雄甘地。）

8. 自然学家智能(Naturalist Intelligence)

自然学家智能是加德纳最新提出的第八种智能。这种智能在那些热衷于植物、动物、地理及诸如岩石、云彩、星辰等自然物质的人身上表现的尤为突出。具有良好自然智能的人热爱户外活动，非常关注生态环境中的模式、特点和异常现象。他们善于利用这些模式和特点将自然物质和生物进行分类和整理。拥有此类智能的人群对环境表现出极大的欣赏和了解。（例如，查尔斯·达尔文，乔治·华盛顿。）

这些智能并不是固定不变的。如果认为多元智能固定不变，那么它将无异于呆板的智商测试。加德纳认为，每一个人都拥有以上所有智能，并且可以在不同的情境中运用和开发各种能力。然而，绝大多数人只是突出表现其中一项或者两项智能而已。

尽管在拓宽对智能定义的认识方面做出努力的并非加德纳一人，但是加德纳的理论最为强大，因为他丰富的研究基础提高了其理论的可信度。加德纳广泛收集各领域资料信息，包括人类学、认知心理学、发展心理学、传记研究、心理测验学、生理学和神经学等。此外，加德纳还采用严格的评定标准系统对技能、才能和精神能力进行排除，最终鉴定出是否为一项智能。其标准包括以下几方面。

第一，特殊的符号系统筛选智能。比如：

语言智能——语音语言(英语、法语、西班牙语)

逻辑数学智能——数控系统实现，计算机语言(C＋、Java)

空间智能——表意的语言(象形文字)，图标(路牌，诸如 Windows 等计算机操作系统)

身体运动智能——手语、盲文、舞蹈表现力、哑剧

音乐智能——记谱法

人际交往智能——肢体语言

内省智能——自我符号(比如：在梦中)

自然学家智能——自然分类法，林奈分类系统

第二，个体表现和发展记录。

第三，因大脑损伤引起的生物学基础变化。

第四，具有文化意义产品的智能表现。

加德纳经常提到八种智能不一定能够代表人类能力的整个范围。在《智能重构：面向21世纪多元智能理论》(1966b)中，加德纳仔细研究了最近四种候选的智能：自然学家智能、精神智能、存在智能、道德智能。他在其标准系统中测验这几种智能后，再次确认自然学家智能作为第八种智能，放弃了精神、存在和道德智能。然后，在这三个候选智能中，加德纳让存在智能具有特殊的地位，因为存在智能几乎达到了测试标准，他将这种智能戏称为“$8\frac{1}{2}$智能”。

四、智能作为性情

为了更深入地探索多元智能理论，我们将运用批判性思维倾向进行分析。批判性思维倾向基于珀金斯、杰伊和蒂什曼(Perkins, Jay & Tishman, 1993)的著名理论。他们认为，优秀的思考者拥有某种影响其加工和理解信息能力的性情。他们认为批判性思维倾向是对特定类型行为感知的一种结果。当个人产生某种感知时，就会对这类行为形成一种倾向或者慰藉。随着倾向精细化或复杂化，个体就会形成一种能力，并将这种行为运用在不同的情境中。

性情的发展取决于许多种因素，如：

第一，其他重要人士是否有这种性情？

第二，是否有导师鼓励和训练学生个体？

第三，历史和社会背景是否验证过这种性情？

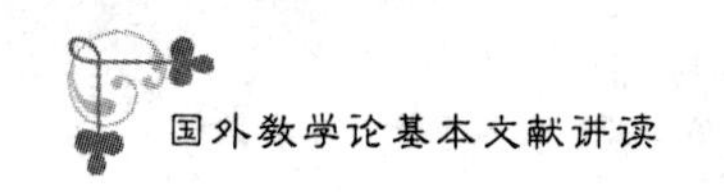

第四，个体是否受到必要的教育将感知或倾向发展成为完整的能力？

现以驾车为例对这一点加以说明。对多数美国人来说，驾驶是生活的一种方式。父母、亲戚和朋友先于我们驾驶，当我们学习这项技能时，便会依靠他们教授我们所掌握的驾驶知识。从社会学和历史学的角度来看，汽车是现代生活的重要部分，社会文化高度重视驾驶技能。最终，通过参加驾驶教育项目，我们加强了驾驶技能，将之转变为一种能力。因此，绝大多数美国人之所以能成为优秀的驾者，是因为存在人际社会文化网络、社会历史因素以及教育方案验证并鼓励驾驶。事实上，这个网络如此稳定地存在，以至于人们很容易忘记驾驶是多么困难，而且这种技能在一个世纪之前几乎不存在。

性情理论为分析多元智能理论提供了有效方法。从智能角度来看，性情是对独特类型智能的感知。这种感知会引起运用智能的倾向。在适当环境中，这种倾向可以理解为在各种情境中运用智能的能力。我们已经分析了驾驶技能如何根据性情理论发展，下文将分析各种智能如何以同样方式发展。回顾表3中的信息，观察并思考学生们是如何回忆多样化智能的。这是课堂上运用多元智能理论的第一步。

表3　智能倾向(Intelligences as Dispositions)

智能类型	敏感点	兴趣	能力
言语智能	声音、语义、结构及语言风格	听、说、读、写	能进行有效的语言交流(如教师、宗教领袖、政治家)和有效的写作(如诗人、记者、撰稿人、小说家、编辑)
逻辑数学智能	图形、数字、数据、因果关系、客观推理及定量推理	建立模型、进行演算、提出并检验假设、采用科学方法、归纳推理及演绎推理	能有效地进行数字运算(如会计、统计学家、经济学家)及有效推理(如工程师、科学家和计算机编程员)
空间智能	颜色、形状、视觉网络、对称图形、线条、图像	用视觉概念表达事物、喜欢想象、关注视觉的细节、爱好绘画、制图	有效地进行视觉创造(如画家、摄影师、工程师、装修师)并准确地使用视觉导向(如导游、侦察员、守林人)
运动智能	触摸、运动、身体、体育竞赛	力量、速度和灵活型运动、需要手与眼配合的活动及平衡类运动	能用手修理或进行创作(如机械师、外科医生、石匠、雕塑家和泥瓦匠)，身体表现力强(如舞蹈家、演员、田径运动员)
音乐智能	音调、打击韵律、旋律、音调、音高	辨音、唱歌、弹奏乐器	音乐创作才华高(如词作家、曲作家、音乐家、乐队指挥)，能分析音乐(音乐分析家)

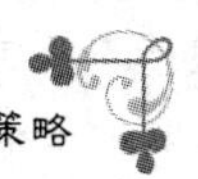

续表

智能类型	敏感点	兴趣	能力
人际交往智能	身体语言、情绪、声音、情感	察觉他人情感和个性并及时给予回应	能较好地与人相处(如管理人员、经理、心理咨询师、教师),能帮助他人分析并解决问题(如精神病学家、心理学家)
内省智能	自身优缺点、目标和愿望	设立目标、评价个人能力和责任、监督自我思维方式	能深思熟虑、反思并自我约束、善于保持平静的心态
自然学家智能	自然物体、动植物、大自然模式、生态问题	分辨并对自然物体和生命体进行归类	能分析自然和生态的现象和数据(如生态学家、守林人),能对生命体进行研究并获得相关成果(如动物学家、植物学家、兽医),能在自然环境中工作或活动(如猎人、侦察员)

五、形成自我智能轮廓(略)

六、智能的组合

每个人天生就有八种智能,每种智能都可以改变和教授。《关于成人多元智能指标》的测验结果展示了你智能优势和不足的独特组合。几乎我们所遇到的每项复杂工作都要求我们唤起和使用多种智能。弹奏钢琴要求我们使用至少三种智能:音乐智能(能够跟上音乐节奏);身体运动智能(灵活控制手指和双腿动作);空间智能(判断琴键和发音的关系)。此外,其他的智能也有可能被使用,比如人际交往智能体现在演出时对乐队同伴的面部表情和身体动作的反映中,内省智能体现在个人创造慷慨激昂的音乐中。

为了进一步说明这一点,请思考并解决表 4 中的问题。解决这类问题的方法有多种,你采用了哪种解决方法?思考解决该问题的过程,然后完成表 5 的检核单。

表 4 乘独木舟的问题

19 人需要渡河,然而河水太湍急以至于无法游至河对岸,并且唯一的一只独木舟只能搭载三人,且三个人中必须有一个成年人。	这些人中只有一个成年人。这个人需要乘多少次独木舟才能把所有的儿童运到河的对岸?
解决方案:	

表 5　问题解决过程检核单(Problem-solving Checklist)

在解决问题的过程中,你通常会			
核对	排列		智力
( )	( )	反复阅读问题	V
( )	( )	在脑中虚构场景	S
( )	( )	采用图解	S
( )	( )	运用数学公式	L
( )	( )	运用数字或数学运算	L
( )	( )	寻找模式解决	L
( )	( )	讨论	P
( )	( )	寻找帮助	P
( )	( )	虚拟实演	B
( )	( )	运用具体的材料来解决问题	B
( )	( )	在解决时进行自我反思	I
( )	( )	解决前在脑中把问题想清楚	I
( )	( )	在解决问题时哼唱歌曲	M
( )	( )	考虑气流、风与其他自然因素的阻碍	N
( )	( )	选择不解决问题	
( )	( )	其他	
这些信息与你通常的表现相比如何？在该案例中,你是依靠你最强的智能来解决问题,还是应用其他智能解决?			
注解:V=言语智能　S=空间智能　L=逻辑数学智能　P=人际交往智能　B=身体运动智能　I=内省智能　M=音乐智能　N=自然学家智能			

七、课堂中的多元智能教学实践

加德纳模型在教育中有许多启示。但事实上,没有任何一个单一的项目和应用范例能协助教师实施多元智能教学以帮助学生学习并掌握这些技能。好的教学试图采用综合方法实施这一理论。以下便是一些学校和教师应用多元智能理论开发学生并丰富其学习经验的例子。

关注特定智能的发展

运动项目、音乐项目、社区服务俱乐部、讨论组、棋牌俱乐部和艺术项目等这些课程都旨在发展智能目标。在课堂安排上,教师常通过活动中心关注特定的智能(Armstrong,1994),在教室中设置与每个智能相关的学习工具。例如,一个言语智能学习中心可能配有书籍和单词处理器,身体运动中心可能包括操作性及手动性项目。这些中心可能开放一整年或几天、几周,这将依据教师的指导目标而定。此外,活动中心可能成为"可扩充的中心",让学生自由选择其感兴趣的方向,或者提供与特定主题有关的活动,以此达到教授目的。

使用所有智能区分指导

加德纳告诉我们说我们都能拥有并开发每一种智能,许多教师便因此试图培养学生的多元智能能力。表 6 和表 7 展示了美国惠特尼山中部的拉尔金·沙琳的工作。她的课程设计每一环节都与智能培养相关,通过在每堂课上提供智能活动,沙琳确保学生有机会运用所有智能,包括他们最强和最弱的智能。

表6 范例指导

该活动在多大程度上表现了特定的智能类型？ 智能： V=言语智能 S=空间智能 L=逻辑数学智能 P=人际交往智能 B=身体运动智能 I=内省智能 M=音乐智能 N=自然学家智能	关键：XXX=很大程度 XX=大程度 X=部分			
活动	智能			
共享： 每个学生把他们最喜欢的泰迪熊带来，学生们围坐成圈向大家介绍各自的泰迪熊(介绍名字并且说明其特别之处)。	V	XX	B	XX
	L		P	XX
	S		I	X
	M		N	
绘图： 老师在地板上制作一个条形图，并让学生按特征把他们的泰迪熊放在地板上(例如棕熊)。学生数熊的数量并且造句。	V	XX	B	XX
	L	X	P	
	S	XX	I	
	M		N	
分组： 要求学生根据之前的分组思考泰迪熊不同的设计方式。	V	X	B	X
	L	XXX	P	
	S	X	I	
	M		N	

表7 样本的继续分析

活动		智能			
设计：要求学生自己设计一只泰迪熊，请仔细阅读泰迪熊设计要求(包括泰迪熊的发型、颜色、衣服和表情)。		言语智能	X	身体运动智能	XXX
		逻辑数学智能	XX	人际交往智能	
		空间智能	XX	内省智能	
		音乐智能		自然学家智能	
发型 卷发 直发 短发	颜色 黑色 棕色 其他颜色				
表情 微笑 愁眉苦脸 惊讶	衣服 衬衫和裙子 短裤 帽子				

改变课程设计确保智能多样化发展

有时可将多元智能结合到一个课程设计中，就像图1中的“课程设计”那样，这种空间展示能帮助我们学习如何围绕智能发展设计课程。它帮助我们进行头脑风暴：教师可以拥有一系列课程选择，为了更好地实现课程目标也可以扩展和优化选择，同时也可取消干扰选项。

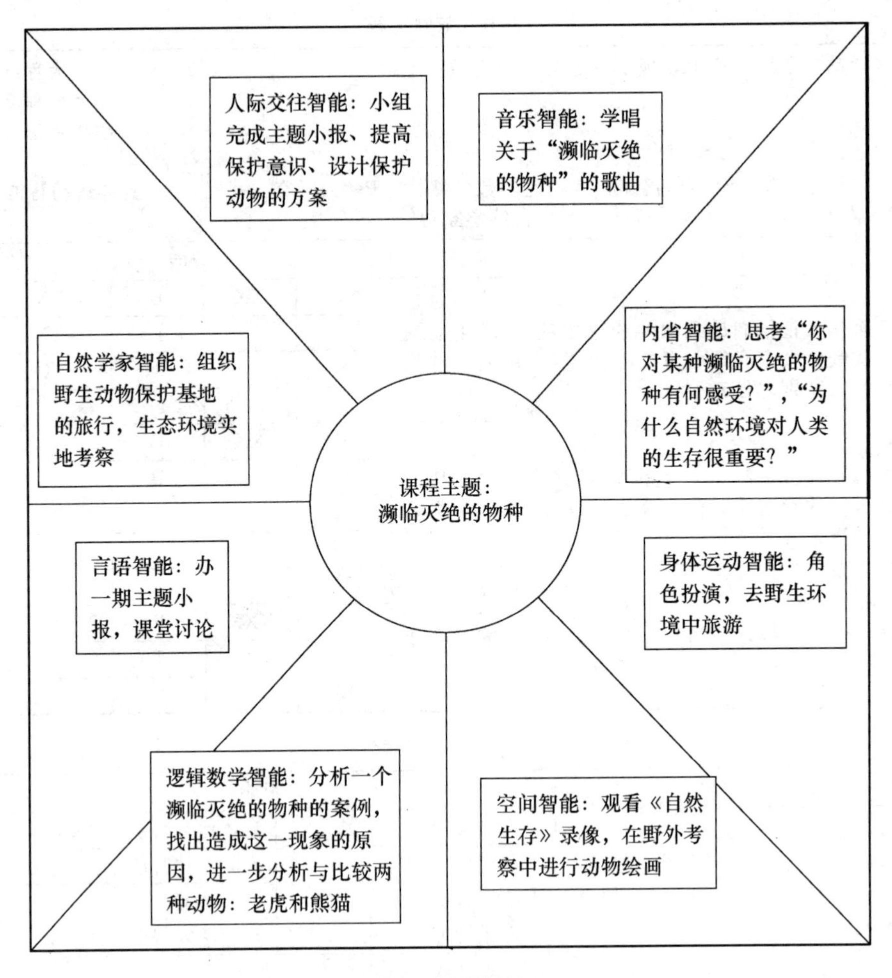

图1 课程设计

给学生提供活动及评价的选择

温蒂·埃克隆·朗伯(Wendy Ecklund Lambert,1997)是佛罗里达州奥兰多的一位高中历史老师,她采用项目设计的方式让同学们研究美国历史上的扩张时代。她提供给学生65个题目,令其自由选择表达方式。最终,学生以幽默故事、水彩画、电报、棋盘游戏、赞颂词、历史演讲、故事书、木偶表演、广告等形式展现其对多种智能的运用。她说:“从自己和其他同学的作品中学习时,学生们会更加了解自己与其拥有的能力。”

在格鲁吉亚克莱顿县一所中学地球科学课上,要求学生采取类似的形式展示他们对于沉积岩、火成岩和变质岩的理解,收效各异。一组同学选择书面陈述(言语智能),另一组同学采用图标形式(空间智能),第三组同学则选择用肢体表现每种岩石(身体运动智能)。他们躺在彼此的身上展示沉积岩,然后形成金字塔造型并用手模拟火成岩的喷发,最后挽着胳膊,拉着手展示变质岩的相互联系。

支持学生充分利用优势智能学习

通常,人们在从事某种活动或完成某种任务时,总是倾向于利用自己最强的智能去理解这一活动或任务,并设法完成它。这种依靠自身最强智能完成活动或任务的现象称为"转换"。例如,一些人看不懂用文字描述的路线图,但当他/她看完关于这一路线的地图之后,却能马上准确指出该如何走才能到达目的地。或许另一些人刚好相反。显然,因为个体有不同的智能结构,所以从事某一种活动时,可能会选择并运用不同的智能类型。通过支持学生用他的优势智能获得信息,为其提供可选择的途径和方法,最终达到帮助学生有效地掌握学习内容的目的。

例如,在美国的小学课堂里,许多教师都采用"可视词汇"的教学策略进行语言教学。这种策略的依据是:如果一个教师用图片的形式来教授学生正确的拼写,那么一个空间智能比语言智能强得多的学生在学习英语词汇方面就会有效得多。学生先知道词义,然后看3—4张解释词义的图片,最终必须解释为什么这几张图片最能解释该词。该策略的特点是充分利用学生的优势智能辅助其较弱的智能进行学习,从而起到事半功倍的效果。表8至表10显示了教师是如何帮助学生利用优势智能实现转化的。

表8 转化范例一

小学语言课上的音乐智能
说唱 名词动词非常酷, 正确使用不要错, 名词表示人地物, 动词表达态与做。

表9 转化范例二

中学生物课上的语言智能
五行诗 细菌 微生物,有机体 救命,伤害,入侵 必须维持生命 霉菌

表 10 转化范例三

中学美国历史课上的逻辑数学智能：语言组织 导语：课前请预习这些语句，思考是否赞同。最后，收集支持与反驳这些句子的证据。		
支持的证据	句子	反驳的句子
	林肯是一个自制的人。	
	比起关心奴隶的权利，林肯更关心联邦的统一。	
	没有林肯，美国的历史将被改写。	
	作为总统，林肯面临着前所未有的艰难抉择。	

将多元智能作为学生理解广泛主题的有效途径

加德纳在1999年出版的《可训练的智力：所有学生应了解》一书中提出了将多元智能应用于教学的方法。该书中加德纳提倡学校的课程应该围绕一些"冰山"主题和现象来设计，比如人类进化、莫扎特音乐、大屠杀等，其中蕴涵着无穷的学习资源。学校的课程应围绕这些广博、有生命力的主题来设计，师生应对这些与真、善、美相联系的主题有更深刻了解。这样，多元智能将成为帮助学生了解这些主题、探索其复杂性、深入理解并论证它们的有效工具和途径。

加德纳激发了我们对多元智能理论的思考和探索的兴趣。表11反映了加德纳的多元智能理论指导下的丰富的主题性教学理念在为期两三周的四年级奴隶制课程教学中的状况。

表 11 四年级：奴隶制单元

进入主题	言语智能 大声朗读由 Ann Warren Turner 撰写的《内蒂的南方之行》，文章描述了一个英国女孩在南方腹地的旅行及所看到的奴隶制。学生分析文章和图片，找出奴隶制的成因。	逻辑数学智能 学生学习有关奴隶的数据统计：奴隶来源、购买费用及盈利、死亡人数及逃跑人数等，并运用其解决想获知的有关奴隶制的信息。
探索研究	人际和语言智能 学生阅读哈米尔顿的 People Who Could Fly Many Thousands Gone 的摘录，该文大量使用回忆、日记和文献形式讲述了关于奴隶制的故事，以此帮助学生用个人化方式了解奴隶经历、价值和该方面文学。	空间智能 学生浏览种植园地图，试图理解奴隶制度如何为奴隶主和奴隶创造了不同的生活及其运作方式。
评估 表达理解	内省智能 学生编写一个生活在华盛顿的奴隶的日记，内容为该奴隶在国会上听到了反对奴隶制的宣言，最终因此得以解放。	音乐和人际智能 学生学习非裔美国人的精神，以小组形式用语言和音乐演出"快乐的一天"这个戏剧，必须观察在奴隶制结束时奴隶主的恐惧和奴隶期盼的心情。

八、分析多元智能理论在实践课堂中的运用

每一种智能都可以看做是了解课堂的一扇门,每一种智能也可以看做是一种独特又令人兴奋的途径,帮助学生了解所学内容。回顾表3,它展示了每种智能怎样发展成为一种能力。然后再看表12,它展示了课堂为开发每种智能开展的活动。你也可以从你的智能教学过程中收集此类例子。

表12 收集课堂实例

智能	课堂活动的例子	你的课堂活动的例子
言语智能	讨论,辩论,写日记,会议,文章,故事,诗歌,评书,听力活动,阅读	
逻辑数学智能	计算,实验,比较,数字游戏,根据证据形成和测验假说,演绎和归纳推理	
空间智能	概念图表,图表,图示,艺术项目,隐喻思维,可视化,视频,幻灯片,视频演示	
身体运动智能	角色扮演,舞蹈,体育活动,教具,动手示范,观剧	
音乐智能	演奏音乐,唱歌,说唱,口哨,节拍,分析声音和音乐	
人际交往智能	社区参与计划,讨论,合作学习,小组游戏,同学辅导,开会,社会活动,共享	
内省智能	学生的选择,写日记,自我评价,个别指导,独立学习,讨论的感觉,反映	
自然学家智能	生态实地考察,环境研究,照顾植物和动物,户外工作,模式识别	

(贺 莺 刘 芳 译)

专题拓展阅读文献

1. [美]F. Coit Butler. 统一的教学过程互动模型[J]. 盛群力，编译. 远程教育研究，2008(3).
2. [美]M. D. Merrill. 教学策略效能的不同水平[J]. 盛群力，华煜雯，译. 远程教育研究，2007(4).
3. [美]Alexander J. ，Romiszowski. 首要教学原理：再议知识和技能[J]. 华煜雯，盛群力，译. 远程教育研究，2007(4).
4. [美]William G. Huitt. 教学过程模式探讨[J]. 谢捷琼，盛群力，编译. 远程教育杂志，2006(5).
5. [美]Richard E. Mayer. 为意义建构学习设计教学[J]. 马兰，盛群力，编译. 远程教育杂志，2006(1).
6. [英] Tim O'Brien，Dennis Guiney. 因材施教的艺术[M]. 陈立，译. 北京：北京师范大学出版社，2006.
7. [美]Brad Hokanson ，Simon Hooper. 面向教学设计的教学方法新分类[J]. 王耐，盛群力，编译. 远程教育杂志，2005(2).
8. [美]David H. Jonassen，R. Scott Grabinger [英]N. Duncan，C. Harris. 分析和选择教学策略及方法[J]. 褚献华，编译. 远程教育杂志，2004(3).
9. [美]Peggy A. Ertmer，Timothy J. Newby. 行为主义、认知主义和建构主义(上)——从教学设计的视角比较其关键特征[J]. 盛群力，译. 电化教育研究，2004(3).
10. [美]M. David Merrill. 首要教学原理[J]. 盛群力，马兰，译. 远程教育杂志，2003(4).
11. [美]E. D. Gagne. 教学与学习的有效策略(上) [J]. 博森，译. 全球教育展望，1991 (5)—(6).
12. [日]吉田均. 确立高质量课堂教学的条件[J]. 方明生，译. 外国教育资料，1993(6).
13. [苏] 塔雷津娜. 掌握过程的规律性[J]. 朱佩荣，译. 外国教育资料，1992(3)—(4).
14. [苏]萨姆·金诗伯. 关于教学原则与教学方法[J]. 徐世琳，译. 山东外语教学，1990(4).
15. [英]F. Coit Butler. 教学过程系统分析[J]. 盛群力，编译. 外国教育资料，1990(3).
16. [美]John Thomas. 课堂管理：有效教学的关键[J]. 胡浩，译. 外国中小学教育，1988(6).
17. [美] Mortimer Jerome Adler. 教师的辅助作用[J]. 周南照，译. 语文教学通讯，1986(3).
18. [苏]马赫穆托夫. 课堂教学：类型学、结构、分析[J]. 张定璋，译. 全球教育展望，1986(5).

第四编

教学问题与教学研究

我们必须将教学是艺术的观念同客观的观察、测量和语言的精确性融合起来。

——奥恩斯坦

长期从事教学观察的人了如指掌：任何教学都有其各自的特征，包含了独自的问题。

——佐藤学

专题导论

本专题共选文献四篇，涉及三个国家四位学者对教学问题与教学研究的论述。文献类型包括著作节选和独立论文两种。下面按照选文排列顺序对其内容作概要介绍与评析。

第一篇选文是《教与学：寻求意义与关系的再构》，节选自日本学者佐藤学所著《教育方法学》一书。文中，作者首先对两种定义教学概念的模式——“模仿模式”以及“变化模式”——的发展历程进行了分析。作者认为，“模仿模式”起源于古希腊的“模仿・再现”传统的教学概念，意味着以知识与技能的传授与习得为基本的教学方式。“变化模式”同样是起源于古希腊，它是以苏格拉底的产婆术为传统的教学概念。在这种模式中，认为教学的根本在于形成学习者思维的态度与探究的方法。在此基础上，作者认为，世界各国的教育改革中共同的课题是学习的改革。否定学习的划一化、被动性、个人主义倾向，强调学习的自主性、活动性、合作性。作者进一步指出，“学习”这一实践，是建构客体之关系与意义的认知性、文化性实践，同时是建构教室中人际关系的社会性、政治性实践，也是建构自身内部关系的伦理性、存在性实践。视“学习”为意义与关系之建构，从认知维度、人际维度、自我维度这三种复合的实践视角来界定学习理论，是以杜威与维果茨基为出发点的社会建构主义学习理论的特征。

文中，作者还认为，从20世纪80年代后半叶以来一直在讨论教学范式从“技术性实践”到“反思性实践”的转换。“技术性实践”是以任何情况下有效的科学技术原理为基础的，而“反思性实践”则是调动经验所赋予的默然的心智考察问题，在同情境进行对话中展开反省性思维，致力于复杂情境中产生的复杂问题的解决。“反思性实践”的特征在于以“活动过程的省察”这一认识论为基础。“反思性教学”是以“同素材对话”为轴心，同伙伴合作，共同展开“反省性思维”的教学，是以克服理论与实践的二元论的实践性认识论为基础的。“反思性实践”的倡导者舍恩把统一实践者的思维与活动的“框架”分为两类：“修辞学框架”(rhetorical frame)与“活动框架”(activity frame)。“反思性实践”就是通过这两种“框架”的不断重构来实现的。这里所谓的“修辞学框架”是指在实践中设定、议论面临问题的论述方法的“框架”；所谓“活动框架”是指求得问题解决而履行的实践，得以奠定基础并加以控制的行为(活动)的“框架”。

第二篇选文是《教学中的关键问题》，节选自美国学者阿伦·奥恩斯坦等著的《当代课程问题》一书。文中，关于教学是科学还是艺术，作者表达了自己的观点：教学并不是一项纯学术性的或纯认知性的工作，它涉及人以及和教育学知识或科学知识没有什么关系的情感（感情、态度和情绪）及艺术的成分。但是，必须将教学是艺术的观念同客观的观察、测量和语言的精确性融合起来。作者进而指出，教学不能按照一种模式的精确规定进行，也表明教学是一种人本主义的活动，它所涉及的是人（而不是琐碎的行为或能力），是在各种不同的课堂环境和学校环境中行动和发展着的活生生的人（教师和学生）。学校的教育和教学应当致力于更加崇高的目标——人道主义的和道德的目标。这一目标不仅是为了提高学业成绩而设定的，也是为了加强学生对个人和社会的责任感而设定的。

第三篇选文是《教学研究范式》，节选自瑞典的胡森和德国的波斯尔斯韦特主编的《教育大百科全书·教学与教师教育》（第八卷），作者为美国学者布恩斯。文中，作者认为，在识别使用不同的教学研究方法的研究群体时，范式的概念扮演了一个非常重要的角色。

在分析范式概念的基础上，作者进一步指出，在教学研究领域，范式的概念被用来组织这个领域内存在的大量的、多种多样的研究成果。盖奇（1963）提出了三种教学研究范式：(1) 效率标准范式；(2) 教学过程范式；(3) 机器范式。杜瓦勒（1978）提出的三种范式是：(1) 过程—产出范式；(2) 中介过程范式；(3) 课堂生态学范式。盖奇（1978）引发了关于教学研究范式的第三次讨论。他把范式描述为决定研究工作者的主要目的、问题、变量以及方法的核心方法和理论体系。盖奇通过提出一种可选择的范式，即扩展的过程—产出范式，来回应杜瓦勒对过程—产出范式的批评（1978）。盖奇（1985）概括了七种教学研究的范式：(1) 过程—产出；(2) 扩展的过程—产出；(3) 人种学的/社会语言学的；(4) 完美的教学风格；(5) 行为修正；(6) 交互式教学技术；(7) 教学设计。舒尔曼（1986）把范式定义为某一学者群体对一种概念框架的内隐的、无声的、普遍深入的认可。他概括了教学研究的五种范式（或者研究程序）：(1) 过程—产出；(2) 时间和学习；(3) 学生认知与教师调节；(4) 课堂生态学；(5) 教师认知与决策。

作者的这些分析与论述，对我们理解范式及教学范式的定义以及教学范式的转换和多种范式并存的意义有重要的帮助。

第四篇选文是《教学的综合研究》，节选自瑞典的胡森和德国的波斯尔斯韦特主编的《教育大百科全书·教学与教师教育》(第八卷)，作者为澳大利亚学者邓金。文中，作者对21世纪之前的教学研究进行了梳理与分析，说明了在20世纪70至90年代，关于教学的综合研究已经变成了一个重要的、引人争议的研究主题，并介绍了贾科尼亚和赫奇斯(Giaconia & Hedges，1987)关于教学研究变化的观点。贾科尼亚和赫奇斯声称，综合研究有三个目的：(1) 概括多种研究的结果；(2) 评价不同研究结果的一致性；(3) 解决不同研究间结论的矛盾。贾科尼亚和赫奇斯总结了综合研究的四种方法：叙述法、计量法、运用合并方法进行显著性测验的方法以及元分析或效果质量方法。

教学的综合研究成为当今教学研究的显著发展特征之一。作者在此文中基于对21世纪之前教师教育研究的问题或局限的分析以及进行综合性教学研究重要性的论述所表达的对教学综合研究的看法是很有启发意义的。

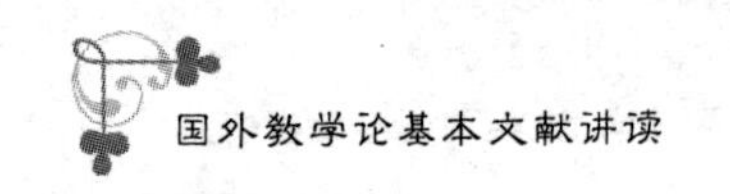

教与学：寻求意义与关系的再构[1]

佐藤学

作者简介

佐藤学(Manabu Sato,1951—　)，东京大学教育学博士，历任三重大学教育学部副教授、东京大学教育学部副教授、东京大学大学院教育学研究科教授。佐藤学教授著述丰硕，主要著作有：《美国课程改造史研究》(1990)、《学习，其死亡与再生》(1995)、《教育方法学》(1996)、《教师这一难题——走向反思性实践》(1997，其主要内容已经结集成中译本《课程与教师》)、《改变教学，学校改变》(2000，中译本为《静悄悄的革命》)。

选文简介、点评

教育史上一直有两种经典教学活动模式在活跃着，即"模仿模式"与"变化模式"。前者秉承"模仿·再现"的传统，它将教学活动视为知识、技能的传授与习得过程，最终发展成为中、韩、日等国的主流教学文化；后者则将形成学习者的思维态度与探究方法视为教学活动的根本，强调教学活动应该承认个性差异，为他们个性化地探究与表现提供舞台。在当前，推崇学习活动的自主性、合作性、探究性，反对产业主义模式向教育活动的移植，倡导建构主义学习观，日益牵引着我国基础教育课堂教学活动的走向，敦促我们把"学习"视为一项意义与关系之建构的实践，而非认识、技能在学习者头脑中的再现、再生过程。

在当代教学论视野中，"模仿模式"与"变化模式"具有了其新变体——"技术性实践"与"反思性实践"。"反思性实践"由美国学者舍恩提出，他强调实践者在"活动过程的省察"、与情境对话等活动对于专业实践顺利推进的重要意义；"技术性实践"则将专业实践视为科学技术原理指导下的机械过程。冲破"技术性实践"的藩篱，走向"反思性实践"，倡导反思性教学，是当代教学研究与教师教育魅力重现的客观诉求。"反思性教学"是一种以"同素材伴对话"为轴心、以"反省性思维"为主调的教学活动，它要求我们在教学实践中重构教材与教学程序，拓展、生成并修正教师自身所拥有的教学认识。在"反思性实践"中，教师通过对教学"活动框架"的重构来推进教学前行，"反思性教学"的实质是对

---

① [日]佐藤学.教与学：寻求意义与关系的再构[J].钟启泉，译.全球教育展望，2001(2)：50-56.

“构成教育政策与学校教育的制度性实践的隐蔽言说的意识化与改组”。与技术性实践不同,“反思性教学”关注的是某一教室事件对教师成长、教学活动改进的直接意义,而非其中内隐的一般性教学原理。可以说,“反思性教学”研究是旨在阐明在特定教室中产生的个别、具体的经验和事件的意义,它要求我们尊重主观的“故事性(叙述性)认识”,“反思性教学”要重构教师在教室中生成的各种经验、关系的内在结构并赋予其全新的意义内容。

毋庸置疑,教学论不是一场基于二元论的无休止的争论,但它离不开二元论式的“争吵”,教学论研究深化的标志是学者们对教学活动中的许多二元对立性关系认识的日益明朗。教学活动的艺术在于:在一系列二元对立关系实践中寻求一种平衡与中庸的解决方案。从这个意义上讲,没有二元论争就没有教学论,就没有教学实践的改良。佐藤学对教学论史上的二元对立矛盾——模仿模式与变化模式、技术性实践与反思性实践进行了一次基于历史学的重新梳理,并在对变化模式、反思性教学加以延伸的基础上构筑了其核心理论框架——“三维学习观”,进而将学习活动所承载的文化建构、政治冲突、道德对话融为一体,实现了对当代学习观的根本变革,从而为当代教学研究与实践奠定了崭新的理论基础。

佐藤学对学习的认识刷新了人们将学习视为新知授受的传统学习观,赋予“学习”以崭新、立体、全域的新内涵。学习是学生作为认知主体、社会主体、伦理主体的综合实践,它不只是单纯知识信息的摄取活动,更是人完整地参与社会生活并据此建构完整人性、丰富人格、多彩生活的过程。这一观点有助于学习者形成一种全面、立体、深刻的学习观,有助于他们对建基于学习活动之上的教学实践形成一种全新的认识与理解。学习观是教师教育教学活动的理念之基,学习观的变革必将促使教师摆脱传统教学视野的束缚,创建一种优质高效的教学实践方式。教学为了学习,学习的规律是教学变革的始基,学习的方式选择着教师的教学方式。佐藤学高屋建瓴地展望了现代教学的改革方向——从技术性实践、模仿性模式走向反思性实践、变化模式,这一观点不仅有助于教师站在一个崭新的起点上来探究教学现象,也有助于他们树立一种动态、机变、创新的教学实践观。“教学有法但无定法,教学有道但无常道”。教师的教学活动方式在不时地为他在实践中生成的新理解、新认识、新经验所改变,这种“改变”的发生要归功于他的反思意识与反思行为。没有反思的学习只是教师自然经验的延伸,它不可能加速教师专业自我的成长成熟。佐藤学带给读者的不仅是一种教学的新知,更是一种敦促教师自我转变、自我提升、自我超越的契机。在自我反省、自我观照中学会学习、学会教学是教师成长的根本依归。

(撰写人:陕西师范大学教育学院课程与教学系教育学博士龙宝新副教授)

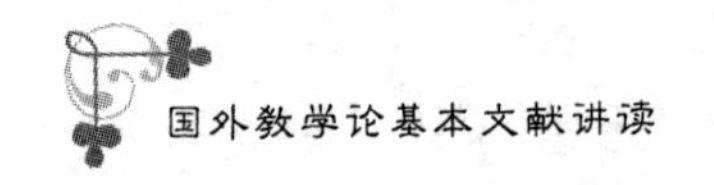

选文正文

一、教学的两个概念："模仿模式"与"变化模式"

(一) 两种教学概念

我们称之为"教学"的实践绝不是一样的。不同的学年阶段由于有着不同的教学题材与教学对象——儿童，教学的形态是形形色色的。展开这种教学的教师的人格素质、个性、教养、教育观也是千姿百态的。长期从事教学观察的人了如指掌：任何教学都有其各自的特征，包含了各自的问题。

但是，尽管有这种多样性，当我们关注于"教学"这一从本质上界定教师行为的概念时，大体可以抽出两种不同的概念。芝加哥大学的教育学教授菲利普·杰克逊(Philip Jockson)在《教学这一实践》(1986)中把这两个概念称之为"模仿模式"(mimeticmode)与"变化模式"(transformativemode)。

所谓"模仿模式"是起源于古希腊的"模仿·再现"传统的教学概念，意味着以知识与技能的传授与习得为基本的教学方式。正如"模仿·再现"是"学智"的基础那样，"模仿模式"在科学技术飞跃发展的近代学校中作为支配性的模式被制度化了。可以说，视"教学"为文化传承(传递)之实践的常识性见解就是这种"模仿模式"的教学概念。

"变化模式"同样是起源于古希腊，它是以苏格拉底的产婆术为传统的教学概念。在这种模式中，认为教学的根本在于，形成学习者思维的态度与探究的方法。苏格拉底认为，教学不是给学习者传授知识、技能，而是教授"无知之知"。通过对话斟酌学习者自身的偏见与教条，教育他们热爱智慧。这种"变化模式"在中世纪修道院与大学中被以修辞学为核心内容的学艺教育继承了下来；在20世纪由新教育(进步主义教育)的儿童中心主义的谱系所坚持。一般说来，视"教学"为文化的创造(改造)而非文化之传承的见解，相对于这种概念。

(二) 史学、地学的对比

"模仿模式"与"变化模式"这两种教学模式的对立是具有广泛的历史性与地理性的问题。例如，在欧美教育的历史上，这种对立表现为经典性问题——"实质训练"与"形式训练"之争。所谓"实质训练"是"以教学内容之知识学习为教育之价值"的立场；所谓"形式训练"则是持"通过学习所形成的态度作为教育之价值"的立场。夸美纽斯的教学论把教学比作印刷术，提出了使所有儿童掌握一切知识的技术的构想。可以说夸美纽斯的教学论是申明"实质训练"之立场的典型。而赫尔巴特的教育学则提出了用"教育性教学"的概念把所有教学置于"陶冶品性"这一道德教育之中加以统合的构造。赫尔巴特的教育学是以"形式训练"的立场为轴心加以理论化的教育学。克伯屈同样立足于"形式训练"的立场，他所论述的"地图教学"中，"第一次学习"是关于地图知识的学习，同时形成"第二次学习"——学会作业的技能，进而展开"伴随学习"——形成态度与道德，追求"伴随学习"的价值。

从地理角度看“模仿模式”与“变化模式”，可以了解到，中国、韩国、日本等亚洲国家的教育以“模仿模式”的教学作为主流文化；欧美各国的教育以“变化模式”的教学作为主流文化。亚洲的教育文化以反复模仿教师(私塾先生)为其特色，欧美的教育恰恰相反，强调个性化的独创的研究，对模仿学习持否定态度。试借助图像比较教学的情景，可以看出，中国、韩国、日本的教学以“模仿模式”作为教学之基本：同步地、有效地传递大量的知识、技能，通过个人之间的竞争加以掌握并熟练；而在欧美的教学中则以“变化模式”作为教学之基本：每个人多样地、个性化地探究与表现，承认个性差异。

（三）教学改革的难题

但是，问题并不那么简单。试比较中、韩、日的教学，尽管日本的教学以“模仿模式”为主流文化，但也渗透了“变化模式”。日本大半的教师希望脱离“模仿模式”的教学转向“变化模式”的教学。日本教学的难点之一在于，在“模仿模式”的文化传统与制度性现实之下，转向欧美的革新性教学的“变化模式”。

日本的许多教师希望从“模仿模式”的教学转向“变化模式”的教学不是没有根据的。“模仿模式”的教学是有效地向大众普及大量的知识、技能以适应急速发展的现代化要求而普及的后发型教育的方式。当今日本已经面临着尽快超越后发型教育的时代，日本的教学面临的巨大难题是超越“模仿模式”的根深蒂固的传统，实现转轨变型。

在欧美的教育中，这个问题也并不那么简单。例如，同样在美国，白人的中产阶级子弟多数上学的学校是以“变化模式”的教学为主的，而中南美裔和黑人的工人子弟多数上学的学校，则是以“模仿模式”的教学为主流文化的。事实上，从20世纪六七十年代，在作为“消除贫困”的一环而普及的以黑人子弟为对象的“补偿教育”中，许多学校推进了基于学习的个性化与个别化的“变化模式”。但这种尝试大半归于失败。其原因之一就是，白人中产阶级的个人主义文化完全不同于尊重伙伴与合作的黑人的共同体文化。全盘否定“模仿模式”绝不是有效的解决策略。根据这个教训，在今日教学改革中，已经抛弃了从“模仿模式”转为“变化模式”的简单化理解。

“模仿模式”与“变化模式”这两种教学的概念是教学的难题。这两种概念构成了不同的教学含意与形象，不能说哪一个概念正确，哪一个概念错误。提出这两个概念的杰克逊仅仅提示了两个概念的历史传统与各自的特征，并未明示解决这个难题的方向。这两个概念作为探寻未来教学模式的两个指标构成了应当认识的坐标轴。

二、学习的再定义：关系论认识及其实践

（一）学习的改革

世界各国的教育改革中共同的课题是学习的改革。否定学习的划一化、被

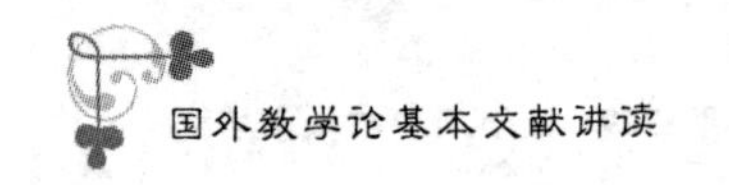

动性、个人主义倾向；强调学习的自主性、活动性、合作性。以学习的转换为焦点的教育改革，从下面几点看，显示了21世纪教育的基本方向。

首先，学习的改革是作为一种摆脱有效地传递大量知识的产业主义模式的学校教育来展开的。学校的量的制度上扩充的时代业已终结的后现代状况与以电脑为中心的技术科学的后产业主义社会，面临着旧有学校教育模式——以知识的传递与熟练为基本——的根本的转换。在全球化的市场与世界规模的电脑空间不断更新庞大的信息社会里，以稳定的方法传递稳定的知识的教育，其存在根基已经动摇。旧有的“基础学力”观念与旧有的“学科”架构本身已经大大动摇，可以说对学校教育的怀疑扩大了。巴西的教育学家保罗·弗雷尔(Paulo Freire)在他的《被压迫者的教育学》(1974)中，把知识比作货币，把片面地传递、记忆知识的教育称之为像货币那样储蓄的“银行存款型教育”严加批判。今天，这种无用的“银行存款型教育”也受到来自统治阶级的批判。新型社会所要求的教育是信息教育，创造性思维的教育，是超越了狭窄专业的智慧，形成信息的选择与组织之能力的教育，电脑扫盲教育，是对多元文化多样性的理解及对生态学的关注，是形成终身持续学习的主体。

其次，由于终身学习社会(学习化社会)的出现，学校教育的中心功能已经从定型知识的传递转变为终身学习者的培养。倘同上述的“模仿模式”与“变化模式”的教学概念相对应，可以说，终身学习社会的出现使学校的教学面临从“模仿模式”向“变化模式”转换。

再次，学习心理学的变化。同上述变化相应，学习心理学本身也在进行范式的转换。展开了对于华生、桑代克的行为主义学习心理学的批判与反省。20世纪80年代以来，杜威、皮亚杰、维果茨基的建构主义与社会建构主义心理学得到了重新评价。而且这种重新评价是以运用了研究人类的认知、思维及其社会过程的认知心理学、文化人类学及运用了民族学方法论的文化心理学的急速发展为基础推进的。而这种建构主义与社会建构主义的学习心理学借助以语言为媒介的工具性思维，准备重新界定“学习”——把“学习”视为意义与关系之建构的实践——的见解。

(二)“学习”的三种实践

迈向自主、活动、合作的学习的改革，推进着学习概念本身的重新定义，把学习视为意义与关系之建构。学习，从对象(教育内容)的角度说，是探求事物与事件的赋予名称及含义的认知性、文化性实践活动。在这种认知性、文化性实践活动中，学习者建构客体与自身的关系，建构未知世界与既知世界之间的关系，也建构知识与知识之间的关系。可以说，学校中的学习就是有意图、有计划、有组织地履行这种认知性、文化性实践活动。

认知性、文化性实践的学习在教室这一场所中，是通过师生关系与同学关系这一人际沟通、社会沟通来实现的。当某种内容得到表达与传递时，通过该内容的表达与传递，学习者与他人之间的人际关系与权力关系就会或构筑，或破坏，或修复。作为认知性、文化性实践的学习同时也是作为社会性、政治性实践展开的。在社会性、政治性实践中，学习者履行着这样的实践——建构教师、其他儿童以及教室外的人们之间的关系及其意义。

通过这种学习过程，学习者进一步面对教育内容，不仅面对教室内外的他人，也不断面对自身。参与教学过程的学习者通过这种参与，证明着自身的存在，也表明着自身的态度。反之，被剥夺了参与学习之机会的学习者丧失了证明自己存在价值的机会，面临着迷失自我的危机。学习者通过教室的学习，也编织着自身的个性，这种编织个性的学习，可以说是一种伦理性、存在性实践的学习。

这样，"学习"这一实践，是建构客体之关系与意义的认知性、文化性实践，同时是建构教室中人际关系的社会性、政治性实践，也是建构自身内部关系的伦理性、存在性实践。以往的教学理论与学习理论把教室中的学习局限于认知性、文化性实践的维度，今后，必须根据这三种实践的层面加以认识。

三、学习理论：建构主义及其课题

（一）社会建构主义的学习理论

视"学习"为意义与关系之建构，作为认知维度、人际维度、自我维度这三种复合的实践来界定的学习理论，是以杜威与维果茨基为出发点的社会建构主义学习理论的特征。

例如杜威认识到，学习是以工具为媒介同环境的交互作用。人类的学习不同于动物之处就在于以语言符号为媒介的工具性思维与反省性思维。而在基于语言的工具性思维与反省性思维中构成意义的是沟通过程，学习的认知过程是一种社会性过程。而且，这种认知性、人际性过程是作为更善的存在建构自己、学习民主主义伦理的过程。"学校"自身是"民主主义胚芽"的社会，必须是"学习的共同体"。

维果茨基也提出了"以语言为媒介的工具性思维视为学习之基本"的理论。在维果茨基的心智发展理论中，核心概念是"最近发展区"。"最近发展区"是指借助其他同学与教师的帮助能够实现的教育成就的领域，是借助工具与建议的帮助社会地构成的领域。这个"最近发展区"是说明"学习"与"发展"关系的有力概念。把"发展"混同于"成熟"的教育，根据发展阶段组织学习，以"学习"追溯"发展"的关系来组织教育过程。而维果茨基主张"学习"主导"发展"的关系，倡导把"最近发展区"的顶端所展开的学习作为教育过程加以组织。

维果茨基的学习也是以语言符号为工具的语言实践。维果茨基把语言划分为沟通的语言——"外部语言"，与思维的语言——"内部语言"，他把学习界定为"外部语言"向"内部语言""内化"的过程。就是说，表现一般意义（科学概念）的沟通的语言——"外部语言""内化"为思维的语言——表现学习者的感知含意(自发概念)——结构化的过程,谓之学习。维果茨基阐述这个“内化”理论说,“发展”首先是作为社会过程发生的,其次才作为心理过程发生。维果茨基还认为,这种“内部语言”经过体系化而构成“自我”。可惜由于38岁过早去世,他的“自我”心理学未能充分展开。但维果茨基已经觉悟到重建探究自我内部关系的弗洛伊德心理学的课题。

20世纪80年代以来,社会建构主义的学习理论借助认知科学与文化人类学为其基础的心理学研究,发展了文化心理学。以人工智能的信息处理过程为对象发展起来的认知科学,使得从行为科学立场出发不能观测的认知与思维的过程及其构造,有可能变为心理学研究的对象了;文化人类学的方法为我们从社会背景的角度探讨认知与思维的文化意蕴开辟了道路。

(二)正统周边参与论

赖夫(J. Lave)与温格(E. Wenger)倡导的“正统周边参与论”是引进文化人类学的方法发展维果茨基的社会建构主义学习理论的一种尝试。他们调查了利比亚裁缝店学徒共同体中的学艺过程。令人注目的是,这里的学艺是作为这样一种经验加以组织的:参与文化共同体,并从共同体的周边开始逐渐向中心移动。例如,在裁缝店的学徒共同体中,新学徒从学会用熨斗开始,从熨斗阶段就认识缝制好了的成衣。学徒在工作中从周边向中心移动、一步步地了解加工工程的全部的过程中,学习这种共同体的文化。

意味深长的是,“正统周边参与论”中形成的“学习”是以不同于学校组织的学习的另外一种逻辑构成的。学校所组织的“学习”是非现实性、超人格化的,而学徒的共同体中的“学习”,一切都是置身于现实情境的、人称化了的;在学校中“教的课程”过剩而“学的课程”贫困,而在学徒共同体中“教的课程”是最低限度而“学的课程”却是最大限度组织的;学校中的学习是从分化的、单向的、系统化的部分出发,然后将部分集中以达于总体来组织的,而在学徒共同体中,学习就像裁缝那样,先从接触总体的工作、参与周边的工作做起,然后逐渐地过渡到中心的工作来组织的;学校的学习是作为个人主义的发展的垂直性过程来组织的,而学徒共同体的学习是作为加入共同体的核心成员的水平过程来组织的。这种“正统周边参与论”倡导了一种激进的建议:批判与改革学校教育的文化与制度。

当然,把这种“正统周边参与论”原封不动地套用于学校教育制度的框架是困难的。学校并不像学徒共同体那样从一开始就以共同体的关系为前提来组织的,可以说,学校教育的本质意义就在于,通过每个学生的个性而多样化地交流多元文化。而且,学校教育的许多内容,是比学徒共同体文化更为抽象的科学、技术的内容。科学、技术的学习,是否像学徒的技能熟练那样展开,是今后必须探讨的课题。不过,尽管有这些差异,“正统周边参与论”确实提示了从根本上改革学校知识的非现实性与个人主义学习这一近代主义的架构,指明了整个学校改革而非局限于学习改革的一个指标。

（三）中介学习

社会建构主义的学习理论是通过批判行为主义心理学——以反映论与决定论为基础的心理学——发展起来的。这一立场的学习理论立足于建构主义的认识论传统展开：现实、情境、意义、关系不是现成地赐予的，而是通过学习者主体的语言实践构成的。

建构主义的起源可以追溯到批判经验认识论的被动性而问世的康德的悟性认识的建构主义。正如这种传统所表明的，建构主义学习理论无形之中将构成现实、意义与关系的主体绝对化了，甚至不问学习者的身体与时间的问题。从某种意义上说，在建构主义看来，学习主体的思考即使能探求所建构的客体的现实性，也不能探求学习者的身体所感受的客体的实在性。在现实的学习过程中，构成意义与关系的主体自身是不断解体、不断重构的，但建构主义往往不去过问这种主体的重构过程。而且，这种主体的重构中所体验的时间，不是单向的、均质的时间，而是可逆的、循环的、异质的时间。在这一点上，建构主义理论也没有得到解决。

关于这个难题，至今尚未准备好有效的理论。不过，作为一个线索，可以考虑不是从主体的建构侧面，而是从事物、人物、情境所中介的实践的角度认识、重构学习的方向——这就是作为“中介学习（mediated learning）”的学习的探究，是重构学习的场所、重构促进学习的事物、工具与人际关系的实践。近年新兴的电脑教育与多媒体教育的学习理论也提出了在“中介的学习”这一点上进行探讨的必要性。

四、教学的两种模式：“技术性实践”与“反思性实践”

（一）从技术性实践到反思性实践

教学的概念也同学习概念的修订并行，面临着重新界定的局面。教学范式的转换，从20世纪80年代后半叶以来，一直在讨论从“技术性实践”到“反思性实践”的转换。

“反思性实践”的概念是马萨诸塞工科大学的哲学教授唐纳德·舍恩（Donald Schon）在《反思性实践家——专家如何思考实践过程》（1983年版）中提出的概念。舍恩通过建筑、城市规划、临床心理学、经营顾问等等专家的案例研究，主张现代的专家在以“活动过程的省察”（reflection in action）为原理的“反思性实践”中发挥专业性，去替代以往的专家以“科学技术之合理运用”（technical rationality）为原理的“技术性实践”。“技术性实践”是以任何情况下有效的科学技术原理为基础的，而“反思性实践”则是调动经验所赋予的默然的心智考察问题，在同情境进行对话中展开反省性思维，同顾客合作，致力于复杂情境中产生的复杂问题的解决。

舍恩划分的“技术性实践”与“反思性实践”表明了对于专家实践的近代主义的概念与替代概念的对比。正如医生与律师所典型地表明的那样，专家的实

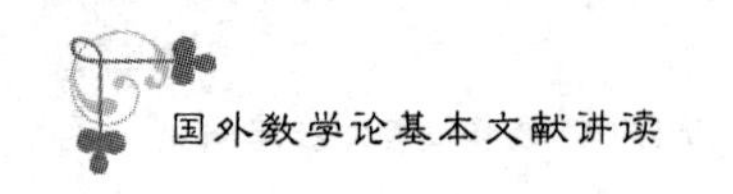

践是在专业领域的基础科学与应用科学之确立的支撑下发展起来的。通过临床案例与判例的研究，解决案例的问题所必要的技术与原理专业化了，这种专业性技术与原理的普适性经过验证而被应用于实践之中。这是一种“科学技术的合理应用”的实践。

倘若立足于这种“技术性实践”的立场，那么，教育的实践与福利的实践是专业性未成熟的领域的实践。这是由于，教育的实践与福利的实践所需要的解决问题的知识显然是综合性的，基础科学与应用科学均未成熟，尚未把问题解决的技术与原理概括化、通用化。倘若考虑到产生问题的复合性与复杂性，与其说未成熟，不如说像医生与律师那样的专业化是不可能的。

舍恩认为，“技术性实践”的概念在现代专家的实践中显示出破绽。当今顾客抱有的问题都是复杂的综合性问题，作为专业化狭窄领域的“技术性实践”来应对，不仅无助于问题的解决，还会引发更加复杂深刻的问题。或者说，把自己的专业领域限于“技术性实践”，就会使自己成为处于山巅、同人们直面的泥沼般的问题无缘的存在了。舍恩说，在现代复杂的问题情境中，同顾客同声相应、同气相求的专家是获得“反思性实践”的新的实践性认识论而从事工作的。

“反思性实践”的特征在于以“活动过程的省察”这一认识论为基础的。所谓“活动过程的省察”是指通过同问题情境的对话(conversation with situation)，省察问题，在反思这种省察的同时，同顾客合作，直面问题背后的更大问题的实践性探究。在这种“反思性实践”的“活动过程的省察”中，不仅注重构成“技术性实践”之基础的原理与技术的“严密性”(rigor)，而且这种“省察”及其同现实问题的“关联性”(relevance)也受到尊重。另外，在“技术性实践”中，科学技术与原理的普遍正确性由于“论争”而引起争议，相反，在“反思性实践”中追求的是多样见解的共享与共识。

(二) 教师教育与教学研究的范式转换

舍恩的“反思性实践”不是以教育为对象进行论述的，但在数年后，成为推进教师教育与教学研究的范式转换的原动力。因为，以往教师教育与教学研究也是受“技术性实践”模式所支配的。这就是说，以为存在着所有教室与所有教师普遍有效的程序、技术与原理；认为教师教育的基本就是掌握一般化的程序、技术、原理；寻求应用这种程序、技术、原理于各个教室之中的教学实践。

当然，教师要求普遍性、一般性程序与教学技术的需求，亦即以“科学技术的合理应用”之原理去控制教学的“技术性实践”的需求，绝不是无根据、无意义的。从历史上看，借助合理地阐述教学这一复杂过程并使之技术化、以便科学地控制的近代需求，使教学技术的一般化有了可能，并且实现了教师教育的制度化。作为这种“技术性实践”的教育实践的模式，在学校教育过分制度化、其划一性与效率性受到批评的今日，可以说它的历史使命已经终结，但未完全丧失它的意义。因为，学校教育这一制度倘若作为技术性体系加以组织，开发有效的教学系统与开发普遍的教材程序，那么旨在“技术性实践”的教学与教学研究的有效性并不会减弱。

不过，倘若批判划一的、效率的教育，寻求个性的、创造性的教育，那么就得冲破“技术性实践”的藩篱，寻求以“反思性实践”为模式的教学研究与教师教育。况且，“反思性实践”的模式提供了新的视点：在“技术性实践”模式中不能有效地主张的教师的专业性以新的专家形象刻画出来并且奠定基础。在“技术性实践”模式中，认为提供了保障确凿性的科学技术与原理的基础科学与应用科学的确立，乃是专业性的基础。像教师那样由于直面复杂情境的复合问题，是一个不确凿性支配的职业领域，因此不能称为专业或半专业。但在“反思性实践”模式中，教师的工作由于其客观情境的复杂性、问题的复合性、技术的不确凿性，提供了成为新的专业领域的逻辑。

五、反思性教学：实践及其表现方式

（一）反思性教学的特征

“反思性实践”的教学叫做“反思性教学”。关于“反思性教学”，舍恩提供了一个简明扼要的定义：师生一起实现“反思性思维＝探究”（杜威）的教学，并且倡导“反思性教学”中教师的作用是“赋予儿童以理的世界”。他提出，看来是错误的儿童的见解与行动也有它合理的根据，省察这个“理的世界”，从儿童的思维与活动的内部促进其“反省性思维＝探究”，乃是教师的主要作用。

这种“反思性思维＝探究”的教学概念意味着，师生在课堂教学中遇到时刻产生的多样的困境，展开问题解决的思考，参与教与学。这种问题解决过程由多层维度组成：关于教学内容的认知维度、牵涉课堂沟通的社会维度、关于儿童与教师自身的自我形象与存在证明的伦理维度。构成、重构这些多层问题借助实践性思维求得解决，可以说就是“反思性教学”。

“反思性教学”是以“同素材伴对话”为轴心，同伙伴合作，共同展开“反省性思维”的教学。在“反思性教学”中师生钻研具体的素材，通过同教师与伙伴的沟通，建构意义，在教室中展开共享这种意义的学习。启发、帮助这种学习的教师也同学生一样，展开“同素材对话”、“同情境对话”、“同同事对话”，组织学生的沟通，展开建构教学内容——客体世界——之意义的活动。

“反思性教学”是以克服理论与实践的二元论的实践性认识论为基础的。在“技术性实践”的教学中，教师的实践被视为运用科学技术与原理的过程，亦即借助有效性经过实证的科学程序与原理，从外部控制教学的过程。相反，在“反思性教学”中，则是通过教学实践的过程，重构教材与教学程序，教师自身所拥有的认识也得到修正与发展。“技术性实践”是履行“理论的实践化”，而“反思性实践（教学）”中的理论（theory in practice）是通过实践在实践者中生成的。这样，在“反思性教学”中理论的功能是，控制教师的思维与活动的“框架”。

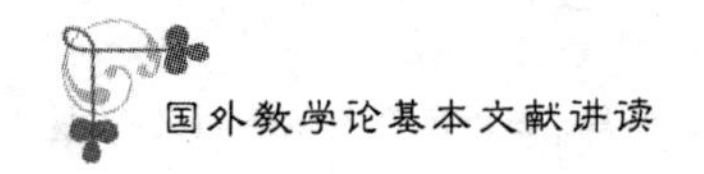

（二）框架的考察与反思

“反思性实践”的倡导者舍恩把统一实践者的思维与活动的“框架”分为两类：“修辞学框架”（rhetorical frame）与“活动框架”（activity frame）。“反思性实践”就是通过这两种“框架”的不断重构来实现的。这里所谓的“修辞学框架”是指在实践中设定、议论面临问题的论述方法的“框架”；所谓“活动框架”是指求得问题解决而履行的实践，得以奠定基础并加以控制的行为（活动）的“框架”。

在这两种“框架”中，作为实践性认识论，重要的是“活动框架”。在教学实践中，“活动框架”通常是教师在无意识之中发挥作用的，但通过实践的考察与内省，渐渐得以意识化。舍恩把“活动框架”分为三种来说明：“政策框架”、“制度性活动框架”、“元文化框架”。所谓“政策框架”是内隐了教育政策与学校政策的“活动框架”；所谓“制度性活动框架”是学校教育制度所规定的“活动框架”；所谓“元文化框架”是借助学校传统与教师文化所潜在地规定了的“活动框架”。通过教学实践的省察而实现的“框架的重构”通常是意识到未经意识的“活动框架”，作为多层的“框架”重构过程来实现的。就是说，在“反思性教学”中，是作为这样一种实践过程来实现的：构成教育政策与学校教育的制度性实践的隐蔽言说的意识化与改组。

表1显示了“技术性实践”与“反思性实践”两种教学的对比。“反思性教学”在探究与表达的方式上也显示出特征。指向“技术性实践”的“教学科学”探讨任何教室都通用的一般性技术原理，而“反思性教学”的研究则是探讨某种教室的事件和某种方法的意义，探讨某教室与某学生的活动与经验的意义。就是说，指向“技术性实践”的教学研究，寻求法则、原理、技术的一般化，探究客观的“范式性认识（作为命题的认识）”，求得系统、程序、技术的开发；而“反思性教学”的研究，是旨在阐明特定教室产生的个别、具体的经验和事件的意义，追求尊重主观的“故事性（叙述性）认识”，求得教师的实践性认识的形成与教室中经验的含意与关系的再构。

表1　两种教学研究

技术性实践的教学分析	反思性实践的教学研究
目的：程序的开发与评价 超越背景的普遍性认识	教育经验的实践性认识的形成 背景中细腻的个别性认识
对象：大量教学的样本	特定的一个教学
基础：教学论、心理学、行为科学、实证主义哲学	人文社会科学与实践性认识论后实证主义哲学
方法：量的研究。一般化抽样法。法则命题学	质的研究。特异化案例研究法。个性描述学
特征：效果的原因与结果（因果）的阐明	经验的含意与关系（因缘）的阐明
结果：教学的技术与教材的开发	教师的反省性思维与实践的见识
表现：命题（范式）性认识	故事（叙述）性认识

（钟启泉　译）

教学中的关键问题[①]

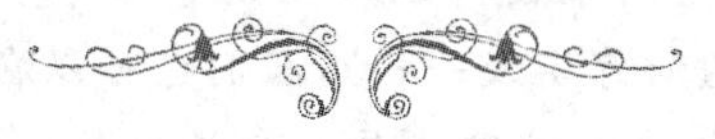

奥恩斯坦

作者简介

阿伦·奥恩斯坦(Allan C. Ornstein),美国著名教育学家,毕业于纽约大学,并获得博士学位,为圣约翰大学终身教授。在任教同时,他还受聘于60多个政府机构和教育机构担任顾问。奥恩斯坦博士著有50部著作,400篇文章。他所著的《教育原理》一书已经重印25次,修订了8版。他所著的另外两部著作——《教育管理》和《课程:基础、原理和问题》也多次修订,并分别成为这两个领域的权威著作。

选文简介、点评

教学既是一门科学,又是一门艺术。这种观点在目前西方教育研究界已经成为一种基本的定论和共识。国内许多教学论的著作中也都明确地表达了教学既是一门科学又是一门艺术的基本观点。然而,在过去相当长的时间里,关于教学是一门科学还是一门艺术的争论却始终存在着。甚至直到21世纪初期,仍然有关于这一问题的不同看法。无疑,对这一关乎教学范式问题的探讨与明晰,不仅影响着教学论体系的发展,而且也影响着教学概念的重建。美国当代著名教育家奥恩斯坦在《教学中的关键问题》一文中,正是从对教学是科学还是艺术的分析与论述入手,提出了教学概念的重建是教学的关键问题的基本观点,说明了坚持教学的科学性与艺术性统一的意义所在。进而,他还提出了应该通过强调人本主义教学中的道德问题来改进教学实践的基本思路。

文中,在关于教学是科学还是艺术问题的解析中,奥恩斯坦在对以往学者们的观点进行评述的同时,也明确提出了自己的看法。他认为,教学活动的开展,不仅要依靠教师基于科学原则形成的专业知识,而且还要依靠教师的个人经验以及由教师自己的人格和对课堂事件的本能反应模式所展现出来的独特的个人技艺知识(craft knowledge)。他还指出,我们愈是把教学看成是一门充满情绪、感情和刺激的艺术,就愈是难以总结出教学规则或一般的法则来。如果教学所具有的艺术成分超过了科学的成分,就不容易从课堂上概括出教学原

① [美]阿伦·奥恩斯坦.教学中的关键问题[M]//阿伦·奥恩斯坦,等.当代课程问题.余强,主译.杭州:浙江教育出版社,2004:114-127.

则和策略来，或者说不容易被别人学会。由此出发，学校里几乎没有理由开设教学方法的课程。反之，如果教学主要是一门科学，或至少部分地是科学，那么教学在相应的程度上就是可以预测的，我们便可以用比较精确的方法对教学进行观察和测量，有关的研究结果便可以被应用于教学实践(正如一名内科医生把科学知识应用于内科的治疗实践一样)，人们也可以在大学的教室里学习它。

在对教学的科学性与艺术性进行深入分析的基础上，奥恩斯坦的结论是，我们必须将教学是艺术的观念同客观的观察、测量和语言的精确性融合起来。因为良好的教学涉及情绪和情感，因而把良好的教学看做是艺术活动没有任何过错。但是，我们必须同时认识到教学也涉及常规的科学和实践。如果教学不涉及科学，我们就没有任何把握能够通过告诉师范生们做什么、如何教、如何管理学生等来将他们培训为合格的教师，教育工作者在公众的批评和外行人的指手画脚面前也会显得十分脆弱。可见，奥恩斯坦坚守的是教学既是科学也是艺术，既要着眼于教师的个人智慧，也要定位于"可靠"与"有用"的教学科学。只有二者兼具，教学才是丰富的与现实的。

在对教学的科学性与艺术性进行论述的前提下，奥恩斯坦还论述了重建教学概念的必要性与历程，并用师资培训的现实来佐证教学概念重建的过程。在此基础上，他提出了倡导人本主义教学的必要性。他认为，当代教学的重心应当放在学习者一方，而不是放在教师一方；应放在学生的情感和态度上，而不是放在知识和信息上(因为情感和态度将最终决定学生寻求并获得哪些知识信息)；应放在学生的长期发展和成长上，而不是放在短期的目标或教师的具体任务上。同时，他也告诫教师们，不要把太多的时间花在学生的情感和态度方面，花在学生的社会适应性发展和个性成长方面，要给学术性学习与课业成绩的获得留有一定的时间。

很明显，奥恩斯坦在《教学中的关键问题》一文中，集中论述了教学的三个关键性的问题：教学的科学性与艺术性问题、教学概念的重建问题以及人本主义教学的必要性问题。他关于这三个问题的论述以及所表达的基本观点为我们认识与理解当代教学的范式与教学概念的重建提供了非常有意义的理论指导。尤其是他既大力倡导人本主义教学思想，为教师指出当代教学实践重心转移的路向，又提醒教师的教学实践不要走向极端的观点，对我们把握理论与实践的平衡与协调是很有参考价值的。作为教育学专业的学生，在学习与研读此文时，更多的是要关注奥恩斯坦是如何基于学者们以往的研究，从社会学与教育学的双重视角对教学的科学性与艺术性问题进行分析与讨论；作为一线教师，主要应关注如何基于奥恩斯坦关于教学实践重心转移的论述反思自己的教学实践现状与行为方式。

(撰写人：陕西师范大学教育学院课程与教学系常亚慧博士、陈晓端教授)

选文正文

本章将对教学是科学还是艺术的问题进行简要的论述;这个问题已经引起了教师和他们的学生的注意。这一问题也被用来作为本章第二部分的出发点,即我们如何通过强调人本主义的和道德的问题并通过强调对教学的性质进行概念重建来改进教学。在本章第二部分,我们的论述将超越传统教学的范围,这部分内容很可能使一些读者感到不舒服,或使一些人觉得过分情绪化或措辞太激烈了。但是我确信:当一位批评者或评论员试图重新思考、重新评价或重新概念化(reconceptialize)一个植根于传统的研究领域或学科领域时,有些读者产生一定程度的抵制情绪是可以理解的。

教学:科学与艺术

一般情况下,我们不能就教学是科学还是艺术的问题达成一致意见。有些读者可能会说这是一个办不到的二分法,类似于理论和实践的二分法,因为现实世界中很少有单一的事物和“不是一就是”的情况。盖奇(N. L. Gage)用“作为科学的教学”和“作为艺术的教学”分别来描述教学中的可预测因素和良好教学的组成部分。他争辩道:教学作为一门科学就“意味着有那么一天,通过严格地按照具有高度可控和可预测的强有力的规律行事,就会得到良好的教学效果”。他认为教学不仅仅是一门科学,因为它也涉及“什么是最好的教学方式的艺术判断”这一问题。当教学离开实验室或教科书并和学生面对面的时候,“艺术性的成分就会极大地扩展”(Gage,1978)。绝对没有一门科学能够成功地预测像教学过程中展现出来的那么多迂回曲折,或预测像教师那样运用判断、洞察和敏感来促进学习的复杂过程。这些都说明教学是艺术,它不符合科学的定律和原则。

教学的这么一点点科学基础是否值得我们考虑呢?回答是肯定的。但是,实践者必须像一名教师那样不仅依靠他或她的专业知识(它是以科学的原则为基础的),还要依靠一套个人经验以及由教师自己的人格和对课堂事件的本能反应模式所限定并展现出来的独特的个人资源。这些有时被称为个人技艺知识(craft knowledge),它形成了教学艺术的基础。在菲利普·杰克逊(Philip Jackson)看来,当教师自发地对课堂事件做出反应时,他或她的直觉、判断和顿悟与教学的科学性同样重要,甚至是比后者更为重要的因素(Jackson,1990)。课堂的日常活动、学生间的社会互动模式、学生和教师间的宽容和协调比任何关于教学的理论都更加重要,因为正是这些日常事件和关系决定了教学的过程和结果。

在一定程度上,必须把教学的行为看成是直觉和互动的,而不是约定俗成和可预测的。根据埃利奥特·艾斯纳(Elliot Eisner)的观点,教学主要是以感觉和艺术才能为基础,而不是以科学的规则为基础的。在一个以科学和技术为基础的时代,尤其需要把教学看成是艺术和个人技艺。艾斯纳谴责心理学领域的科学运动,尤其是行为主义,也谴责教育领域的科学运动,尤其是学校管理。他指责这些科学运动把教育降低为琐碎的具体要求。他把教学看做是一个富有诗意的活动,它更适合于满足心灵的需求而不是填充人们的头脑,它更关注的是整体的人而不是一套具体的技能或刺激。他主张,我们的教师角色不应当是一个"操纵傀儡的人"、"一个工程师"或一个管理者,而应当像一个交响乐团的指挥那样为对话配乐,不时地从教室的一边走向另一边(Eisner,1983;Eisner,1998)。

我们的观点是:要把教学模式看成是处于运动中的,要在教室里即席创造,并要避免机械的和指令性的规则。教师应当富有人情味,并通过感情流露来肯定和关注我们的学生。当你教学生时,你应当能够和他们一起微笑、一起鼓掌、一起大笑。可悲的是,当前许多教师不敢公开地表达他们的情绪、感情和真实的个性。

路易斯·鲁宾(Louis Rubin)所持的教学观与此类似,他认为教学的效率和教学的艺术性是息息相关的。教师和学生之间的相互作用是十分关键的,它不可能通过精心设计的策略来事先决定。对于难以预测的日常问题,教师必须依靠直觉和"通过长期的经验所获得的洞察力"来解决(Rubin,1985)。鲁宾用"即刻领悟"(with-it-ness)、"教学判断"、快捷认知飞跃(quick cognitive leaps)和"非正式猜测"等术语来解释高效率和低效率之间的差别。他认识到了理性的局限性,因而他断言,对作为艺术家的教师来说,"对于什么是对的这一问题的感觉比拖延的分析(prolonged analysis)更有效果"。在后来的分析中,鲁宾把教师的教育学比作"画家的色彩、诗人的词汇、雕塑家的泥土以及音乐家的音符"(Rubin,1985)。要正确地混合和调配所有这些东西,都需要一定程度的艺术判断。

还有一些研究者更加极端,他们把教学只看成是艺术,并为成功的教学和教学策略提供浪漫的解释,所用的描述语言没有一点儿社会科学研究用语的味道。他们认为教学活动类似于戏剧,属于美学和运动美学的范围。他们觉得那些希望成为教师的人应当在教学工作室里试音,并被训练成表演艺术家。好的教学情境被比喻为剧场,优秀的教师则被比喻为优秀的演员(Cohen,1999;Fried,1995)。

西摩·沙拉松(Seymour Sarason)把教师描述为表演艺术家(performing artist)。就像演员、乐队指挥和艺术家一样,教师也试图教导和感动听众(Sarason,1999)。更重要的是,这位作者坚持认为演员、艺术家或教师都企图改变听众的思维和观念。通过这种改变,他们转变着人们对事物和观念的看法。我坚持认为,革命的思想是以诗歌、音乐、电影和演说为载体的;归根结底,正是美学、理念和价值观(涉及艺术、音乐、食品、习俗、法律和思想等)界定了我们是谁的问题。所以,正是广义上的教师们(包括演员、艺术家、诗人和作家,当然还有父母)不断地改变着社会的模样。

假定我们接受了教师是“表演艺术家”的比喻,那么,要成为一个成功的教师,就需要有一定的才华或天生的能力,还需要有足够的排练和热情。除此之外,有关观众的知识或理解也是必要的。影片《霍兰先生的乐曲》(*Mr. Holland's Opus*)说明了这一论点:在影片开头,尽管主人公霍兰先生有足够的音乐知识、同情心和把他知道的一切都教给学生的愿望,他仍然是不成功的。不过,在影片的后继部分,通过“某种不可思议”的觉醒,他改变了他的方法(教学的科学)和表演(教学的艺术),结果使听众(学生)产生了兴趣并努力学习欣赏好的音乐。霍兰先生起先认为问题出在听众身上,后来才认识到事情正好相反,需要改进的正是他自己的态度。直到他认识到了这一点之后,他才取得了成功(Sarason,1999)。

在影片《国王和我》(*The King and I*)中,英国教师安娜(Anna)从一开始就是成功的,尽管她和她的学生之间存在着文化差异,社会上(暹罗国,现东南亚国家泰国的古称)也存在着性别歧视。安娜不仅富有关爱心和同情心,她也理解她的学生。她能够使自己适应学生们的需要、兴趣和能力,并且肯定他们各自不同的个性。歌曲《开始了解你》(*Getting to know you*)说明了这一点。安娜使我们想起了我们在童年时代曾有过的老师,也许就像西尔维娅·阿什顿-沃纳(Sylvia Ashton-Warner)在他的《教师》一书中描写的那位仁慈和快乐的教师。《教师》一书大约写于40年前,那位主人公也许就是作者自己最喜欢的两位小学老师的结合。作者深情地记着这两位老师,并把他的一本书献给了卡茨夫人(“一位热情、友好和善解人意的教师”)和施瓦兹夫人(“一位严厉和吃苦耐劳的教师”)(Ashton-Warner,1964;Orntein,1995)。

上述两个影片都强调教师要理解学生,强调优秀教师要和听众保持联系。无论是通过预先学习教育学知识还是通过实践经验(个人技艺知识),教师都必须了解学生是如何思考和如何感觉的。一定量的培训可以帮助教师理解学生,但只是一个开头。一位成功的教师首先要理解和接受他自己,然后才能理解和接受其他人。阿瑟·杰西尔德(Arthur Jarsild)在50年前曾总结道:“自我理解要求一些完全不同于方法的东西……一些完全不同于教育学课程所强调的那些实践技能的东西。”当然,制订计划、角色扮演以及所有其他的方法和技术都是有用的,这就是我们所说的科学性原则。但是,我们还需要“一种更加个人化的探求,这种探求将能够使教师明确他们自己所关心的东西,并分享他们的学生们所关心的东西”(Jarsild,1955)。由此可见,教学并不是一项纯学术性的或纯认知性的工作。它涉及人以及和教育学知识或科学知识没有什么关系的情感(感情、态度和情绪)及艺术的成分。

我们愈是把教学看成是一门充满情绪、感情和刺激的艺术,就愈是难以总结出教学规则或一般的法则来。如果教学所具有的艺术成分超过了科学的成分，就不容易从课堂上概括出教学原则和策略来，或者说不容易被别人学会。由此出发，学校里几乎没有理由开设教学方法的课程。反之，如果教学主要是一门科学，或至少部分地是科学，那么教学在相应的程度上就是可以预测的。我们便可以用比较精确的方法对教学进行观察和测量，有关的研究结果便可以被应用于教学实践（正如一名内科医生把科学知识应用于内科的治疗实践一样），人们也可以在大学的教室里学习它。

但是，我们需要谨慎从事。我们愈是把教学看成是艺术，愈是相信那些有关教师的故事传说，我们就愈是容易成为幻想、诡计和浪漫修辞的牺牲品。我们在评价教师的能力时也会更加依靠传闻和推测，而不是依据社会科学或客观的资料。反之，我们愈是把教学看成是科学，我们愈是会忽略教师的修养和教学的自发过程，也会忽略教室里的声音、气味和视觉特点。我们所选择的教学方法越是科学化，就越是容易忽视那些不能被我们的假设或原理所包容的东西。结果，在艾斯纳看来，容易发生这样的事情：那些教育上重要但难以观察或测量的东西会被那些不重要但容易观察或测量的东西所取代（Eisner，1997）。

所以，我们必须将教学是艺术的观念同客观的观察、测量和语言的精确性融合起来。因为良好的教学涉及情绪和情感，因而把良好的教学看做是艺术活动没有任何过错。但是，我们必须同时认识到教学也涉及常规的科学和实践。如果教学不涉及科学，我们就几乎没有任何把握能够通过告诉师范生们做什么、如何教、如何管理学生等来将他们培训为合格的教师。教育工作者在公众的批评和外行人的指手画脚面前也会显得十分脆弱。

教学的真知识是通过课堂实践和体验取得的。根据一些人的观察，教师的信念、价值观和准则，即教师最为信任和最频繁地运用于指导他们的教学实践的知识，正是那些和已经在课堂上行之有效的各种传统方法相一致的知识。虽然这些知识看上去并不是高度专业化和理论化的，而是更加日常化并以常识为基础的，课堂教学过程仍然包括了接受和应用一些可以部分地进行计划并进行科学分析的东西。但我相信，仍然还有一些职业的和技术的技能可以事先设计和开发出来，并可以和相应的潜在科学原理及研究发现一起教给教师。我们中有些人常把这种技能叫作教育学知识（pedagogical knowledge）或个人技艺知识（craft knowledge），以区别于学科内容或以学科内容为基础的知识（content-based knowledge）。

确实，就那些可以应用于实践的成果或理论来说，科学方法的真正价值也许还没有被人们认识。对教师来说，科学研究的潜能也许不大，但科学研究可以帮助教师意识到学生的问题和需要。虽然科学的概括和理论也许并不总是能够应用到具体的教学情境中，但这样的见解可以有助于为课堂教学建立一个可靠和有用的基础。科学的观念也可以作为讨论和分析教学艺术的出发点。

重建教学的概念

如果我们坚持认为良好的教学可以归结为一套规定好的行为、方法或熟练技巧，坚持认为教师必须服从一个“新的”以研究为基础的教学计划或评价体系，或者坚持认为一位教师责任的履行状况可以用他或她的学生是否通过多项选择题考试来评定，那么，我们就忽略了教学的人性方面——教学概念的真正本质的东西。

强调测量和评价制度说明了行为主义心理学的胜利，但这一胜利是以人本主义心理学为代价的。换句话说，桑代克(Thorndike)和华生(Watson)的理念压倒了杜威(Dewey)和克伯屈(Kilpatrick)的理念。这也意味着学校管理人员、政策制定人员和研究人员宁愿倾倒在教学的科学一面(即侧重于可观察、可计数和可测量的行为)，而不愿倾倒在包括人本主义和难以测量的变量的教学的艺术一面。

罗伯特·林(Robert Linn)强调指出，对教师和学生进行评估(assessment)的指令容易发布、容易执行，评估的结果也容易报告。所以，在改革的幌子下，评估具有广泛的吸引力。不过，虽然人们期望这些评估制度可以改善教育，但结果并不总是如人所愿(Linn，2000)。真正的改革是复杂并且花费很大的(例如，减少班级人数，增加教师工资，开设特殊的阅读课程，延长每天的在校时间和学年时间)，而且需要相当一段时间才能见效。而近年来的改革似乎是由政界和企业界的领导人发起的，这些人想要的是快捷、容易和廉价的解决方案。因此，他们总是要选择评估，因为它实施起来既简单又不算昂贵，还能给人们一个正在采取行动的感觉，并带来霍桑效应(Hawthorne effect)，即新奇常常能提高短期成绩的效应。以评估为中心的做法(属于行为主义的一种形式)也为教师教育项目提供了理论基础，因为它意味着我们可以确定什么是良好的教学。然而，根据我们目前已有的关于教学和教师培训的知识，以及人格重要性的知识，我们是否能够使未来的教师在严谨的学问和实际教学能力两个方面都适当地做好准备，还是一件颇有疑问的事情。

对于那些从事教师培训工作的人们来说，需要一些研究结果和理论来说明那些参加并学完了一个教师培训项目的教师比那些没有受到该项训练的教师更有可能成为高效率的教师。实际情况是：在40多个州里，有许多种证书培训项目可供教师们选择，全国教师中约有5%的人力(得克萨斯州高达16%，新泽西州高达22%)投入到了各种培训项目的教学工作中(Goodnough，2000)。这一事实使得教师的教师们(教育学教授们)对教师培训项目十分关注，并试图证明他们的教师培训项目是卓有成效的，他们能够训练出高效率的教师来。因此，确实有必要鉴别出在一定条件下起作用的教师行为和方法，这就使得许多

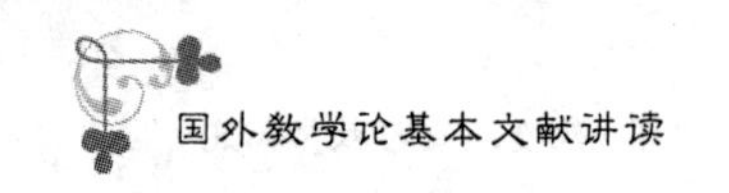

教育者赞成行为主义(或规定的观念和具体的任务),并赞成使用把教学和学习挂钩的评估系统(注重封闭式的、琐碎的但可测量的变量)。

从逻辑上讲,能够详细地描述教学方法以及教师是如何做的以及为什么那么做的问题,应当能够改进教师的教学行为。遗憾的是,几乎所有的新研究都没能讲述完整的教学过程,没有搞清楚是什么决定着教师的教学效率和学生的学习效率。另一方面,如果我们能够描述教师的思维或决策过程,并能分析他们的故事和反思性实践,也就意味着我们能够理解并改进教学。确实,那些以故事、传记、反思性实践和质的方法进行的新的教学研究为研究者们提供了一个新的工作平台;这类研究也提高了他们的专门知识(这种专门知识又反过来继续将他们和实践者分开),并使他们能够继续让教学服从于研究的指导;它还为分析教学提供了一个新的范式,因为老的范式(教师风格、教师特点和教师的效率等等)已显得过于陈旧。另外,同新的范式有关的事例和问题也在传统和非传统的研究者之间以及在量的和质的研究方法的拥护者之间,制造了新的战争。但是,这个新的知识基础是否真能改进教学和学习,是否真能带来实质性的和持续性的改进,也仍然是一个问号。

人本主义教学的必要性

教学的重心应当放在学习者一方,而不是放在教师一方;应放在学生的情感和态度上,而不是放在知识和信息上(因为情感和态度将最终决定学生寻求并获得哪些知识信息);应放在学生的长期发展和成长上,而不是放在短期的目标或教师的具体任务上。但是,如果教师把大量的时间花在学生的情感和态度方面,花在学生的社会的和个人的成长方面,那么,当学生在重要考试上的成绩被用来评定教师在教室里的行为和教学方法的优劣的时候,这些教师就可能会受到处罚。

学生需要得到教师的鼓励和哺育,尤其是在他们年幼的时候更是如此。他们非常依赖重要的成人的赞许,起初是他们的父母,然后是他们的教师。所以,父母和教师应当通过一系列的行动来帮助年幼的儿童和青少年树立自尊心:要把注意力放在他们的优点上,支持他们,阻止他们进行消极的自我暗示,并帮助他们以他们自己的文化和价值观来指导他们自己的生活。

自尊心强的人(包括年轻人)总是取得高水平的成就,而一个人取得的成就越多,他的自我感觉也越好。反之也是一样:那些未能掌握学科内容的学生会看不起自己,最终会自暴自弃。自尊心低的学生则会很快地放弃学习。总之,学生的自尊心和成就之间有着直接的联系。如果我们能够培养好学生的自尊心,其余的一切几乎都会变得有条不紊,包括考试分数和学业成绩。如果一个儿童的自尊心出了问题,那么,不管他多么精明,也不管他多么有才气,他的认知发展都会受到伤害。

这就为给学生创造成功的经验以帮助他们形成良好的自我感觉的做法提供了强有力的论据。不用说，它的长期效益是显然的：学生越喜欢他们自己，他们取得的成就越多；他们取得的成就越多，他们也就越喜欢自己。但是，这样做需要时间，需要进行大量的工作，并且在学期或学年的标准化考试上也表现不出来。同时，当那些受内容或测验驱使，并正在期盼着结果的学校管理人员对教师进行评价的时候，这样做对被评的教师也没有什么帮助。另外，当评价教师的标准是看他或她参加了多少次教研会议，教室里的窗帘是否整齐，以及他或她是否清楚地陈述了教学目标的时候，上述培养学生自尊心的做法也肯定不会给被评价的教师增加筹码。

显然，良好的教学总是由某些行为促成的。但令人头痛的是：究竟哪些行为或方法最为重要，人们对此几乎没有一致的意见。有些教师对好方法的理论知识了解颇多，但却不能把这些理念付诸实践。在接受类似培训的条件下，有些教师在课堂上毫不费力，而另外一些教师则把教学看成是令人疲惫的工作。所有这些都表明教学不能按照一种模式的精确规定进行，也表明教学是一种人本主义的活动，它所涉及的是人（而不是琐碎的行为或能力），是在各种不同的课堂环境和学校环境中行动和发展着的活生生的人（教师和学生）。

虽然关于教师工作效率的研究为我们更好地认识良好的教学提供了一些专业术语和途径，但是这里也存在着一种危险，即这类研究可能会使我们当中的一些人在教学观方面变得过分死板。只按照一个教师的模式或一种评价系统可能会导致过分地强调那些易于测量或易于事先规定的具体的行为，而付出的代价便是忽视了那些难以测量和难以事先规定的人本主义的行为，如美学欣赏及情感和道德体验等。

虽然一些教育者认识到人本主义的因素影响着教学，但是人们仍然继续从行为主义和认知因素的角度来界定教师的大多数行为。大多数的教师评价工具也倾向于轻视教学的人性方面，因为这些方面难以测量。当我们在力求做到科学地预测和控制个人的行为并测评团体的行为时，我们常常会忽略教师的态度和师生间的关系。

在我们给教师提供反馈和评价时，需要考虑到许多因素。只有这样，才不致使别人对我们的劝告或有关信息充耳不闻。只要反馈过程是诚实并由内行人计划和实施的，只要教师被允许犯错误，只要所考虑的有效模式不止一个，以至于教师可以从中选择适合于他们自己的个性和教育哲学的行为和方法，那么，教师们就会重视并感激那些能够帮助他们改进教学的反馈过程。

必须允许教师根据他们自己独特的个性和哲学来同化具体的教师行为模式和方法，必须允许他们从广泛的研究和多种理论中做出选择，并允许他们摒弃那些和他们自己的风格相冲突的行为模式而不怕被认为是效率不高。许多学区甚至州教育厅完全以事先规定的和产出取向的行为为基础编制了评价工具和工资计划。更糟糕的是，那些没有表现出这些行为的教师经常被处罚，或被称为“勉强够格”，甚至被认为是“能力低下”(Ornstein，1995)。另外，还存在着一种比过去更大的危险，即更多的学区和州将继续趋炎附势，继续以常规的教师研究为基础来进行决策，不承认或不信任其他的也许是人本主义的教师行为和方法，因为它们涉及的是情感、情绪以及个人和他人的关系，即一些教育者称之为标准模糊或标准不确定的东西。

人本主义的教学

人本主义的教学和学习原理可见于20世纪早期的进步主义教育理论中：体现在1896年至1904年期间由杜威(John Dewey)领导的芝加哥大学的“儿童中心”实验学校里；体现在蒙台梭利(Maria Montessori)提出的“游戏中心”的方法和材料中，它们是从1908年开始为发展意大利贫民区的学前儿童的实践的、感官的和形式的技能而设计的；也体现在威廉·克伯屈(William Kilpatrik)的活动中心的实践中，在20世纪20至30年代里，克伯屈曾强烈要求小学教师围绕社会活动、小组工作和小组项目来组织课堂，并允许儿童把他们所想的东西讲出来。

所有这些进步主义的理论都是高度体现人本主义的，它们强调儿童的兴趣、个性和创造性，简言之，强调儿童自然发展的自由，强调让儿童摆脱教师支配和机械学习的重压。但是，进步主义失败了。根据劳伦斯·克雷明(Lawrence Cremin)的观点，其原因在于没有足够数量的好教师在学校和教室里实施进步主义的思想(Cremin，1961)。可以肯定，同教授观念、考虑学生的兴趣和需要、让学生自由地探究和相互影响而不受教师的束缚相比，强调知识、机械学习和正确答案的做法自然要容易得多。

在20世纪快结束时，威廉·格拉瑟(William Glasser)把人本主义的教师描述为“积极的”和“支持的”教师，他们管理学生而不压制学生，教导学生而不轻视学生(Glasser，1969；1990)。罗伯特·弗里德(Robert Fried)所说的“热情的”教师和维托·佩龙(Vito Perrone)所说的“有感情”的教师，也都是指人本主义的教师，他们活着就是为了教育儿童(Fried，1995；Perrone，1998)。这些教师都具有献身精神和关爱之心，他们在课堂上努力让学生积极参与，他们对学生的个性也给予充分的肯定。学生用不着问他们的老师是否对他们有兴趣，是否想着他们，或是否知道他们的兴趣和焦虑，因为回答无疑是肯定的。

人本主义的教师也被西奥多·赛泽(Theodore Sizer)描绘成一名叫作霍勒斯(Horace)的虚构的教师，他是一位献身于教学并从教学中得到乐趣的人，他把教学当成是慈爱的事业，不断地激励他的学生去学习，并鼓励他们发展思维的力量、情趣和品行(Sizer，1985)。但是，现行制度强迫霍勒斯在制定规划、教学和评分方面做出妥协，他知道如果他生活在一个理想的世界里(一天多于24

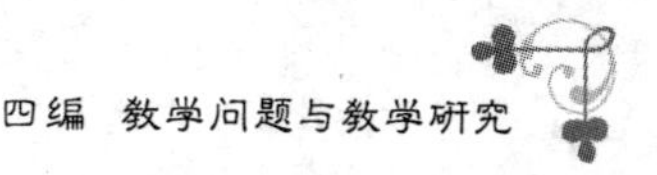

个小时)，他将不需要做出让步。霍勒斯是一个有经验的演员，他隐藏着他的挫折。他的批评者们并不真想听他解释或面对事实，他们甚至不知道教学是怎么回事。赛泽直率地指出："现实世界中的大多数工作在什么是理想的和什么是可能的之一问题之间存在着距离，需要每个人自己做出调整。"(Sizer，1985)所以，大多数有关爱之心和献身精神的教师都被迫做出一些让步，走一些捷径，并做一些调整。只要没有人感到心烦意乱，没有人抱怨，现今的制度允许在漂亮的言辞和现实之间存在一个断层。

在内尔·诺丁斯(Nel Noddings)所描述的理想的教师身上，也存在着人本主义的因素，因为这些教师致力于培养"有能力、有关爱心和可爱的人"。为此，诺丁斯把教学描写成关爱的职业。在这个职业中，教师应当教会学生如何以关爱的方式考虑自己、同胞、陌生人、动物、植物和物理环境。她强调教学的情感方面：需要把侧重点放在儿童的长处和兴趣上，需要围绕儿童的能力和需要将课程个别化(Noddings，1992)。在诺丁斯看来，关爱不能通过一个行为公式或一张清单来达到，它要求以不同的行为应对不同的情境。正像做好父母一样，做一名优秀教师也要求不断的努力，要求建立师生间信任的关系，并要求目的的连续性。以关爱为目的的教师，珍惜人与人之间的联系，并从历史的、多元文化的和多种多样的视角尊重不同的人和不同的观念(Noddings，1992)。

实际上，人本主义的教师就是在教学和学习中重视个人层面和社会层面的人，而不是光强调行为、科学或技术层面的人。不过，也许有人会争辩说，教师所做的每一件事都是"和人有关的"，"人本主义的教学"(humanistic teaching)这一表述只不过是陈词滥调。因此，我只是在不严格的意义上使用人本主义这一术语的，我是用它来描述这样一些教师：他们强调教学的艺术性而不是科学性，重视人而不是数字。虽然这样的教师理解许多学科的价值，包括科学和社会科学的价值，但他们仍感到需要让学生理解一些理念和价值观，因为它们是植根于有三千多年历史的哲学、文学、美术、音乐、戏剧等文化遗产之中的。如果没有一些人们都同意的内容，我们的遗产就会毁灭，我们就会听任机遇和无知的摆布；同时，我们的教育事业也将受地方极端群体的怪念头和幻想的支配。

雅克·巴尔赞(Jacques Barzun)是一位文雅而善辩的历史学家、人本主义作家。在他看来，人本主义的教育能形成一种帮助我们理解生命本质的知识，但它并不能保证更加愉快和更加高尚的生活。"人文学科并不能驱除世界上的邪恶，也从来没有被打算用来驱除我们的烦恼……它们不能治愈理智上的病态和破碎的心灵，正如它们不能促进政治民主或解决国际争端一样。"根据巴尔赞的观点，人文学科(如果可以的话，我再加上人本主义教师)的意义就在于生活是无情的，用他的话说，"人文学科所描写的是冲突和灾难"(Barzun，1972)。不过(如果我可以加上一句话)，有事例表明，人文学科有助于我们研究人类的状况，并为道德行为、良好的判断和文明的进步提供方向。

笔者认为，在学校这一层次上，人本主义[弗里德称之为“激情”(passion)，佩龙称之为“心”(heart)，赛泽称之为“献身精神”(dedication)，诺丁斯称之为“关爱”(caring)，巴尔赞称之为“丰满的人”(the well-rounded person)]意味着取消同质分组，取消学生分轨制，少用竞争性的评分。它也意味着我们应当放弃所有人都应上大学的理念，因为这一理念会带来挫折感、愤怒，并使大量的儿童和青少年怀有不现实的期望。根据保罗·古德曼(Paul Goodman)的观点，人本主义要求社会为那些非大学的毕业生提供可行的职业选择，并保证这些工作有不错的工资和体面的社会地位并受人尊重(Goodman，1964)。而根据约翰·加德纳(John Gardner)的观点，人本主义则意味着我们应当承认不同形式的优秀——优秀的教师、优秀的艺术家、优秀的管子工、优秀的公共汽车驾驶员等等。否则，我们就会造成一个缺乏远见的人才观，由此带来的紧张和冲突将会对民主社会构成威胁(Gardner，1962)。人本主义还意味着我们应当珍惜和培育学生的不同能力和技能，即霍华德·加德纳(Howard Gardner，1983)所说的“多元智力”(multiple intelligences)。

人本主义和非人本主义的思想

如果我们不采纳一个更加关爱、更富有同情心的学校教育和教学的观念，那么，我们就会成为过度竞争和物质主义的牺牲品，结果，阶级差别就会把社会分为占统治地位的群体和从属的群体。按照新马克思主义者和激进的后现代主义者的说法，我们就是在创造一个生活在悲惨的[科佐尔(Kozol)的用词]、失去人性的[弗莱雷(Freire)的用词]以及殖民主义的[吉鲁(Giroux)和麦克莱恩(MeClain)的用词]条件下的永久性的下层阶级。由此便产生了这样一个社会：在这个社会中，那些不成比例的大量的成绩差的学生、贫穷的学生和有特殊需要的学生在将来只能找到低薪的工作，或者干脆失业。这也就是奥斯卡·刘易斯(Oscar Lewis)在大约40多年前称之为“贫穷文化”(culture of poverty)的现象：通过“贫穷文化”，贫穷就会被一代代地传承下去(Lewis，1996)。总之，这个鼓励竞争并以不同的特点和结果来评判人的社会和学校制度把一个新的从属群体——一无所有的人们——看成是沉默的、懒惰的和能力低下的。

由于平等、社会公正和人的尊严被忽视或错误地理解了，上述的人类境遇竟然得到了大多数人的默许。我们的偏见在我们的思维中已经是根深蒂固，因为它们已经被社会制度化了。同时，我们求助于“科学的客观性”来为那些生产“统治—服从”的条件并使之永久化的教育实践和社会实践辩护。而根据人本主义的观点，在这个国家或任何一个称之为文明的国度里，都不应当有二等公民存在的空间，甚至也不应当有人把他们自己看成是二等公民。而在这个世界上，二等公民已经是太多了。

纵观人类社会的各个时代,绝大多数人都是未开化的野蛮人、奴隶、农奴、农民以及极端贫困和未受教育的人。只占总人口0.5%到1%的人(君王和贵族、教皇和主教、军事领袖和将军、特权人物和资本家,以及诸如此类的人物)占有了他们所处的那个历史时代的财富和资源的50%以上。甚至在今天,世界上有12亿人口(即总人口的20%)每天的人均生活费不足1美元,45亿发展中国家人口中有50%的人每天的人均生活费不足2美元,其中绝大多数居住在南亚、非洲撒哈拉以南的地区和拉丁美洲(Poverty and Globalization Center for Global Studies Conference,2001)。这些穷苦的人们生活在悲惨的状况下,除了极少数学者和人权主义者之外,我们当中很少有人完全理解或愿意了解他们的生活状况。另一方面,在美国和其他一些国家里,相当多的人被迫放弃他们的身份,被迫背井离乡,被迫接受同化,从而使自己看上去像一个白人、基督徒和循规蹈矩的人。任何人都不应当被迫隐瞒她或他自己的完整的生活,被迫与世隔绝,被迫声明和自己的家庭、民族或宗教脱离关系——再也不回到她或他的民族中去。当然,我们并不否认,民族中心主义和宗教狂也是最凶恶的暴行的根源。狂热的信徒有各种形式、各种类别和各种意识形态。历史上从来没缺过以破坏和毁灭其他人民为快乐的不法的机会主义分子和刽子手,尽管他们在发号施令的集团中可能处于很低的位置。

有些读者也许会把上文的论述当成是笔者试图在讨论中灌输新马克思主义、后现代主义,或者只是为雄辩术提供例证。但是,笔者要强调指出的是:人本主义和道德教育的缺失已导致了全世界各个历史阶段的人缺乏良知和关爱。各个时代的结果都是类似的:人民经受着苦难、压迫、盲从,充满敌意的政治或宗教观念驱使一些人大规模地屠杀人民、实施暴力和恐怖主义。这些代表了人类心灵的黑暗的一面。千百年来,人加害于人的现象由来已久。举例说:古罗马角斗士的竞技场、非洲贩卖奴隶的船只、欧洲的农奴和极度贫穷的农民,以及美国人绞死黑人和同性恋者等。当然,日本在南京的暴行、欧洲对犹太人的屠杀以及柬埔寨波尔布特的屠场是历史上最黑暗的事件。它们是没有任何借口的,是不能用语言完全理解的极端形式的邪恶。因此,为了完全理解这些猖狂的野蛮和亵渎文明的程度,受害者的诉说、照片和电影应作为有关事件的叙述的一部分。当然,用上一代人犯下的罪行来谴责当代人也许并不是什么好办法,但了解过去的不义和不道德的事件是有价值的,它可以使我们不再重复历史,从而使我们的社会成为一个更加文明和更加富有同情心的社会。

(余 强 译)

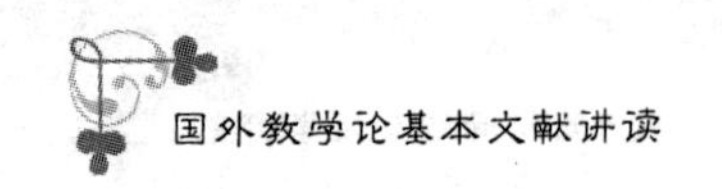

教学研究范式①

布恩斯

作者简介

布恩斯(R. B. Burns),美国旧金山大学教育学院学习与教学专业的领衔教授,1979年在加利福尼亚大学获哲学博士学位(教育),曾任学习与教学系主任。主要研究领域为学生课堂学习、教育研究方法与统计学。他撰写的《教学研究范式》一文因观点独特、内容新颖而被收录到由美国著名教育学者安德森(Lorin W. Anderson)主编的,并由英国剑桥大学出版社出版的《国际教学与教师教育百科全书》(1995)一书之中。此文一直以来都很受教学论研究者的关注,布恩斯关于教学研究范式的定义与分类在后来多年的教学研究中得到了众多学者的引用。

选文简介、点评

自1962年库恩用范式概念来系统阐释自然科学的结构后,"范式"一词便成为科学研究的一个重要概念。在教学研究领域,范式研究也得到了不同寻常的关注。其中最著名的莫过于盖奇对教学研究范式的讨论。1963年,盖奇提出作为一个独立的研究领域,教学研究应该有自己的研究范式。布恩斯认为,盖奇这时并没有注意到库恩的研究,他只是在本义上使用范式概念的,并将教学研究范式概括为效率标准、教学过程和机器范式三种。之后,随着对范式概念理解的深入,盖奇先后在1978年、1985年和1989年不断对教学研究范式进行讨论。尤其是在1989年美国教育研究协会(AERA)年会上,他在题为《范式之战及其后果:1989年以前教学研究的历史概览》(*The Paradigm Wars and Their Aftermath: A"Historical" Sketch of Research on Teaching Since* 1989)的报告中,讨论了教学研究因研究方法(量化与质化研究)不同而导致的范式战争,即以追求效率和客观性的量化研究与旨在理解的解释学研究以及旨在关注学校对于社会关系,特别是课程结构的政治性和经济特征的批判性研究方法之间的战争。此后,西方教育界兴起了范式研究热潮。

---

① [瑞典]T. 胡森,[德]T. N. 波斯尔斯韦特. 教育大百科全书·教学与教师教育(第八卷)[M]. 重庆:西南师范大学出版社;海口:海南出版社,2006:387-392.

在《教学研究范式》一文中，布恩斯博士就正是在此背景下，按年代顺序选取了五个非常有参考价值的关于教学研究范式的讨论进行分析，即：① 1963 年盖奇提出的三种范式。② 1978 年杜瓦勒提出的过程—产出、中介过程范式和课堂生态学三种教学范式。③ 同年盖奇对此作出回应，并提出了扩展—产出范式。④ 1985 年，盖奇将教学研究概括为过程—产出、扩展的过程—产出、人种学的/社会语言学的、完美的教学风格、行为修正、交互式教学技术和教学设计七种教学研究的范式。⑤ 1986 年，舒尔曼将教学研究概括为过程—产出、时间和学习、学生认知和教师调节、课堂生态学以及教师认知和决策五种范式。之所以有这些讨论主要是由于研究者们对范式概念的理解不同。对范式概念的理解是范式研究的逻辑前提和基础，而学术界对范式概念的理解并没有达成共识。因此，布恩斯在该文中首先阐明了库恩的范式概念。他认为，库恩是在社会学和心理学这两种基本意义上使用范式概念的，他称前者为"学术模型"，后者为"共享模型"。对教学研究范式的讨论反映了教学研究的两种取向，即非严格意义上的行为取向和认知取向。这两种取向与库恩的"共享模型"的含义是一致的。

文中，布恩斯认为，在教学研究范式的讨论中，范式概念被不加辨别地随意使用，不仅造成研究上的混乱，而且导致教学研究者之间不必要的分歧。尤其是人们普遍使用范式概念来区分教育研究方法的不同，其中最具代表性的即是盖奇的"范式之战"。布恩斯指出，这种范式研究并不是库恩范式意义上的研究。库恩关于范式革命的案例都是理论的改变而非方法的改变导致了科学理论的范式革命，所以方法论并不是库恩范式概念的基本特征。由此他提醒人们在范式研究中应谨慎思考范式概念是否适用于教学研究领域。在教学研究中研究者究竟应该关注什么？是教学中教师和学生的行为与认知，还是这些观点的本质？显然，他认为对后者的研究更为重要。所以他呼吁人们关注"在那些旨在理解课堂中教师与学生的行为和认知的研究尝试中提出的各种观点的本质是什么"。

对教学研究范式的讨论，旨在将范式作为区分教育研究类型的方法，或用范式概念来组织、总结教学领域中大量的、丰富多彩的研究成果。通过学习该文，教育学专业的本科生和研究生能够了解不同类型的教育教学研究在价值观念、探究方法和研究焦点上的差异，不仅有助于他们从整体上了解和把握教学研究的宏观脉络和发展态势，而且能提高自己的研究水平。对于一线的教师而言，学习与研读此文，有助于教师把握教学研究的整体状况，促使教师进一步反思教学研究中存在的根本问题，这不但能促进教学研究的深入健康发展，而且也能促进教师教学实践的改进。

（撰写人：陕西师范大学教育学院课程与教学系硕士研究生导师何菊玲研究员）

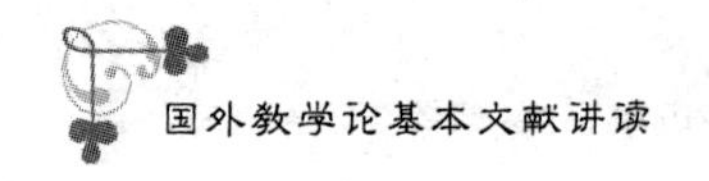

选文正文

人们已经开展了众多的研究来了解课堂上的教与学。在识别使用不同的教学研究方法的研究群体时，范式的概念扮演了一个非常重要的角色。范式是区分教育研究类型的重要方法，借助这一方法我们可以区分不同类型的教育研究在探究方法和研究焦点上的不同。此外，一些教育家和研究者也使用这个概念来组织和表述研究成果。本词条正是要分析范式的概念以及在各种教学研究文献中对范式的论述。

1. 范式的概念

在库恩(Kuhn)的《科学革命的结构》(1962)一书出版之前，范式是用在心理学上的一个概念，特指模式化的实验情境或实验程序，是反复重现的模式、案例或者模型的通用语言表述。在库恩工作的强有力的影响下，范式的概念有了更深刻的含义。

简单地说，库恩的论题是，"常规科学"周期性地受到各种危机的影响，这些危机改变了科学家解释世界的方式。难以解释的观察结果导致了这些危机，然后人们就会建立起解释这些观察结果的新理论，以一种新的范式替代原来的范式。由于新的范式不仅能解释原有的范式能够解释的问题，并且还能解释一些反常的观察结果，因此得到认可。可见，范式的概念是以库恩的科学发展理论为中心建立起来的。

库恩所谓的范式有一个典型特征，那就是，对于某一特殊学科或领域的合理问题或理论的本质特征，在一个科学共同体内有共同的认识。这个特征一方面确实抓住了库恩范式概念的部分含义，另一方面它又是不完全的，并且在某些方面会产生误导。库恩在两种基本意义上使用范式的概念：一种是社会学的，他称其为"学术模型"；另一种是心理学的，他称其为"共享模型"。在库恩(1974)之后，这两种意义分别被称为范式1和范式2。

范式1，即社会学意义上的范式，是在使用范式这一概念时比较典型的一种含义。库恩概括了"学术模型"的四个组成部分：(1) 符号性概括(理论关系的公认法则或一般表达)；(2) 对特殊模型的支持(根据库恩的理论，这些模型提供了可允许的类推和比喻，有助于确定可接受的解释)；(3) 应用科学和评价理论时使用的方法的标准；(4) 未来的科学家在实验室或教材中发现的可接受的解决问题的模型，这些模型主要是在他们接受研究生教育期间发现的。这四个组成部分同范式的更加狭义的心理学意义是一致的。

范式2，即共享模型，是一个心理学上的概念，它描述了科学家在他们接受训练期间是怎样获取学科知识的。库恩提出了一个有关科学家培养的基本问题：新任的科学工作者是怎样把他们的理论知识和学科准则应用到新的情境之中的？库恩的答案是，这个新手发现了(或者是独立发现，或者是在有指导的情

况下发现)"一种方法,借助于这种方法他可以把他的问题转化为他曾经遇到过的问题"(Kuhn,1970)。这种将新情境转化为以前类似情境的能力是进行典型问题练习的结果。正是这种学习过程,帮助作为新手的科学工作者逐渐学会以一种经过时间检验并得到群体认可的观察方式来观察世界(Kuhn,1970)。

作为问题解决的范式概念表明,范式2首先是一种学习理论,是一种有关未来的科学家怎样学会像科学家一样思考问题的理论。要学的东西是学科中"范式化"的成果和信念:理论、模型以及科学家在实践中所持有的价值观。在学习这些成果和信念的过程中,新的科学工作者可以逐渐学会以一种独特的方式来看待世界,而这种独特的方式正是那些写教科书或指导实验的人看待世界的方式。掌握了学科现有的理论和模型之后,新的科学工作者就可以利用它们来指导他们的思考和观察。范式2是一种个体学习理论,它可以解释范式1(一种内在的社会学概念)是怎样发生的。

库恩也用范式的概念来描述学科发展的特征。库恩描述了一门学科从科学的前范式时期到范式时期的早期转变。前范式时期的特征是各个竞争性的思想流派为获得主导地位而展开竞争。库恩认为,当一个学派取得了一些重要的成果时,其他学派就会受到削弱,取得成果的学派就会占据主导地位,标志着学科进入了更加成熟和更加范式化的发展阶段。库恩后来修正了这个观点,认为各个思想流派都拥有范式,不是一种范式的获得而是除此之外其他所有范式的消失,标志着科学的成熟(Kuhn,1970,1974)。

库恩的这一部分理论在社会科学家中引起了相当多的争论,因为它暗示没有主导范式的学科是不先进的,并且不属于范式化的科学。社会科学家至少有两种基本的反应方式。一种反应是,认可库恩并且努力去证明他们的学科中存在一种范式或多种范式,他们认为如果能证明这些范式存在的话,他们的学科就可以被确定为是"范式化的"学科。第二种反应则否定了库恩,认为库恩对科学发展的描述不适用于社会科学。例如,舒尔曼(Shulman,1986)争辩说,多样化的、竞争性的范式不仅是社会科学的特征,而且相对于单一范式的霸权来说,这种多样化的范式更受欢迎。

2. 教学研究范式

库恩的工作引起了不同寻常的大量的关注。在教学研究领域,范式的概念被用来组织这个领域内存在的大量的、多种多样的研究成果。在下面这一部分,将要陈述五个有关范式的非常有参考价值的讨论。由于讨论中涉及的范式的数量很多,并且在定义范式的术语和研究文献中存在一些矛盾之处,因此在表1中我们提供了一个贯穿五个讨论的按年代顺序排列的范式年表。

表1 范式年表

盖奇(1963)	杜瓦勒(1978)	盖奇(1978)	盖奇(1985)	舒尔曼(1986)	本词条
1. 效率标准 2. 教学过程 3. 机器	1. 过程—产出 2. 中介过程 3. 课堂生态学 3a. 人种学的 3b. 生态心理学	1. 过程—产出 2. 扩展的过程—产出	1. 过程—产出 2. 扩展的过程—产出 3. 人种学的/社会语言学的 4. 完美的教学风格 5. 行为修正 6. 交互式教学技术 7. 教学设计	1. 过程—产出 2. 时间和学习 3. 学生认知和教师调节 4. 教师认知和决策 5. 课堂生态学 (教学心理学)	过程—产出 扩展的过程—产出 人种学 生态心理学 教学方法 教学心理学

2.1 盖奇(1963)

在1963年,盖奇还没有注意到库恩的研究,他使用范式的概念是按照它本来的语义来使用的,用它来表示重复出现的式样或模型。根据盖奇的理解,范式是思考现象的普遍方式,在这种思考方式中,现象中的各种变量以及它们之间的相互关系往往以纲要图解的形式表现出来。他用"约定"这个词来描述研究者选择某一研究范式对其定位研究问题的影响,即在具体的研究中,范式充当了一种潜在的"框架"或者"整体感"的角色。盖奇提出了三种教学研究范式:(1) 效率标准范式;(2) 教学过程范式;(3) 机器范式。

效率标准范式是20世纪60年代以前大多数早期教学研究的特征。这种范式非常简单:确定教师效率的标准,并且寻求可能达到这一标准的人。为了确定这两类变量,人们开展了成百上千的研究。为了把这方面的研究成果组织起来,巴尔等人(Barr, et al., 1952)把各种各样的标准概括为沿着"最终标准—最近标准"变化的连续统一体,在这个统一体中,教师的教学效果(例如学生在生活中的成功,学生的成绩)被归为最终标准,教师的个体特征(例如教师的学科知识和智能水平)被归为近期标准。米彻尔(Mitzel, 1960)将这个连续统一体扩展为三类标准变量:期望(教师特征)、过程(教师和学生的行为)以及结果(学生的变化)。在1957年一篇没有出版的论文(盖奇1963年对其进行了广泛的讨论)中,米彻尔增加了第四类变量,一个充满偶然性的因素(现在我们称之为环境变量),并在最早的一个教学图示模型中,展现了这四种变量在概念上的相互关系。

盖奇的第二个范式,即教学过程范式,概括总结了许多描述或定义教学行为但其首要目的不是建立经验性的"预期者—标准"式关系的教学模型。盖奇用四种连续变量来描述这些模型的特征:(1) 教师的知觉认知过程;(2) 教师行为;(3) 学生知觉认知过程;(4) 学生行为。这些变量衍生出了以后的许多范

式，包括杜瓦勒(Doyle)的“中介过程”范式(1978)、盖奇的“扩展的过程—产出”范式以及舒尔曼的“教师认知和决策”范式(1986)。

机器范式，是盖奇的第三个也是最后一个范式，它把教学机器用作教学行为的类似物。尽管这种分析已经过时，但是他对“人的等价物”的流程图的描述以及他的关于“需要对教师头脑中的思维运转程序进行分析”的建议，代表了早期的信息处理理论的语言，而这些语言在现在的教育心理学和教育认知方法中已是非常流行。

2.2 杜瓦勒(1978)

关于范式的第二篇重要论文是杜瓦勒写的(1978)。杜瓦勒明确地认同库恩的观点，并把范式定义为一种“内隐的框架，它详述了某一研究领域中公认的问题、方法和结论”，以及在判断、解释研究活动和研究发现时的“共有的充分感”。杜瓦勒提出的三种范式是：(1) 过程—产出范式；(2) 中介过程范式；(3) 课堂生态学范式。

过程—产出范式是迄今为止教学研究中最重要的范式。邓金和比德尔(Dunkin & Biddle，1974)的完整模型详细说明了由四大因素组织起来的13个变量之间的暂时性的关系，这四大因素是期望、环境、过程和产出。这一模型把注意力主要放在了教师行为(过程)的度量与学生学习(产出)的度量之间的关系上，因而被归入到过程—产出范式之中。

邓金和比德尔把过程—产出模型描述为“组织教学研究结果”的有效方式，并且将他们的图示定名为“课堂教学研究模型”。他们不是“从理论上来思考教学是什么”，而是从研究教师和学生的真实行为的角度来看待教学。邓金和比德尔的模型是效率标准范式的合乎逻辑的扩展，是对四种变量的不言而喻的暂时性关系的一种非理论性的图解。

杜瓦勒的第二个范式是中介过程范式。由于在过程—产出范式中杜瓦勒发现了一些在可观察的教师和学生行为中独有的问题，他提出了一种以关注介于教师行为和学习结果之间的学生的认知过程为特征的范式。杜瓦勒列举了在这一范式下的各种学术研究，范围涵盖了程序教学、视听媒体、特殊教育、散文学习、双向交流学习、过程—过程学习、时间和学习以及注意过程等。与库恩式的研究群体不同，这些学术研究都表现出一种对介于教学刺激与学生反映之间的变量的浓厚兴趣。

由于杜瓦勒注意到这些学术研究的实验室属性以及它们对真正的课堂情境缺少代表性，他又提出了第三种范式，也就是课堂生态学范式。这个范式主要关注课堂环境的需求以及学生为满足这些需求而可能使用的认知策略。在杜瓦勒设计的这种范式中，教室被看作是一个带有多种多样竞争性刺激的复杂环境，学生被要求发展知觉和认知策略来协调这种复杂性。杜瓦勒认为课堂生态学范式只是发展的早期阶段，其特征主要由一系列源于一个两阶段过程的实

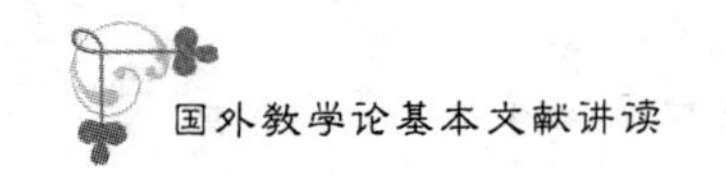

验性的假设组成，这个两阶段过程是：识别环境需求，并构建有效满足这些需求所需要的协调策略。杜瓦勒在这种范式下对两个学科进行了重新审视：生态心理学和课堂人种学，这两个学科代表了两类非常不同的研究群体。

在20世纪50年代初期，通过巴克尔(Barker)和怀特(Wright)的工作，生态心理学得到了发展。他们发现，通过了解所处的情境，而不是单个个人，许多行为变得更加具有可预测性。这样，"行为情境"的概念被提出来，描述这种情境的方法也得到了发展(Barker，1968)。贡普(Gump)把这个概念应用到了课堂上，把它作为描述不同教学成分的活动程序的方法(Gump，1987)。

与生态心理学研究形成鲜明对照的是人种学研究，杜瓦勒认为它是课堂生态学范式下的第二种学术研究。教学的人种学研究借鉴了人类学、社会学和社会语言学的研究，因而是多变的和折中的，要简单描述它的特征是比较困难的。而且，由于它通常是从方法上而不是从实质上进行定义的，因此，确定它的边界常常比较困难。

对这个范式的一些有限的理解可以在博尔斯特(Bolster，1983)的一篇论文中获得。实际上，博尔斯特认为，在提出更有效的研究"模式"(即人种学研究)之前，教学研究很少对教学实践产生影响。博尔斯特认为，过去的教学研究之所以不是很有效的原因是，从业者和研究者定义教学的方式是用两种根本不同的方式，因此，研究者构建的知识很少能提供给教师以发展和应用于课堂教学。

2.3　盖奇(1978)

盖奇(1978)引发了关于教学研究范式的第三次讨论。他把范式描述为决定研究工作者的主要目的、问题、变量以及方法的核心方法和理论体系。

盖奇通过提出一种可选择的范式，即扩展的过程—产出范式，来回应杜瓦勒对过程—产出范式的批评(1978)。就像其名字的含义一样，盖奇的第二个范式与其说是过程—产出范式的替代物，不如说是在一个更大的过程—产出框架内将内在反应和杜瓦勒的课堂生态学范式有机结合起来的产物。盖奇还争辩说，杜瓦勒的其他两个范式不仅没有"削弱"过程—产出范式的基础，反而使它得到了"加强"。然而从概念上对二者进行辨析也是非常重要的。

盖奇并不是不赞成课堂生态学范式强调感知的观点(复杂的课堂情境呈现出各种各样的线索，会引起学生不同的反应)，也不是不赞成中介过程范式强调认知的观点(学生处理信息的方式存在个体差异)。他只是把课堂情境线索和学生对这些线索的内在反映看做是教师行为和学生产出变量之间的中介。

2.4　盖奇(1985)

现在，盖奇把范式定义为大量的概念、变量以及用相应的方法和手段解决的问题结合而成的一个结合物。根据盖奇的理论，一个范式可以把一群研究者聚集起来形成一个研究共同体，他们忠诚于这个范式，经常互相引用别人的研究成果，共同参加研讨会，并在一些相同的杂志上发表论文。

在他后来对范式的讨论中，曾出现一些混乱，这些混乱出现在20世纪80年代的“范式战争”中。例如，盖奇质问，是否存在概念和方法的堡垒，在堡垒中这些概念和方法把互相支持的研究者聚集在一起，排斥堡垒之外其他范式的拥护者？他对这一问题做出了肯定的回答，并概括了七种教学研究的范式：(1) 过程—产出；(2) 扩展的过程—产出；(3) 人种学的/社会语言学的；(4) 完美的教学风格；(5) 行为修正；(6) 交互式教学技术；(7) 教学设计。

前三种范式已经讨论过了。第四种范式，即盖奇所称的“完美的教学风格”，在传统上被称为教学方法的研究。对最好的教学方法的探索有一段与教师作用研究一样长的历史。尽管这项研究看上去关系非常紧密，但交叠的却非常少，原因是对教师和教学的定义方法不同。

在教师作用的研究中，单个的教师是研究的焦点，单个教师行为的差异与学生表现的差异密切相关。在教学方法研究中，研究的兴趣在于被教学方法描述的教学模式，而不是单个的教师行为，而且只有当教师忠实地执行教学方法时，个体的教师才变得有意义。

20世纪60年代两个方面的研究进展改变了教学方法研究的本质。第一，研究者逐渐对包括教师行为和教学方法在内的完整的个性化教学系统产生了兴趣。第二，根据克龙巴赫(Cronbach，1957)的研究结果，“什么教学方法最有效”这一问题被转化为了“什么教学方法对于什么类型的学生是最好的”这样一个问题。这个更为精练的问题导致了对性向—措施相互作用的研究，也导致了克龙巴赫和斯诺(Cronbach & Snow，1977)对教学方法学科的经典研究。

盖奇提出的最后三种范式是行为修正范式、交互式教学技术范式和教学设计范式，它们一起被组织在表1中。尽管它们中的每一个领域都对普通教育心理学和教学心理学作出了重要的贡献，但是他们对于主流的教学研究来说是不重要的。这三个领域的大多数工作导致了适用于特殊场景的教学技术的发展，但还需要进一步证明它们对课堂教学问题的更广泛的适用性。

2.5 舒尔曼(1986)

舒尔曼(1986)也写过一些关于范式的著作，他把范式定义为某一学者群体对一种概念框架的内隐的、无声的、普遍深入的认可。就像第一部分提到的一样，他也不同意像库恩那样因为社会科学拥有竞争性的思想流派而不是单一占优势的范式，就把社会科学的特征概括为“在发展上无能”和处于“一种前范式的延迟状态”(舒尔曼的说法)。相反，舒尔曼认为不同的思想流派是合理且健康的，并认为“研究程序”(Lakatos，1970)的概念可以更好地概括社会科学的特征。舒尔曼概括了教学研究的五种范式(或者研究程序)：(1) 过程—产出；(2) 时间和学习；(3) 学生认知和教师调节；(4) 课堂生态学；(5) 教师认知和决策。

他对范式的广泛而综合的介绍概括了不同水准的研究成果，他的五种范式的基本架构和前面的四种讨论有着密切的联系。舒尔曼明确认识到了前三个范式之间的紧密相关性，认为“时间和学习”范式和“学生认知”范式都是“传统的过程—产出范式中的基本构成成员”。的确，“时间和学习”范式与“学生认知”范式都聚焦于影响学生发展的各种变量上，因而和盖奇(1978)的“扩展的过程—产出”范式相符合。除了把课堂生态学范式的研究限制在人种学的方法上之外，舒尔曼的课堂生态学范式和杜瓦勒(1978)的课堂生态学范式几乎是完全相同的。

舒尔曼的第五个也是最后一个范式，即教师认知和决策范式，是对扩展的过程—产出范式的合乎逻辑的发展。这个范式的主要内容包含了教师对学生和教学的信念、他们在规划教学时的思维过程与做出的决定以及在实施教学过程中做出的各种决定(Clark & Peterson,1986)。它聚焦于盖奇(1963)确定的四种变量之一。与韦纳和马克思(Winne & Marx,1977)的提议相类似，通过向扩展的过程—产出范式中增加这种变量，便形成了如下所示的因果顺序：教师认知→教师行为→学生获得暗示并做出解释→学生的内在反应→学生行为。

2.6　对教学研究范式的总结

表2按照三条线索(教学、情境和指导)和两个方向(外在的、内在的)把前面所述的各种范式组织成六大类。它们因聚焦的基本内容不同而呈现出差异：教师和学生(教学)、环境(情境)以及方法的变化(指导)，也因定向不同而产生变化。内在定向的范式主要集中于参与者的认识过程以及因即时环境特征而引发的目的意图。与此相反，具有外在定向的范式则主要集中于即时环境的特征以及在这种环境下参与者的行为。

表2　教学研究的范式

方向			
		外在的	内在的
内容	教学	过程—产出	扩展的过程—产出
	情境	生态心理学	人种学
	指导	教学方法：性向—措施相互作用	教学心理学

这六种范式和表1中右边标注的那些范式是一样的。合在一起，这两个表格表明了教学研究发展的历史以及当前教学研究中大量的方法在概念上的组织结构。

外在的和内在的定向反映了观察人的两种基本方式：通过他们的行为或者通过他们的思想。在不严格的意义上，这两种定向也可以被看做是行为定向和认识定向。有趣的是，我们可以看到这两种相对的方式与库恩(1970)在社会科学中关于范式2的观察是一致的。库恩注意到，与学生在自然科学领域学习的教科书知识相反，社会科学的学生必须经常关注思考他未来的同行们目前正致力于解决的各种各样的问题。更为重要的是，在他面前常常会有许多相互对立

且无共同尺度的解决问题的方法,需要他从自己的立场出发从根本上对它们进行评估。

3. 结论

在许多社会科学研究文献中,范式的概念被随意地使用,已经造成了一定的混乱。范式1和范式2还没有明确地区分开来,范式概念在社会科学中的适用性还没有充分地被证明,在关于范式的讨论中大量的有关方法论的问题已经变得纠缠不清。

例如,人们普遍使用范式的概念来区分教育研究方法上的不同,在这点上,盖奇(1989)描述的"范式战争"就是一个典型的例子。然而,在库恩的思想中,很少把方法论作为范式的基本特征。事实上,库恩把范式的特征描述为理论、模型、价值观和典范,他的关于在科学革命时期范式变换的案例全部都是理论上的改变而不是方法上的改变。无论用以区别研究方法的价值观是什么,那些做出这种区别的人可能都不应该把他们的研究归入库恩的范式。

由此看来,或许我们也需要谨慎地想一想,范式的概念是否适合用来组织教学研究领域。概念也许可以给我们提供方便,但是在应用上存在固有困难的概念,往往导致教学研究者之间不必要的分歧。如果库恩关于"社会科学的主要特征是观点一致而不是范式相同"的论点是正确的,那么,现在也许就是着手研究这一问题的时候了:在那些旨在理解课堂中教师与学生的行为和认知的研究尝试中提出的各种观点的本质是什么。

(曾继耘　译)

教学的综合研究①

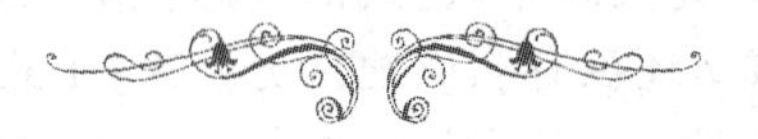

邓金

作者简介

邓金(M. J. Dunkin),澳大利亚著名的教学理论研究者,曾为麦考瑞大学教育学院高级讲师,现为澳大利亚新南威尔士大学(The University of New South Wales)教育学院教授。主要研究领域为:教师教育与教学研究方法。代表性论著有:主编国际教学与教师教育百科全书(*The International Encyclopedia of Teaching and Teacher Education*,1985,1987);合著:《教学研究》(*The Study of Teaching*,1974)、《课堂研究:教师、教学与指导研究》(*Research in Classrooms The Study of Teachers Teaching and Instruction*,1989);独著:《研究方法概论》(*Introduction To Research Methods*,2000)、《教学研究》(*Researching Teaching*,2009)等。

选文简介、点评

20世纪70至90年代,关于教学的综合研究已经成为一个重要的、引人关注的话题。进入21世纪以来,随着教学研究愈来愈重视研究本身的可靠性和有效性,教学研究的方法开始出现了综合化趋势,主要表现为:第一,哲学方法、科学方法和艺术方法的综合运用;第二,量化研究与质性研究的互补与融合;第三,借用其他学科研究方法,如现象学方法、解释学方法、控制论方法、发生学方法、传播学方法、系统论方法等的趋势日益增强。

邓金这篇关于教学研究的文章即从综合研究的视角对教学研究方法进行了比较深入的梳理与分析。文章首先指出了对教学进行综合研究的重要性和必要性。鉴于以往众多教学研究的结论并非都能支持既有假设,甚至基于同一主题的不同研究结论和观点往往相互矛盾这一事实,比如,研究得以进行的社会文化背景不同、研究所用的概念和方法论不同都可以让同一项教学研究得出完全不同的结论,进而会影响到依据教学研究结论而进行教育实践的后果,因此进行教学综合研究是非常必要的,其目的旨在尝试解决现存研究结果之间的矛盾。

---

① [瑞典]T. 胡森,[德]T. N. 波斯尔斯韦特. 教育大百科全书·教学与教师教育(第八卷)[M]. 重庆:西南师范大学出版社;海口:海南出版社,2006:108-112.

文章接着介绍了目前流行的五种综合研究方法：叙述法、计量法、运用合并方法进行显著性测验的方法、元分析或效果质量方法、质的综合研究法，对每种方法都介绍其主要人物、评论及优缺点。

在此基础上，文章利用三个案例——教师间接指导与学生学习成就关系、教师所提问题的认知水平与学生成就的关系、开放课堂教学对学生学习的影响——对不同的综合研究方法进行了比较，结果发现：综合研究所采用的程序会影响研究的结果，即一种综合方法研究效果不显著时可以考虑使用其他综合研究方法或联合使用两种及以上综合研究方法，往往研究结果的效度会更高。因此，随着对原初的教学研究进行的综合研究越来越多，对综合研究的再研究也开始普及。

学习与研读这篇文章，不仅可以对教学的综合研究方法及其各自的优劣势和研究适用范围有了清晰的认识，而且从该文的开放式结论中可以看到教学综合研究未来发展的方向：因为教学研究的复杂性特点决定了在教学研究中所采用的方法应是一个方法的组合和体系，具有多元性或综合性的特点。教学研究方法体系的综合性，集中体现在它需要哲学方法、科学方法和艺术方法的综合运用。目前的研究者都应该明白有效的教学综合研究其实就像调制一杯"鸡尾酒"，我们的主要任务不是再去无谓地强调哪种单一的"酒"最好，而是找到一个更好的"配方比例"和"程序"，才能为不同的"主题晚会"调制出适合气氛的最佳"鸡尾酒"。研究者们通过更为有效的教学研究方法才能得出更为可靠的研究结论，才能更加科学客观地判断出自己的研究结论与他人研究结论之间的关系，才能更加明确这些研究的目的及合理性，才能为教育决策者提供最好的建议和行动依据。

（撰写人：陕西师范大学教育学院课程与教学系博士生导师陈晓端教授、博士生吴耀武副教授）

选文正文

每年都有上百项的教学研究项目完成。国际会议上有许多教学研究的论文。成打的学术期刊发表着有关教学研究的文章。几本完全手册把千页的篇幅留给教学研究。所有这些研究的目的是什么？担负着为教育实践做决策的人如何从这庞大数目的研究中得到最好的建议？研究者自己研究得出的结论是怎样建立在20世纪发表的如山一样的研究成果之上的？这些问题是那些力图对教学作综合研究的人提出的。在20世纪70至90年代，关于教学的综合研究已经变成了一个重要的、引人争议的研究主题。本词条介绍几种不同的方法，对每一种方法都介绍其主要人物、评论、优点及缺点。

1. 对教学进行综合研究的重要性

任何研究主题，无论是"硬的"自然科学，还是"软的"社会科学，其结论在不同的研究中总是不同。结论有时能支持既有的假设，有时却不能。结论对假设的支持，有时是有力的，有时又是很微弱的。有时一项研究的结论确实与另一项研究的观点相矛盾。导致这些现象的原因是很多的。

研究得以进行的社会及文化背景在研究结果的获得中扮演着重要的角色。例如，在某些文化背景下，孩子向成人（例如教师）提出问题，被认为是不礼貌的。因此可以预料，研究将会发现，在这种文化背景下，学生在课堂上提出问题的频率要远远少于另一种文化背景下（不存在提问的礼貌问题）的学生。

检验某个假设或回答某个问题的研究结果，依赖于研究所用的概念及方法论的不同。例如，教师在课堂上经常问一些文法问题。探究教师提问与学生学习间关系的研究者，就得决定是否去解释类似的问题。他们的研究结果部分地依赖于他们所做的决定。

想要以一种艺术的状态去研究教师问题或其他教学问题的研究者，必须意识到这些类型的变量并开发出相应的程序以便得出普适的结论。同样，从研究中寻求指导的教育实践者必须了解这些因素对研究结果的影响。当人们根据不同的、错误的研究结果来行动时，可能会导致灾难性的后果。另一方面，有着显著提高的专业实践则得益于综合研究的适当结论。

贾科尼亚和赫奇斯（Giaconia & Hedges，1987）声称，综合研究有三个目的：(1) 概括多种研究的结果；(2) 评价不同研究结果的一致性；(3) 解决不同研究间结论的矛盾。而且，他们认为，综合研究的“谨慎从事”从以下两个主要原因来说是重要的：首先，旨在寻找科学基础的教学效果研究，其目的之一在于积累知识。因此，这一领域应该在对其他研究进行综合研究（积累有关某一主题的知识）的方法中保持同样的严格程度，即这种综合研究必须对最初的研究进行研究。第二，综合研究的实践应用显示出在研究过程中保持高标准的重要性……将研究主题与证据相联结以及解决常有的研究结果间的矛盾的综合研究方法是非常重要的，它能帮助公共政策制定者在获得某种处理方法的真实影响是什么、变量间的关系的真实程度是什么之后，并得出正确的结论。

2. 综合研究的方法

贾科尼亚和赫奇斯（1987）总结了综合研究的四种方法：叙述法、计量法、运用合并方法进行显著性测验的方法以及元分析或效果质量方法。此外，还有由沃尔博格（Walberg，1986）所提倡的质的综合研究法。

2.1　叙述法

叙述法“是对研究课题及特殊主题的言语描述，常按每项研究的开始时间以及得出结果的时间顺序来排列”（Giaconia & Hedges，1987）。沃尔博格（1986）称叙述法为“综述”，以区别于“综合研究”，因为它们很少对研究进行量化分析。然而，他们经常对研究进行概述和评价。麦高（Mc-Gaw，1985）称叙述式研究是“传统的”，在这个过程中，他看到了“必要的指导”而缺乏方法上的独特性。他举了一个例子：不同的综述者用同样的研究去支持相互矛盾的结论。

麦高认为,叙述法最大的问题是如何处理大量的相关文献,并在一般方法论的基础上做出选择。尽管存在这些缺陷,贾科尼亚和赫奇斯却看到了叙述法的优点:(1)"对研究特征的细致、丰富的描述",是那些"严重依赖于报告结果的方法"所不能提供的;(2)按时间顺序来表述研究课题,能够指明有关某一主题知识的演进情况;(3)综合2~3个没有直接关系的研究领域的能力。

比德尔和安德森(Biddle & Anderson,1986)将传统的综述看做是为读者提供以下的好处:

> 便捷地从会议中得到的资料,对这一领域的概念化指示,在已发表的研究中讨论方法论的优劣,对资料中的主要发现及难题进行概述,为解释性理论的构建提供建议,通过对初始资料进行探索发现更多的信息……它们可能……帮助初学者转向这一领域,使读者警惕沿用至今研究中存在的弱点。

当然,叙述法也有缺点,正如雅克松(Jackson,1980)所发现的,当他分析了87篇综述文章后,发现这些研究的程序几乎没有什么不同。韦克斯曼(Waxman)和沃尔博格(1982)分析了19篇关于教学过程—结果的综述,也得出了同样结论。

2.2 计量法

计量法,也被称为"计分法","基于报告结果的指向及统计显著性对研究进行分类"。莱特(Light)和史密斯(Smith)对计量法的看法是:

> 对所有根据一个依存变量和一个特殊的独立变量得到资料的研究进行检验,可以确定三种可能的结果。独立变量与依存变量之间存在着显著的正相关、负相关,或无显著相关。与这三种结果中任一种相符的研究的数量,就被计数了。如果有大量的研究属于其中一种情况,而很少的研究属于另外两种情况,那么,这种分类模式就是赢者。这种分类模式也被看做是对独立变量和依存变量间真实关系的最好评价。

贾科尼亚和赫奇斯(1987)认为,计量法是研究独特主题的课题数量的。他们认识到了这种方法在速度及描摹方面的优势,但认为这种方法在信度方面存在缺陷,不能指明影响的规模、不能解决矛盾的结果、不能评价结果间的一致性。麦高(1985)认为,计量法对结果极为重要,所得结果很大程度受样本规模的影响,以至于"从大量的研究中得到的结论,将被描述为一个简单的结果,即它们有统计意义",而且,关于数量的一般解释可能是错误的。在这一点上贾科尼亚和赫奇斯得出结论说:"为了样本规模及效果显著(教学效果研究的典型意义),增加捆绑在一起进行研究的课题数目,那么计量法做出的处理结果的可能性会趋于零!"

2.3 运用合并方法进行显著性测验的方法

这种方法要"合并关于同一个研究问题而进行的若干研究的显著性(如p值),或合并那些通常用来描述显著性的统计指标"(Giaconia & Hedges,

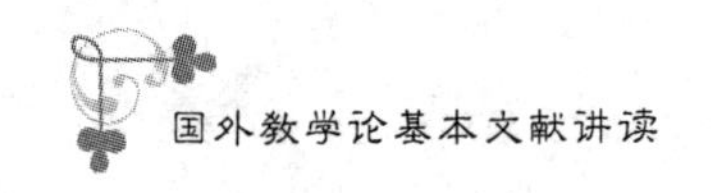

1987)。罗什先(Rosenthal,1978)对这些方法进行过详细的描述,包括加入表格、p's、t's、Z's、Z's的加权值以及检验p和Z的平均数这样一些程序。结合显著性测验的方法,通过集中若干研究的样本数,从而减轻初始研究中样本规模小的问题,因而增强其处理结果的可信度。贾科尼亚和赫奇斯(1987)验证了三种方法,他们也承认,这种方法掩盖了不同研究结果之间的不一致性,不能指明处理效果的显著或者变量之间的相关度。

2.4　元分析或效果质量方法

"元分析"这个词最早由格拉斯(Glass,1976)用来指称用量化的和统计学方法所做的综合研究。从那时起,这个词就主要被用于效果显著性的统计方法中,即贾科尼亚和赫奇斯(1987)将之确定为"一个经过标准化处理的数字指标,能显示处理效果的强度,也可反映不同研究中的变量,或从研究中得出的独立成果间的关联程度"。可以将一些研究合并起来计算一个关于处理效果及相关程度的总体指标。通常最常用的指标是相关系数和平均数的标准误差(有效范围)。

这些指标的普遍价值有这样的优点,即不依赖于样本规模,也不依赖用于测量依存变量的任何特殊测验的改变。科恩(Cohen,1969)提出了用于评价由相关系数的普遍性来标示的效果显著性的指标:

最小的效果:0.1

中等效果:0.3

最大效果:0.5

要达到的效果大小:

最小的效果:0.2

中等效果:0.5

最大效果:0.8

贾科尼亚和赫奇斯(1987)解释了这些指标在评价单个研究效果、综述研究结果及解决不同研究结果的矛盾性方面的价值。但当它所具备的优点不适用于其他研究时,不可避免地招致了批评。例如,比德尔和安德森(1986)指出了元分析的六个潜在问题:

如果人们只是关注结论和有效的证据,如果只是在术语、概念及方法间建立简单的关系,如果对偏差案例不感兴趣,如果对理论特别不感兴趣,以及——所有这些——如果人们只想从研究中获得简单的结论,那么,元分析是有吸引力的。一旦人们开始质疑这些假设,元分析就变得不再有魅力了。

对元分析最尖锐的评论之一是斯莱文(Slavin)写的一段话:

就我的判断而言,元分析表达了科学的一定的古旧色彩,使得许多读者忘记了元分析不比原来的研究好,使得读者关注于一些不合格的效果。当然,如果在元分析的过程中不考虑互动以及不创设变量出现的条件的话,这些结果通常是不能被确切地理解的。

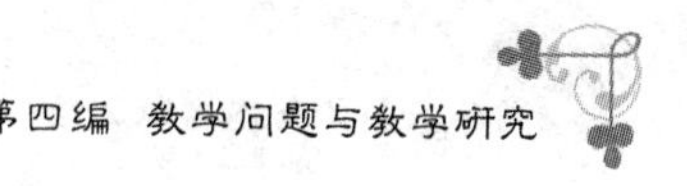

麦高(1985)注意到用于元分析的独立变量的概念的同质性问题,通过观察“在任何综述中研究的原始数据不被准确调整,只要被认为是‘水果’就用来统计‘苹果’和‘橘子’一共有多少”。贾科尼亚和赫奇斯(1987)认为,对元分析的许多批判也适用于其他方法。

2.5 质的综合研究法

米莱什与休伯曼(Miles & Huberman,1984)认为,质性研究者需要发展出能与他人共享的、明确的方法去获得综合研究的结果。沃尔博格(1986)观察到,一些质性研究者试图从多个案例研究中得出概括,但据引证,格林(Green,1982)是他知道的对教学进行综合的案例分析时唯一提出并使用了一种明确方法的研究者。对这一方法做了扼要的描述之后,沃尔博格评论道:格林报道了“许多深入细致的、有用的观察,而这些观察能够显示出其对不同情境和研究的概括”。

3. 对教学的综合研究

运用多样的方法(不只是叙述法)对教学进行综合研究的努力,可能始于罗什先(1971)采用计量法进行的研究。很快,其他研究也开始这样做,20 世纪 90 年代早期,以这些方法进行综合研究的几十篇报告及几本书已出版了。

3.1 不同综合研究方法的比较

在教学综合研究方法的发展方面,最有意思的一个研究是有关教师间接指导与学生成就关系的一项研究。邓金与比德尔(Dunkin & Biddle,1974)将叙述法与计量法相结合,综合了 29 项对此关系作研究的研究报告。这些研究中的 20 项一致提到了这一领域的线性关系。邓金与比德尔发现,20 项研究的大多数(15 项)不存在显著相关,有 10 项存在显著的正相关(运用 2 种不同方法对间接指导进行测量所得到的结果表明,其中 5 项在 2 种方法中都有显著的正相关)。盖奇(Gage,1978)运用了显著性测验程序对上述提到的 19 项研究结果进行了综合研究。他发现,在这些研究中,两个变量间存在着显著的统计学关系(Glass, et al.,1977)。运用元分析对这 19 项研究进行综合研究,发现从幼儿园到 6 年级,相关性非常小($r=0.16$),但从 7 年级到 12 年级,存在中等相关($r=0.30$)。这一事件表明,综合研究所用的程序,影响研究的结果。贾科尼亚和赫奇斯(1987)似乎认为,格拉斯的元分析在 3 种方法中是最有价值的,因为它提供了一个效度指标,同时发现了研究背景与结果的关系。

同一研究选择不同方法的第二个例子是,教师所提问题的认知水平与学生成就的关系。起初,温(Winne,1979)将叙述法和计量法相结合,并将其用于 18 个实验。他发现,15%的实验结果不支持高认知问题,25%的实验支持事实性问题,60%什么也不支持。当然,温无法对二者间(问题的认知水平与学生成就)关系得出一个“有力的结论”。两年后,雷德菲尔德与鲁索(Redfield & Rousseau,1981)报告说,他们运用元分析对最初的 18 项研究中的 13 个进行了研究,其相关性是 0.73,这表明,对高认知问题的喜欢度是中或高的。

用不同方法对教学进行综合研究的第三个例子是，开放课堂教学对学生学习的影响。霍维茨（Horwitz，1979）、彼得森（Peterson，1979）和赫奇斯等人（1981）展开了这一研究。霍维茨运用计量方法总结了大约200项研究的结果，大多数研究是将开放教育模式与传统教育模式进行对比。他总结道：就学术成就、自我概念、焦虑与调适以及控制结果等方面而言，两种方法不存在显著差异，但就对学校的态度、创造性、独立性与自信、好奇以及合作等方面，结果显示，开放教育模式更有效。

彼得森（1979）运用元分析对霍维茨分析过的45项研究进行了再研究。她没把霍维茨研究中涉及的但不具统计意义的博士论文或研究放在内。她发现，就大多数学生的学习结果来看，两种方法都没有多大意义。就数学、阅读以及写作成就而言，虽然传统教育模式更好些，但也只有0.1的效度。对于控制及焦虑的效度是趋于零。开放教育模式在创造性、对学校的态度及好奇心方面效度稍高，平均在0.1到0.2之间。开放教育在独立性、对教师的态度方面效度最高，平均在0.33到0.5之间。

最后，赫奇斯等人（1981）运用被彼得森（1979）改良过的元分析，并在后者的样本中加入了大约90篇博士论文进行研究。就学生的调适、学生的态度、好奇心以及一般心智能力而言，赫奇斯等人发现，平均效度大约在0.2，并且都支持开放教育模式。就合作、创造性以及独立性而言，平均效度在0.25到0.33之间，也支持开放教育模式。对于语言、数学以及阅读成就而言，虽然结果支持传统教育模式，但平均效度几乎近于零。

贾科尼亚（1987）对这三种研究做了如下概述：

首先，一般而言，开放教育相对于传统教育而言，更支持非学术成就测验。传统教育仅在传统的学术测验方面比开放教育有效。就许多学生的学习结果而言，在开放及传统教育模式之间，存在零差异。第二，这些一般结论……必须认识到这样一个事实，即开放教育模式的效果是极易变化的。

3.2　对教学综合研究的综合研究

布罗菲（Brophy，1989，1991）及韦克斯曼（Waxman）与沃尔博格（1991）的著作中包括了大量的有关教学综合研究的例子。此外，巴尔（Ball，1991）综合了关于教师学科知识方面的研究，而史密斯与尼尔（Smith & Neale，1991）则收集了有关教师学科知识在初等科学教学中的研究案例。现在已经到了这样一个阶段，因为对原初的教学研究进行的综合研究是如此之多，以至于对综合研究进行再综合的研究已经变得很普及了。贾科尼亚（1987）的研究是一个很好的例子，当然，也有其他人的研究。也许，最全面、最好理解的是安德森与布恩斯（Burns）的研究（1989）。

在其著作的最后一章，安德森和布恩斯把他们的研究定位为“对研究综述的综述”。20世纪70年代到80年代之间，有关教学的研究获得了急剧的增长，在这种情况下，安德森和布恩斯决定，用早期在7项研究中曾经用过的综合研究方法来对教师、教学以及教学活动进行概括性的研究。经过努力，安德森和布恩斯在教师研究、教学及教学活动方面分别得出4个、5个、5个结论。以下是每一项研究结论的列举：

对于什么是优秀的、好的或有效的教师，还没有普遍认同的定义。

教师特质不能直接由学生成就来界定。

教师从新手到专家的进步，要经历几个可预期的阶段。

教师在课堂上扮演着中心的、指导的及积极的角色。

个别的教学行为差异与学生成就差异并不存在确定的关系。

把教学看做是功能性的而非行为性的观点，更能导致对教学的一般理解，特别有利于有效教学的创设。

学科内容的教学，隐含着教学活动的某些其他成分——如果不是全部的话。

当课堂以讲授、复述、作业为主时，通过改变形式来提高学生的成就水平是微乎其微的。

教学活动的时间、内容以及活动的步调与学生的成就水平相关。

4. 结论

几十年的教学研究，几乎没得到什么概括性的结论，人们可能会相当失望。安德森和布恩斯(1989)认为他们的结论是“相当保守的”，而且肯定会有人不接受这种保守。例如，王(Wang)与沃尔博格(1991)考察了1000多位教育学家的观点，得到了大约40项他们认为“极其重要”的、有关教学活动及教学的变量，但是，沃尔博格(1986)认为他的“对10年来教育研究的有选择的概述”并未取得“令人印象深刻的”结论。基于众多专家不一致的观点，似乎可以得出这样的结论：对教学的综合研究需要学者们对用于综合研究及再综合研究的程序及方式进行探讨。

(郭　华　译)

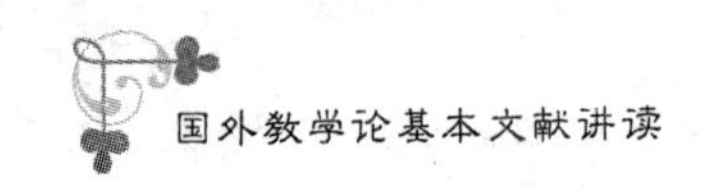

专题拓展阅读文献

1. [美]Ellen Osmundson. 理解课堂中的形成性评价[J]. 何珊云，王小平，译. 全球教育展望，2012(4).
2. [日]佐藤学. 教学研究的诱惑[J]. 钟启泉，译. 教育发展研究，2003(10).
3. [美]Fetterman，林阳. 使能评价：从评价中学习 [J]. 全球教育展望，2002(10).
4. [英] Alison Wolf. 标准参照评定的问题[J]. 王斌华，译. 外国教育资料，1994(6).
5. [苏]斯卡特金. 怎样对教育过程进行科学研究[J]. 杜殿坤，编译. 外国教育资料，1992(4)—(5).
6. [日]欢喜隆司. 学科教学中的基础知识、基础学力与评价[J]. 钟启泉，译. 外国教育资料，1991(3).
7. [苏]潘切什尼科娃. 论教学法研究中的系统观点[J]. 杜殿坤，译. 外国教育资料，1986(2).
8. [苏]马赫穆托夫. 教学中的研究问题原则[J]. 蒋荣椿，译. 教育理论与实践，1985(5).
9. [苏]克里沃莎波娃，西柳季娜. 论教学中的检查与评定[J]. 黄慧珍，摘译. 外国中小学教育，1984(1).
10. [苏]巴班斯基. 最优化的实质和标准[J]. 李玉兰，译. 比较教育研究，1983(5).
11. [苏]巴班斯基. 教学教育过程中要注意学生的年龄特点和个性特征[J]. 李玉兰，译. 比较教育研究，1983(1).
12. [英]C. K. Napper. 教学评价和美国心理学家 B. S. 布卢姆的学习分类[J]. 张学忠，编译. 比较教育研究，1983(2).

第五编

现当代教学理论流派

不论我们选教什么学科，务必使学生理解该学科的基本结构。

——布鲁纳

我们要激励教师在他们试图去决定事物合理性、证明思想和行为正当性时，积极进行反思性教学，以期对事物和现象产生新的理解和评价。

——维勒

专题导论

本专题共选文献四篇，涉及四个国家四位学者的教学理论或对某种教学理论的论述与评析。文献类型包括著作节选和独立论文两种。本专题选文涉及被誉为现代教学论三大流派的“学科结构教学理论、促进一般发展教学论和范例教学论”以及当代流行的建构主义教学理论和反思性教学理论。下面按照选文排列顺序对其内容作概要介绍与评析。

第一篇选文是《学科结构教学理论》，节选自美国教育家布鲁纳所著《教育过程》（邵瑞珍译）一书。题目是本书编者所加。

文中，布鲁纳首先提出了学习行为的目的在于：“不但应当把我们带往某处，而且还应当让我们日后再继续前进更为容易。”布鲁纳认为，学生所学到的概念，越是基本、普遍，对新知识或新问题的适用性就越宽广。因此他主张“不论我们选教什么学科，务必使学生理解该学科的基本结构”，并强调学校课程改革要忠于学科的基本结构。

为什么要学习和教授学科的基本结构呢？布鲁纳提出四点理由：(1) 懂得基本原理使得学科更容易理解。(2) 可以更好地记忆科学知识。高明的理论不仅是现在用以理解现象的工具，而且也是明天用以回忆那个现象的工具。(3) 掌握了基本概念或原理，是通向适当的“训练迁移”的大道。(4) 能缩小“高级”知识和“初级”知识之间的间隙。

关于课程设计，布鲁纳提出：“必须使任何特定学科的最优秀的人才参加到课程设计中来。”布鲁纳提出了一个“思考课程本质的一个必要的假设”。他说：“任何学科的基础都可以用某种形式教给任何年龄的任何人。”为了论证这个假设，他先从儿童智慧的发展来考察。在儿童智慧的发展上，书中直接引用了皮亚杰等人的研究。

布鲁纳主张学科内容的安排上，应该是“螺旋式课程”。布鲁纳基于以上的见解，认为“给任何特定年龄的儿童教某门学科的任务，就是按照这个儿童观察事物的方式去表现那门学科的结构”，使之能有效地教给任何发展阶段的任何儿童。这也正是为什么在20世纪80年代，我国学者将他的课程与教学理论概括为“学科结构理论”的理由所在。

布鲁纳的“学科结构理论”与苏联赞科夫的“促进一般发展理论”以及德国W.克拉夫基和M.瓦根舍因等人倡导的“范例教学理论”曾被我国学者誉为现代教学论三大流派，对我国的教学理论研究产生过很大的影响。

第二篇选文是《一般发展教学理论》，节选自苏联教育家赞科夫所著《教

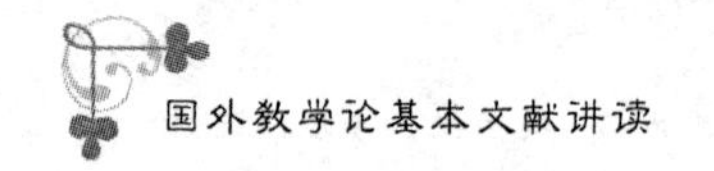

学与发展》(杜殿坤等译)一书。题目是本书编者所加。

任何科学研究的目的,都在于揭示事物或现象的客观规律性。赞科夫从事教学与发展关系问题的研究,目的就是“揭示教学与发展关系中客观的教育学规律性”。

赞科夫认为,研究教学与发展的关系问题,最重要的是探索和论证那些能够使学生达到理想的一般发展的教学途径。这里必须判明两个主要问题:一是什么样的教学结构能够促进儿童理想的一般发展,二是如何研究儿童的一般发展。

为了顺利地开展实验研究,必须运用正确的方法。赞科夫在实验研究过程中,强调以马克思列宁主义哲学方法论作为方法论基础。他认为研究必须贯彻整体性原则、全面性原则以及具体性原则。

赞科夫教学论的中心思想,就是“以尽可能大的教育效果来促进学生的一般发展”,或者说,“致力于探求新的途径去促进学生的一般发展”。在他看来,促进学生一般发展的内容主要应该包括:观察能力的发展、思维能力的发展与实际操作能力的发展。

在“以尽可能大的教育效果来促进学生的一般发展”的思想指导下,赞科夫提出五条教学原则,分别为:以高难度进行教学的原则,以高速度进行教学的原则,理论知识起主导作用的原则,使学生理解学习过程的原则以及使全班学生包括差生都得到发展的原则。

综上,我们可以把赞科夫在《教学与发展》一书中所体现的教学理论概括为一个观点、三个方面和五条原则。

第三篇选文是《范例方式教学理论》。基于克拉夫基的论述,范例教学的基本思想主要包括:组织教养性的学习,促进学习者的独立性,即引向连续起作用的知识、能力和态度。

范例方案的大部分构思是以这一目标观念为基础的,即在校内或校外机构中的学习应当帮助学生获得独立性以及批判认识、判断和行为这三方面的能力,从而也获得主动地继续学习的能力。范例教学内容在相当大的程度上必将是广泛地交织在一起的个人和社会——政治生存的关键问题。

克拉夫基认为,在范例教学中,通过一个或若干个有关知识、方法和态度的范例所学到的,首先是初步观念、新获得的一般性解释和观察方式、可作潜在概括的方法或运动结构,等等。简而言之,这一切乃是具有较大或较为有限的概括性的一般。这一般,一方面必须加以保持和巩固;另一方面其所及的范围和作用必须得以证明。

从克拉夫基的论述中，我们可以看出，一般和特殊的关系是范例教学构想的基础，以各种不同的形式出现于各种不同的问题范围以及交叉学科和特种学科的关系之中。一般与特殊的关系对于范例教学而言通常是基本的关系。

第四篇选文是《反思性教学理论》。此部分内容是西班牙学者维勒为瑞典胡森和德国波斯尔斯韦特所主编的《教育大百科全书·教学与教师教育(第八卷)》中撰写的关于"反思性教学"的词条。文中，维勒对反思性教学的若干理论与实践问题进行了概要地论述，为我们提供了一个认识与理解反思性教学的基本框架。

文中，关于反思性教学的本质，他指出，反思性教学指的是一个批判分析的过程。它能够帮助教师发展逻辑推理能力、思维判断能力及反思的支持性态度。所以，反思性教学既包含认知因素，也包含有情感因素。在一个大的结构框架内，反思性教学被视为一个强调需要理解和解决矛盾的理论，以此促进教师更加专业化的发展。

关于反思性教学的过程，他告诉我们：基于哈贝马斯(Habermas)的理论，范马嫩(Van Manen)认为，反思发生于三个不同的阶段。这些阶段与三种形式的知识及相关联的认知兴趣相一致，它们是：专业技术合理性、实践行为及批评性反思。

文中，维勒对学生教师如何成为反思性教师也进行了说明：即要通过整套明确的领域经验和发生在三个阶段内的相应的讲习班来实现批判性反思的目标。在第一阶段，领域经验和教育研究要使教师能够将他们工作的环境问题化(即提出问题而不是解决问题)。通过小组对话的形式，教师能将实践中他们所期望解决的难题及困惑问题化。在第二阶段，领域经验能够为教师提供一个机会对其他教师的教学进行观察，并同另一位教师共同讨论他们的观察结果。在第三阶段——探索性实验——鼓励实习生从不同视点考虑问题，根据问题情境的特点而进行重新建构，将所有问题解决方法都视为可能，并能有意地创造一个结果，对所有试图解决问题的方法的影响实施监控。最后，维勒还为我们提供了促进反思的策略，主要包括：记录、日志、个案记录、设法达到的情境、工具反馈、电子反馈、隐喻、平台。

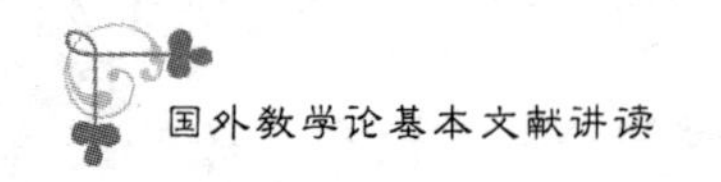

学科结构教学理论[1]

布鲁纳

作者简介

杰罗姆·西摩·布鲁纳(Jerome Seymour Bruner,1915—　),美国著名的心理学家和教育家。他应用结构主义的方法论和认知心理学的研究成果,阐述了认知、发展和教学统一的教育观,构筑了以认知心理学研究为基础的教学理论,对美国 20 世纪 60 年代以来的科学教育改革实践产生深刻的影响。他认为学校教育的主要目标应是最好地促使学生的智力发展,获得各种优异才能,在教学方面倡导发现法,要求重视学生学习信心与主动精神的培养。其代表性著作有:《教育过程》(1960)、《教学论探讨》(1966)、《教育的适合性》(1971)以及《教育文化》(1996)。

选文简介、点评

面对浩如烟海的学科知识,教学论专家和教师们一直在不懈地探索如何组织教学内容,才能使这些极其丰富的学科内容成为更经济、更富于活力的东西,也才能使学生更方便、更快捷地学习知识,并能够长期记忆,以利于提高教学质量和教学效益。如何设计和编制课程?教师应教会学生采用何种方法学习?教学怎样适应儿童的智力发展?学生的学习行为涉及哪些过程?这些成为教学论研究孜孜以求的焦点问题。美国著名的教育心理学家布鲁纳在他的学科结构教学理论中对这些问题进行了深入地探讨。他认为教学活动应该能最大限度地促进主动学习,形成认知结构,因而他主张编制螺旋式课程,采用结构教学观和发现教学法,使学生的学习符合知识获得、转换和评价的规律。

布鲁纳认为学习的目的是为未来服务,而实现服务的方式有两种:特殊情境迁移和原理迁移。原理迁移关系到学科的基本结构,学科基本结构包括学科的基本概念、基本原理及其内部规律等,越是掌握学科的基本结构就越有利于在新情境中的迁移。因此,“布鲁纳提倡将学科的基本结构放在编写教材和设计课程的中心地位”,并考虑将教材分成不同的水平与各层次学生的接受能力

---

① 原文来源:Jerome S. Bruner. The Process of Education[M]. Cambridge Massachusetts: Harvard University Press,1963.

译文来源:[美]布鲁纳. 教育过程[M]. 邵瑞珍,译. 北京:文化教育出版社,1982:36-66.

相匹配。课程设计必须使各学科最优秀的人才参与进来，还要得到中小学教师、职业作家、电影制片人、设计师等的支持。他进一步认为要想顺利学习某一学科的基本观念，不但要掌握基本原理，还要培养良好的学习态度，而实现这种教学任务的方法则是“发现”。“发现法”的具体做法是提出课题和提供一定的材料，引导学生自己去分析、综合、抽象、概括、验证、得出原理。通过“发现法”不是去学习死的知识，而是发现结构，其实质就是如何形成良好的认知结构，其目的是要求学生“学会学习”，即培养学生的能力，发展智力。“发现法”的特点是重视学习过程而甚于学习结果，要求学生个体自己去体验、认知，要求学生主动参加到知识的形成过程中去。布鲁纳总结了学科结构教学的优点：(1) 教授学科的基本原理有利于学生理解学科的具体内容。(2) 有助于学习内容的记忆与回忆以及学生良好的认知结构的形成。(3) 有利于迁移。(4) 能够缩小“高级”知识与“初级”知识之间的差距。他还强调考试不应重在测验“学科的琐碎方面”，那样会鼓励不连贯的教学和机械式学习，考试设计应着重测验学科的一般原理。

布鲁纳的学科结构教学理论是以皮亚杰的“发生认识论”作为最直接的心理学理论来源的，他认为儿童有自己看世界并赋予解释的独特方式，教学就是要按照儿童观察事物的方式去阐述那门学科的结构。所以他主张“任何学科都能够用在智育上是正确的方式，有效地教给任何发展阶段的任何儿童”。由此可见，“布鲁纳的教学过程理论是以儿童的智力发展的过程为依据的。他认为儿童的认知发展过程一般是从动作到意象再到符号的转换，因而知识发展中有三种再现形式，即动作式、图像式、符号式。”他指出教授学科概念可以超越儿童认知发展的自然过程，这样有利于儿童智力的发展。教授的过程也是学生学习的过程，学习包括三个几乎同时的过程，即新知识的获得、转换和评价。在教学过程中还必须探明内在奖励和外在奖励的本质，在学习中要尽可能把认知和领会作为内在奖励形式。布鲁纳认为贯彻学科结构教学思想的最有利的课程设计应是“螺旋式课程”，他说“关于知识的最优结构的研究课题就是，探求吸取科学的成果，将知识加以结构化，使提供的知识成为具有活力的知识体的理想状态。……好的知识结构，就是构成这样一种含有种种力量——简约知识的力量，产生新的论断的力量，使知识体形成愈益严密的体系的力量——的知识系统。”他强调了“螺旋式课程”具有连续性和发展的特点，能够促进学生的学习。

布鲁纳的学科结构教学论和发现法教学模式是其教学思想的核心。他强调了教学和学习的结果就是形成认知结构，实质是要求知识结构与认知结构的统一，最终的教学目标是促进学生对学科结构的一般理解。他所主张的“螺旋式课程”便于儿童尽早学习学科的重要知识和基本结构，避免浪费学生宝贵的学习实践，也有利于学生认知结构形成的连续性和渐进性。发现法教学模式是根据发现法学习而提出的，突破了机械教学让学生被动接受知识的状态，彰显了学生的主体地位，发挥了教师的引导作用，使教学成为指导学生发现的过程，学生学习的主动性和创造性得到了激发。这种理论也存在着不足，有些方面有待商榷。如布鲁纳认为任何学科都可以以某种正确的方式教给任何年龄的任何儿童，这其实不可能，因为知识可以不断增容而人的精力是有限的。他也夸大了学科结构的普遍性，但并非任何学科都有严谨的基本结构，学科结构没有客观尺度，这样给课程设计和学科结构教学带来了难处。发现法教学夸大了学生的学习能力，而且其适用范围也是非常有限的，只有少数学生能够发现学习，并且太耗时、不经济，不利于短时间内系统地传授知识。

学习本选文有利于教师和研究者掌握学科结构主义教学论的本质，便于指导学生有效地发现学习，形成完善的认知结构。理解学科结构教学理论对于指导教材编写、设计螺旋式课程、引导课堂教学实践和学生学习知识的活动具有重要的参考价值。同时，学习者在学习该文时，也必须以辩证的态度看待学科结构教学理论和发现法教学模式的优缺点，以充分吸收其教学思想的精华而规避其存在的缺点和不足。

（撰写人：淮南师范学院副教授龚孟伟博士）

选文正文

任何学习行为的首要目的，在于它将来能为我们服务，而不在于它可能带来的乐趣。学习不但应该把我们带往某处，而且还应该让我们日后再继续前进时更为容易。学习为将来服务有两种方式。一种方式是通过它对某些工作（这些工作同原先学做的工作十分相似）的特定适应性。心理学家把这种现象称为训练的特殊迁移；也许应该把这种现象称做习惯或联想的延伸。它的效用好像大体上限于我们通常所讲的技能。已经学会怎样敲钉子，往后我们就更易学好敲平头钉或削木片。毫无疑问，学校里的学习使学生掌握了某种技能，这种技能可以迁移到以后不论在校内或离校后所遇到的活动上去。先前学习使日后工作更为有效的第二种方式，则是通过所谓非特殊迁移，或者，说得更确切些，原理和态度的迁移。这种迁移，从本质上说，一开始不是学习一种技能，而是学习一个一般观念，然后这个一般观念可以用作认识后继问题的基础，这些后继问题是开始所掌握的观念的特例。这种类型的迁移应该是教育过程的核心——用基本的和一般的观念来不断扩大和加深知识。

由第二种类型的迁移即原理的迁移所产生的学习连续性，有赖于掌握前一章所讲的教材的结构。这就是说，一个人为了能够认识某一观念对新情境的适用性或不适用性，从而增广他的学识，他对他所研究的现象的一般性质，必须心中有数。他学到的观念越是基本，几乎归结为定义，则这些观念对新问题的适用性就越宽广。真的，这几乎是同义反复，因为“基本的”这个词，从这个意义上来理解恰恰就是一个观念具有既广泛而又强有力的适用性。学校课程和教学

方法应该同所教学科里基本观念的教学密切结合起来。当然,这样说明是够简单的。但是随着这样的说明而来的问题却不少,其中多数只能靠大量的进一步的研究工作去解决。我们现在转而讨论这方面的一些问题。

首要的和最明显的问题是怎样编制课程,使它既能由普通的教师教给普通的学生,同时又能清楚地反映各学术领域的基本原理。这个问题是双重的:第一,怎样改革基础课和修改基础课的教材,给予那些和基础课有关的普遍的和强有力的观念和态度以中心地位。第二,怎样把这些教材分成不同的水平,使之同学校里不同年级不同水平的学生的接受能力配合起来。

关于忠实于教材基本结构的课程的设计问题,过去几年的经验至少已使我们得出一个重要的教训,这个教训就是:必须使各学科的最优秀的人才参加到课程设计的工作中来。决定美国史这门学科应该给小学生教些什么或算术这门学科应该给他们教些什么,这种决断要靠各学术领域里有远见卓识和非凡能力的人士的帮助才能作出。要断定代数的基本观念是以交换律、分配律和结合律的原理为基础的,他必须是个能够评价并通晓数学原理的数学家。当学龄儿童还不能分清美国历史的事实和趋势时,是不是要求他们理解像弗雷德里克·杰克逊·特纳[①]的关于边疆在美国史上的作用的观念,这又是一个决断,它同样需要对美国历史有深刻理解的学者的帮助。在设计课程时,只有使用我们最优秀的人士,才能把学识和智慧的果实带给刚开始学习的学生。

这样,问题就来了:"在设计小学和中学课程时怎样取得我们能力最卓越的学者和科学家的帮助?"答案早已知道,至少已经部分地知道。中小学数学研究小组、伊利诺伊大学的数学设计中心、物理科学研究委员会和生物科学课程研究小组,确实已经取得各方面知名人士的帮助:他们通过暑期规划,增聘一部分休假长达一年的某些有关的重要人物来进行这项工作。在这种规划工作中,他们还得到优秀的中小学教师的帮助,为了特殊的目的,还得到职业作家、电影制片者、设计师以及这一复杂事业所需要的其他人士的协助。

即使按照前面指出的方向进行大规模的课程改革,至少还有一件重要事情需要解决。掌握某一学术领域的基本观念,不但包括掌握一般原理,而且还包括培养对待学习和调查研究、对待推测和预感、对待独立解决难题的可能性的态度。正像物理学家对于自然界的基本秩序抱着确定的态度并深信这种秩序能够发现那样,年轻的物理学学生,如果想把他的学习组织得好,以至于所学到的东西在他思想上有用和有意义,也需要具备一些关于这些态度的正确见解。要在教学中培养这些态度,就要求比单纯地提出基本观念有更多的东西。靠什么来完成这样的教学任务呢?这需要做大量的研究工作才能知道。但看来,一

① 弗雷德里克·杰克逊·特纳(Frederick Jackson Turner, 1861—1932),美国历史学家,著有《美国历史上的边疆》等书。——译者注

个重要因素是对于发现(discovery)的兴奋感,即由于发现观念间的以前未曾认识的关系和相似性的规律而产生的对本身能力的自信感。曾经从事于自然科学和数学课程设计工作的各方面人士,都极力主张在提出一个学科的基本结构时,可以保留一些令人兴奋的部分,引导学生自己去发现它。

特别是伊利诺伊大学的中小学数学委员会和算术设计中心,已经强调发现的重要性,把它作为教学的一种辅助手段。他们积极地在设计方法,以便让学生自己去发现蕴藏在某种特殊的数学运算中的通则。他们还将这种发现法同"断言和证明法"(method of assertion and proof)相对比。所谓"断言和证明法",就是先由教师讲述,然后由学生加以证明,这样来找出通则。伊利诺伊小组也曾经指出:由于发现法需要向学生提示他们必须学习的数学的全部内容,因而消耗的时间可能太多。如何在两者之间取得恰当的平衡这个问题,不是完全清楚的,正在进行研究来阐明这个问题,尽管需要作更多的研究。归纳法对原理的教学是一种比较好的技巧吗?它对学生的态度有良好的效果吗?

哈佛认知设计中心(Harvard Cognition Project)就社会学科所进行的一些实验,说明发现法不必只限于在数学和物理学这样的高度形式化的学科中使用。一个已经学习了东南各州的社会和经济地理这个传统单元的六年级实验班,开始学习北方中央地区,学生要在一幅绘着自然特征和天然资源但没有地名的地图上找出这个地区主要城市的位置。最后在课堂讨论中,学生很快地提出许多有关城市建设要求的似乎合理的理论:一个水运理论,把芝加哥放在三个湖的汇合处;一个矿藏资源理论,把芝加哥放在默萨比山脉附近;一个食品供应理论,把一个大城市放在衣阿华的肥沃土地上,等等。实验班在兴趣的浓厚程度和概念的完善程度方面均远远超过控制班。然而,最显著的则是儿童的态度。对他们来说,城市的位置第一次成了一个问题,并且是能够经过思考发现答案的问题。不仅在研究一个问题时会使人感到愉快和兴奋,而且,最后,至少对于过去想当然地看待城市现象的市区儿童来说,这种发现是有价值的。

我们怎样安排基础知识才符合儿童的兴趣和能力呢?这个题目我们将在以后回过头来叙述。这里只需简单谈一下。要在揭示自然现象或其他任何现象时,做到既是令人激动的、正确的,又是有益的,可以理解的,这就需要把深刻的理解同现象正确结合起来。例如,我们查阅了物理学的某些教材,发现在陈述时虽然非常详细而正确,但因为作者对他们所介绍的学科缺乏足够深入的理解,所以结果等于零。

通常,在解释潮汐性质的尝试中,可以发现一个恰当的例证。要大多数中学生解释潮汐现象,他们会说出月亮对地球表面的引力以及引力如何把海水拉向月亮一边,以致海水上涨出现涨潮。现在,问他们为什么在地球背着月亮的那一面也有小潮,通常他们几乎不能说出令人满意的答案。或者问他们,就地球和月亮的相对位置来看,什么地方出现大潮?他们的回答常常是:在最接近

月亮的地球表面某一点上。如果学生知道有迟潮，他通常不懂得为什么会那样。这两种情况下的失败，起因于对引力如何作用于自由转动的弹性物体描述得不恰当，同时，没有把惯性观念和引力作用的观念联系起来。总之，在解释潮汐现象时缺乏一股由于领会了牛顿对万有引力及其作用方式的伟大发现而产生的兴奋感。正确而有启发性的说明，比部分正确因而过于复杂和过于拘束的解释，并不是更难理解，而是往往更加容易理解。实际上，所有一直在从事课程设计的人们都同意，教材编得有兴趣和材料介绍得可靠绝不是矛盾的；真的，一个正确的概括说明常常是最有兴趣的。在前面的讨论中，至少有四个有助于教授学科基本结构的一般论点，这些论点需要进行详细的研究。

第一点是，懂得基本原理可以使得学科更容易理解。我们在物理学和数学中，曾扼要地说明了这个道理。不仅物理学和数学中是这样，而且社会学科和文学中也完全是这样。一个民族为了生存，必须进行贸易。只要抓住了这个基本观念，那么美洲殖民地三角贸易这个似乎特殊的现象就更容易理解：它不单纯是在违犯英国贸易规定的气氛下进行糖浆、甘蔗、甜酒和奴隶的商业。要使阅读《莫贝・迪克》的中学生更深入地理解这部小说，只有引导他领会梅尔维尔[①]的小说是突出地以罪恶和追踪那条"要命的鲸鱼"(killing whale)的人的困境为主题的著作，才能做到。如果再进一步引导学生懂得小说所写的人间困境是相对少数，他对文学的理解就会更好。

第二点要涉及人类的记忆。关于人类记忆，经过一个世纪的充分研究，我们能够说的最基本的东西，也许就是，除非把一件件事情放进构造得很好的模式里面，否则就会忘记。详细的资料是靠简化的表达方式保存在记忆里的。这些简化的表达方式，具有一种特性，可以叫做"再生的"(regenerative)特性。长期记忆所具有的这个再生的特性，能够在自然科学中找到好的例子。科学家不去记忆落体在不同的重力场中不同的阶段时间内所通过的距离，而是记住一个公式，这个公式使他能够在不同的准确度上，再生出比较容易记得的公式所依据的细节。他谙记 $S=1/2gt^2$ 这个公式，而不去熟记关于距离、时间和重力常数的手册。同样的例子，《吉姆爷》[②]中评论员马洛所说的关于主要主人公困境的话，人们未必会去确切地记住它，而是只记住他是个沉着的旁观者，是个试图理解而不能判断是什么曾把吉姆爷引入他所在的海峡的人。我们记忆公式，记忆那对事件具有意义的生动情节，记忆那代表一系列事件的平均数，记忆那保持本质的素描或图景——所有这一切都是简约和表达的技巧。学习普遍的或基本的原理的目的，就在于保证记忆的丧失不是全部丧失，而遗留下来的东西将

① 赫尔曼・梅尔维尔(Herman Melville，1819—1891)，美国作家，《莫贝・迪克》是他最有名的一部小说，副题《白鲸》。——译者注

② 《吉姆爷》(*Lord Jim*)是英国作家约瑟夫・康拉德(Joseph Conrad，1857—1924)的一部小说。——译者注

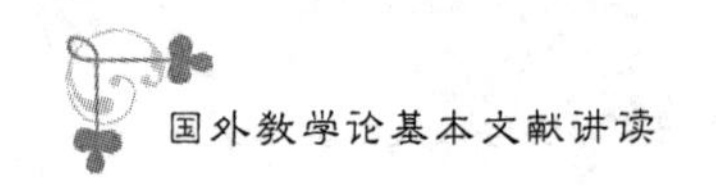

使我们在需要的时候得以把一件件事情重新构思起来。高明的理论不仅是现在用以理解现象的工具，而且也是明天用以回忆那个现象的工具。

第三，正如早些时候所指出的，领会基本的原理和观念，看来是通向适当的"训练迁移"的大道。把事物作为更普遍的事情的特例去理解——理解更基本的原理或结构的意义就在于此——就是不但必须学习特定的事物，还必须学习一个模式，这个模式有助于理解可能遇见的其他类似的事物。如果学生完全能够从人性的角度领悟百年战争结束时欧洲的厌倦，能够领会签订那个可以实行但在意识形态上并不完美的威斯特伐利亚条约的背景是怎样的，他也许更能理解东方和西方之间意识形态的斗争——虽然这种比较绝不是确切的。一种仔细地形成的理解同样也应该使他能认识概括的限度。把"原理"与"概念"作为迁移的基础这个观点原不是新的观点。非常需要更多的专门研究，以提供怎样在不同年级中最好地进行不同学科的教学的详尽知识。

经常反复检查中小学教材的基本特性，能够缩小"高级"知识和"初级"知识之间的差距。这是要在教学中强调结构和原理的第四个论点。现在由小学经中学以至大学的进程中所存在的部分困难，不是由于早期所学材料过时，就是由于它落后于该学科领域的发展太远而把人引入迷途。这个缺陷，可以依靠在前面讨论中所提出的在教学中强调结构和原理的办法来弥补。

现在，研究一下伍兹霍尔讨论相当多的几个特殊问题。这些问题之一涉及"科学通论"(general science)这个麻烦的题目。实际上，在所有各门自然科学中都有某种反复出现的观念。如果在一门学科中把这些观念概括地学好了，就会使得在别的学科中以不同的形式再来学习它们时，容易得多。各方面的教师和科学家提出了这样的疑问：是否应该不使这些基本观念"孤立"起来，而要更明确地用使它们脱离特定的科学范围的方式来教。典型观念是容易加以具体说明的。例如：分类法和它的用途，测量单位和它的发展，自然科学知识的间接性和给观念下操作定义的必要性，等等。就最后一个例子来说，我们不直接看见压力或化学键，只是凭一些测量去间接推断它。量体温是这样，体会别人的忧虑也是这样。能不能在低年级就用各种具体实例把这些以及类似的观念有效地揭示出来，以便为儿童后来在各种专门学科的学习中领会这些观念奠定较好的基础？把这样的"科学通论"当做高年级严密的科学入门来教是不是明智？为了以后比较容易学习，应该怎样教他们，我们又能合理地期望些什么？在这个有前途的课题上，需要进行许多研究工作，不仅要研究这样一种学习途径的用处，而且还要研究可能要教的普通科学观念的类别。

的确，很可能有某些对自然科学或文学的一般态度或学习途径，可以在低年级教，而且对后来的学习有很大的关系。事物是互相联系的而不是孤立的这个看法就是一个适当的例子。人们确实能够在设计一些幼儿园游戏的时候，有意使儿童更加主动地察觉事物怎样互相影响或互相联系——这是对自然界和

社会中事件多重决定论这个观念的一种入门学习。任何一个有成效的科学家通常都能谈些思想方法或态度，那是他的职业的一部分。历史学家在他们自己的学科领域，相当广泛地论述了这个题目。文学家甚至发展了一类写作，谈论有助于提高对文学情趣和活力的感受性的形式。在数学中，这个题目有个正式名称，叫做"启发"，用以说明解决难问题的途径。有人很可能会主张，就像那些很不相同的学科的人们在伍兹霍尔主张过的一样：应估量什么样的态度或启发的方法最具普遍性和最有用；应该作一番努力，把初步的态度和启发的方法传授给儿童，这种态度和启发的方法随着他们在学校的成长，可能进一步提高。再者，读者将会意识到，主张这样一种学习途径有个前提，那就是假定一个学者在他的学科的最尖端所干的工作与儿童初次接触这个学科时所干的工作之间，是有连继性的。这不是说，这个任务是简单的，只是说，它值得慎重地考虑和研究。

有的人反对教一般原理和一般态度。持这种观点的人，其主要论点也许是：第一，通过特殊来研究一般，也许好些；第二，使工作态度保持内隐比使它外现要好些。例如，生物学中关于有机体的主要概念之一，是一再提出的问题："这个东西有什么功用?"这个问题是以凡是有机体中的东西都有某种功用，否则它大概不会继续存在这个假定为前提的。其他的一般观念都同这个问题有联系。生物学学得好的学生，知道把这个问题提得越来越细，并把越来越多的事物同它联系起来。下一步他就要问，某一特殊结构或过程根据有机体整体作用的需要，有什么功用？他为了弄清楚功用的一般观念，进行测量和分类。然后，他可能进一步依据更加广泛的功用观念来组织他的知识，而注意到细胞结构或系谱比较。要学习一般概念的实用意义，可能需要用某一特殊学科的思想方式做背景；所以，给"功用"的意义作一个一般的介绍，可能比在生物学的范围内教它的效果还要差。

谈到"态度"教学，甚至谈到数学的启发教学，现有的议论是，如果学生过分注意他自己的态度或学习途径，他就可能在工作中变得呆板，不然就会耍花招。还没有证据能证明这一点；在采取这个方法来教学以前，先须进行研究。在伊利诺伊，人们正在训练儿童，使之有更高的效能来提出一些关于物理现象的问题；可是需要更多得多的知识，这个问题才能弄明白。

人们时常听说"行"与"知"之间的差别。例如，一个大抵懂得了某一数学观念的学生，却不知道在计算中怎样运用它，就是这样的差别。尽管这个差别可能是个假象——因为，除了看到学生干什么之外，怎能知道他懂得什么呢？——但却说明在教和学中所强调的方面是很不同的。这样，在关于解决难题的心理学的某些经典书籍（例如马克斯·韦特默的《创造性思维》）中，在"机械练习"同"理解"之间就划了一道鸿沟。事实上，练习并不一定必须是机械的，而强调理解却可能引导学生咬文嚼字。中小学数学研究小组成员的经验指出，计算的实践可能是达到理解数学概念的必要步骤。同样，让中学生读不同作家的作品以资对比，可能把文体的知识教给他，但是要他能够彻底通晓文体，只能靠他自己亲手用不同的文体动笔写作。做某件事能帮助人了解那件事。真的，这句话是上实验课的根本前提。在伍兹霍尔，一位心理学家的发言中有句名言："在我还没有意识到我要做什么之前，我怎能知道我想什么呢?"这句话有一定真理。无论如何，这个差别对我们并没有很大帮助。更加中肯的问题是，在某一特定的领域里，哪种练习方法最可能给予学生精通教材的感觉。在数学各部门中，什么是能应用得最有成效的计算习题？努力模仿亨利·詹姆斯[①]的文体来写作，会使人特别通晓那个作家的文体吗？要理解这些事情，也许须从研究教学成功的教师所用过的方法开始。所汇集的资料肯定能对教学技术问题，或者说对一般地教授复杂知识的技术问题，提出大量值得进行的实验研究项目。

最后，关于考试，需要说几句话。显然，如果考试强调的是学科的琐碎方面，那就不好。这样的考试会鼓励无连贯性的教授和机械式的学习。然而，往往被忽略的是，考试也能成为改进课程和教学的斗争中的同盟军。不论考试是属于包含多题任选的"客观"(objective)形式，还是属于论文形式，都能够设计得着重于理解该学科的一般原理。的确，即使考试琐细的知识，也能按照要求学生理解具体事实之间的联系的那种方式去做。国家的考试组织，如教育测验服务处内部，目前正在进行共同的努力，去设计那些强调理解基本原理的考试。这样的努力能够有很大用处，还可以给地方学校系统另外的帮助：给他们编写一本适用的手册，手册中叙述了设计各式各样考试的方法。探索性的考试是不容易设计的，如果编写一本关于这个题目的考虑周到的手册，是会受到欢迎的。

下面扼要地重述一下，这一章的主题是，一门学科的课程应该决定于对能达到的、给那门学科以结构的根本原理的最基本的理解。教专门的课题或技能而没有把它们在知识领域更广博的基本结构中的脉络弄清楚，这在几个深远的意义上说来，是不经济的。第一，这样的教学，使学生要从已学得的知识推广到他后来将碰到的问题，就非常困难。第二，不能达到掌握一般原理的学习，从激发智慧来说，不大有效果。使学生对一个学科有兴趣的最好办法，是使这个学科值得学习，也就是使获得的知识能在超越原来学习情境的思维中运用。第三，获得的知识，如果没有完满的结构把它联在一起，那是一种多半会被遗忘的知识。一串不连贯的论据在记忆中仅有短促得可怜的寿命。根据可借以推断出论据的那些原理和观念来组织论据，是降低人类记忆丧失速率的唯一的已知方法。

---

① 亨利·詹姆斯(Henry James，1843—1916)，美国小说家。——译者注

按照反映知识领域基础结构的方式来设计课程，需要对那个领域有极其根本的理解。没有最干练的学者和科学家的积极参与，这一任务是不能完成的。过去几年的经验表明，这样的学者和科学家同有经验的教师以及研究儿童发展的学者一道工作，就能准备我们所曾经考虑的那种课程。如果要使我们教育实践中的改革足以应付我们现在生活中所经历的科学和社会革命的挑战，需要在课程资料的实际准备、师资训练和支持研究工作等方面作出更多的努力。

怎样依照既有成效且有趣味的方式去教一般原理，问题很多。几个主要问题已经评论过了。非常清楚的是，还要做很多工作去考察当前有效的教育实践，编制可以在实验基础上试行的课程，以及完成几种能够支持并指导改善教学的一般努力的研究工作。

我们讨论中的那种课程，怎样可以适合于不同年龄儿童的智力？下一章，我们转而论述这个问题。

三 学习的准备

我们一开始就提出这个假设：任何学科都能够用在智育上是正确的方式，有效地教给任何发展阶段的任何儿童。这是个大胆的假设，并且是思考课程本质的一个必要的假设。不存在同这个假设相反的证据；反之，却积累着许多支持它的证据。

为了搞清楚含义是什么，我们来考查一下三种普通的观念。第一种，涉及儿童智力发展的过程；第二种，涉及学习的行为；第三种，则和前面介绍过的“螺旋式课程”这个概念有关。

智力的发展

儿童智力发展的研究突出了这个事实：在发展的每个阶段，儿童都有他自己的观察世界和解释世界的独特方式。给任何特定年龄的儿童教某门学科，其任务就是按照这个年龄儿童观察事物的方式去阐述那门学科的结构。这个任务可以看做一种翻译工作。刚才所说的一般假设是以下面这个经过深思熟虑的判断为前提的，即任何观念都能够用学龄儿童的思想方式正确地和有效地阐述出来；而且这些初次阐述过的观念，由于这种早期学习，在日后学起来会比较容易，也比较有效和精确。为了证明并支持这个观点，我们在这里稍微详细地描绘智慧发展的过程，同时就儿童智慧发展不同阶段的教学，提一些建议。

皮亚杰和其他一些人的著作中提出，一般来说，儿童的智力发展可以划分为三个阶段。第一个阶段，不需要我们详述，因为这主要是学前儿童表现的特征。这个阶段，大约到五、六岁为止（至少就瑞士的学龄儿童来说是如此的），儿童的脑力劳动主要是建立经验和动作之间的联系；他关心的是依靠动作去对付世界。这个阶段大致相当于从语言的开始发展到儿童学会使用符号这段时期。

在这个所谓前运算阶段(preoperational stage)中,使用符号的主要成就是儿童学会怎样凭借由简单的概括而建立的符号去重现外部世界;而事物由于具有某些共同性质而被看成相同的。但是,在儿童的符号世界里,并未将内部动机和感情作为一方和外部现实作为另一方之间划分清楚。太阳转动,因为上帝在推它;星星,像儿童自己那样,不得不上床睡觉。儿童不大能够把他自己的目标和达到目标的手段区分开来。再者,儿童在对付现实的尝试失败后,就得纠正他的活动;这样的做法,与其说是依靠符号的运算,不如说是依靠那种所谓直观的调节;直观的调节,也不是进行思考的结果,而是带有粗糙的尝试错误(trial-and-error)的性质。

这个发展阶段中所缺乏的,主要便是日内瓦学派所称的可逆性概念。当物体的形状改变了,例如,把一个粘土塑成的泥球形状改变一下,前运算期儿童不能够掌握可以立刻恢复球的原状这个概念。由于缺乏这个基本概念,儿童就无法理解作为数学和物理学基础的某些基本观念:数学的观念,如即使当他把一组东西分成若干小组时,他仍保持了它们的数量;物理的观念,如纵使他改变了某物体的形状,他仍保持了它的质量和重量。不用说,教师向这个阶段的儿童灌输概念受到很大限制,即使采用高度直观的方法也是这样。

发展的第二个阶段——此时儿童已经入学——称为具体运算阶段(stage of concrete operations)。这个阶段叫做运算阶段是同前一个阶段全是动作相比较而言的。运算是动作的一种形式:它之所以得以实现,是直接依靠用手操作物体,或是在头脑内部操作他头脑中代表事物或关系的那些符号。运算大体上是记取现实世界的资料并在头脑里加以改造的一种手段,由于这种改造,才能在解决难题时有选择地组织和运用这些资料。假定给儿童看一架弹子机向墙壁射出一颗弹子,弹子反跳离墙,构成一定的角度。我们来研究一下儿童对于入射角和反射角的关系懂得多少吧。年幼儿童看不出问题:在他看来,弹子按弓形前进,途中碰到墙壁。稍大一些的儿童,就说十岁儿童吧,粗略地看到两角之间的关系——一角改变,另一角也跟着改变。更大些的儿童,才开始掌握这两个角之间有个固定的关系,而且常常说得出是个直角。最后,十三四岁儿童,常常看准机器直接向墙壁射出弹子,又看到射出的弹子向机器反弹回来,因而获得了入射角和反射角相等的观念。每一种观察现象的方式都表示在这个意义上运算的成果,同时儿童的思维受他把观察到的现象聚拢起来的方式的限制。

运算同简单动作或受目标指导的行为的区别在于,它是内化的和可逆的。"内化的"(internalized)意味着儿童不再需要依靠公开的尝试错误来着手解决难题,而能够在头脑中实际地进行尝试错误。可逆性出现了,因为,看来运算具有所谓"完全补偿"(complete compensation)的特色;也就是说,这种运算能够用逆运算作为补偿。例如:如果把石弹子分成若干小堆堆,儿童能凭直觉懂得,

再把这些小堆堆集拢起来就可以恢复为原来那堆石弹子。儿童在天平盘上加个砝码，致使天平盘倾斜得很厉害，他于是就有次序地寻找一个较轻的砝码，或其他东西，用它使天平重新平衡。儿童可能把可逆性拉扯太远，例如，假设一张纸一旦烧掉了，也能恢复原样。

由于到了具体运算阶段，儿童据以进行运算的内化结构就发展了。在天平的例子中，结构便是儿童头脑中所想的许多依次排列的砝码。这样的内部结构是关于本质的。它们是内化的符号系统，儿童据以重现这个世界，犹如弹子机及入射角和反射角这个例子。如果儿童需要掌握某些观念，一定要把这些观念转译成为内部结构的语言。

可是，具体运算尽管受类别逻辑和关系逻辑的指导，但它是只能构思直接呈现在他面前的现实的一种手段。儿童能够赋予遇到的事物以一定的结构，不过，他还不能够轻易地处理那些不直接在他面前，或事前没有经历过的可能发生的事物。这不是说，儿童在进行具体运算时没有能力去预料不在眼前的事情。的确，他们并不具备系统地想象在任何指定时间内所能存在的、非常广泛的交替可能性的运算能力；他们不能有系统地去描述超出所提供的知识范围外可能发生的其他情况。十到十四岁左右，儿童进入发展的第三个阶段，这便是日内瓦学派所谓的“形式运算”阶段(stage of “formal operations”)。

此刻，儿童的智力活动好像是以一种根据假设性命题去运算的能力为基础，而不再局限于他经验过的或在他面前的事物。儿童能够想到可能有的变化，甚至会推演出后来通过实验或观察得到证明的潜在关系。理智的运算似乎是根据像逻辑学家、科学家或抽象思想家所特有的那种逻辑运算来做的。正是在此刻，儿童有能力对先前指引他解决难题但不能描述或无法正式理解的具体观念，予以正式的或公理式的表达。

早些时候，当儿童处在具体运算阶段时，他能够直觉地和具体地掌握数学、自然科学、人文科学和社会科学的许多基本观念。可是，他能这样做，只是依据具体运算罢了。可以举例说明如下：五年级儿童能够仿照非常高等的数学规则玩数学游戏；真的，他们可以归纳，得出这些规则，还学会怎样利用它们来工作。然而，如果有谁硬要他们对他们已经在做的工作进行正式的数学描述，他们将会心慌意乱，尽管他们完全能够利用这些规则指导自己的行为。在伍兹霍尔会议期间，我们荣幸地看到一堂示范课教学，在这堂课上，五年级儿童很快地掌握函数论的中心思想；虽然，如果教师企图向他们解释什么是函数论，他最终是要失败的。往后，到了发展的恰当阶段，给以一定量的具体运算实践，那么向他们介绍必要的形式论的时机便成熟了。

教授基本概念最重要的一点，是要帮助儿童不断地由具体思维向在概念上更恰当的思维方式的利用前进。可是，试图根据远离儿童思维样式且其含义对儿童来说又是枯燥无味的逻辑进行正式说明，肯定徒劳而无益。数学课的许多教法就是这个样子。儿童学到的，不是对数序的理解，而是搬用呆板的方法或秘诀，但不懂得它们的意义和连贯性。它们并不转译成他的思想方法。有了这种不恰当的开端，容易使儿童相信：对他来讲，重要的事情是"准确"——尽管准确性同数学的关系，比起同计算的关系来要少些。这类事情中最突出的例子，也许要算中学生初次接触欧几里得几何学的情况了。学生不具备关于简单几何图形的经验和据以进行学习的直观手段，因此把几何学看做一套公理和定理。要是早一点在儿童力所能及的水平上，采用直观几何学的方式教给他概念和算法，说不定他就可以好得多，有能力深刻地掌握往后向他揭示的公理和定理的意义。

可是，儿童的智力发展不是像时钟装置那样，一连串事件相继出现；它对环境，特别对学校环境的影响，也发出反应。因此，教授科学概念，即使是小学水平，也不必奴性地跟随儿童认知发展的自然过程。向儿童提供挑战性的但是合适的机会使发展步步向前，也可以引导智力发展。经验已经表明：向成长中的儿童提示难题，激励他向下一阶段发展，这样的努力是值得的。正像初等数学界最有经验的教师之一，戴维·佩奇曾经评论过："从幼儿园到研究院的教学中，使我感到惊讶的是各种年龄的人在智慧方面的相似性；虽然，跟成人相比，儿童也许更有自发性、创造性和更生气勃勃。就我个人的经验而论，只要根据年幼儿童的理解力给以任务，他们学习任何东西几乎都比成人快。很有趣味的是，如果按照他们的理解力提供教材，结果，他们就自己去学习数学，而他们对教材越熟悉，就越能把他们教好。我们提醒自己，给任何特殊课题一个绝对难度，要十分审慎，这是合适的。当我告诉数学家们，四年级学生也可以学习'集合论'的时候，其中少数人回答说'当然'，多数人却大吃一惊。后面这些人完全错误地认为'集合论'是真正困难的。当然，或许没有什么事是真正困难的。我们只是必须等到适当的观点和表达它的相应语言的出现而已。在教某种教材或某个概念时，容易问儿童琐细的问题或引导儿童提出琐细的问题，也容易问儿童不可能回答的困难问题。这里的诀窍在于发现既能答得了又能使之前进的难易恰当的适中问题(medium questions)。这是教师和教科书的大事。"有人借助精巧的"适中问题"去引导儿童更快地通过智力发展的各个阶段，更深刻地通晓数学、物理和历史的原理。能够达到这一步的做法，我们必须了解得更多。

日内瓦的英海尔德教授应邀对数学和物理学方面能促使儿童较快通过智力发展的各个阶段的做法提出自己的建议。下面所谈的便是她为这次会议准备的备忘录的一部分。

"最初步的推理形式——无论是逻辑的、算术的、几何的，还是物理的——是以量的守恒原理为基础：不管它的各部分怎样排列，它的形状改变了，或者它在空间和时间上移动了，整体仍然不变。守恒原理不是头脑中先验的论据，也不是纯经验性观察的产物。一般来说，儿童发现守恒，其意义可与科学上的发现相比。掌握守恒概念，对儿童来说，是困难重重的，教师对此常常没有觉察

到。在年幼儿童看来，整数、空间大小和物理量不是守恒的，而是在被运算时可以扩大或缩小的。一匣珠子，无论分成二堆、三堆，以至十堆，总数仍旧一样。正是这一点，儿童却很难理解。在年幼儿童看来，这些变化似乎向一个方向发展；他不能领会，事物虽经变动，它的一些基本特点却依然如故，或者，虽然它们是改变了，但还可以变回来。

"从用于研究儿童守恒概念的许多例子中，举出少数几个例子，将会说明人们能够利用某种材料的帮助使儿童更容易地学习概念。儿童把已知数量的珠子或已知容积的液体，从一个容器倒入另一个容器，其中一个长而窄，另一个扁而宽。年幼儿童认为，高容器中的东西比扁容器中的东西多。现在，可以让儿童具体地面临着相同数量的两种形式之间一对一的对应性质，因为有一种简易的检查法：珠子，数一数；液体，用一种标准方法测量一下。如果用一捆棒来看长度的守恒，或用一堆花砖来检验面积的守恒，或令儿童把由相同数目木块组成的体积形状改变一下，同样的运算都会证明空间数量守恒。物理学中，使糖溶解，或改变泥球形状而体积守恒，可以提供相同的教学。如果教法不能使儿童从感知的原始观念，恰当地引至对守恒观念的真正直觉，结果就是，他会计数但未获得数量守恒概念；或者，他会运用几何测量而仍不懂传递性运算——假使 A 包括 B，B 包括 C，那么 A 也包括 C。在物理学中，他会把计算应用于不完全理解的物理概念，如重量、体积、速度和时间。有一种教法，考虑到儿童自然的思维过程，给儿童提供具体论据，使之有机会越出原始的思维方式，从而使他发现这样的守恒原理。例如，儿童注意到高而窄的容器中看起来较多的液体，事实上却和扁而宽的容器中的液体数量相等。具体的活动变得愈来愈形式化，便使儿童头脑灵活，接近数学和逻辑的自然而然的可逆性的运算。儿童逐渐认识，任何变化可以通过逆运算——用减法抵消加法——在心理上予以勾销，或一种变化能用倒易的变化来平衡。

"儿童往往一次只能集中注意现象的一个方面，这就妨碍了他的理解。我们可以安排个小小的教学实验，迫使他不得不注意现象的其他方面。这样，大约到了七岁，儿童估计两辆汽车的速度时会认为，先到那里的一辆比另一辆快；或者如果一辆车超过了另一辆，那么前一辆车比较快。要克服这样的错误，可借用玩具汽车来表演从最后一条线的不同距离出发的两辆车子，不能够凭哪一辆先到去判断快慢；或者表演一辆车能够兜过另一辆但并不先到达终点。这一些是简单的练习，但它们能够促使儿童同时注意一种情境的几个特征。

"由此可见，把像欧几里得或度量几何学的教学延迟到低年级的末尾，尤其是投影几何学没有早一点教给学生，似乎是极为武断的，而且多半是错误的。物理学教学也是如此，其中不少观念可以早一些在归纳和直观的水平上，进行有益于儿童的教学。这些领域的基本概念完全可以为七到十岁的儿童所接受，倘若这些基本概念不用数学用语而通过儿童自己能触摸到的具体材料来学习的话。

“另一件事同数学这门课程的顺序特别有关系。心理发展的顺序更接近于教材的公理顺序，而不是更接近于教材里概念发展的历史顺序。例如，有人注意到像连结、分离、在内部等等拓扑学观念，是在几何学中欧几里得的和投影的观念形成以前出现的，尽管在数学史上，前者在形式化方面较后者来得新。如果说应该按照学科的合适的逻辑或公理顺序，而不应按照它的历史发展顺序来教授学科的结构这个论点，需要任何特殊理由作辩护的话，那么，上述理由就可以充作理由了吧。当然，这不是说，并不存在这样一些情况：从它与文化或教育的关系这个角度上看，历史顺序还是重要的。”

“至于教授透视和投影的几何学概念，还可以利用以儿童分析具体经验的运算能力为根据的实验和演示来做许多工作。我们注视过儿童在下述装置前工作的情形：把直径不等的环，放在烛光和银幕之间的不同位置上，而烛光和银幕的位置是固定的。这样，在银幕上便出现大小不同的环影。儿童能认识到环影大小的变化怎么会是环和光源距离的函数。给儿童展现一个情景，使他获得关于光的这种具体经验，我们就教给了他一些方法，使之最后能理解作为投影几何基础的一般观念。”

“这些例子使我们相信，采取一定的教法，有可能把自然科学和数学的基本观念教给比传统年龄小得多的儿童。在这样的早年，有条不紊的教学能够为儿童学习基本概念打下基础，这些基本概念日后可以加以利用并对中学阶段的学习大有好处。”

“概率推理是现代科学的一个非常普遍而重要的部分，但在我们的教育制度中，大学以前几乎是不教的。这一遗漏可能由于，差不多在所有的国家里，学校的课程比起科学的进步来，不幸都要落后一段时间。但也可能由于，大家相信理解随机现象要靠学习者掌握事件的稀少或普遍所具有的意义，而人们又公认这样的观念难以被年幼者所了解。我们的研究工作指出，理解随机现象，确实需要在年幼儿童所能领会的范围内，运用某些具体的逻辑运算——以这些运算不用困难的数学用语为条件。在这些逻辑运算中，主要的是选言（“不是A就是B是真的”）和联结。为了使儿童基本上领会对思考概率来说所必需的逻辑运算，抽签的游戏，‘轮盘赌’的游戏和结果呈高斯分布(Gaussian distribution)的游戏，都是理想的做法。在这样的游戏中，儿童首先发现一种关于机遇的全然是定性的概念，它同演绎的必然性相对比，可以解释为一个不确定事件。只是到后来才发现概率概念是必然性的一部分。这些发现中的每一发现，都能够在儿童学习概率的计算技术或概率论中的正式用语以前做到。在介绍任何统计方法或计算之前，我们可以轻而易举地唤起和发展儿童对带有概率性质的问题的兴趣。统计的操作和计算仅仅是直觉理解形成之后所运用的工具。如果先介绍一整列计算工具，那么，很可能会压抑或扼杀概率推理的发展。”

“根据这一切，有人想知道，让小学一、二年级儿童采用突出逻辑的加法、乘

法、包含、序列次第等等的基本运算方式，来进行操作、分组和顺次排列实物等一系列的练习，是不是一件有兴味的事。因为的确，这些逻辑运算是一切数学和自然科学更为特殊的运算和概念的基础。也许事实确是如此，这样一种早期的自然科学和数学的'准备课程'(pre-curriculum)在为儿童建立一种直觉理解和更有归纳性的理解方面，或许大有好处，这种好处可能以后会在正式的数学和自然科学课程中具体表现出来。我们认为这种做法的效果，将使自然科学和数学更有连续性，而且也会使儿童对于概念理解得更好和更确切。如果儿童没有这种早期的基础，日后他将只能装腔作势讲一通而不能有效地应用这些概念。"

社会学科和文学的教学，肯定也能采用类似的途径。关于如何引导儿童到这些学科来的问题，研究工作做得不多，尽管有着大量的观察和轶事。向儿童讲述一则故事的开头部分，然后要他按喜剧、悲剧或滑稽剧——在教学中从未用过这样的词语——的形式结束这个故事，人们能用这样的方法来教授文体的结构吗？又如"历史趋势"的观念在什么时候形成？它在儿童身上的前兆又是什么？如何使儿童认识文学的风格？儿童通过描述内容相同风格迥异的作品，像比尔博姆[①]的《圣诞节花冠》那样，也许能够发现风格的观念。再说一遍，认为任何学科不可能按某种方式教给实际上任何年龄的任何儿童，这种看法是毫无道理的。

这里，立刻会遇到教学是否经济的问题。有人会反驳说，等到儿童十三四岁时开始学几何学，可能更好些。这样，在经过投影和直观这些开头步骤的教学之后，能够马上跟着进行这门学科的完全正式的教学了。给年幼儿童归纳的训练，使之能在认识知识的形式结构前就发现知识的基本秩序，这样做是否值得？英海尔德教授的备忘录中曾提出建议：可以对一、二年级儿童进行作为数学和自然科学教学基础的基本逻辑运算训练。实验证据表明，如此严格的和相互关联的早期训练，有使往后学习更容易的效果。的确，"学习定势"(Learning set)的实验研究恰好指出，人们不但能学到特定的东西，而且在这样做的同时，还能学会如何学习。训练本身是那么重要，已经受过解决难题广泛训练的猴子，当大脑遭受诱发性功能损害后，和其他事先未受过这种训练的猴子比较起来，其遗忘相当少而恢复比较快。但是，这种早期训练的危险可能在于：训练的结果会造成虽然新颖但却离奇的观念。关于这个题目，尚缺乏有用的证据，还需要找出很多证据才能说明问题。

学习行为

学习一门学科看来包含三个差不多同时发生的过程。第一是新知识的获得(acquisition)。新知识，往往同一个人以前模模糊糊地或清清楚楚地知道的

① 马克斯·比尔博姆(Max Beerbohm，1872—1956)，英国作家。——译者注

知识相违背，或者是它的一种替代。至少可以说，是先前知识的重新提炼。因此，教学生牛顿的运动律，会违反感官的证据。或者，教学生波动力学，会破坏学生关于机械的碰撞是真实的能量转换的唯一来源这个信念。或者，向学生介绍物理学上所断言的能量不灭的守恒定理，会违背“消耗能量”这种说法和这种说法所含的思想方法。更常见的是不那么极端的情况，比如在给学生讲循环系统的详情时，学生已经模糊地或直觉地知道血液循环。

学习的第二个方面，可以叫做转换(transformation)。这是处理知识使之适合新任务的过程。我们学习“揭露”或分析知识，把它安排好，使所得的知识经过外插法(extrapolation)、内插法(interpolation)或变换法(conversion)，整理成另一种形式。转换包含着我们处理知识的各种方式，目的在于学得更多的知识。

学习的第三个方面是评价(evaluation)：核对一下我们处理知识的方法是不是适合于这个任务。概括得恰当吗？外插得合适吗？运算得正确吗？教师在帮助学生进行评价中常常具有决定性的作用。但许多评价的作出，仅靠似真性(plausibility)的判断，不能够真正严格地检验我们的努力是否正确。

在学习任何一门学科时，常常有一连串的情节(episode)，每个情节涉及获得、转换和评价三个过程。光合作用可能合理地包括生物学里一个学习情节的材料，这个情节是更广泛的学习(例如通常关于能量转换的学习)的一部分。学习情节运用得最好时，可以反映以前已经学过的东西，而且可以举一反三，超过前面的学习。

一个学习情节，时间可长可短，包含的观念可多可少。学习者愿意一个情节持续多久，这取决于此人期望从他的努力中获得什么，是为了获取像等第这样的外部事物，还是为了提高理解能力。

我们经常通过控制学习情节来安排教学，以适应学生的学习能力和需要。其方法如下：缩短或延长情节；采取表扬或给予金星的方式增加外来的奖励；在学生对材料充分理解时教师像演戏似的用惊异的神情加以肯定。一门课程中的单元意味着承认学习情节的重要性，尽管许多单元拖得很长而且没有理解上的高潮。关于怎样在不同学科里为不同年龄的儿童非常高明地设计合适的学习情节，研究之贫乏实在令人诧异。许多问题需要根据仔细的研究来予以回答，我们现在来讨论其中的一些问题。

首先是，外来奖励和内在奖励之间的平衡问题。关于学习中奖励和惩罚的作用，已经有过许多论著，但是对兴趣和好奇心的作用以及发现的诱惑力，却很少论及。如果我们希望教师能使儿童习惯于愈来愈长的学习情节，那么，在详尽的课程计划中势必更要注重把加速认识和领会作为一种内在奖励的形式。有个方法议论得最少，这个方法就是引导学生学完艰难的教材单元。这个方法的目的是要鞭策学生竭尽全力地学习，使他得以发现圆满而有效地完成任务的愉快。好教师懂得这种诱惑的力量。学生应该领会专心致志地研究问题是什

么感觉。他们在学校里很少能体验到这种感觉。通过在课堂上专心致志地学习,有些学生就能把这样的感觉带到他独立进行的工作中去。

在一个学习情节中,获得、转换和评价(即获得事实、处理这些事实和检核一个人的观念)应强调到何种程度?为了弄清这点,还有一系列的问题需要解决。例如,先给年幼儿童最低限度的一套事实,然后鼓励他尽可能从这些知识中提出一套极完满的含义。这样做是不是最好?总之,对年幼儿童来讲,是不是一个情节所包含的新知识应该少一些,然而应该强调让儿童靠自己的力量做点什么事就可以超过那一点知识呢?一位社会学科的教师已经在四年级学生中采用这个方法获得了很大成功。比如说,他先讲文化往往发源于肥沃的河谷这个事实——唯一的"事实",然后在课堂讨论中鼓励学生思索:为什么这是事实?为什么文化的发生多半不在多山之国?这样的做法实质上是发现的技巧,其效果在于儿童靠自己引出知识,接着能够对其来源、出处进行检核或估计,而且在这个过程中获得更多的新知识。显然,这是学习情节的一种型式,它的适用性肯定是有限的。还有另外型式的学习情节吗?是否有些型式比其他型式更适合于某种课题和年龄?事实不是"学习就是学习就是学习"("to learn is to learn is to learn"),但在研究文献中,似乎很少承认学习情节的差别。

关于学习情节最适当的长度,我们只能说一些常识性的情况,这些情况也许很有意思,可借以对它作出有成果的研究。例如,似乎相当明显:要是某人受到鼓舞而热情地从一个情节转入下一个情节的话,则情节越长、内容越多,就越能大大地增进力量和理解。凡是用等第来代替理解的奖励的地方,很可能一旦不再用等第来奖励时(毕业时),学习便立即宣告结束。

一个人越是具有学科结构的观念,就越能毫不疲乏地完成内容充实和时间较长的学习情节。这看来也是合理的。真的,在任何学习情节中,有些新知识确实是我们不能够立即领悟的。再者,正像我们早已注意到的,我们对于这种尚未融会贯通的知识能够记住多少,是受到严格限制的。据估计,成人一次能够掌握大约七个独立的知识项目。至于儿童,还没有适用的常模——这是令人遗憾的一个不足之处。

关于儿童学习情节如何形成,有许多细节可以讨论,不过已经谈论的问题,即足以表示他们的特点。由于这个课题是我们理解一门课程该怎样安排的中心问题,所以显然这方面的研究工作是头等重要的。

"螺旋式课程"

如果尊重成长中儿童的思想方法,如果想方设法把材料转译成儿童的逻辑形式,并极力鞭策诱使他前进,那么,就很可能在他的早年介绍这样的观念和作风,以使他在日后的生活中成为有教养的人。我们不妨问一下:在小学里所教的任何学科的准则,如果充分扩展的话,是否值得成人知道?而如果童年时懂

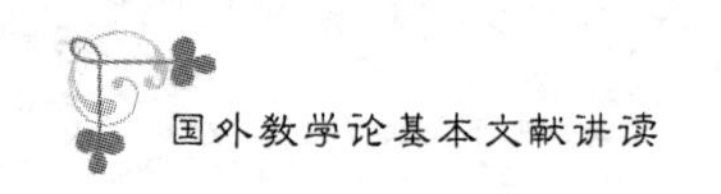

得了它，是否成年时会更高明？倘若对这两个问题的答复都是否定的或含糊的，那么这种材料就会造成课程的混乱。

如果本章介绍的假设——任何学科可按照某种正确的形式教给任何儿童——是正确的，那么跟着而来的论点便是：课程建设应当围绕着社会公认为值得它的成员不断关心的那些重大的问题、原理和价值。试考虑两个例证：文学教学和自然科学教学。例如，假如承认使儿童认识人类悲剧的意义而且使之产生同情感是合适的，难道就不可能在很早的恰当的年龄用启发而不用恫吓的方式进行悲剧文学的教学吗？有许多行得通的方法可以开始进行，如：通过复述很出色的神话，通过采用儿童文学名著，通过放映和评论经过检验的影片。恰好什么年龄该用什么材料，有什么效果，是有待于研究——各种各样的研究——的题目。我们可以先问儿童关于悲剧的概念；在这里，不妨采用皮亚杰和他的同事们在研究儿童的自然界因果关系概念、道德概念、数概念等等时所采用的同样的方法。只有在用这些知识把我们武装起来的时候，我们才能够知道儿童怎样将我们给他的任何东西变成他自己的主观术语。我们也不需要等到有了全部研究成果后才开始行动，因为一个技能高的教师也能进行试验，他试着去教在直观上似乎切合于不同年龄儿童的那些材料，在前进中不断加以修改。到一定时候，一个人可能进而学习同一种文学的更复杂的作品，也可能仅仅重复阅读早些时候读过的同样几本书。重要的是后来的教学建立在早期对文学的反应上，它寻求产生一种对悲剧文学更清晰和更成熟的理解。任何伟大的文学形式都能够按照同样的方法被掌握；任何重大的主题——不论喜剧形式还是个性主题，个人忠诚，以及其他——也是这样。

自然科学亦复如此。如果认为对于数目、测量和概率的理解在探索自然科学中具有决定性的作用，那么这些学科的教学就应该尽可能早开始并采用智育上正确的形式，而且应该同儿童的思想方式相符。要让这些课题在以后各年级中扩展、再扩展。这样，如果大多数儿童准备选学十年级的生物学单元，难道他们需要把这门学科一下子就都学完吗？必要的话，用起码的正式实验操作，以一种或许不太精确然而较为直观的精神尽早向他们介绍一些主要的生物学观念，难道不可能吗？

许多课程最初设计时的指导思想，颇像我们在这里提出的那样。但是当课程实际上实施的时候，当它们发展和改变的时候，它们常常会失去它们最初的形式，陷于不大成样子的局面。督促人们亲自再审查现行课程是否符合前面指出过的连续性和发展的论点，这决不错误。我们无法预计修改课程可能采取哪些确切形式，直率些说，目前有用的研究确实太少，不可能提供合适的回答。我们只能建议，应该用最大力量尽快地着手进行适当的研究工作。

（邵瑞珍　译）

一般发展教学理论①

赞科夫

作者简介

列·符·赞科夫(1901—1977),苏联著名学者——心理学家、教育家、儿童缺陷学家、苏联教育科学院正式院士、俄罗斯联邦功勋科学活动家、教育科学博士。赞科夫对战后苏联教学理论的发展作出了重要贡献,其贡献在于他对教学与发展的关系问题进行了全面、系统的研究,创立了发展性教学理论体系,从而填补了苏联传统教学论中的一个大空白。其代表作有:《论小学教学》(1963)、《教学论与生活》(1968)、《和教师的谈话》(1970)、《教学与发展》(1975)。

选文简介、点评

选文主要介绍了赞科夫实验教学论体系所研究的问题。赞科夫从历史的角度全面梳理了教学与发展之间关系问题的形成和演变过程,揭示了在理论上研究这一问题的状况不能令人满意,查证了现实中教学影响儿童发展的效果极差,进而他又指出了研究这一问题必须依据确实可靠的科学事实,阐明了这样研究对于推动教学的理论和实践向前发展的意义,揭示出教学论研究中缺乏从学生心理发展的角度探讨问题,进而确立起实验教学论体系的研究问题:教学结构与学生发展进程的本质联系问题。赞科夫认为,教学与发展之间存在着辩证的关系,好的教学可以促进学生的一般发展,学生在一般发展上的进展,又是学生自觉而牢固地掌握知识技能、技巧的基础。为了实现学生的一般发展,赞科夫在实验中提炼出了高难度原则、理论知识的主导作用原则、高速度原则、使学生理解学习过程的原则、使班上所有的学生(包括最差的学生)都能得到发展五个教学原则。

赞科夫促进一般发展理论的主要学术贡献:(1)研究方法论上的贡献。"把教育科学从理论推导引向学术实验的领域",积极吸取心理学研究的新成果,运用心理学开展教学论实验研究,是一种研究方法的超越。他既不是经验描述,也不是坐而论道,而是通过长时间、大规模的实验而总结、提炼和验

① [苏]赞科夫.教学与发展[M].杜殿坤,张世臣,俞翔辉,张渭城,译.北京:人民教育出版社,1985:1-51.(题目为本书编者所加)

证教学与发展的一般规律。(2) 研究问题域上的贡献。他提出了发展性教学的概念和原理，敏锐地把握住了教学理论现代化的中心课题，将发展确立为教学论研究中的一个重要概念，进而把发展性教学作为教学论研究中的一个重要问题域。(3) 学术观点上的超越。首先，赞科夫超越了以往关于发展的理解。在赞科夫之前，大多数人常常把发展理解为发展智力，认为应该在传授知识的基础上形成技能技巧。而赞科夫则把一般发展放在了极其重要的地位，在他看来，一般发展应该指发展学生个性的所有方面，包括道德感、观察力、思维、记忆、言语、意志等，换言之，是包括智力在内的整个身心的"全面、和谐的发展"。赞科夫以其大量科学事实证明，儿童心理的发展不是"儿童心理内在的、按阶段的预定展开"，而是在特殊性质的教学影响下发生的。这一结论对于现代教学研究显然具有重要的方法论意义。其次，赞科夫揭示了教学的结构与学生一般发展的性质之间的规律性联系。他用可信的科学事实证明，教学的变化影响着儿童的发展。心理的变化不仅表现为从某一水平急剧提高到另一水平，而且还表现在儿童优异的深层次的心理表现上。这是一个重要的科学结论，它证实了心理学中提出的关于教学在发展中起主导作用的理论原理。

赞科夫的理论对现代教学研究以及实验教学论体系的发展有着重要的影响。首先，赞科夫在实验中比较彻底地冲破了传统教学法的种种束缚，建立了一个新的教学法体系。他实质上确立起一种发展性的教学论体系，其五个教学原则始终围绕学生的发展，尤其是克服传统教学论对学生发展问题上的误区。其次，赞科夫关注学生的发展问题，对教学论研究中忽视儿童心理发展的内在规律的问题进行了批判，一定程度上改变了不见儿童的教育学研究状况。第三，处理教学与发展的关系问题。第四，对于教学论研究的取向有重要的引领意义，改变传统教学论轻视研究儿童的状况，特别是通过实验开展教学论研究，这些为教学论研究具有一定的引领意义。

赞科夫的实验研究固然有其创新之处，当然其也有不足的一面，他过分强调教学中的心理因素而忽略社会和管理等因素，因而在填补教育研究的空白时造成了新的片面性。

学习与研读赞科夫的理论不仅有助于认识教学与发展的关系，进而将发展这一主题确立为教学活动的重要价值取向，而且有助于认识教育实验研究在教学论发展中的重要意义，克服书斋式研究和经验描述的弊端。同时，这还有助于认识到心理学在教学论发展中的方法论意义，吸收和借鉴多学科成果是教学论发展的重要基础。

(撰写人：天津职业技术师范大学赵文平博士；陕西师范大学教育学院课程与教学系博士生导师陈晓端教授)

选文正文

第一编 实验教学论体系①

第一章 问 题

教学与发展问题的形成过程本身就是富有教益的。追溯一下(即便是极简略地追溯一下)这个过程,可以使我们对问题的起源、它的主要阶段和变化形式会有所了解;可以更加清楚地看到合理解决这个问题的道路上所遇到的障碍(这些障碍是由于方法论观点上、对个体发育中的心理活动发展以及对发展与教学的依存性的理解上的错误所造成的);对于苏联科学中提出教学与发展问题及其解决途径的主要特点,也会一目了然。

历史上进步的教育思想家,首先是教育科学的奠基人夸美纽斯,都曾明显地探索过教学的科学原理。这些探索的突出之点,就是意识到必须考虑儿童的特点、他的可能性及其精神成长的按阶段的上升。年龄期的划分是对成长中的人的心理所经历的变化予以肯定的基本形式。

年龄期的划分及与之相应的学校类型是夸美纽斯的宏伟的教育学体系的组成部分,显然当时只能在这一体系的背景下来建立。

夸美纽斯对教学实践和对儿童进行的观察使他拥有广泛而多方面的观察资料,但是他未能依靠科学心理学的事实,因为当时作为一门实验科学的心理学尚未形成。

我们完全无意于考察儿童心理发展问题的历史,但是我们应当回顾一下这一历史的下一个最伟大的里程碑——伟大的俄国教育家乌申斯基的活动。当时在心理学上占重要地位的概念就是联想概念,各种心理现象都是依据联想的机制加以解释的。

乌申斯基学说的特点是对儿童发展的各个年龄期作了心理学的解说。他在《人是教育的对象》这部著作中,探讨了注意的过程、表象联想、记忆、想象、感知和意志。在《记忆的历史》一章中,他这样来说明幼年期的特点:“幼年时期,从 6 岁或 7 岁开始到 14 岁与 15 岁止,可以称为机械记忆最强烈的时期。到这个时期,记忆已具有很多痕迹,而且利用词的大力支持,儿童可以迅速地和巩固地掌握新痕迹和新联想;但是内心活动即阻碍这种掌握的联想之重新组织和改造,还很微弱。这就是为什么幼年时期可以称为学习时期,而教师就应当利用人生的这一短促时期来丰富他的内心世界,使能运用思维能力所需要的表象和表象的联想。”②

---

① 鉴于本书的篇幅限制,这里只选择了第一编中第一章的内容。——本书编者

② 乌申斯基. 人是教育的对象:第 1 卷[M]. 北京:科学出版社,1959:270.

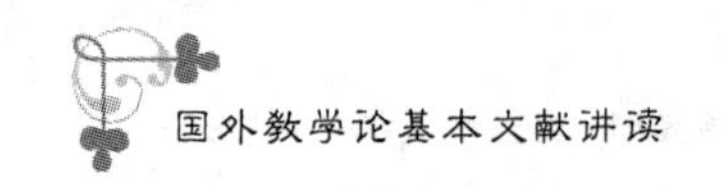

关于青年期，乌申斯基在《想象的历史》一章中写道："在想象发展的历史中，没有一个时期会有青年期那样重要。到青年时期，一些个别的、或多或少丰富的表象联串，织成一个网。到这时候，青年已积累很多的表象联串把他们的心灵占据住，而也正是在这时候对这些表象联串进行着强烈的改造。我们认为人生中从 16 岁到 22—23 岁的时期是最有决定意义的时期。"①

可以看出，乌申斯基是结合考察意识赖以表现的不同的精神（乌申斯基的术语）过程的发展历史来说明个别年龄期的特点的。如果用现代的术语来说，即乌申斯基在普通心理学的背景下指出了各个年龄期的特点的。在当时，反映儿童在各个发展阶段上的心理特点的科学事实还没有，乌申斯基所能引用的只有瑞士女作家和教育家涅克·德-萨修尔的《进步教育》一书。

19 世纪末至 20 世纪初，逐渐积累了一些有关儿童心理学的科学事实，并对它们进行了分析和概括（鲍尔杜英、格罗斯、谢利等人）。

下面我们考察一下对研究儿童发展和对年龄期的划分的各种观点。

应当指出关于儿童发展进程的渐进性这一观念，K·布勒表达他的观点时说："自然界没有飞跃，发展永远是逐渐进行的。"他认为，当谈到发展"这个词的最初的和真正的含义"时，人们所指的是：第一，素质；第二，素质实现的目的或方向。机体中原本就具有的目的的实现，就在于完善心理生活。儿童的心理是一个整体，具有生物的机能，因而儿童心理发展的内部节律是与生物机能相联系的。外界影响的作用只局限于或者加速或者阻滞这种内部节律。

可以看出，布勒关于儿童发展的渐进性的原理，是跟他的目的论和生物遗传决定论的观点分不开的。然而，这一原理也是在其他学说的影响下提出的，并不是目的论学说的特有因素。

同时，目的论学说又有各种不同的变种。例如，斯腾创立了一个特别的心理学派别——"人格主义心理学"，它所研究的中心是个性问题。在斯腾看来，"个性的核心"就在于它是内在的固有目的的体现者。他把个性和周围世界的相互作用解释为两者的"会合"。所谓"会合"，就是周围世界参与"铸造"个性预有的倾向。

在儿童心理学方面，斯腾取得了有关儿童早期发展阶段的知觉、记忆、思维、言语的多方面的重要事实。但是他的理论原理（例如涉及思维发展的原理）仍旧归结到上面所谈的一般方法论立场上去了，于是发展仍被看做是各个阶段的内在预定的取代而已。

夏洛特·布勒根据 K. 布勒的学说以及对各种年龄儿童进行的大量心理学研究的结果，提出了发展的时期划分。在这里，他把发展分为五个相互衔接的时期，认为这些时期是儿童的现实关系客观化和主观化的一种充满活动的运

---

① 乌申斯基. 人是教育的对象：第 1 卷[M]. 北京：科学出版社，1959：309.

动；在每一个时期里，都在新的基础上实现着心理的一定结构。这五个时期包括儿童从1岁到19岁的生活。

儿童心理学提供了反映儿童发展的范围广泛的事实，但是同时也阻碍了揭示儿童心理发展的真正实质。由于儿童心理发展的各种观点同普通心理学的主观唯心主义理论密切联系着，因而也就包含着这些理论的各种缺点：把儿童的心理发展看成是向着个体身上本来就有的某种目的的内在追求。把外界影响归结为只能加速或延缓、促进或妨碍发展的内在过程的条件，这就阻塞了真正认识儿童心理及其变化的道路。外界影响不被看做心理发展的原因——它们不能创造任何东西，它们的作用是附带的。目的论的观点同真正科学地、因果地理解心理发展是根本对立的。

就所提出的问题的性质和对儿童心理发展所进行的研究的数量来说，皮亚杰占有特殊的地位。让我们看一下对皮亚杰在20世纪20年代的学说的批判分析的几个重要观点。

维果茨基指出，把儿童思维的所有的个别特点归结到一起的中心环节，就是儿童的自我中心主义。在皮亚杰研究中所采用的所谓临床谈话法的过程中，向儿童所提的问题都是旨在查明儿童的自生表象，也就是说，排除了儿童现有的知识和经验的影响(例如，问5岁儿童：“为什么月亮不从天上掉下来?”)。儿童所想出的答案就成为对儿童思维的混合性(意即融合，不会划分，“一切皆融合在一起”)做结论的依据之一，而皮亚杰把这种混合性看做是自我中心主义的证明，他认为儿童的自我中心思维是介于我向思维和有指导的理性思维之间的一种过渡的思维形式。①

维果茨基在谈到皮亚杰的学说时写道：“儿童没有被看做社会的整体的一部分……而社会的东西则被看做某种处于儿童身外之物，看做与儿童格格不入的远离儿童的力量，这种力量对儿童施加压力，并排挤儿童所固有的思维方式。”“开头是不自觉的思维——儿童的唯我主义，末了是自觉的社会化了的思维，而当中是一系列的阶段，皮亚杰把这些阶段看做是自我中心主义的逐渐减退和社会思维形式的逐渐增长。每一个中间阶段都是在儿童的不自觉的我向思维与成人的自觉的社会思维之间的某种妥协。”②

皮亚杰的研究没有反映出儿童心理的真正发展。在这里，有从起点到终点的运动，这种运动的形式是遗传而来的最初思维类型的特点和“注定的”最后结果之间的数量关系的变化，但是并没有发展过程，因为发展过程的特征是在每一个阶段上都有新的质(它从以前出现的倾向中产生)表现出来。值得注意的是，在皮亚杰看来这条逐渐运动的路线是由退却的我向主义与进攻的自觉思维

---

① 皮亚杰.儿童的言语和思维[M].莫斯科：苏联国家出版社，1932：95.

② 维果茨基.心理学研究选集[M].莫斯科：俄罗斯联邦教育科学院出版社，1956：98，245.

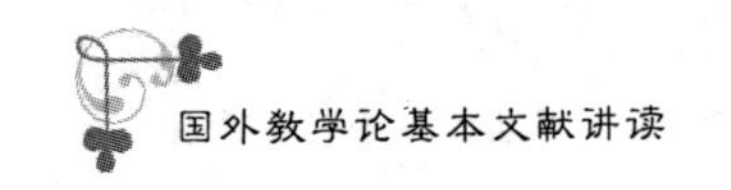

之间的一连串妥协构成的。社会的东西仅作为发展的附带因素存在着，而不改变它的内在的包含物。

从皮亚杰对儿童心理发展的理解，以及从他采用的完全排除教学影响的研究方法中所能得出的结论就是：发展的进行是与教学无关的。

正如维果茨基所指出的，认为发展不依赖于教学的观点是颇为常见的。根据这种观点，“发展的程序总是先于教学的程序……教学是架设在发展的上空的，实质上不能对发展做任何改变”①。

在苏联心理学中，与关于人的心理的唯心主义和自然主义的说法相对立，提出了人的心理的社会历史制约性的原理。应当以历史的观点作为研究人的心理的基础这一思想，是由维果茨基提出的（1927 年）。他写道：“不应当在人的内部，而是在人之外，即在人所属的那个社会环境中……去探寻行为的历史演进的直接源泉。”②他根据这一总的学说和他进行的研究的结果，坚持这样的立场，即儿童的心理发展具有社会性，发展的源泉是合作和教学。

在苏联心理科学中，对年龄阶段的科学观点是维果茨基首先提出的（1934 年）。他认为“机能间联系的变化，即意识的机能结构的变化是每一个阶段的特征的基础。在童年早期，知觉分化出来并为发展铺下基本的道路，这时知觉在机能间关系的体系中占主导地位；而在学前期，记忆便成为这种占主导地位的中心机能”③。

在学龄期，注意和记忆成为有意识的和随意的。至于无意识的，维果茨基解释说，这所指的“并不是自觉性的程度，而是意识活动的另一方向。我打一个结，我是自觉地这样做的。但是，我不能说出我究竟是怎么做出来的。……然而意识的对象可能正是这件事——到那时，这才成为有意识的。”他写道：“发展的一般法则就在于，意识和领悟只是某种机能发展的高级阶段才有的属性。”“……概念，或者更正确地说，前概念（我们认为这样来表达学生的未被意识的和未达到其发展的高级阶段的概念更为确切）正是在学龄期初次出现，并且只有在这一期间趋于成熟。”④

后来，苏联心理科学发展到这样一个时期，即在规定各年龄阶段的特征时，关于意识和活动统一的论题成为认识心理现象的原则性的基础。关于意识和活动统一的原理，最先是维果茨基提出的，而后为鲁宾斯坦所发展。鲁宾斯坦写道：“心理、意识是在活动中形成，也是在活动、行为中表现出来的。……这就提出一项任务，即通过揭示那些客观地决定着心理现象的客观联系而来认识（而不是简单地体验）心理现象。”意识和活动的统一“给了根据个人

① 维果茨基. 心理学研究选集[M]. 莫斯科：俄罗斯联邦教育科学院出版社，1956：439.

② 维果茨基. 高级心理机能的发展[M]. 莫斯科：俄罗斯联邦教育科学院出版社，1960：449.

③ 维果茨基. 心理学研究选集[M]. 莫斯科：俄罗斯联邦教育教学院出版社，1956：244.

④ 维果茨基. 心理学研究选集[M]. 莫斯科：俄罗斯联邦教育科学院出版社，1956：246，244，245.

的行为的外部表现，即根据个人的举止行动而去认识他的内部内容、他的体验、他的意识的可能性”[①]。

鲁宾斯坦从这一观点出发说明各个年龄期的特点：“学前儿童活动的主要形式是游戏……入学以后，儿童活动的基本形式就是系统的学习，与学习一起而保留着的游戏已经是一种附带的活动形式。”[②]

在承认意识和活动的统一这一共同原则下，列昂节夫提出了有关儿童心理发展理论的一系列重要原理。他写道：“这里应当指出的第一点就是：在儿童的发展进程中，在儿童的具体生活环境的影响下，儿童在人的关系的体系中客观地所占的地位发生着变化。”他接着说：“主导的活动是这样一种活动，即在这种活动的形式中产生并在它的内部分化出其他的新的活动种类……在这种活动中形成或改造着个别的心理过程……在该发展时期中所观察到的儿童个性的基本心理变化……也取决于这种活动。”[③]

按照以上提到的各个年龄期，也提出了如上所述的一些理论原理。至于早先提到的年龄期的划分，则没有为各种理论学说所涉及，也没有在它们的影响下有所改变。以前人们所熟悉的年龄期，只是被用这样或那样的科学原理和概念加以阐述而已。

随着心理科学的发展，教育学得到了依靠心理科学成就越来越大的可能性。心理学观点成为探讨教育学问题，特别是教学与发展问题的重要因素。同时，教学与发展问题也在个体发育的各种心理学学说中占着重要的地位。

在乌申斯基的著作中，儿童发展的教育学问题是和对这些问题的心理学的研究有机地联系着。他强调指出，教育是发展的强有力的因素，但其中蕴藏的巨大可能性却只利用到微不足道的程度。

在乌申斯基所处的时代，教育学上有所谓形式教育和实质教育两种理论。形式教育论和教学的发展作用问题有直接关系。这一理论认为，重要的不是知识本身，而是知识的发展性影响。从这一理论出发，对学校的教学内容得出这样的实际结论：那些能够促进“智力体操”的学科——拉丁语、希腊语和数学，被认为是最有价值的。第二种理论的拥护者则认为，应当挑选那些对生活、对实际活动有用的学科，作为构成教学内容的基础。

乌申斯基在《星期日学校》一文中注意到了教学的形式目的和实质目的之间的关系。他写道：“第一种目的即形式目的，在于发展学生的智力、观察力、记忆、想象、幻想和理性。”[④]而为了达到第二种目的即实质目的，则有必要合理地挑选那些有助于促进儿童智力发展的学科。教师不应当迷恋其中的任何一个目的，以至忘记了另外一个。

---

① 鲁宾斯坦.普通心理学原理[M].第2版.莫斯科：教育书籍出版社，1946：14，21-24.

② 同上书，第169—170页。

③ 列昂节夫.心理发展问题[M].莫斯科：俄罗斯联邦教育科学院出版社，1959：407，411，412.

④ 乌申斯基.乌申斯基文集：第2卷[M].莫斯科：俄罗斯联邦教育科学院出版社，1948：500.

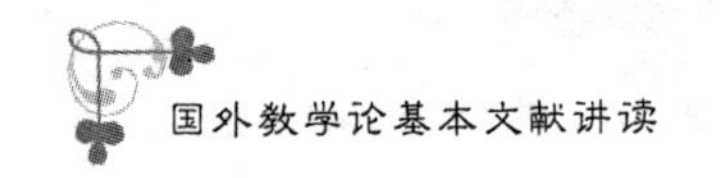

可以看出，乌申斯基不但没有把形式教育和实质教育对立起来，而是相反地，肯定了两者之间的内在联系。他在批评"形式教育论"时说："像人们以前所理解的那种理性的形式发展，乃是一种并不存在的幻影，理性只有在实际的知识中才得以发展……"①

乌申斯基认为，小学教学应当为儿童的智力发展和道德发展服务，而为了达到这一目的，他认为本族语具有基本的、决定性的意义。同时，他认为主要的不是学习语法，而是掌握作为民族财富的言语。在乌申斯基看来，要正确地掌握言语，只有同发展思维有机地联系起来才有可能。

乌申斯基把自己的教育思想实际体现在小学用的《祖国语言》课本、《儿童世界》一书和为教师写的参考书里。《祖国语言》课本不应当像传统的语言学习那样以教学读、写技术和口语占统治地位，而是要求把教学和发展儿童思维有机地结合起来，用周围世界的具体事物和现象激发儿童的思维发展。逻辑练习和语法练习不要抽象地进行，而是要求在教室里、家里、街道上、院子里，在草地、田野、树林里作实际观察的基础上来进行。②

教育学应当依靠心理学和生理学的科学成果，依靠这些科学所取得的进展，其重要性是用不着加以论证的。心理学和生理学的新的事实和理论原理，理所当然地应该用来更进一步准确地阐明教育学的问题。

在乌申斯基(姑且不谈他的前驱者们)创立他的体系后的一个世纪当中，普通心理学和儿童心理学在知觉、记忆、思维、言语等方面进行了许多研究，探讨了以前完全没有研究过的问题。

到19世纪末和20世纪初，出现了一些心理学学说，各自以这样或那样的观点探讨了教学与发展的关系问题。应当指出的是心理科学中的一个特殊流派——格式塔心理学，它认为心理的最初的和基本的要素是某些心理结构、完整的形成物，即"格式塔"。这些东西的形成服从于似乎是心理内部固有的一种组成简单的、孤立的、匀称的图形的能力。

考夫卡曾详细阐述了格式塔心理学的理论原理和实验研究。这些研究表明，主体在解决一项任务时所发现的结构原则能够迁移到一系列其他任务上去；这些任务能够为受试者所解决，虽然并没有人专门教过他。根据考夫卡的观点，发展就其基础来说具有两种虽然相互联系、相互制约，然而其性质并不相同的过程。

一方面是成熟——直接取决于神经系统范围里的进展，另一方面是教学——在教学过程中进行着心理的发展。成熟好比在准备土壤，使通过一定形式进行的教学成为可能；而教学则刺激和推动着心理发展的前进。应当指出，

---

① 乌申斯基.乌申斯基文集：第8卷[M].莫斯科：俄罗斯联邦教育科学院出版社，1950：661.

② 斯特鲁明斯基.乌申斯基的教学论原理和体系[M].莫斯科：教育书籍出版社，1957：134-141.

在考夫卡的学说中，对教学在儿童心理发展进程中的作用是相当重视的。

维果茨基概括了当时一些著名心理学家提出的原理以及在教育界广泛流传的观念，指出在教学与发展的关系方面有三种观点。他写道：“第一种，也是至今在我们这里最为流行的观点，……是把教学与发展看做两个互不依赖的过程……。教学……似乎是架设在成熟的上面的，……教学被理解为纯粹从外部利用发展过程中所出现的可能性。”持第二种观点的作者们“把教学与发展混为一谈，把两种过程等同起来”(詹姆斯、桑代克)。第三种理论(考夫卡等人)把上述两种观点结合起来，但是又以某种全新的东西补充它们：“……教学不仅可以跟在发展的后面走，不仅可以和发展齐步并进，而且可以走在发展的前面，推动发展前进，并在它里面引起新的构成物。”①

在维果茨基的著作中，儿童心理发展的理论和他的关于教学与发展的关系的思想有机地结合在一起。

对生活概念和科学概念发展情况的比较研究，得出了一条重要的理论原理，即通过教学能使儿童意识到以前没有意识到的东西。例如，儿童凭生活经验清楚地知道“哥哥”是指什么，他已有了“哥哥”这个生活概念。但是，当需要解答关于“哥哥的哥哥”这个抽象题目时，儿童就会弄糊涂了：他现有的概念是没有被明确意识的。儿童通过教学所掌握的科学概念的力量，就在于这些概念的有意识性和随意性。

有意识性和随意性所凭借的根据是许多概念的系统性。在科学概念的范围内，除了概念与客体的关系外，同时还有这一概念与另一概念的关系。这样，超经验的联系便成为可能，于是产生了概念体系的最初因素。在科学概念范围内既经产生的新的概括结构，以后就作为已知的活动原则，不需通过任何学习就迁移到所有其余的思想和概念的领域里去。于是，“意识就跨进了科学概念的大门”②。

关于教学作用于儿童发展的途径，由于维果茨基引进了区分儿童发展的两种水平的原理而揭示出一个清楚的观念。第一种水平是现有发展水平，由已经完成的发展程序的结果而形成，表现为儿童能够独立解决智力任务。维果茨基把第二种水平称为最近发展区。最近发展区说明那些尚处于形成状态、刚刚在成熟的过程正在进行。这一水平表现为：儿童还不能独立地解决任务，但在成人的帮助下、在集体活动中、通过模仿，却能够解决这些任务。儿童今天在合作中会做的事，到明天就会独立地做出来。

教学与其说是依靠已经成熟的机能，不如说是依靠那些正在成熟中的机能，才能推动发展前进。教学创造最近发展区，然后最近发展区则转化到现有

① 维果茨基.心理学研究选集[M].莫斯科：俄罗斯联邦教育科学院出版社，1956：251-252，254，257.

② 维果茨基.心理学研究选集[M].莫斯科：俄罗斯联邦教育科学院出版社，1956：247.

发展水平的范围之中。

维果茨基这样总结了他的关于教学与发展问题的思想：只有当教学走在发展前面的时候，这才是好的教学。“教育学不应当以儿童发展的昨天，而应当以儿童发展的明天作为方向。”[①]

由此可见，维果茨基已经非常接近于对教学与发展的问题做出这样的教育学解释，这种解释的一个关键问题就是：在什么样的教学论体系下才能在学生的发展上达到理想的效果？

维果茨基在自己的学说中没有做到以彻底的辩证唯物主义的哲学观点来揭示儿童发展的实质。

但是，把他的即使是个别的提法(例如，儿童的心理发展是有社会性的；教学与发展是一个复杂而矛盾的统一体)加以对照，就可以看出：他是朝着以辩证唯物主义观点来理解儿童心理发展的实质和教学与发展问题的方向前进的。

维果茨基的一些思想是在马克思列宁主义关于发展的学说的直接影响下产生的。例如，把教学过程建立在那些尚未成熟的心理机能上，这就和儿童发展的现有的、业已展开的阶段处于矛盾之中。这种外部的对立性引起学生心理上的内部矛盾。

列宁的下面这段论述对于研究思维及其发展具有决定性的意义：“智慧(人的)对待个别事物，对个别事物的摹写(＝概念)，不是简单的、直接的、照镜子那样死板的动作，而是复杂的、二重化的、曲折的、有可能使幻想脱离生活的活动；不仅如此，它还有可能使抽象的概念、观念向幻想(最后＝神)转变(而且是不知不觉的、人们意识不到的转变)。因为即使在最简单的概括中，在最基本的一般概念(一般‘桌子’)中，都有一定成分的幻想。”[②]

维果茨基在引用了列宁上述的论述后写道：“这个关于对立面的统一及其二重化，关于思维和幻想的曲折发展的指示……在科研面前打开了研究现实性思维和我向性思维的真正道路。如果遵循这条道路前进，那就未必还会怀疑：我向思维不应当放在儿童思维发展的开头[③]，而是后来的形成物，是作为包含于思维发展中的对立面之一而向两极分化的。”[④]

在批判地分析皮亚杰学说的过程中，维果茨基写道：“凡是没有自我运动的地方，那里就没有发展(就这个词的深刻而真实的含义来说)的地位：那里是一个排挤另一个，而不是从另一个中产生出来。”[⑤]

---

① 维果茨基.心理学研究选集[M].莫斯科：俄罗斯联邦教育科学院出版社，1956：277.

② 列宁全集：第38卷[M].北京：人民出版社，1959：421.

③ 皮亚杰的学说中就是这样。

④ 维果茨基.心理学研究选集[M].莫斯科：俄罗斯联邦教育科学院出版社，1956：92.

⑤ 维果茨基.心理学研究选集[M].莫斯科：俄罗斯联邦教育科学院出版社，1956：106.

当教学论的一些基本著作(达尼洛夫和叶西波夫的《教学论》等)出版以后,这些著作里提出了类似下面的一些建议:“……应当选择那种有助于发展学生的观察力和思维的方法。”有时候也列举了一些帮助发展学生思维的个别方式:结合实际生活中的材料解答习题,然后再结合分析和检查解题方法而进行解答,等等。但是,所提的这些建议,并没有以任何关于它们的效果的事实来作证明。

无论是教学原则、教学方法,还是编写学校教学大纲的教学论原理或教学论的其他问题(还有教育的问题),都没有从学生发展的角度来进行过探讨。教育学著作中包含的一些互不一致的见解也是泛泛其谈,而且仅仅涉及智力发展或认识能力这一个方面。教学与发展的关系并没有在教育学里作为一个学术问题作过实验性的研究。

当我们在1957年开始进行这一问题的教育实验研究时,儿童心理发展理论的状况和对教学与发展关系问题的观点的大致轮廓就是如此。在心理科学中可以吸取的,一方面是个别的科学原理,提供了理解学龄初期(作为儿童发展阶段之一)儿童的心理特点的实质的线索,另一方面是一些反映某些心理过程(记忆、思维等等)的事实。但是,这些一般的理论性原理,并没有在系统地检验所提出的假说的过程中,用取得的科学事实加以切实的论证。同时,儿童心理学方面的研究都是按这样的年龄期进行的:年龄期的划分要么是以儿童出生后相当短的时期(婴儿期、童年早期)为标志,要么是以儿童接受教学和教育的机构类型(学前期、学龄期)为标志。

心理科学中原有的事实,都是在按照传统教学法对学生进行教学的条件下获得的,因此也不能作为我们研究的出发点和指针;而为了达到我们的研究目的,则必须建立另外一种小学教学体系,在这个体系下,应当使学龄初期儿童达到比按照传统教学法的框框进行教学的情况下高得多的发展水平。因此,如果我们只向现有的事实看齐,那就会阻塞了完成研究任务的途径。本来也可以设计一套传统教学法的变式的方案,但是那样就不可能创立一个新的小学教学的教学论体系,这个新体系的目的在于达到学生的理想的一般发展,并就其本质来说根本区别于传统教学法。

但是,这并不意味着我们不重视学龄初期儿童心理学的事实材料。在注意到这些资料的同时,我们致力于探求新的途径去促进学生的一般发展,这种发展就其水平——而主要是就其质的特点来说,应当大大高出于按照现有文献所能判断的发展水平。

我们在制定新的小学教学体系时遵循的主要的心理学方针,就是我们年复一年地对学生进行研究。

(杜殿坤　张世臣　俞翔辉　张渭城　译)

范例方式教学理论[①]

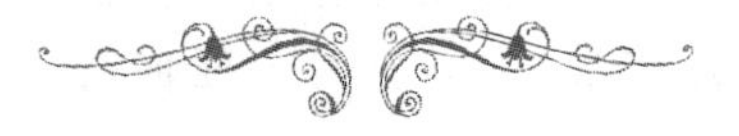

克拉夫基

作者简介

克拉夫基(Wolfgang Klafki,1927—),德国当代著名教育学家。他不仅是德国传统的“精神科学教育学”和提倡批判反思的现代“解放教育学”承前启后的人物,也是德国现代“范畴教学论”的主要奠基人。他对18世纪形成的实质教育和形式教育两个对立学派进行了分析批判,提出教学活动可以把传授知识和发展智能统一在同一个教育过程之中。主要著述有:《基本的教育学问题与范畴教育理论》(1959)、《教学论分析》(1961)、《教育理论与教学论研究》(1963)、《批判—设计教育科学观》(1975)、《教育理论与教学论新研究》(1985)等。

选文简介、点评

在《范例教学》一文中,克拉夫基主张范例学习是一种主动的、发生的以及再构—发现的学习。范例教学的根本性目标是在校内或校外机构中的学习应当帮助学生获得独立性以及批判认识、判断和行为这三方面的能力,从而也获得主动地继续学习的能力。教学过程中学生实现独立学习需要两个条件。首先,教—学过程必须有意识地与学生当时已达到的神经运动的、认识的、审美的、社会的、道德的发展水平结合起来,与其兴趣、观察事实和问题的方式以及与事实和问题交涉的方式结合起来。第二个条件是,教学不应以各不相关的、终结的和定型的形式,诸如以公式、结果、模型、图表、论据等给学生提供应当学习的,确切地说应当理解的、创造性地掌握的,而后在使用中得到检验并巩固的东西——规律性、原则、结构、相互关系,而是应当帮助学生逐步地、建设性地理解并揭示这种规律性、结构、相互关系的“合乎客观逻辑”的发展阶段,或者从回逆分解“定型的”结果出发,对之进行改造。

克拉夫基还主张,必须使范例教学成为学校中学习活动的中心。在范例教学中所学到的东西也需要练习、复习、应用、检验,看看所期望的是否真的把握住了。一方面通过范例而学到的东西必须铭记于意识之中,并作为学生的一种

① [德]W.克拉夫基.范例教学[J].徐长根,译.李其龙,校.外国教育资料,1988(1):36-44.(题目为本书编者所加)

与内容有关的能力加以巩固，必须通过大量新的，而且逐渐在不断变化的程度上提高的适当的作业加以巩固，最好在固定的复习中加以巩固。这就是说，使应用先前学到的东西表明对于教新的课题是必要的，因而可以作为有意义的“活动性知识”和能力来体验。另一方面，范例学习能实现目标明确的“方向指导性学习”。校内（外）应掌握的全部知识和能力，既不能总是以范例教学采用的耗时的“发生”的形式，即通过一些试误道路，经过不同抽象阶段的形式来获得，而且这也没有必要。

一般与特殊的关系对于范例教学通常是基本的关系。这种关系至少可以在下列一些基本形式中出现：以狭义的“范例”（即作为“规律”与“方案”或“方法”与“应用个案”或“原则”与“范例”的形式）出现；作为可以靠一个或几个代表性例子来认识的“典型”出现；作为“经典”出现，即一次性地、言简意赅地、“示范”性地描述美学造型、个人或社会的生活决断、政治思想或行为的基本可能性；作为音乐、美术、诗歌、戏剧形象和形象理解这几方面的“简单的美学形式”出现。

克拉夫基范例教学理论的主要学术贡献可以概括为三个方面。第一，力图解决教育教学中知识膨胀和教学时空有限性之间的矛盾，通过选择典型材料，使学生形成一种一般性的认知结构。因此，实质上通过范例教学的角度解决了教学主体与教学客体之间的关系的矛盾问题。第二，一定程度上揭示了学生学习的内在机制。范例学习将学生的学习视为一种主动的、独立的、发现式学习，这实质上是对学生学习的认识深化。第三，指出了不同学科领域中范例的形式不同。一般和特殊的关系是范例教学构想的基础，以各种不同的形式出现于各种不同的问题范围以及交叉学科和特种学科的关系之中。总之，该文进一步深化和发展了范例教学思想，讨论了一些以往没有涉及的问题。

克拉夫基范例教学理论所产生的社会影响也可以概括为三个主要的方面。首先，对于教材编写和教学内容的选择具有重要的指导意义，范例教学强调从选择出来的有限的例子中主动地获得一般的，更正确些说，或多或少可作广泛概括的知识、能力、态度，换言之，让他们获得本质的、结构性的、原则性的、典型的东西以及规律性、跨学科的关系等等。对于教材编写和教学内容的选择来说要注重典型性和基础性等原则。其次，对于课堂教学来说，更加强调教师引导学生主动学习，通过范例的学习使学生的学习负担可以减轻而能够高效学习，实现举一反三的效果。第三，该文的观点有助于教学实践中进一步理解范例教学思想，对于深入实施范例教学思想具有重要指导意义。

学习该文的价值在于促使我们不断思考如何在有限的时间内实现学生的有效学习和发展，进一步认识到教学论研究的重要目的在于实现有效教学和实现学生最大限度的发展。此外，本文还使我们认识到范例教学的重要价值。

（撰写人：天津职业技术师范大学赵文平博士；陕西师范大学教育学院课程与教学系博士生导师陈晓端教授）

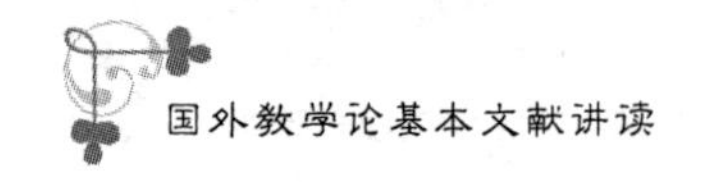

选文正文

一、有关该问题的讨论与研究状况

在 1950 年到 1970 年这两个十年之间，曾对联邦德国的教学论进行过激烈讨论，提出过一些研究设想并作过实际努力，而所有这些都是集中在“范例教学”概念、“示范学习”概念、“基本和基础的教学论”以及类似的程序教学方案等方面，而且其范围既包括普通教学论，也包括介于普通教学论与学科教学论或学科领域教学论之间的讨论。我们固然不能说上面所概括的一组问题(本文标题和进一步的阐述都以“范例教学”这个术语来代表这些问题)自 20 世纪 70 年代初以来完全被遗忘了，但是在教学计划设计与教学讨论的中心确实也出现了另外一些问题和主导概念，如“学习目标程序化”、“教学面向科学”、“面向学生的教学”、“开放课程与开放教学”、“学校中的社会学习”等等。我认为，这些概念涉及教学论的一些重要问题，当然部分观点和原则有矛盾或至少是对立的。然而令人遗憾的是，就上述设想以及其他一些设想来说，过去 15 年中太流行引进新概念和新观点，它们要求在总体上对教学论或教学理论上的难题作出“崭新的解释”，因而不得不把以往本已由理论和实践方面的种种努力说明了的问题视为已经过时。这种相当迅速地相继产生的一个个教学论模式各在学校实践范围内所起的作用达到了何种程度，或者在其付诸实践之前又在何种程度上被下一个模式的浪潮所超越(而该新的模式同样经历了类似的情况)，对此这里不予回答。

总之，我认为，上面概述的过程使 1970 年以前对范例教学的原则从理论上和实践上加以细心研究的种种努力在很大程度上平息下来了，或者停留在开始的设想方面。20 世纪 80 年代初，教学论的讨论似乎又进入到一个平静的阶段，在这个阶段中，一方面那些新的、设想的合理性及界限可以得到仔细的检验，但另一方面也可以把那些以往暂时搁置起来的问题重新提出来加以探讨，而且在必要时可以对之进行相互修正，可能的话使之与近 10 至 15 年的较新的程序教学方案联系起来。但是，我希望不要误解我的意思，我绝不是要“退回”到臆想中较好的旧的事物上去！“范例教学”本身过去是现在还是一种改革方案。在制订教学计划和教学实践方面，其理论和实践的种种意向和可能性，直至 20 世纪 60 年代末还远未充分利用，因而实际上根本没有过时。如果说今天应当重新讨论这一教学论原则并继续给予考虑的话，则我认为必须在教学论问题的认识水平上进行这种讨论和考虑。通过以往 15 年来的探讨，我们对教学论问题的认识有所提高，但尚未达到预想的或希望的程度。讲到这里，我们似乎又可回到这个阶段的前面去了。不过，重新回顾一下在范例教学的讨论中已经达到的那种认识水平显然也是必要的。

由于篇幅的缘故，我不想再重复1950年和1970年之间围绕该原则的讨论的进展情况。我将主要论证这个原则的体系。不过，在结束这段开场白时，至少还应当扼要地指出，我们的课题已深深地铭刻在欧洲的教育思想史上了。

范例性的原则（这里指所经历或所讲述的经实际—道德证实的范例或具有修辞色彩的表达方式的范例）早就是概括的教育、古希腊主义中教育内容选编以及人的教育的目的，即对“自由罗马人”的人性发展所必需的教育这三方面的选择准则了。

在近代哲学和教育学范围内，诸如夸美纽斯、克里斯蒂安·沃尔夫、康德和胡塞尔都曾提出过有关范例作用的理论，即在认识、道德觉悟和审美能力形成过程中范例作用的理论。最后还可以指出范例教育的设想与裴斯泰洛齐的要素教育的理论及其以后在19世纪所产生的影响之间的关系以及与这种理论在20世纪德国的教育改革中和文科教育的教学论中的明显或不明显的发展之间的关系。

下面我就试图对有关范例原则的观念和尚未解决的问题的一些基本认识作简要地介绍，并同时讲解教学论问题以及教学论设想的关系。这些问题和设想是在近15年中提出的，其中一部分与“范例教学”课题无关，一部分看上去或实际上与之相对，一部分则与之有着局部联系。

二、范例教学的基本思想

对于范例教学的基本思想，虽然有种种不同的解释，但可以作为总的思想动机提出而作如下表述：组织教养性的学习，促进学习者的独立性，即引向连续起作用的知识、能力、态度（引向胡戈·高迪希概念中的“活动着的知识”）。这种教养性的学习是不能通过再现性地接受尽可能多的个别知识、能力、态度和熟巧来达到的，而只能通过如下办法来达到：让学习者从选择出来的有限的例子中主动地获得一般的，更正确些说，或多或少可作广泛概括的知识、能力、态度，换言之，让他们获得本质的、结构性的、原则性的、典型的东西以及规律性、跨学科的关系等等。借助这种一般的知识、能力、态度，就多少能理解并解决一些结构相同或类似的单个现象和问题。我们可以每次通过从一个范例或者少数经选择的范例而取得的一般知识、能力、态度这三者的作用方式称作“范畴”的作用方式。这种概念是指一个统一的过程，该过程包括两个结构要素：学习者通过由特殊达到的一般来认识某种关系、观点、其自然的和/或文化—社会—政治的现实因素，同时由此而获得一个对他来说至今未曾具备的新的结构可能性，理解方式、解决问题的策略、行为观点。

这种学习过程开始于幼儿。如果幼儿通过一个或几个实例掌握了，并且是理解地、能说会用地掌握了一个“主语”（该词的语法概念）与一个“动词”（动作或发生的概念）相连接后所表示的意义（“爸爸来了”，“妈妈走了”，“汽车开了”），那么他就由此而获得了一种可区分的以及可扩展的认识能力。这一认识能力能使之懂得大量相同结构的话语，从而也就同时获得了一种“策略”，借助这种“策略”他就能自己表达出“主语”和“动作”或“事件”之间的重要联系（起初通常以句法上不精确的句子形式“爸爸来”、“汽车开”[①]等等）。但学习过程的一个类似的基本结构也表现于此，这里至少还可举一个例子。中学第一阶段的学生从一个在其家乡小镇上讨论的有争议的经济问题出发，通过自己的（原始的或已理解的或者经检验的）生物和化学实验以及通过社会调查而获得一般的认识，首先是对工业区、放射性有害物和农业变化及破坏之间实际存在或可能存在的相互关系的认识，其次是对从社会—政治方面解决这些问题的利益关系和（实际上或可能遇到的）复杂性的认识，再次是对有关各种解决方案产生的后果作出可能预测的局限性的认识。

三、范例学习作为主动的、发生的以及再构—发现的学习

从上面对范例教学所作的简要的分析中可以使人联想起一种观点，对此尚有必要着重谈一下并作一番论证。范例方案的大部分构思是以这一目标观念为基础的，即在校内或校外机构中的学习应当帮助学生获得独立性以及批判认识、判断和行为这三方面的能力，从而也获得主动地继续学习的能力。正因为这样，不应把教的过程看做是传授规定知识和固定技巧的过程，而是应看做帮助学生主动学习的教育手段，就像首先由瓦根舍因强调的以及数学和物理教育的示例所说明的那样。因此，范例教学计划必然反对过去大部分教学计划中教材充塞的做法。但是，在此原则的指导下，也必须注意一些已经能观察到的或者可能出现的新的追求。这些追求——具有一定保守“倾向”的特点——认为必须扩大教学计划中应当规定下来的所谓“积极的知识”的范围，而不求更多的彻底性。

但是，只有在教—学过程满足下列两个条件时，学生才能进行独立学习。首先，教—学过程必须有意识地与学生当时已达到的神经运动的、认识的、审美的、社会的、道德的发展水平结合起来，与其兴趣、观察事实和问题的方式以及与事实和问题交涉的方式结合起来。范例教学与“面向学生的教学”的设想之间的关系在这里变得明显了，当然，“面向学生的教学”的某些解释未能正确认识彻底性的、创造性的矛盾方面，甚或十分片面地使之“缓解”了。而这种矛盾表明了人的学习过程的特点以及符合教育学的教学对学生起激励和帮助作用的特点：这种矛盾就是学生目前的情绪、瞬间的兴趣、好奇及已发展的能力为一方同他必须完成的客观任务及要求为另一方之间的矛盾。如果学生要提高智

---

① “爸爸来”与“汽车开”这两个句子中的谓语动词在德文原句中应作人称和数的变化，儿童则不考虑语法，往往用原型动词。——译者注

力水平，提高能力，即要进一步扩大其获得实际认识的可能性，进一步扩大其自决及参与决断的可能性和具有责任感地从事个人、社会及政治活动的可能性，那么就会产生这种矛盾。确切地说，“范例教学”的基本思想之一就是使这种不断加强独立和自决学习意义上的矛盾在教育上结出丰硕果实。

进行上述意义的独立学习的第二个条件是，教学不应以各不相关的、终结的和定型的形式，诸如以公式、结果、模型、图表、论据等给学生提供应当学习的，确切地说应当理解的、创造性地掌握的，而后在使用中得到检验并巩固的东西：规律性、原则、结构、相互关系；而是应当帮助学生逐步地、建设性地理解并揭示这种规律性、结构、相互关系的“合乎客观逻辑”的发展阶段，或者从回逆分解“定型的”结果出发，对之进行改造。瓦根舍因的“发生的教或学”的概念指的是第一种途径。亨利希·罗特的下列论点所指的同样是该途径：“如果儿童在其‘发展邻近区’中，在其原始状态中——课题在此种原始状态中变成了‘对象’、‘任务’、‘文化财富’——对任务、文化财富获得感受，那么儿童和课题就会相互紧扣在一起。一切教学艺术均包含把死的事实重新变成活的行为，从这些活的行为中产生创造和揭示的对象，精心的计划，决定的合同，解决任务的方法……”杰罗姆·S. 布鲁纳要求的“发现”或“解决问题的学习”同时也应当是“概括地学习”，其所采取的是同样的方针。“如果理解了一般(在一个发现/解决问题的学习过程中；W. 克拉夫基)，那么我们就能够把我们碰到的新问题作为我们已经掌握的旧原则的例子来认识。”

就我所知，第二条途径在以往有关范例教学的讨论中尚未提及过。这条途径即是从“定型的”结果出发进行分析—回逆再构，以达到对诸如下列问题的理解：为什么袖珍计算器能进行运算？为什么光栅对门有自动开启的作用？为什么纳粹能篡夺政权？发展中国家的存在是怎么回事？“资本主义”和“社会主义”的概念到底指的是什么？等等。但是，我认为，这第二条途径是甚为可行的，从学生方面考虑可能同样是“发现”的学习过程，因而是能符合范例教学目的的。

从上面所作的这些考虑出发，不难理解为什么范例的设想与所有强调主动性的学习形式和相应的学习方法(与学生的谈话和小组工作、研讨、学生实验和角色游戏，调查和设计教学，等等)有客观的联系，但是，所有这些学习形式和教学方法在范例教学的意义上是置于一个严格标准，即原则之下的，这个原则就是，这些学习形式和教学方法应当导致获得彻底的、范畴的认识和能力。然而事实上不太可能达到这一点。可能只是导致形式上掌握了那些方法，造成杂乱无章及一知半解的实际知识的堆积以及毫无观念联系的种种技能的堆积。

在继续讨论范例教学时必须再次加以研讨的中心问题之一是，应当按什么标准来确定学生通过范例教学途径应学到的那些“一般的”结构、规律性、原则、

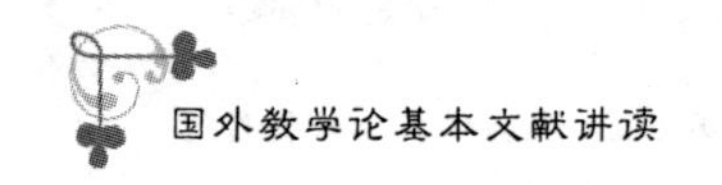

关系……。在关于范例原则的第一个讨论阶段已经出现过这样的见解，即“科学”应当解答这些问题，而后来使用了“面向科学”的术语，似乎必须使“面向科学”适用于所有教育阶段和所有教育机构。这个术语有时在类似的意义上被曲解了。

这种理解在新型的完全中学高年级范围内，而且特别是在其核心课程方面，在特长课程中显示得特别明显。根据原来作为这种改革的基础的方案，特长课程本身应当用范例提供一般的、科学的基本教育，并在其范围内提供一般的钻研能力，而且通常是在所选择的各学科的部分范围内应当获得对科学研究、科学的学习和科学知识的应用的特性、前提、局限性和问题这几方面的基本认识：认识科学问题是如何形成的？哪些历史—社会因素对科学问题起作用？哪些问题要研究？哪些问题可以排除，不予理睬，不必继续探索？不仅一门科学的个别问题和研究范围，而且在一定情况下其观察问题的基本立场和基本观点是否都会发展？各科学门类及个别科学或其分支学科是以哪些特殊的观点为基础的，也就是说，精密自然科学、数学，特别是物理和化学包括些什么？在我们与基础科学交涉时作为“自然”而了解的东西中，哪些会慢慢消失？就这一点而论，与生物学的关系如何？一个科学研究过程，从联系以往研究提出问题到种种假设的表述，材料的收集，实验设备、直至对结果阐述的评价，是如何完成的？什么是科学“模型”？其功能是什么？科学成果是什么？由谁来利用这些成果？用于什么目的？等等。完全中学高年级教学的实际情况却一再表明，教学计划和教师是这样来理解特长学科的意义的，即在有关的学科的部分范围内从内容上向有关的参考学科推进一大步以及传授丰富详尽的知识，有时也传授科学方法论知识（“我们在完全中学十三年级所教的东西，我在大学第三学期才学到！”），而不去利用那些素材方面甚为有限的，内容上重要的课题来阐述一些基本问题，这些问题本来是可以在事先以范例方式简要地叙述的，并可以使学生对下列问题有初步的，同时也是批判并了解局限性地去理解：“科学性”的意义是什么？科学研究所能起的和不能起的作用是什么？关于“生活或社会的科学化”的说法的原意是什么？等等。

但是，特别是在20世纪70年代初期，教学计划、教学方针和教学必须“面向科学”这一种教学论上有问题的认识也通过完全中学高年级的改革（但并不受此改革之约束）而广泛地得到了传播。就这一点看，从美国的课程发展中吸取的“学科结构”的方案引起了相当大的影响。课程结构和教学形式必须系统地面向那些最一般的理论要素和基本概念和/或面向那些反映各关联学科最先进水平的方法，诸如把物理科学作为物理教学的参考学科，等等。作为这种观点所产生的结果，比如目前已经有了第一学年常识教学的课程方案。这些方案即使对形式作了简化，但仍然是那些被作为自然科学研究基础的方法的一个系统化结果。方案要求各种课题联系儿童的经验，使之认识有机界和无机界所发

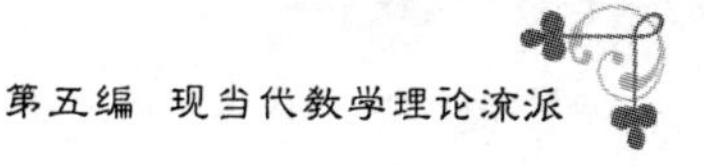

生的内容上有趣的现象和过程，并与之相联系，也培养儿童与这些现象和过程交涉的能力，即探索、试验、维护、设计的能力，但并不要求用这些课题来决定教学单元。对教学单元起决定作用的应当是形式方法的训练：（对色彩的）感知，（对二维形状的）认识，（对色彩、形状、大小、孤立的自然物表面特征或部分过程的）观察等的训练。

如果对于按莫托的"面向学科结构"公式进行的这种试验部分地采纳了美国教学理论家杰罗姆·S.布鲁纳（他也同样使用那种公式）的观点，那就可能从一开始就误解了布鲁纳的观点，至少是粗枝大叶地简化了他的观点。总之，如果谁把以布鲁纳的建议为出发点的课程看做是一种在各类学校第六至第八学季中进行的跨学科的、技术—社会学科（"People and Technology"）的教学，那么就会确认，这里虽然很可能指的是结构知识和基本的研究方法，但是相应的相关学科的核心概念、理论和方法并不是以系统性为基础，然后才去寻求适当的形象化阐述方法并组成这样一个系统的教学过程的。确切地说，那种课程显然是以这样一种观点为基础的，即在一个高度技术化的社会里，鉴于技术对于今天的儿童和青年人的诱惑力，而同时鉴于技术上矛盾的可能性，对于 11 至 14 岁的学生已经有必要并有可能让他们自己创造性地钻研"人和技术"这个范围内的问题，从而打下一个知识基础，而我们以后就可据此在学校全部课程的螺旋形结构的意义上作进一步分科教学。

"人和技术"这门课程是由"入门单元'人和工具'以及'捕鲸个案研究'组成的。这个个案研究分为两个教学单元：'捕鲸者的工具和技术'以及'捕鲸的技术系统'。入门教学单元'人和工具'应当帮助学生把人作为工具制造者来理解。人和其他生物的不同之处是，人生活在由自己创造的世界中。这个个案研究应抓住这个思想并用 19 世纪美国楠塔基特岛上捕鲸的例子来说明捕鲸的技术系统是如何通过工具和工具的使用而形成的，社会和自然界造成的后果如何。为此学生们在'捕鲸者的工具和技术'这个教学单元内复制历史上捕鲸工具和技术，在'捕鲸的技术系统'这个教学单元里用楠塔基特岛捕鲸协会的例子研究技术、经济和社会发展之间的相互作用及其生态变化结果"。

这一简短的描述已经表明，在设计该课程时（该课程的教学允许作各种变动，缩短或扩充）要用到生物学、地理学、技术、技术史、社会史以及生态学这几方面的科学知识，但应提出得到教学论论证的问题并可以视作范例的例子来。这种例子是发现的学习（比如通过实践—技术复制和简单理论教育的交替影响）所允许的，是可以通过其惊险因素来激发 10 至 14 岁的儿童学习动机的。这种例子可以说明应认识的技术和社会结构的概要情况，并作为历史性的例子，它应显示出一种与儿童、青少年和成年人在高度技术化的社会中日常经验的，（似乎是）不言而喻的认识所不同的有益的认知差距来。

在过去关于范例教学的讨论中，基本和基础这两个概念所针对的就是根据此课程例子所简述的全部教学论观点。基本这个概念指的是教学论—设计方面应产生的“结构”，即教学内容、问题的关系以及教学方法（课题的）结构，通过这种结构应当尽可能在下列两者之间实现协调（或实现一个协调步骤），即在儿童/青少年的兴趣、问题、理解方式、初步条件为一方面，与有关教学内容、问题的关系，教学方法，课题（成年人在学习过程中的审美的、科学的、社会的、政治的、实际的课题）的完善的、分化的、综合的和“客观的”最终结构为另一方面之间的协调。基础这个概念表示“客观”事实和问题的关系同学习主体之间的这种基本关系。换言之，表明最一般的结构原则和基本经验，通过这些最一般的结构原则和基本经验我们可以在当时所达到的思想意识的历史发展水平上理解并划分人和现实关系的“范围”或“规模”，比如经济的、社会的、政治的、审美的、精密自然科学的和技术的实际关系等，并在一定情况下也表明这些范围和规模之间，即经济、社会和政治之间的一般关系。

今天和将来是否还会有可能继续使有关基本和基础的这些概念，就是说是否会有可能在教学语言使用中重新确定下来，我且不作解答。语言标志必要时可由其他的来替代；但是用概念来说明的问题始终是十分重要的，而且，如前所指出的，这些问题在新近的一些教学论论文中提了出来。放弃这些问题则意味着退到在教学论思想意识问题已经作出的详细说明的后面去。

我们的这些考虑可以归结为一个总的论点，它包含对过去提出的，确定范例教学应当达到什么的有关标准问题的回答。这些标准是不能“从各种科学中推导”的，即使科学认识必然对作出有关标准的规定有影响。它们最后只能通过对如下问题不断地重新形成一致意见来确定：为了使青年人能具有自决的能力、团结的能力，换句话说，使之能获得符合人道的、民主的政治，社会和个人生活条件，作出负责的决定，正视自由的生活机会，他们在今天和在可能的将来必须具备什么样的知识、能力和态度？因此，在原则上，只有改写任务，形成一种对我们的历史状况适用的，即可以论证的，能得到大家欢迎的以及超前开放的教育观念。这一教育观念必须“正式”写入我们各种教育机构的不断发展的课程中以及“无形地”铭刻在教师指导行动的思想意识中，同时——在让学生越来越多地参与决定过程的特性中——也铭刻在儿童和青少年自己的思想意识中。除此以外，别无他途。诚然，这样一个符合我们历史情况的教育观念不能理解为要对内容上具体固定的详细目标作出规定，不能理解为人们在对个人的、社会的、经济的、文化的和政治的生存的总问题作出决定时意见完全一致而无任何争议。为今天和将来进行的教育，正是必须在自决和参与决定的原则上包括这样的观点，即一方面总是有必要要谋求最大限度的一致性；而另一方面始终有必要要保证和维护不同的，有争论的观点、解决问题的试验以及生活计划的可能性。这一见解表明，教育总体是要培养下述能力，即能合理地解决争端，为自己的信念辩护，能言善辩，能虚怀若谷而听得进批评，能贯彻个人和集体的意志，同时不通过耍手腕或通过独裁地利用权力来排除与自己见解不同的抉择的可能性。

就范例教学问题而言，这些考虑引出了如下结论：范例教学内容在相当大的程度上必将是广泛地交织在一起的个人和社会—政治生存的关键问题。以儿童和青少年当时的经验、认识、领会、行为能力的水平而论，这些关键问题必然可以作为范例教学的课题，诸如：和平问题和东西方的关系问题，环境问题，两代人之间的相互理解问题，技术和经济"进步"的可能性和危险性问题，单个小型社会团体的自由活动余地和参与决定的要求问题，组织体制和官僚机构问题，劳动与失业问题，社会不平等和经济—政治势力状况问题，多数和少数问题，两性之间的关系问题，妇女的平等权利问题，"发达国家"和"发展中国家"问题，关于居住在联邦德国和民主德国的德国人和外国人的问题，教会和宗教团体及其代表机构之间的竞争问题，健康和疾病问题，残疾者与非残疾者问题，大众媒介及其作用问题，等等。如果认为这些问题只是或者主要是成年人的问题，那是一种误解。更多的情况表明，这些问题，大部分一直深入到并影响到儿童和青少年的经验世界，而且对儿童和青少年的行为方式、判断和偏见以及态度将产生持久的影响，虽然这种影响是朦胧的，成问题的。鉴于这些课题，"范例教学"不允许归结于此，即把当时状况作为问题的"最佳解决方法"，或把这类问题中的有争论的某一种状况作为正确的解决办法。更确切地说，范例教学每次都应当至少把几个有关问题的历史根源示范性地讲解清楚，即使是基本的讲解。范例教学还应当强调一些不同的解决问题的建议，使隐藏于其后的利害观念和判断明确化，以及通过辩论阐明当时学习小组成员的(即使是暂时的)行动可能性，并在有利的情况下对之进行检验或促成检验。

四、范例教学、巩固、应用以及"方向指导性学习"

在范例教学中，通过一个或若干个有关知识、方法和态度的范例所学到的，首先是——也从学生这方面来看——初步观念、新获得的一般性解释和观察方式、可作潜在概括的方法或运动结构等等。简而言之，这一切乃是具有较大或较为有限的概括性的一般。这一般，一方面必须加以保持和巩固；另一方面其所及的范围和作用必须得以证明。因此在范例教学中所学到的东西也需要练习、复习、应用、检验，看看所期望的是否真的把握住了。一方面通过范例(这些范例类似原始范例)而学到的东西必须铭记于意识之中，并作为学生的一种与内容有关的能力加以巩固：学到的新的算术运算方法，对生物作用关系的初步认识，从少数几个确当的范例剖析出来的作为分析经济、社会、政治状况、种种争论和过程等钥匙的兴趣范畴，在某项体育比赛中首次运用成功的竞赛战术

(比如足球运动中的造“越位”)。所有这些必须通过大量新的,而且逐渐在不断变化的程度上提高的适当的作业加以巩固,最好在固定的复习中加以巩固。这就是说,使应用先前学到的东西表明对于教新的课题是必要的,因而可以作为有意义的“活动性知识”和能力来体验。

另一方面,范例学习能实现目标明确的“方向指导性学习”。校内(外)应掌握的全部知识和能力,既不能总是以范例教学采用的耗时的“发生”的形式,即通过一些试误道路,经过不同抽象阶段的形式来获得,而且这也没有必要。因为,如果通过范例教学应获得“一般”,即“范畴的”启示性知识和能力这个要求是合理的话,那么证明该要求合理性恰恰在于:借助如此获得的知识能力、观点能够理解以视听材料形式或个人的读物形式所“提供的”、在内容上比教师的讲述、同学的报告、讲演更为复杂的信息联系。

因此,“范例学习”和“方向指导性学习”,“范例深化”和“广泛的方向指导性知识的获得”,它们既不是相互排斥的对立面,但也不应当同时实行的,而是以暗示的方式使它们发生一种创造性的关系,并且使这种关系为学生所体会到。因为如果学生在范例教学中获得对于范畴的理解所要求的不断增长的潜力,那么他们也就能够明智地进行“方向指导性学习了”。但是第一点是第二点的前提,因此必须使范例教学成为学校中学习活动的中心。

五、基本形式—阶段—掌握的代表性方式

在以往的叙述中已经显示出另一种对范例教学论很重要的观点:学生(儿童和青少年)同客观实际交涉的以及结构的、范畴的观点和经验的获得,可以以不同的基本形式在高一层的不同水平上实现。对此要提及一系列问题,它们曾在以往范例教学问题史中和在以“直观与概念”为题的基本性原则的讨论中讨论过。而今天,在教—学理论中,比如在皮亚杰的著作中,在苏联的学习心理学家加尔佩林及其学派的所谓“内在理论”中,或者在布鲁纳的著作中,又对这个问题进行起热烈的讨论来了。这些讨论部分地与我们的问题有关联,部分地不受我们的问题的约束,但有所涉及。这里不可能作详尽的探讨,只能提一提。在此意义上,下面我就根据布鲁纳的建议概括性地谈一下按三种方式或水平区别问题,与这三种方式或水平相适应,可让学生与实际交涉并在学习过程中掌握它。

——以与实际直接打交道进行处理的形式,比如在对客观世界以及自身的特性和可能性的探究和试验中,在直接的语言交往中,在对情感—社会关系的经验和发现中,等等。(布鲁纳:动作性的)

——以像片、模型、草图形象的叙述和报告、表演为媒介。(比如在角色游戏中;布鲁纳:形象性的)

——以“仅仅还是”在思想上进行运算和在理论上论证的抽象概念(“符号”)为媒介。(布鲁纳:符号性的)

关于知识的三种代表性方式的这种区分，如布鲁纳所表述的，必须在详细的讨论中与皮亚杰、加尔佩林以及其他作者关于认知阶段的构想加以比较。下列四种观点对于布鲁纳的建议和类似的构想及其结合范例教学的使用至为重要。

(1) 第二个领悟和代表性方式(阶段)是建立在第一个之上的，而第三个是建立在第一、第二个之上的。这就是说，前面的方式和阶段是后随的方式和阶段的前提。比如，我们必须首先在溜冰时，在用双轮滑车、推车、自行车或者用模型(比如汽车模型)行驶时直接体验、试验并观察：车辆以某个向下的斜度通过一块斜放的板之类朝下滚动，斜度(板之类的倾斜位置)越陡，滚动得就越快。然后我们才能通过图表描绘出或理解这一越陡越快的相互关系，以及必要时根据它提出下一步考虑；而图式阶段的掌握—领悟又是能够理解精密测量和以数字符号表示那种关系的数学方程式的前提。

(2) 上面所讲到的条件关系并不意味着动作性阶段中相应的特殊的运算必须走在图式阶段的每个特殊的学习行为之前，或者抽象—符号阶段的每个学习行为应以图式阶段的相应的特殊学习过程为前提。其实范例原则也适用于领悟—代表性方式的关系：把一定的、具体的行为经验努力而坚韧不拔地转变为图式的描述形式(这种形式总是已包含在初步的抽象阶段之内)可以范例地开发儿童对大量图式化内容的理解力，因而可以省去经常不断地重复动作性阶段的过程。图式阶段对抽象符号性阶段的关系也类似于这种情况。当然，我们对于这种关系尚未作过仔细的研究。但是让人意识到其中所包含的转化如同“自下至上的”范例代表性关系一样是重要的。如果不能在“更高的”较为抽象的领悟阶段使儿童理解，那么我们必须回到前面的阶段上来，以便由此出发通过逐步的、教学论的发生过程使儿童掌握高要求的认识方式。

(3) 在具体的学习过程中，总是两个甚至所有三个上述“阶段”相互紧密地联系在一起而出现的，特别是可以说和应当说早在前面的阶段中存在“更高”阶段的领悟形式的苗子了，比如在语言理解、行为经验或图式形成方面。

(4) 如果我们从心理发展的角度来解释领悟—掌握阶段的构想，则我们在幼儿身上可以期待初步的动作性的领悟—掌握形式；从学龄起，则可期待形象性思维活动不断增多；而大约从 10 至 12 岁起则越来越多地出现“符号”性的思维活动。然而直至进入成年人时期，第一阶段和第二阶段对于许多创造性的、理解以及发现的学习过程仍具有极大的意义。在我们各级各类学校通常的教学中存在的严重缺陷之一是，往往不能正确认识这种实际情况，同时也正是在抽象符号性阶段完全阻碍了理解—发现的学习，因为我们开始得太早，太专于这个方面。

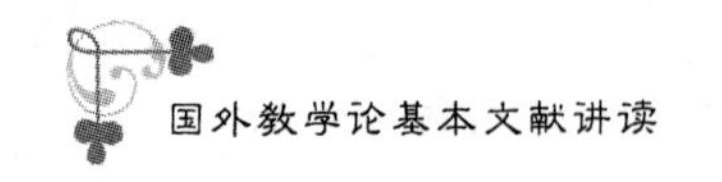

六、一般和特殊之间的关系的基本形式

有关范例教学的另一种规定，这里只能简单地提一下。一般和特殊的关系是范例教学构想的基础，以各种不同的形式出现于各种不同的问题范围以及交叉学科和特种学科的关系之中。这首先可以用两种极端的例子来加以说明。

在化学课中，通过初步范例可以获得如下基本知识和基本假设：几乎所有的天然物质和人造物质，无论是固态的、液态的还是气态的，都是由不同的成分(元素)构成的；它们可以组成"化合物"或"混合物"，也就是可以分解的；元素在一定的条件下能重新组合。这些范例在原则上可作任意交替使用，每个单独的范例是某个一般"规律"的一种"仅有"个案。

与此相反，如果历史—政治课中涉及的是解释19世纪德国工人运动的原因和原始的动机，那么就不能通过一个或若干个"案例"作为例子来说明某个一般的历史规律，因为凡所涉及的历史关系总是一次性的。但这个课题所具有的意义在于：以此能获得了解左右当代历史和政治的各派力量的重要前提。因此，史料的选择和观点(其中浓缩着那个过程的主要特征和种种原因：工业化、由于坚持晚期专制的封建社会—政治结构而受限制的早期资本主义、剥削和民众贫困化)必须取决于这一教学阶段的发展对于讲授进一步的历史过程直至现代是否具有重要意义。我们可以做这样的概括：历史—政治课中的范例教学应当使学生理解历史联系并从"现实化"的意义上"体会"这种关系，而这种关系对于理解现实和可展望的将来是甚为重要的。

在前阶段关于范例教学的研究和讨论中，各位作者，特别是约瑟夫·德博拉夫、汉斯·朔伊尔和我，在普通教学论方面，曾尝试使范例(或基本和基础)的基本形式明确化并同时强调，在同样的学习领域或教学学科中，可以出现不同的基本形式，尽管总是有一个或少数几个基本形式往往对教学的一定学科领域是典型的。这里只能提纲挈领式地追述一下有关梗概。这是我接受了德博拉夫、朔伊尔以及其他一些作者的建议而提出的，并且和过去一样，现在我仍然把它看做是一个对一系列有关问题继续进行新的批判性的研究来说适当的出发点。一般与特殊的关系对于范例教学通常是基本的关系。这种关系至少可以在下列一些基本形式中出现：

——以狭义的"范例"(即作为"规律"与"方案"或"方法"与"应用个案"或"原则"与"范例"的形式)出现；

——作为可以靠一个或几个代表性例子来认识的"典型"出现；

——作为"经典"出现，即一次性地、言简意赅地、"示范"性地描述美学造型、个人或社会的生活决断、政治思想或行为的基本可能性；

——作为音乐、美术、诗歌、戏剧形象和形象理解这几方面的“简单的美学形式”出现；

——作为语言交际，技术设计、社会存在的调节，体育运动这几方面的“简单的目的形式”出现；

——作为历史—政治上有代表性的再现出现。

七、结束语

近十五年来，在各学校教学论中，某些教学论专家也曾经进行过许多努力，从理论上和实践上对范例教学问题的范围作了进一步的探讨。但是，依我看来，对当时正在形成的学科教学论以及范围教学论问题缺乏概括总结，在有关的出版物上和代表大会上缺乏连续的讨论，缺乏系统的实际的改革工作和有的放矢的研究。普通教学论和学科领域教学论或学科教学论之间由于存在着相互依赖关系，因此在普通教学论范围内重新对我们这个课题开展有的放矢的讨论，其所取得收获之大小，在根本程度上取决于学科和学科领域教学论发展工作的进展，但更取决于教学实践工作者的具体改革工作。对此而论，这一期《教学和教育》杂志也许可以起一些促进作用。

（徐长根　译　李其龙　校）

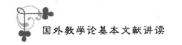

反思性教学理论①

维勒

作者简介

维勒(L. M. Villar),教育博士(EdD),西班牙著名教学理论与教师教育研究专家,现为西班牙赛维拉大学(University of Sevilla)教育科学学院教学与教育组织系终身教授。主要研究领域为:教学法、教师专业发展、教师心理与课堂教学改革。主要代表性论著有:教师智力活动过程探寻(论文,1988)、反思性教学(论文,1994)、大学课堂教学改革的元分析研究(论文,2002)、赛维拉大学课堂教学改革评价报告(研究报告,2002)、教师的教学实践反思(论文,2006)等。

选文简介、点评

自 1983 年萧恩(D. A. Schon)提出并倡导教师为了自己的专业发展应该成为一个反思的实践者(reflective practitioner)以来,反思性教学(reflective teaching)的理论与实践已经有了长足的发展,并被越来越多的教育研究者和课堂教师所接受。目前,通过对教学实践的反思或实施反思性的教学使教师成为一个反思型教师,进而提高教师的专业化水平和课堂教学的质量,已经成为国内外教师教育领域和教学实践领域的共同理念与追求。越来越多的教育理论与教育实践工作者同意教学是一种复杂的理性与智力活动,要保证教学的有效性,教师必须对他们的教学活动进行连续的反思与改进。那么,为什么教师必须反思实践?什么是反思性教学?教师如何对实践进行反思?这些问题是许多教育学者都试图回答的问题。

下面为大家呈现的"反思性教学"一文,选自《教育大百科全书·教学与教师教育卷》。本文是教学专题下的"教学方法和教学策略"主题下的一个词条。

文中,作者从反思性教学的定义出发,首先对反思性教学的本质、过程、评价进行了概括,并适当地展开说明,然后对反思性教学在教师教育课程中的特点、在教师专业发展中的作用及进行反思性教学的策略做了较详细的介绍,文中列举了在反思性教学研究中著名的人物和经典的观点,并对反思性教学的每一个要点做了必要的总结。作者强调,反思性教学指的是一个批判分析的过

① [瑞典]T. 胡森,[德]T. N. 波斯尔斯韦特. 教育大百科全书·教学与教师教育(第八卷)[M]. 重庆:西南师范大学出版社;海口:海南出版社,2006:340-343.

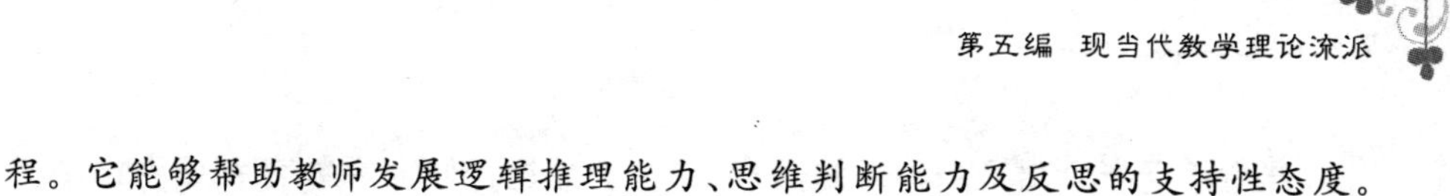

程。它能够帮助教师发展逻辑推理能力、思维判断能力及反思的支持性态度。所以,反思性教学既包含认知因素,也包含情感因素。反思应被视为一个强调理解和解决矛盾的理论,以此来促进教师的专业化发展。反思性教学应该是愿意接受新思想、有责任心及全身心投入。反思性教学的复杂性决定了它是一种艺术的过程。文中,作者介绍了反思性教学在教师教育课程中的特征,如何为新手教师的反思性教学提供经验,教师如何应用反思性教学来促进专业发展。作者认为,对反思性教学的兴趣的持续增长源自于人们对教学和教师教育的概念化方式的转变,源自于为教师专业化发展提供方法模式的需要,未来人们需要对反思性教学的现有模式进一步描述,将之具体化,应用到实践中。可见,反思性教学不仅是一种教学思想,而且其实践对于保证教学的有效性至关重要。

学习与研读此文,对我们了解与认识反思性教学的基本理论问题有重要的帮助,作为未来的教师,在我国不断推行基础教育课程与教学改革的情况下,明确反思性教学的基本特征和实践意义,无疑会促进自己的教学反思行动,提高教学的有效性。

(撰写人:陕西师范大学教育学院陈晓端教授、博士生梁谦)

选文正文

反思性教学指的是一个批判分析的过程。它能够帮助教师发展逻辑推理能力、思维判断能力及反思的支持性态度。所以,反思性教学既包含认知因素,也包含情感因素。在一个大的结构框架内,反思性教学被视为一个强调需要理解和解决矛盾的理论,以此促进教师更加专业化的发展。我们要激励教师在他们试图去决定事物合理性、证明思想和行为正当性时,要积极进行反思性教学,以期对事物和现象产生新的理解和评价。

本词条将描述反思性教学的主要特征,解读教师反思性教学的潜在价值,详细说明反思所必需的态度,概括使教学具有反思性的过程以及描述教师教育中反思性教学的潜在角色。在结束部分,我们将讨论促进反思性教学的策略。这里所讨论的教学被限制在学校课堂中或教师教育中。

1. 反思性教学的本质

一项探究反思性教学本质的研究表明,研究者在概念化“反思性教学”时,存在一定程度的共同性。反思性教学一个最为著名的研究者杜威认为反思性教学是一种对信念“积极动态而且细致的考虑,或是根据支持性理由和有关其趋势的进一步结论而假定的一种知识形式”(Dewey,1933)。所以,反思就是从一种不确定、被怀疑和困惑的状态过渡到能够掌握问题情境、因发现解决困境材料而获得满足感这一最终目标。

杜威(1933)认为反思性教学的发展意指对特定情境或个人积极反应的学术性倾向。这其中最主要的几个倾向是:愿意接受新思想、责任感和全身心投入。

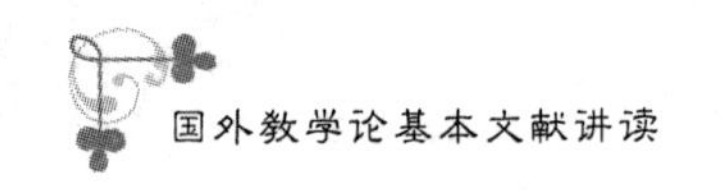

愿意接受新思想是一种认知因素，它指的是这种倾向在教育领域内试图寻找并构建一个可选的结构。愿意接受新思想的教师敢于冒风险，不会自动接受或拒绝一个教学假设或是预先界定的有关学校与课堂教学教育和组织的正统理论。相反，这些教师会根据他们的实践经验来检验这些理论，并将他们的观点与学生、家长、研究者及社会所持的观点相比较。他们更倾向于从不同角度、根据事情的来龙去脉解决问题。

责任心是一种执行因素，它要求教师不仅要考虑到行为的短期后果，而且要顾及其长期的影响。有责任心的教师持基本道德立场，强调在考虑教学观点时要关注社会、政治、经济大环境中的教育决策。此外，负责任的教师会从伦理、道德的角度来探察其教学行为。

全身心投入是一个有效性因素，它是指不要将态度限定于特定的教学情境和训练内，而是要渗入到教师全部教学和政治生活中。

为了支持杜威的观点，舍恩(Sehon，1978)所做的一项研究表明，无论教师的年龄大小或所教的专业学科是什么，他们总会做出关于其所处情境适当反应的判断，也会针对一些理性主义者未公开声明的问题做出判断。根据舍恩的观点，反思性教学包括策略的发展及处理复杂、待定、多变却又独一无二的教学实践情境的技巧。舍恩所谓的“行为反思”指的是对教育背景复杂特征的识别过程。所以，教学不是技巧性的、固定并计划好的一系列活动，而是一种艺术的过程。

反思性教学涉及教师的批评性思维、自我指导、问题解决策略及创造性思维的相关知识。它是指个人知识、自我意识及对课堂环境的意识(Elliou，1991)。反思型的教师有见识，能够去寻找问题的原因，运用或援引有效资源，还能够寻找可能的选择及考虑他人的观点。

2. 对反思性教学的评价

对反思性教学的评价反映出当前围绕教育研究方法论所进行的争论。在20世纪90年代早期，反思性教学评价的特征可被表述为介于实证主义与自然主义、依据法律与具有个人特点、经验主义—分析与启蒙三者之间有关研究方法论的连续统一体。许多先前关于反思性教学的研究在这个连续统一体中大都倾向于实证主义、依据法律及经验主义—分析一端。人们从事这种研究主要是源于对心理学的兴趣，研究的目的是要以解释原因的形式来形成技术的和理性的知识。研究者按照在教—学过程中一系列所测量的现象给反思下定义；反思的评价标准被归纳为互动教学行为中一些可观察的维度。

根据反思性教学的这种观点，其主要目的是为了培养能够运用教学技巧实现预期目标的教师。这种在教师教育行为范例中占主导地位的方法包括操作规定性目标、标准任务、难度渐进、学生积极参与及反馈等以上这些有效教学的重要组成因素。

最近一段时期，研究方法论的重点又转向了质的研究及生态或解释的研究方法。研究方法论所发生的这些变化部分是由于反思性教学的复杂性、不断变化的题材及内容知识所隐含的复杂的政治和伦理原则，存在问题的教育制度也是发生变化的原因。之所以会这样是由于这些要素要得出可信而又具体的可验假设都不是那么容易的。评价反思性教学是不能够使用一套固定不变的步骤的。较为典型的是首批资料的收集，它主要是靠观察教师工作，现场收集资料，还要通过持续的访谈来描述教师的实践推理过程。这些访谈要求教师描述特定事物的含义及价值(如学生的行为、家长的教育角色或是教师自己班级的表现)。最后，就要对反思性教学的价值进行确定：成功或失败的反思各由什么组成(Kagan，1990)?

3. 反思性教学的过程

利用哈贝马斯(Habermas)的理论，范马嫩(Van Manen，1977)认为，反思发生于三个不同的阶段。这些阶段与三种形式的知识及相关联的认知兴趣相一致，它们是：专业技术合理性、实践行为及批评性反思。

专业技术合理性　在以实际经验为依据的分析水平上，反思与知识应用与追求期望的目标或终点有关。教师最关心的是要有效并且高效地运用教育学知识。这种水平的反思是传统中重实效的思维模式的核心。

实践行为　在释义学—现象逻辑学水平上，反思主要集中在理解个人间的交往行为。教师所关注的是对暗含于竞争性教育目的中倾向的澄清，以及对教师教学行为所导致的教育后果的评价。

批评性反思　在批判—理论的水平上，反思所运用的是一种事实释放理论。教师将道德和伦理标准合并于关于实践行为的谈话中，并且细致考虑限制或形成实践的暗含假设。

4. 反思性教学及教师课程

在教师职前教育课程中，反思性教学具有几项重要的特征，以下简要介绍其中几项最重要的特征。

批判性方法　这些课程强调的是经验领域、研讨会、方法论课程及社会基础课程的批判方法。课程计划要设法使学生能够批判地分析以伦理学和价值观为基础的教育实践，并在下列几个分析维度中对知识进行检验：教—学过程，训练，在学校和大学教学下所包含的政治、伦理假设，从广泛的应用上讲，还包括学校本质、大学制度及社会自身。

技能和态度　这种课程试图将特定的技能结合起来，这些技能包括：课堂询问、实践行为、课堂竞争以及乐意接受新思想、有责任心和全身心投入这些态度。由职前教师教育所确定的动态、默许的课程内容是由兴趣、理念、价值观、倾向、角色功能及不同的责任构成的。

过程模式　课程强调了这样一种过程模式，即教师要养成“自我监控、自我质问”的习惯，而且要能够有效地评价及审视自己的教学实践。这种循环或螺旋型的过程为教师实践理论提供了动态基础，教师被视为一个知识的生产者。所以，行动研究对鼓励教师讲述自己的故事具有很好的促进作用，同时它也与将教师视为研究者这一社会性更强的进步性趋势有关。

课程整合　课程将要达到一种整合。教育工作者认为一种各学科间的整合课程不仅能够提高教师和学生的动机水平，还能够使学习者遇到并尝试解决经常被分离的学科所忽略的问题，而且能够将教育课程及研究与学生自身的洞察力、反思能力和判断能力相结合。课程整合被视为教育者和实习生之间的个体互动的过程。这种课程方式暗含有对协同合作学科的需求。

5. 为成为反思性教师作准备的领域经验

由于领域经验会强化或修正学校和课程对于实习生的意义，所以对于反思过程来说，领域经验显得尤为重要。通过整套明确的领域经验和发生在三个阶段内的相应的讲习班来实现批判性反思目标。

在第一阶段内，领域经验和教育研究会使教师能够将他们工作的环境问题化（即提出问题而不是解决问题）。通过小组对话的形式，教师能将实践中他们所期望解决的难题及困惑问题化。

在第二阶段，领域经验能够为教师提供一个机会对其他教师的教学进行观察，并同另一位教师共同讨论他们的观察结果。这种对反思性教学相关经验的交流与共享会产生三个潜在的积极结果。首先，学生会对他们的个人职业知识进行评价（Grimmett & MacKinnon，1992），而不会再认为这方面没有由专业教师所提供的教育学知识重要了。其次，共享经验可能导致对经验的共同享有。第三，同伴合作使学生通过大学间对话过程及观察后监督讨论会来实现意义建构。在对实习教师将其注意力集中在最初的问题解决思维及教学态度这种同伴间训练对话的关注过程中，在对教学困境的背景解释的再释义过程，在特定的教学实践背景中产生各种方法的优缺点以及考虑评价结果各种方法的过程中，就会产生问题。

在第三阶段——探索性实验——鼓励实习生从不同视点考虑问题，根据问题情境的特点而进行重新建构，将所有问题解决方法都视为可能，并能有意地创造一个结果，对所有试图解决问题的方法的影响实施监控。

师范教育工作者需要去发展能够积极鼓励实习生在实践基础上进行反思的策略。从这一点上说，师范教育工作者应该：

认识到训练实习生对其自身的教学实践进行反思是他们的职责。

将实习生置于社会大环境及课堂上真实而又充满冲突的世界中。

为学生反思的测量与评定设置有效的标准。

创造领域经验以要求教师成为有意识的道德行为者，并以此来创造一个公平的社会。

6. 反思性实习者的专业发展

对教师研究的设想正在经历着一场再评价。教师的语言和判断不仅已经成为学校社会生活的中介，而且也是解释性询问的核心。人们在社会及教育大环境中对教师的思维、语言及行为进行解释。教师所提出的问题、写作的方式和用来构建课堂实践的纲要都能够很有效地提升教师对其自身专业推理的意识。在这一框架中，教师不是不知情的参与者，也不仅仅是合作的资源。实际上，他们应同时还是研究指导者与分析者。我们通过四种形式的分析引导教师揭示和检验他们的专业知识和即兴表现，这四种分析分别是“实习者的自我分析、对暗含假设的分析、对一个专业行为的含义的分析以及根据分析结果对教学实践的重新考虑”(Lalik，et al.，1989)。

根据斯迈思(Smyth，1989)的观点，教师应该从事四种形式的行为，以改变那些束缚他们的思想意识及工作环境，这四种行为是：描述、告知、面对和重构。

描述就是教师要回答“我要做什么”这样一个问题的阶段。在教师对其行为进行反思时，他们也在描述着作为其实践特点的知识、信念和原则。教学被视为用教师语言所写成的文章，日志或日记的使用将构成教师默许知识的事件和困惑记录下来。告知这一阶段是由引导性问题“这是什么意思”所引出的。教师会讲明那些能够告知其教学行为的范围、解释性的个人理论。当教师对课堂事件进行描述、分析和推断时，他们在建立着自己的教育学原则。这些主观性理论能够帮助他们理解学校和社会都发生了什么，并能指导着他们进一步的行为。

当教师对“我是如何变成这样的”这个问题做出回答时，他就进入了面对这个阶段。教师寻求着他们的假设、思想、价值观和信念的构造，并试图发现社会和制度力量是如何影响他们的。他们将知识视为通过与他人的社会互动、由思想所进行的符号建构。

当教师试图对“我怎样才能以不同的方式来做这件事”这一问题做出回答时，他就进入了重构阶段。教师这种行为模式的目的就是评论和揭示存在于特定教学实践和体现这种行为模式的社会、文化大环境之间的张力。这种社会重构理论构想的基本特征是它坚持认为反思是教师能够互相提供知识支持的一种集体共有行为(Zeichner & Tabachnick，1991)。

尽管人们为了推动反思性教学课程的发展做出了一定的努力，但这种方式在大范围内仍是不充分的。赛克斯(Sykes，1986)为这种在行为中反思的相对缺失做出了五种清晰的解释，它们是：

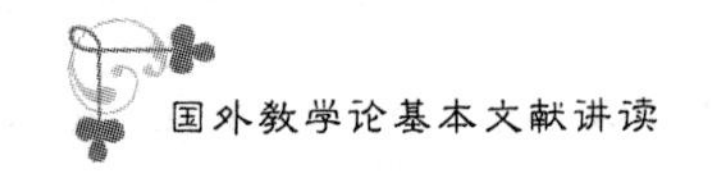

人类信息处理的局限性。假定教师在日常学校工作中总是运用基本却又带有局限性的认知过程。

教学工作的本质。教学被视为一种不稳定且具迷惑性的活动,它并不保证能够进行系统的反思。

教师的社会化与培训。那些未来的教师接受着以技术管理传统为基础的教师教育传统课程。

教学的组织背景。学校工作并不赞成询问。

教师的形式特征。这种有争议的推测指出,是根据特定学术特征来选择教师的。

7. 促进反思的策略

一些学者将反思的焦点限定于对手段而不是对结果的检验。从这一方面来看,反思性教学包括经严格控制和细致考虑而设计的教学经历(Gore,1987)。这种方法的核心是对获得技术性教学技能的需求。例如,对他人系统的课堂观察、学生教学的自我评估、日志记录及教学模拟(Freiber & Waxman,1990)。舍恩(1987)通过情感性对话、榜样设置来描述这些方法。具有挑战性的实践经验的确立能产生专业艺术才能或教学中的反思能力。此外,科特坎普(Kottkamp,1990)还制定了有助于教师或其他专业人员反思的方式或策略一览表。这个一览表包括以下几项:

记录——记录多用于获得教师的思维过程,并得出可评价或可再形成的结果。

日志——由每日记录所提供的资料来寻求意义模式。

个案记录——记录个案是一种可以拓宽教学选择范围的建构活动。

设法达到的情境——包括模拟教学情境、角色扮演、个案研究、模仿和微格教学。

工具反馈——标准和评价目录,用以为教师提供对行为进行反思的有用材料。

电子反馈——为教师的行为录像,用于为教师记录事件和问题,以及教师关于行为中反思的感受。

隐喻——教师用隐喻来澄清与其特定教学行为相连接的个人价值。

平台——根据舍恩的理论,平台是指教师所倡导的理论及他们被限定的目的。我们要搭建一座平台使教师就所倡导理论和所使用理论之间的一致与否进行反思。

8. 未来趋势

在20世纪90年代早期,教学与教师教育的概念化方式出现了一个主要的转变。人们对教师认知和反思性教学的兴趣有所增加。一些国家的主要大学

对反思性教学进行着研究（Korchagen，1985；Carr & Kemmis，1986；Pollard & Tann，1987）。脱颖而出的未来教师教育课程表明了反思性教学范例的产生与发展。人们越来越需要对反思性教学的现有模式进行描述，每一个模式的描述既能将自身问题具体化，又能够成功地解决问题。同时，从 20 世纪 80 年代末有关反思性教学的知识就有了实质性的增加。

（李雨竹　译）

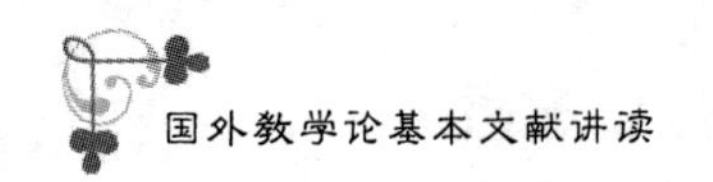

专题拓展阅读文献

1. [美] William E. Doll. 杜威的智慧[J]. 余洁,译. 全球教育展望,2011(1).
2. [英]Mel Wset. 学会学习:二十一世纪教育的支柱[J]. 陈德云,林志慧,熊建辉,译. 世界教育信息,2011(2).
3. [英]Ray·Barker. ICT 背景下的教与学[J]. 蔚蓝,译. 中国教育技术装备,2006(1).
4. [英]Jonson F. Osborne. 超越建构主义科学教育观[J]. 张红霞,孙志凤,编译. 全球教育展望,2004(7).
5. [英]Ann Floyd. 网络时代的课程、学与教[J]. 亦晨,译. 开放教育研究,2001(3).
6. [美]Israel Scheffler. 教学的哲学模式[J]. 高文,译. 外国教育资料,1995(1).
7. [德]M. V. 克拉林. 某些国家的个别化教学[J]. 孙祖复,译. 外国教育资料,1992(6).
8. [苏]马赫穆托夫. 问题教学[J]. 郑文樾,译. 华东师范大学学报:教育科学版,1989(2).
9. [英] Burrhus Frederic Skinner. 程序教学再探[J]. 吴庆麟,译. 华东师范大学学报:教育科学版,1987(4).
10. [德]阿明· 凯泽,露特· 凯泽. 教学分析法[J]. 孙祖复. 译. 全球教育展望,1985(3).